말씀 관통
프로젝트

성경 역사 일독

말씀 관통 프로젝트

지은이 | 조상연
초판 발행 | 2018년 8월 10일
3 쇄 발행 | 2023년 3월 20일
등록번호 | 제1988-000080호
등록된 곳 | 서울특별시 용산구 서빙고로 65길 38
발행처 | 사단법인 두란노서원
영업부 | 2078-3333 FAX 080-749-3705
출판부 | 2078-3477

책 값은 뒤표지에 있습니다.
ISBN 978-89-531-3197-2 04230
(Set) 978-89-531-3199-6 04230

독자의 의견을 기다립니다.
tpress@duranno.com http://www.duranno.com

두란노서원은 바울 사도가 3차 전도 여행 때 에베소에서 성령 받은 제자들을 따로 세워 하나님의 말씀으로 양육하던 장소입니다. 사도행전 19장 8-20절의 정신에 따라 첫째 목회자를 돕는 사역과 평신도를 훈련시키는 사역, 둘째 세계선교(TIM)와 문서선교(단행본 · 잡지) 사역, 셋째 예수문화 및 경배와 찬양 사역, 그리고 가정 · 상담 사역 등을 감당하고 있습니다. 1980년 12월 22일에 창립된 두란노서원은 주님 오실 때까지 이 사역들을 계속할 것입니다.

성경 역사 일독

말씀 관통 프로젝트

조상연 지음

인생을 형통하게 하는
성경 관통 메뉴얼

두란노

/ 추천사 /

조상연 목사는 '말미잘'입니다. 말씀에 미달한 사람들이 말씀에 사로잡히도록 잘 돕는 사람입니다. 조상연 목사는 '말통 목사'입니다. 성도들이 말씀과 통하는 사람이 되게 하고 목자가 되도록 돕는 사역자입니다. 제가 조상연 목사의 매력에 사로잡히게 된 것은 그의 순결한 삶의 태도였습니다. 몇 년 전 그의 집에서 하룻밤을 유숙하면서 그가 자발적 불편과 가난을 실천하는 경건한 성도라는 것을 금방 알 수 있었습니다. 단순히 말씀 운동을 일으키는 전문 사역자가 아니라 말씀에 사로잡혀 말씀에 이끌리는 참된 사역자라는 것을 알 수 있었습니다.

성경을 아는 방법에는 다양한 통로가 있습니다. 조직신학적으로 성경을 접근하는 방식, 성경신학적인 관점에서 접근하는 방식, 어떤 주제들, 이를테면 정치, 민중, 미션얼, 파노라마식으로 접근하는 방식 등이 있습니다. 조상연 목사는 성경 읽기를 통한 그리스도의 구원 역사를 살피는 것을 중심으로 말씀에 접근합니다. 그는 책을 쓰기 위해 성경을 읽지 않습니다. 그는 성경을 읽는 중에 책을 쓰지 않으면 안 되겠다는 열정에 이끌리어 책을 씁니다. 그만큼 성경을 관통하면서 남들이 발견하지 못하는 것, 즉 부활하신 그리스도가 성경 역사 속에서 어떻게 일해 오셨는지에 사로잡혀 기록하는 특징을 보입니다. 중요한 것은 그것이 점증적이고 점진적이라는 것입니다. 이 시대 교회에 주신 선물로서의 '조상연', 그를 추천하는 바입니다.

가정호 / 세대로교회 담임목사, 디모데성경연구원 신구약파노라마 강사 성경 읽기는 하나님의 가장 큰 계명을 지키는 시작점입니다. 우리는 이를 통해 하나님의 사랑을 깨닫게 되고, 하나님의 마음을 앎으로써 말씀을 지켜 나갑니다. 성경을 읽으며 말씀을 통해 살아간다는 것은 불합리한 미움과 시기, 원망과 욕망의 불순물들이 제거되는 것입니다. 저는 이를 통해 은혜를 입었고, 주님 앞에서 자존감과 정체성이 확고해졌다고 믿습니다.

성경은 예수 그리스도의 증거입니다. 이러한 성경을 성령님의 조명 아래, 있는 그대로 읽는 것에는 분명 능력이 있습니다. 조상연 목사님이 제시하는 성경 읽기의 방법을 통해 많은 도움을 받았습니다. 그의 방법론은 독자들을 성경에 몰입시키는 힘이 있습니다. 심지어 재미있기까지 합니다.

성경 안에 있는 역사의 큰 골조를 이해하는 것은 매우 중요합니다. 그런 의미에서 이 책은 새로운 패러다임의 성경 역사 읽기 방법을 제시해 줄 것입니다. 성경을 알고 싶은 누구에게나 좋은 지침서 역할을 할 것입니다.

전구영 / 온누리교회 장로, 레제나 하우스 자문위원 우리 부모 세대는 먹고사는 문제를 해결하기 위해 평생 죽도록 일만 했습니다. 덕분에 지금 대한민국은 밥걱정은 하지 않고 살고 있습니다. 하지만 정신적으로는 오히려 더 가난해져서 허탈과 외로움 그리고 좌절의 늪에 빠져 헤매는 모습을 보게 됩니다. 목회를 하다 보니 이런 분들을 어떻게 도와야 할지에 대해 관심이 많아질 수밖에 없습니다. 더 갖고 싶은 욕망을 채우지 못한 공허감과 안락의 덫에 걸려 덧없는 인생을 사는 우리 현대인들에게 정말 필요한 것은 무엇일까요? 그것은 바로 영혼의 닻인 말씀입니다. 사랑하는 조상연 목사님께서 역사를 토대로 말씀을 이해하는《말씀 관통 프로젝트》를 출간하셨습니다. 덧없는 인생, 닻 없는 인생을 넘어 더없는 인생, 한없는 은혜와 기적의 인생을 살기 원하는 모든 분들에게 꼭 일독을 추천합니다.

조운 / 울산대영교회 담임목사

"백도천경"(百禱千經, 백 번 기도할 때 천 번 성경 읽어라). 신대원에 다닐 때 노(老) 교수님이 가르쳐 주신 말씀이 지금까지 잊히지 않습니다. 성경은 우선 읽어야 합니다. 읽지 않으면 아무 일도 일어나지 않습니다. 성경은 하나님의 감동으로 기록되었지만, 지금 내 눈과 내 입으로 읽어야 하나님의 감동이 내게 전해지는 법입니다. 렉치오 디비나(Lection Divina : 거룩한 독서)의 첫 번째 단계도 성경을 읽는 것입니다. 읽지 않으면 그 어떤 묵상도, 기도도 불가능합니다.
작년 한 지인을 통해 조상연 목사님을 알게 되었습니다. 로마서 3,500독, 바울서신 2,500독, 신약 1,500독, 구약 500독이라는 가히 경이로운 성경 읽기는 요한계시록을 10,000독하신 길선주 목사님 이래 그야말로 레전드급 기록이 아닐 수 없습니다. 10절 남짓한 본문에 해설과 현대적 적용을 곁들여 세련되게 차려 놓은 설교가 아닌 성경을 날것 그대로 통으로 읽는 기쁨은 경험해 본 사람만이 압니다. 성경의 굵직한 대서사시를 단기간에 파악할 수 있으면 하는 바람이 있었는데, 52일 만에 말씀을 관통하도록 돕는《말씀 관통 프로젝트》가 나와 기쁩니다. 한국 교회의 부흥이 성경 읽기로부터 시작되기를 바라며 이 책을 적극 추천합니다.

최원준 / 안양제일교회 담임목사

그리스도인이라면 누구나 성경을 읽고 싶은 갈망이 있습니다. 하지만 성경을 끝까지 읽는 것이 그리 쉽지 않다는 것을 공통적으로 경험하기도 합니다. 그렇다고 성경을 계속 덮어 둔다면 '종교 활동'을 하면서도 '신앙생활'을 하고 있다고 착각하는 자리에 머물러 있게 됩니다. 이런 문제를 어떻게 해결할 수 있을까요? 성경을 읽어야 합니다. 성경을 읽는 여러 가지 방법이 있을 수 있지만 먼저 성경의 맥을 잡고 읽으면 성경이 친숙하게 되어 끝까지 읽고 싶어집니다. 본서의 저자인 조상연 목사님은 누구보다 성경을 많이 읽고 성경이 깨닫게 한 내용을 체계화시키는 데 탁월한 분입니다. 성경을 수백 번, 수천 번 읽음으로 인해 얻어진 탁월함으로 동종의 다른 책들과 분명히 차별화시켜 성경의 맥을 잡아 재미있게 읽도록 안내합니다. 《말씀 관통 프로젝트》의 차별화는 재미있게 성경의 맥을 잡는 것으로 만족하지 않습니다. 더 나아가 성경에 드러난 하나님의 주권을 믿고, 믿은 대로 살도록 도와줍니다. 읽고, 믿고, 살게 하는 책! 그것이 바로 《말씀 관통 프로젝트》입니다.

황사라 / 지구촌교회 교육훈련부 협동목사, 두란노 바이블 칼리지 강사

/ 서문 /

어떤 사람은 자기가 좋아서 시작했던 영어 공부가 나중에 사역이 되었다고 말합니다. 그분은 번역과 통역하는 일도 잘합니다. 저는 하나님 말씀 읽는 것이 참 재미있고 좋았습니다. 물론 처음부터 재미있지는 않았습니다. 주님의 은혜로 성경 읽는 것이 재미있게 되었습니다. 너무 재미있어서 성경을 하루에 일독하고 싶은 마음이 생겼습니다. 그때부터 수년 동안 하루에 10시간씩 성경을 읽었습니다. 그러다 보니 성경 읽기에 도전을 주는 사역을 하게 되었습니다. 어떤 사람처럼 저도 좋아서 시작한 성경 읽기가 어느새 사역이 된 것입니다.

2010년, 서울 극동방송에 사역이 소개된 후, 그해 여름에는 포항 극동방송 공개홀에서 '말씀의 통을 가득 채우는 말통 축제' 세미나를 하게 되었습니다. 사역이 계속 이어지면서 여러 차례 세미나에 참석한 성도들과 목회자들이 성경 읽기에 도움이 되는 가이드북을 요청하기에 이르렀습니다. 그래서 성경 읽기에 도움이 되는 가이드북이 있으면 좋겠다는 생각을 갖게 되었고 하나님의 은혜로 글을 쓸 수 있게 되었습니다.

일반적으로 많은 분들이 1년에 성경을 일독하기도 힘들어하는 것 같습니다. 창세기부터 요한계시록까지 한 번에 쭉 읽는다는 것이 쉽지 않기 때문입니다. 그러나 성경을 역사적 구조로 읽으면 좀 더 짧은 시간에 전체적인 흐름을 이해할 수 있습니다. 그래서 본서의 형태는 '성경 역사 관통'이란 제목으로 성경을 13시대로 구분해서 강의했던 내용을 뼈대로 삼았습니다. 그리고 매달 해 왔던 '말씀 통독 세미나'의 내용에 살을 붙여 성경 전체의 흐름을 파악하고 성경 읽기에 도움이 되도록 집필했습니다.

본서를 통해 얻을 수 있는 유익은 첫째, 성경 역사를 관통하는 것이고, 둘째, 성경책별 구조와 초점을 잡는 것이며, 셋째, 성경의 전체적인 흐름을 파악하는 것입니다. 이를 위해 첫째, 성경 역사를 관통하기 위해서 성경 66권을 역사적 관점에서 13시대로 구분했습니다. 각 시대마다 '소통하기'로 줄거리를 살펴보고, '정통하기'로 구조를 파악하고, '관통하기'로 내용을 마스터할 수 있도록 했습니다. 둘째, 성경책별 구조와 초점을 잡기 위해서 13시대마다 그 시대에 기록된 책을 별책부록처럼 구별되게 편집해 책마다 구조와 초점을 쉽게 정리했습니다. 셋째, 성경의 전체적인 흐름을 파악하기 위해서 52일 동안 성경의 흐름을 주도하는 14권의 성경을 읽어 '성경 역사 일독'을 할 수 있도록 했습니다.

이렇게 구성된 본서는 교회나 소그룹에서 10주(52일) 과정으로 진행할 수 있습니다. 현재 본 프로그램은 '레제나 하우스'라는 성경 통독 기관의 '레제나 말통학교'에서 1년에 2회 운영하고 있습니다. 이스라엘의 포로 귀환 시대에 느헤미야는 여러 방해하는 세력에도 불구하고 52일 만에 성벽 재건에 성공했습니다. 성벽 재건은 영적으로 거룩을 회복하는 것입니다. 그렇다면 이 시대에 필요한 부흥도 거룩이 아닐까요? 세상과 구별된 거룩한 삶의 기준은 여전히 말씀입니다. 살아 있고 운동력 있는 말씀은 죄와 타협하는 내부의 적과 부패의 근원을 적출하는 능력이 있기 때문입니다. 이 책으로 끊임없이 유혹하는 육신의 정욕과 안목의 정욕과 이생의 자랑을 태워 버릴 수 있는 하나님 말씀으로 영적 전쟁에서 늘 승리하기를 기대합니다.

레제나 하우스 대표

조상연 목사

성경의 역사

성경 66권은 크게 세 가지 주제로 나눌 수 있다. 성경 역사의 흐름과 성경 속 인물들의 체험적 내용과 앞으로 일어날 예언의 말씀이 그것이다. 성경이 역사적으로 흘러가고 있는 시간을 기준으로 성경을 역사적 구조에서 살펴보면 인류의 일반적인 역사와 하나님의 구원 역사로 크게 구분할 수 있다. 또한 하나님의 구원 역사는 육적인 이스라엘의 역사와 영적인 이스라엘의 교회 역사로 나누어진다.

성경의 세 가지 주제
: 역사서, 체험서, 예언서
- 구약 : 역사서(17권), 체험서(5권), 예언서(17권)
- 신약 : 역사서(5권), 체험서(21권), 예언서(1권)

성경 역사의 유익성

건축가가 집을 지을 때 준비된 건축 자재로 먼저 기초 공사와 골조를 세우듯이 우리 안에 말씀의 집을 튼튼하게 지으려면 성경의 뼈대가 되는 성경 역사를 잘 정리해야 한다. 성경의 역사를 잘 정리하면 성경의 뼈대를 세울 수 있다. 건축 재료가 아무리 많아도 집을 세우는 기초 작업이 선행되지 않으면 재료의 역할을 제대로 할 수 없듯이, 나름의 성경 지식이 있더라도 성경 역사와 같은 골조를 먼저 세우지 않으면 제대로 된 말씀의 집을 지을 수가 없게 된다.

성경 역사로 성경의 뼈대를 세우는 것은 마치 컴퓨터 작업을 할 때 새로운 폴더를 만드는 것과 같다. 그리고 새로 이사한 집에 필요한 가구들을 배치하는 것과도 같다. 폴더가 없으면 자료들을 정리할 수 없고, 가구가 없으면 집안을 정리할 수 없게 된다. 점점 많은 종류의 집안 살림이 방 한가운데 또는 벽 쪽에 쌓이게 되고, 필요할 때마다 찾는 데도 시간이 많이 걸리게 될 것이다. 분명 어딘가에 있기는 한데 쉽게 찾을 수가 없는 것이다.

성경의 뼈대가 세워지지 않은 상태에서 수십 년간 설교로 얻은 지식만 갖고 있으면 마치 책장 없는 집에 책만 계속 사들이는 것과 같다. 처음에는 별로 불편하지 않지만 시간이 점점 지나면서 책장의 필요를 절실히 느끼게 되는 것이다. 성경의 역사로 성경의 뼈대를 세우면 이러한 부분을 해소할 수 있다.

성경의 구조

신·구약성경(66권)은 1,600여 년에 걸쳐 40여 명의 저자에 의해 성령의 감동으로 기록된 하나님의 사랑 편지다. 구약(39권)은 히브리어로 기록되었으며 창조부터 예수님 탄생 전까지(주전, B.C.)의 이야기다. 신약(27권)은 헬라어로 기록되었으며 예수 그리스도의 탄생부터(주후, A.D.) 인류 종말까지의 이야기다. 구약은 옛 언약이며 오실 예수 그리스도에 대한 주제고, 신약은 새 언약이며(렘 31:31), 오신 그리스도에 대한 주제다. 그러므로 성경 전체는 예수 그리스도에 대한 주제로 성도가 그의 나라에서 그리스도와 함께 왕 노릇 하는 이야기가 흐르고 있다. 이렇듯 성경의 결론은 왕 노릇이기에 역사 속에서 사망이 왕 노릇 하는 세상에서 생명의 왕 노릇으로 전환되고, 육신이 왕 노릇 하는 사람

B.C. & A.D.

B.C.는 영어로 '그리스도 이전'을 뜻하는 '비포 크라이스트'(before Christ)의 약칭이다. A.D.는 라틴어로 '그리스도의 해'(in the year of our Lord)라는 뜻으로, '안노 도미니'(AnnoDomini)의 약칭이다.

의 기준에서 말씀이 왕 노릇 하는 하나님의 기준으로 전환되는 반전 드라마를 성경 구조 안에서 찾아볼 수 있다.

건축가에 의해 설계된 집을 지을 땐 설계 도면에 있는 대로 지어야 한다. 그리고 집을 짓기 시작하면 먼저 기초 공사로 골조 작업을 해야 한다. 하나님에 의해 기록된 성경 말씀은 이미 설계된 매뉴얼이다. 말씀대로 참성전, 하나님의 집을 지어야 한다. 외형적인 집을 지을 때도 체계적인 골조 작업이 필요한 것처럼, 하나님의 집을 지을 때도 먼저 성경에 대한 구조적 이해가 역사적으로 정리되어야 한다.

성경 66권을 역사적으로 간단하게 정리하면, 서론적으로 인류의 출발과 나아가야 할 방향을 제시하는 인류의 역사(창세기 1-11장)가 등장하고, 본격적으로 이스라엘의 역사(창세기 12장-요한복음)가 전개되며, 결론적으로 영적 이스라엘의 역사인 교회의 역사(사도행전-요한계시록)로 연결된다.

성경의 역사적 구조

- 서론(방향 제시) : 인류의 역사(창 1-11장)
- 본론(설명) : 육적 이스라엘의 역사(창 12장-요한복음)
- 결론(결과) : 영적 이스라엘의 교회 역사(사도행전-요한계시록)

성경 66권을 한 권의 책으로 보면, 서론은 하나님 나라의 방향을 제시한다. 본론은 성경이 제시하는 방향으로 끌고 가기 위해 복음을 설명하는 내용이 전개된다. 복음의 효력으로 성령의 역사가 시작되어 예수 그리스도를 믿게 되면 그들은 모두 영적 이스라엘 백성이 된다. 영적 이스라엘 백성이 되어야 새 하늘과 새 땅에 들어갈 수 있기 때문이다. 그러므로 육적 이스라엘 백성도 예수 그리스도를 믿어야 하나님 나라에 들어갈 수 있다.

결국 성경의 결론은 영적 이스라엘 백성에 대한 이야기를 설명하려고 전개되는 것이다. 영적 이스라엘 백성은 예수 그리스도를 통해서 구원받은 하나님의 자녀를 말한다. 하나님이 창조하신 세상에서 선악과 범죄로 인해 타락한 인간을 예수 그리스도를 통해 구원하셔서 하나님의 자녀로 출생시키시는 이유는 무엇인가? 그들과 함께 왕 노릇 하는 하나님 나라를 세우시려는 것이다. 이처럼 성경의 핵심적인 내용을 바탕으로 사람이 하나님의 자녀로 출생하게 되는 것을 사도행전에서 성령 강림을 통해 확증시켜 준다. 또한 서신서(로마서-유다서) 전체의 내용을 통해 하나님의 자녀가 사는 생활 방식을 설명하고, 요한계시록에서는 결론적인 하나님 나라의 완성을 보여 준다.

성경에서 이런 역사적 내용을 살펴본다는 것은 큰 그림을 한눈에 보는 것과 같다. 큰 그림을 보고 성경의 전체적인 구조와 주요한 부분의 흐름을 알고 그 맥을 발견한다면, 성경을 통해서 세상의 지혜와 지식을 얻을 뿐만 아니라 진리의 영감을 받을 수 있는 금맥을 발견한 것과 같다. 성경은 이 세상에서 최고의 가치를 발견할 수 있는 축복의 근원이기 때문이다.

성경의 목적

성경은 인간 구원의 계획을 가지고 쓴 하나님 말씀이다. 구원 이외의 내용 중에서 자세히 설명되지 않은 부분은 편안하게 지나가는 것이 좋다(벧후 1:20, 3:16). 성경이 자세하게 설명하지 않는 것은 그냥 넘어가도 되지만, 자세히 설명하는 내용은 깊이 있게 알아야 한다. 성경은 본질적인 진리는 자세하고 깊이 있게 설명하지만 비본질적인 비진리는 자세하게 설명하지 않는다. 그럼에도 사람들은 중요하지 않은 것을 중요하게 생각하고 궁금해한다. 성경은 진리의 길로 안내하기에 그 진리를 찾고자 하는 자들은 반드시 발견하게 될 것이다.

하나님 말씀을 제대로 알려면 성경을 연구하며 읽어야 한다. 그러나 일반적인 성도가 성경 기록 당시의 역사적, 지리적, 문화적 상황을 충분히 이해하면서 신학적 의미를 찾아내는 것은 쉽지 않다. 하지만 성경을 연구하고 신학적 의미를 깨달아야 한다는 목적을 미리 알고 있다면 쉽고 가볍게 성경 읽기로 접근할 수 있다. 요한복음 5장 39절은 "너희가 성경에서 영생을 얻는 줄 생각하고 성경을 연구하거니와 이 성경이 곧 내게 대하여 증언하는 것이니라"고 말씀한다. 성경에서 말하는 궁극적인 목적은 예수 그리스도를 믿고, 그 믿음으로 살라는 것이다. 신학적 지식이 풍부해도 말씀을 믿지 않으면 결과가 삶으로 이어지지 않기 때문이다.

신학적 지식이 좀 부족할지라도 간단한 성경 역사를 뼈대로 세우고 성경을 지속적으로 읽으면 믿음이 생겨 성경을 삶으로 옮겨 오기가 쉬워진다. 성경 읽기가 성경을 관통하는 가장 좋은 방법인 것이다. 그럼에도 불구하고 사람이 성경을 통해서 당신을 계시하시는 하나님의 뜻을 깨닫기 위해서는 성령의 도우심이 절실히 필요하다. 간혹 지식적으로 신학적 의미에 접근해도 성령의 도우심이 없으면 성경은 구속사적으로 이해되지 않고, 삶은 복음으로 적용되지 않아 믿음으로 살아지지 않는다.

성경의 권위

성경은 사람의 머리로는 쉽게 이해하기 힘든 내용을 담고 있다. 이해할 수 없다고 해서 하나님 말씀을 자신에게 필요한 것만 골라서 읽고, 듣고 싶은 것만 듣고, 알고 싶은 것만 알려 하면 안 된다. 세상의 지식도 다 알지 못하는 인간의 지성과 이성으로 세상을 창조하신 하나님 말씀을 함부로 판단해서는 안 되기 때문이다.

세상에 살고 있는 인간이 천지를 창조하시고 새 하늘과 새 땅을 준비하신 하나님을 알 수 있는 방법은 아무것도 없다. 오로지 하나님이 자신을 드러내시는 계시(啓示)로만 가능하다. 성경은 이러한 은혜를 드러내기 위해 기록된 하나님 말씀이다.

그러므로 성경은 하나님 말씀으로 믿기에 충분한 책이다. 성경은 비진리에 의해서 증명되지 않는다. 오직 성경의 진리만으로 증명할 수 있다. 성경보다 더 높은 권위를 가진 것은 없기 때문이다.

성경의 정경화

> **알렉산드리아**
> 알렉산더가 이집트 정복 당시 세운 도시다. 신약성경에 나오는 아볼로가 이 지역 출신이다.

성경의 역사 속에서 왕정 시대에 남북으로 갈라져 있던 이스라엘은 주전 722년에 북 이스라엘이 앗수르에 의해 멸망당하고, 남쪽에 남아 있던 유다도 주전 586년 바벨론에 의해 멸망당한다. 그 멸망을 시작으로 이스라엘은 계속해서 페르시아 제국과 헬라 제국의 지배를 받게 된다. 헬라 제국의 알렉산더 대왕이 젊은 나이에 갑작스러운 질병으로 후계자를 지명하지 못한 채 죽게 되자, 지중해 연안의 넓은 땅을 네 명의 부하 장군이 나누어 다스리게 된다. 그중에서 이집트와 팔레스타인 일대를 지배하게 된 프톨레마이오스 2세 때, 히브리어로 된 구약성경을 헬라어로 번역하면서 성경이 점차 정경화 되기 시작한다.

프톨레마이오스 2세는 주전 3세기 중엽(주전 250년경) 알렉산드리아에 살고 있던 유대인 디아스포라들 중 72명의 랍비를 불러 구약성경을 번역하게 했다. 두루마리로 되어 있는 히브리어 성경을 당시 공용어였던 헬라어로 번역한 것이다. 72명의 학자가 번역 사역에 참여했다고 해서 이 최초의 번역 성경을 '70인역'이라고 부른다. 그리고 주후 90년경 얌니야 랍비 회의에서 오늘날의 구약성경 39권이 목록으로 확정된다. 신약성경 27권은 주후 397년 카르타고 공회에서 정경으로 채택된다.

70인역

'70인역' 성경은 라틴어의 70(셉투아진타, septuaginta)을 의미하는 단어에서 유래했으며 'LXX'로 간략히 표기하기도 한다. '70인역'은 주전 3세기 중엽에 헬라어로 번역된 구약성경을 말한다.

신·구약성경의 문학적 분류

문학적으로 분류된 구약(39권)	문학적으로 분류된 신약(27권)
역사서 17권(창세기-에스더)	역사서 5권(마태복음-사도행전)
시가서 5권(욥기-아가)	서신서 21권(로마서-유다서)
예언서 17권(이사야-말라기)	예언서 1권(요한계시록)

문학적으로 분류된 성경을 시대적으로 재분류한 성경

창조 시대	창세기 1-11장
족장 시대	창세기 12-50장, 욥기
광야 시대	출애굽기, 민수기, 레위기, 신명기
정복 시대	여호수아
사사 시대	사사기, 룻기
통일 왕국 시대	사무엘상·하, 시편, 잠언, 전도서, 아가

분열 왕국 시대	열왕기상·하
	1) 북 왕국 선지자 : 아모스, 호세아, 요나 2) 남 왕국 선지자 : 오바댜, 요엘, 이사야, 미가, 나훔, 스바냐, 하박국, 예레미야
포로 시대	역대상·하, 다니엘, 에스겔, 예레미야애가
	1) 역대기는 사무엘서(역대상), 열왕기서(역대하)와 중복된 내용으로 포로기에 기록된다. 2) 다니엘(1차 포로 이후 기록), 에스겔(2차 포로 이후 기록), 예레미야애가(3차 포로 이후 기록)
포로 귀환 시대	에스라, 느헤미야, 에스더
	1) 포로 귀환 시대 선지자 : 학개, 스가랴, 말라기 ※구약성경은 모세오경, 사사 시대, 왕국 시대, 포로 시대로 정리할 수 있다.
침묵 시대	기록된 성경은 없지만, 다니엘서에 침묵 시대의 내용이 있다(단 7-12장).
복음 시대	마태복음, 마가복음, 누가복음, 요한복음
교회 시대	사도행전
	1) 바울 제1차 선교 여행(1권) : 갈라디아서 2) 바울 제2차 선교 여행(2권) : 데살로니가전·후서 3) 바울 제3차 선교 여행(3권) : 고린도전·후서, 로마서 4) 바울 제4차 옥중서신(4권) : 에베소서, 빌립보서, 골로새서, 빌레몬서 5) 바울 제5차 목회서신(3권) : 디모데전·후서, 디도서 6) 공동서신(8권) : 히브리서, 야고보서, 베드로전·후서, 요한1·2·3서, 유다서
영원 시대	요한계시록

성경 역사는 구원 역사

역사를 영어로 'History'라고 한다. 풀어서 설명하면 그분의(his) 이야기(story)로 하나님의 구속사다. 성경의 역사만 하나님의 이야기가 아니라 인류의 모든 역사가 바로 역사를 주관하시는 하나님의 통치 역사인 것이다. 인류의 통치 역사는 하나님이 창조하신 세상을 회복하고 구원하시는 사랑의 표현이다. 특히 성경의

성경의 권수

성경의 대분류는 구약과 신약이다. 소분류는 구약 39권과 신약 27권으로 총 66권이다. 쉽게 수학의 구구단에서 3곱하기 9는 27을 기억하면 된다. 구약 39권, 신약 27권을 쉽게 알게 해 주기 때문이다. 또한 3곱하기 9의 정답이 27인 것처럼, 구약 39권의

역사는 이스라엘만의 역사가 아니라 하나님이신 예수님이 육신의 몸으로 이 땅에 오시기까지의 언약과 성취의 역사며, 온 인류를 구원하시는 하나님의 구원 역사다. 성경 역사는 하나님의 구원 계획으로 이미 완성된 새 하늘과 새 땅을 미리 보게 되는 과정이다.

정답은 신약 27권에 있다. 구약의 약속이 신약에서 성취되기 때문이다.

구속사적 관점에서 본 시대별 성경 주제

시대	주제
창조 시대(창세기 1-11장)	인류의 일반 역사와 하나님의 구원 역사
족장 시대(창세기 12-50장)	하나님 나라의 출발, 육적 이스라엘 백성 형성기
광야 시대(출애굽기, 민수기)	하나님 나라의 법 제정과 제사장 나라 태동
정복 시대(여호수아)	약속의 땅은 하나님 나라의 영토
사사 시대(사사기)	하나님의 통치 구조와 그 백성의 생활 양식
왕국 시대(사무엘상·하, 열왕기상·하)	하나님 나라의 대리 통치 모델로서의 왕 노릇
포로 시대(에스라, 느헤미야)	불순종으로 포로 생활과 성전 재건으로 예배 생활
복음 시대(누가복음)	약속의 씨에서 예수 그리스도의 탄생
교회 시대(사도행전)	영적 이스라엘의 교회 태동
영원 시대(요한계시록)	영원한 하나님 나라, 그리스도와 함께 왕 노릇

구약과 신약의 구속사적 점진성

※ 예수 그리스도는 B.C.와 A.D. 역사의 전환점이며, 육적 이스라엘에서 영적 이스라엘의 전환점이 된다.

성경 역사의 시대별 개관

구약의 침묵 시대

구약의 침묵 시대에서 하나님은 (1) 흩어진 유대인들의 '회당 제도'로 선교의 거점을 확보, (2) 헬라 문화의 영향으로 헬라어로 기록된 성경과 '언어 통일'로 성경을 교육, (3) 로마 제국의 '도로 건설'로 그리스도의 초림을 준비하셨다.

7. 분열 왕국 시대

북 이스라엘 200년간(주전 722년, 앗수르), 남 유다 350년간(주전 586년, 바벨론)

솔로몬이 하나님 말씀에 불순종해서 남북이 갈라지고 두 나라로 분열된 시대다. 북 이스라엘(여로보암[주전 930년]-호세아[주전 722년]) 9왕조 19명의 왕과 남 유다(르호보암[주전 930년]-시드기야[주전 586년]) 다윗 왕조 20명의 왕이 하나님 말씀에 불순종해서 나라가 분열되고 완전히 멸망해 포로로 잡혀가는 이야기가 주요 내용이다.

핵심 인물 : 히스기야, 요시야

핵심 내용 : 종교 개혁

8. 포로 시대

70년간(1차 포로[주전 605년]-1차 귀환 정착[주전 536년], 성전 파괴[주전 586년], 성전 재건[주전 516년])

남 유다가 바벨론에 포로로 잡혀가서 우상을 타파하고 고난 가운데 신앙을 고백하던 시대다. 예루살렘의 무너진 성전을 회복하기 위한 말씀으로 준비된 사람들의 이야기가 주요 내용이다.

핵심 인물 : 다니엘

핵심 내용 : 뜨인 돌과 우상 타파

9. 포로 귀환 시대

약 130년간(고레스 칙령[주전 538년]-말라기[주전 404년])

바사 제국의 황제 고레스의 명령을 통해 하나님이 예레미야에게 하신 약속의 성취를 세 차례에 걸쳐 보여 주시던 시대다. 포로였다가 귀환한 자들을 통해 성전과 성벽, 율법을 재건하기 위해 말씀을 통독하고 교육시키는 이야기가 주요 내용이다.

핵심 인물 : 에스라

핵심 내용 : 성경 통독으로 성전과 성벽, 율법의 재건

10. 침묵 시대(신·구약 중간 시대)

400년간(주전 404-4년, 예수 탄생)

말라기 선지자 이후 세례(침례) 요한이 등장하기까지 말씀의 이상이 없던 시대다. 침묵 시대에도 국제 정세를 주관하고 열방을 통치하시는 하나님의 일하심이 주요 내용이다.

핵심 인물 : 유다 마카비

핵심 내용 : 유다의 독립과 하나님의 일하심

11. 복음 시대

33년간(주전 4-주후 30년)

복음 시대는 구약에서 끊임없이 약속한 메시아의 성취가 이뤄진 예수 시대다. 예수 그리스도가 역사 속에서 실제로 33년 동안 인간으로서 생활하시는 이야기가 주요 내용이다.

핵심 인물 : 예수님과 열두 사도

핵심 내용 : 천국 복음 전파

12. 교회 시대

70년간(예수님 승천[주후 30년]-초기 기독교[주후100년])

예수 그리스도의 승천 이후 오순절 성령의 역사로 초대 교회가 탄생한다. 교회 시대는 성령이 역사하시는 시대다. 성령이 어떻게 사람에게 역사하시는지 보여 주는 이야기가 주요 내용이다.

핵심 인물 : 사도 바울과 성도

핵심 내용 : 세계 선교

1. 창조 시대

창조부터 주전 2천 년까지(아브라함 전)

하나님의 세상 창조부터 아브라함 이전까지의 시대다. 창조, 타락, 홍수, 바벨 사건으로 인해 하나님이 아브라함을 선택하시게 된 배경 이야기가 주요 내용이다.

핵심 인물 : 아담

핵심 내용 : 사명과 순종

2. 족장 시대

약 300년간(우르 떠남[주전 2166년]-애굽 이주[주전 1876년])

아브라함으로 시작된 이스라엘이 큰 민족으로 형성되기 전까지의 시대다. 아브라함, 이삭, 야곱, 요셉에 걸친 인물들의 이야기가 주요 내용이다.

핵심 인물 : 아브라함

핵심 내용 : 복과 씨, 땅의 약속

3. 광야 시대

40년간(주전 1446-1406년)

요셉이 애굽의 총리가 된 후 야곱은 애굽으로 이주한다. 그 후 약 400년간 지속된 애굽의 노예 생활에서 해방되어 가나안 땅에 들어가기 전까지의 시대다. 약속의 땅으로 들어갈 때까지 하나님을 예배하는 훈련 이야기가 주요 내용이다.

핵심 인물 : 모세

핵심 내용 : 율법과 성막

4. 정복 시대

약 15년간(주전 1406-1390년)

광야 생활을 마치고 약속의 땅을 정복한 시대다. 정복 전쟁에서 승리한 방법과 이스라엘 각 지파별로 땅을 차지하게 된 이야기가 주요 내용이다.

핵심 인물 : 여호수아

핵심 내용 : 약속의 땅 정복

5. 사사 시대

약 350년간(주전 1390-1050년)

정복한 가나안 땅에서 하나님이 선택하신 레위들에 의한 통치가 무너지고 그 자리에 사사들을 세워 통치하시던 시대다. 하나님을 왕으로 섬기지 않는 시대가 얼마나 암울한지를 적나라하게 보여 주는 이야기가 주요 내용이다.

핵심 인물 : 기드온

핵심 내용 : 하나님의 통치 방법

왕국 건설 초기(사무엘 출생[주전 1100년]-사울 기름부음[주전 1050년]) **주요 인물** : 사무엘

6. 통일 왕국 시대

120년간(사울 40년, 다윗 40년, 솔로몬 40년[주전 1050-930년])

사사를 통해 통치하시던 시대를 끝내고 왕을 세워 대리 통치하시던 시대다. 하나님 말씀에 순종해서 그분을 진짜 만왕의 왕으로 인정하는 자가 하나님이 세우신 왕이 되어 왕 노릇을 하게 된다는 이야기가 주요 내용이다.

핵심 인물 : 다윗

핵심 내용 : 말씀의 왕 노릇

13. 영원 시대

초기 기독교 이후부터 예수님의 재림 이후 영원까지(주후 100년-주의 재림 이후 영원)

요한이 기록한 요한계시록의 예수 그리스도의 계시는 마지막 종말의 이야기다. 종국에 사탄의 세력은 멸망하고 그리스도의 신부된 성도는 그리스도의 은혜로 환난을 이기며 믿음을 지키는 시대다. 환난의 세상에서 성도의 인내로 예수 믿음을 지키면 그리스도와 더불어 세세토록 왕 노릇 한다는 이야기가 주요 내용이다.

핵심 인물 : 예수 그리스도와 신부

핵심 내용 : 그리스도와 함께 왕 노릇

신약의 침묵 시대

지금은 요한계시록 이후 신약의 침묵 시대라고 말할 수 있다. 신약의 침묵 시대에도 하나님은 그리스도의 재림을 준비하신다. (1) 전 세계에 분포된 교회가 선교의 거점, (2) 강대국의 영향으로 공용어가 된 영어로 성경이 기록되어 교육, (3) 지구촌이 비행기로 일일생활권이 되면서 땅끝까지 복음 전파할 수 있게 그리스도의 재림을 준비하신다 (마 24:14).

《말씀 관통 프로젝트》 52일 성경 역사 읽기표

주님, 제가 지금 읽을 성경이 하나님 말씀임을 믿습니다.
성경의 내용이 이해가 되든지 안 되든지 나의 지식적인 머리로 이해하지 않고,
그 내용 그대로 인정하고 받아들입니다.
성령님이 조명해 주셔서 정확하게 깨달아
말씀 읽기가 말씀 살기가 되는 삶을 살도록 역사하옵소서.
주 예수 그리스도의 이름으로 기도드립니다. 아멘!

통독 주간(시대와 책)	통독일	체크	성경 말씀(성경 본문, 시간, 제목)
[제1주] 창조 시대 · 족장 시대 (욥기)	1일		창 1-11장(11장, 14분) - 창조, 타락, 홍수, 바벨
	2일		창 12-20장(9장, 12분) - 아브라함
	3일		창 21-26장(6장, 12분) - 이삭
	4일		창 27-36장(10장, 21분) - 야곱
	5일		창 37-43장(7장, 14분) - 요셉1
	6일		창 44-50장(7장, 13분) - 요셉2
[제2주] 광야 시대 (레위기)	7일		출 1-6장(6장, 9분) - 모세
	8일		출 7-12장(6장, 11분) - 열 가지 기적
	9일		출 13-18장(6장, 10분) - 승리의 노래
	10일		출 19-24장(6장, 9분) - 시내 산 언약
	11일		출 25-31장(7장, 12분) - 성막 설계
	12일		출 32-40장(9장, 17분) - 성막 완성
[제3주] 광야 시대 (신명기)	13일		민 1-5장(5장, 11분) - 구별된 레위인
	14일		민 6-10장(5장, 11분) - 두 번째 유월절
	15일		민 11-15장(5장, 9분) - 원망, 비방, 불신앙
	16일		민 16-25장(10장, 19분) - 자만 분수, 우상 숭배
	17일		민 26-30장(5장, 9분) - 두 번째 계수
	18일		민 31-36장(6장, 11분) - 레위가 살게 될 48개 성읍

[제4주] 정복 시대 · 사사 시대 (룻기)	19일	수 1-8장(8장, 13분) - 전쟁 준비와 여리고 성 승리
	20일	수 9-16장(8장, 13분) - 가나안 정복
	21일	수 17-24장(8장, 15분) - 땅 분배와 레위가 받은 성읍
	22일	삿 1-8장(8장, 17분) - 사사의 배경과 기드온 사사
	23일	삿 9-16장(8장, 16분) - 나실인 삼손 사사
	24일	삿 17-21장(5장, 10분) - 왕이 없는 사사 시대
[제5주] 통일 왕국 시대 (시편)	25일	삼상 1-8장(8장, 12분) - 사무엘과 왕을 요구하는 백성
	26일	삼상 9-15장(7장, 15분) - 왕이 된 사울의 불순종
	27일	삼상 16-23장(8장, 17분) - 다윗의 믿음과 사울의 생각
	28일	삼상 24-31장(8장, 14분) - 다윗의 믿음과 사울의 축복
	29일	삼하 1-7장(7장, 12분) - 성전을 건축하려는 다윗
	30일	삼하 8-12장(5장, 8분) - 밧세바를 범한 다윗
[제6주] 통일 왕국 시대 (잠언, 전도서, 아가)	31일	삼하 13-18장(6장, 15분) - 실패한 압살롬의 반역
	32일	삼하 19-24장(6장, 14분) - 백성의 아픔을 돌보는 다윗
	33일	왕상 1-6장(6장, 14분) - 솔로몬의 지혜
	34일	왕상 7-11장(5장, 15분) - 솔로몬의 변심
	35일	왕상 12-16장(5장, 12분) - 여로보암의 길
	36일	왕상 17-22장(6장, 16분) - 엘리야와 바알

[제7주] 분열 왕국 시대 (북 : 요나, 아모스, 호세아 / 남 : 오바댜, 요엘, 이사야, 미가, 나훔, 스바냐, 하박국, 예레미야) · 포로 시대 (역대상·하, 다니엘, 에스겔, 예레미야애가) · 포로 귀환 시대 (에스더, 학개, 스가랴, 말라기)	37일	왕하 1-7장(7장, 15분) - 엘리사의 구원 사역
	38일	왕하 8-13장(6장, 13분) - 아합의 씨와 다윗의 씨
	39일	왕하 14-17장(4장, 9분) - 말씀대로와 제멋대로
	40일	왕하 18-25장(8장, 17분) - 종교 개혁과 남 유다의 멸망
	41일	스 1-10장(10장, 17분) - 성전 재건과 율법 재건
	42일	느 1-13장(13장, 26분) - 성벽 재건과 종교 개혁
[제8주] 침묵 시대 · 복음 시대 (마태복음, 마가복음, 요한복음)	43일	눅 1-4장(4장, 10분) - 사역 준비
	44일	눅 5-9장(5장, 14분) - 갈릴리 중심 사역
	45일	눅 10-17장(8장, 17분) - 유대 중심 사역
	46일	눅 18-24장(7장, 17분) - 그리스도의 수난
	47일	행 1-6장(6장, 10분) - 성령 강림과 전도 확산
	48일	행 7-12장(6장, 12분) - 스데반과 야고보의 순교
[제9주] 교회 시대 (선교 여행 : 갈, 살전·후, 고전·후, 롬/ 옥중서신 : 엡, 빌, 골, 몬/ 목회서신 : 딤전·후, 딛/ 공동서신 : 히, 약, 벧전·후, 요1, 2, 3, 유) · 영원 시대 (요한계시록)	49일	행 13-21장(9장, 18분) - 바울의 제1, 2, 3차 선교 여행
	50일	행 22-28장(7장, 12분) - 바울의 간증과 로마행
	51일	계 1-11장(11장, 13분) - 아시아 일곱 교회와 일곱 인과 일곱 나팔
	52일	계 12-22장(11장, 14분) - 일곱 대접과 새 하늘 새 땅

/ 차례 /

01

창조 시대

인류 일반 역사

성경을 시대적으로 구분해서 나열하면 13시대로 구분할 수 있다. 가장 먼저 시작되는 창조 시대는 인류의 역사가 어떻게 시작되었는지 하나님의 창조를 통해서 설명한다. 그리고 인간이 어떻게 타락하게 되었는지를 폭로한다. 하나님의 창조적 사랑에도 불구하고 인간은 타락의 홍수에 빠져 몰살하게 되지만, 하나님의 사랑은 여전해서 구원의 방주를 보내신다. 그럼에도 불구하고 인간의 교만은 하늘을 찌르듯이 바벨탑을 세우다가 인류는 전 세계로 흩어지게 된다.

세상 나라 바벨, 새 창조 역사

창조 시대 소통하기

세상은 하나님의 창조 작품이다. 그 작품을 유지 관리하도록 위임받은 사람이 사명을 망각하고 불순종함으로써 세상은 끝없이 타락한다. 그 결과, 인류는 홍수로 멸망하고, 하나님을 대적하는 바벨탑 사건으로 민족이 분열된다. 이로 인해 세상은 하나님이 통치하시는 나라와 사람이 통치하는 나라로 나누어진다. 여기서 하나님 나라는 통치의 개념이며, 하나님의 통치를 받는 자가 하나님 나라의 백성이 된다. 그래서 하나님의 통치를 거부하는 사람들은 세상이 진화되었다고 믿고, 하나님의 통치를 인정하는 사람들은 세상이 창조되었다고 믿는다. 창조와 진화의 차이는 간단하다. 진화론은 원숭이가 자신들의 조상이라고 믿고, 창조론은 자신이 하나님의 형상대로 지음 받았다고 믿는 것이다.

창조 시대의 목적

창조 시대에는 네 가지 주요 사건(창조, 타락, 홍수, 바벨)이 등장한다.

첫째, 창조의 생명은 새 창조의 영원한 생명을 말한다. 새로운 피조물이 새 하늘과 새 땅의 천국에서 그리스도와 세세토록 왕 노릇 하는 것이다.

둘째, 타락의 선악과 불순종은 십자가 순종의 예수 그리스도를 말한다. 선악과를 먹으면 사망이 왕 노릇 하지만 십자가 예수 그리스도를 먹으면 생명이 왕 노릇 하는 것이다.

셋째, 홍수의 물 심판은 종말의 불 심판을 말한다. 우주적 종말의 불 심판에도 구원의 방법이 있다는 것을 홍수를 통해서 미리 보여 준 것이다. 다니엘서에 나오는 풀무 불 사건은 앞으로 나타날 상황에서도 구원받을 수 있는 결과를 극명하게 보여 준 사례가 된다.

넷째, 바벨의 흩어짐은 하나님과 연합된 새 창조의 생명을 말한다. 사람들이 생육하고 번성해서 땅에 충만해 하나님의 영광을 드러내야 한다는 것이다. 그런데 어떤 무리는 자기 이름을 드러내기 시작한다. 명함에 이름을 새기듯이, 어디서든지 볼 수 있는 곳에 탑을 세워 인간이 가진 교만의 극치를 드러낸다.

창조 시대에 흐르는 복음은 하나님이 바벨탑을 쌓는 자들을 흩으시고, 하나님의 이름을 드러내는 자들을 불러 임마누엘로 연합해서 생명탑인 참성전을 건축하게 하시는 것이다. 그러므로 새로운 피조물은 참성전을 건축하는 새 창조의 동역자로 하나님의 영광을 드러내야 한다. 원래 창조의 목적은 하나님의 영광에 있기 때문이다.

> "이 백성은 내가 나를 위하여 지었나니 나를 찬송하게 하려 함이니라"(사 43:21).

그러므로 시편과 요한계시록에서 구원받은 백성이 새 노래를 부르는 것이다(시 98편; 계 5:9, 7:10).

창조 시대 정통하기

성경 본문	창세기 1-11장
성경 구조	창조(창 1-2장), 타락(창 3-5장), 홍수(창 6-9장), 바벨(창 10-11장)
성경 연대	창조부터 주전 2천 년(아브라함 전)까지
핵심 인물	아담
핵심 내용	사명과 순종, 네 가지 사건과 인류의 역사

창조 시대는 하나님의 천지창조부터 아브라함 이전까지의 시대다. 창조, 타락, 홍수, 바벨 사건으로 인해 하나님이 아브라함을 선택하시게 된 배경 이야기가 주요 내용이다. 선악과를 먹고 불순종의 죄를 범한 아담은 십자가 나무에서 순종한 예수 그리스도의 모형이다. 아담의 사명은 순종임에도 불구하고 불순종하게 된다. 아담의 불순종을 시작으로 인류의 역사는 불순종의 역사가 되고 만다. 그러므로 순종은 마지막 아담, 예수 그리스도를 통해서만 할 수 있다.

1일 창 1-11장

관통 QT
내가 세운 바벨탑은 무엇인가?

창조 시대 관통하기

1. 천지창조와 인간 창조(창 1-2장)

천지를 창조하신 하나님의 계획은 이미 새 하늘과 새 땅인 천국에 있다. 창세기는 천국의 목적을 이루기 위해 시작된 출발점이다. 프린스턴 대학에서 성경을 가르친 할디스 보스 교수는 "종말이 구원을 앞선다"라는 말을 했다. 그것은 "종말이 창조를 앞선다"는 말과 같다. 하나님은 영원 속에서 그분이 계획한 것을 이루시기 위해 '창조'를 시작하셨다. 그러므로 창조는 신화가 아닌 하나님의 아름다운 솜씨다.

인간은 하나님의 형상으로 복되게 지음 받은 생명이다. 인간을 창조하신 하나님의 솜씨는 신묘막측(神妙莫測)해서 감히 헤아릴 수 없을 정도로 신기하고 오묘하다. 인간의 창조 목적은 하나님의 안식에 들어가는 것이다. 창조주의 안식은 영광이고, 피조물의 안식은 순종이다. 즉 인간이 하나님에게 순종해야 안식을 경험할 수 있도록 창조된 것이다.

세상은 인간의 창조 목적으로 만들어졌다(사 45:18). 또한 하나님의 영광을 위해서 인간을 창조하셨다(사 43:21, 45:19). 세상 창조 구조의 핵심은 빛이다. 빛은 생명의 근원이기 때문이다. 요한복음에서 말하는 세상의 빛으로 오신 예수 그리스도, 그분은 참빛이며 생명의 근원이시다. 또한 영생이시다.

인간 창조 구조의 핵심은 복이다. 참빛인 예수 그리스도가 사람에게 임마누엘되는 것이 하늘의 모든 신령한 복이 들어오는 것이다. 참빛이 들어온 성도가 그 빛을 반사시키며 세상의 빛으로 사는 것이 생명의 복이다. 빛의 열매는 착함, 의로움, 진실함에 있다. 선하신 하나님과 의로우신 성령님과 진실하신 그리스도가 삼위일체로 나타나는 것이 성령의 열매다. 또한 창조의 핵심은 새 하늘과 새 땅의 천국에서 왕권을 가지고 오시는 예수 그리스도와 함께 이 땅에서 왕 노릇(계 5:10), 천 년 동안 왕 노릇(계 20:6), 세세토록 왕 노릇(계 11:15, 22:5) 하는 것이다.

세상에서 왕 노릇

"하나님이 이르시되 우리의 형상을 따라 우리의 모양대로 우리가 사람을 만들고 그들로 바다의 물고기와 하늘의 새와 가축과 온 땅과 땅에 기는 모든 것을 다스리게 하자 하시고 하나님이 자기 형상 곧 하나님의 형상대로 사람을 창조하시되 남자와 여자를 창조하시고 하나님이 그들에게 복을 주시며 하나님이 그들에게 이르시되 생육하고 번성하여 땅에 충만하라, 땅을 정복하라, 바다의 물고기와 하늘의 새와 땅에 움직이는 모든 생물을 다스리라 하시니라"(창 1:26-28).

하나님은 사람을 위해 이 세상을 창조하시고, 그 사람에게 이 세상을 다스리고 정복하라고 복을 주시며 왕 노릇을 명령하셨다. 즉 사람은 다스릴 수 있는 힘을 부여받은 존재다. 세상을 돈이나 지식 같은 것으로 다스리는 것이 아니라, 하나님이 주시는 복된 능력으로 왕 노릇 해야 하는 것이다. 세상을 다스릴 수 있는 예수 복이 들어오면 죽이는 정복이 아니라 살리는 정복이 되고, 군림하는 다스림이 아니라 섬기는 다스림이 된다. 한마디로 인생살이가 예수살이가 되는 왕 노릇인 것이다.

천국에서 왕 노릇

"하나님이 그 일곱째 날을 복되게 하사 거룩하게 하셨으니 이는 하나님이 그 창조하시며 만드시던 모든 일을 마치시고 그날에 안식하셨음이니라"(창 2:3).

하나님은 천지를 창조하실 때부터 목적과 계획이 있으셨다. 창조의 목적은 천국을 겨냥한다. 하나님은 천지를 창조하신 후 그 위에 사람을 만들어 창조주와 피조물의 관계를 선악과로 설정하시고, 사람이 하나님을 기쁘시게 하고 영광 돌리는 삶을 살다가 최종적으로 천국에서 그리스도와 함께 영원히 왕 노릇 하게 하시려는 것이다.

"그때에 임금이 그 오른편에 있는 자들에게 이르시되 내 아버지께 복 받을 자들이여 나아와 창세로부터 너희를 위하여 예비된 나라를 상속받으라"(마 25:34).

"이미 믿는 우리들은 저 안식에 들어가는도다 그가 말씀하신 바와 같으니 내가 노하여 맹세한 바와 같이 그들이 내 안식에 들어오지 못하리라 하셨다 하였으나 세상을 창조할 때부터 그 일이 이루어졌느니라"(히 4:3).

창세 때부터 예비하신 천국은 복 받을 자들을 위해 예비된 나라다. 이 복은 하나님이 주셔야 하며, 하나님이 주시는 복이 있어야 천국에 들어갈 수 있다.

"찬송하리로다 하나님 곧 우리 주 예수 그리스도의 아버지께서 그리스도 안에서 하늘에 속한 모든 신령한 복을 우리에게 주시되"(엡 1:3).

하나님이 하늘의 신령한 복인 예수 그리스도를 통해서 주시는 복은 '하나님의 자녀가 되는 복'이다. 하나님이 주시는 복은 세상을 다스리는 복이고, 하나님의 자녀가 되어 천국 가는 복이다. 세상살이가 곧 천국살이가 되는 왕 노릇이다.

• 사람의 사명 •

천지창조는 구속사적으로 천국을 위한 것이다. 그러므로 창조된 사람은 누구나 천국을 믿어야 한다. 천지창조로 형성된 에덴동산의 선악과는 하나님의 한 통치 방법으로서 하나님의 창조 질서를 세우는 계명과도 같다. 사람은 하나님의 통치 방법대로 살 때 복된 인생을 살 수 있다.

하나님은 사람을 창조하시고 복된 사명을 주셨다. 그러므로 사람은 하나님 말씀에 순종하면서 세상을 정복하고 다스리고 땅에 충만해야 한다. 또한 창조주이신 하나님을 기억해야 한다(전 12:1, 7, 13). 사람이 창조주를 잊어버리면 그때가 곧 행복을 잃어버리는 시간이다. 왜냐하면 하나님은 사람을 한순간도 창조주를 잊어버리고 살 수 없게 만드셨기 때문이다. 그러므로 사람의 사명은 하나님에게는 영광이요, 사람에게는 행복이 된다. 하나님이 창조하신 생명이 사람을 사랑하고 세상을 축복하면 사람에게는 행복이고 하나님에게는 영광이 되기 때문이다.

2. 인간의 불순종으로 사망이 왕 노릇(창 3-5장)

인간의 불순종으로 죄가 세상에 들어와 사망이 왕 노릇 하는 뒤죽박죽한 상태가 되었다. 하나님이 만드신 세상이 죄로 물들기 시작한 것이다. 사람이 사람을 죽이고, 자연은 파괴되어 황폐해졌다. 하나님에게 불순종한 비참함은 사망이 왕 노릇 하는 것으로 드러났다. 죄의 삯은 죽음이었다. 광명의 천사로 가장할 수 있는 사탄은 뱀의 모양으로 나타나서 인간을 타락시킨 장본인이다. 그러나 하나님은 인간의 모양으로 나타나서 인간을 구원하는 장본인으로 등장하신다. 인간의 타락으로 하나님의 구원 계획은 더욱 빛을 발하게 된다.

인간은 하나님의 사랑을 의심해서 죄를 범했지만 하나님은 여전히 인간을 사랑하셨다. 아담의 선악과 범죄는 하나님의 통치를 거부하는 최초의 범죄 사건이다. 범죄에 대한 하나님의 심판은 단호하다. 에덴동산에서 추방 명령을 내리신 것이다. 그럼에도 불구하고 하나님의 사랑은 특별해서 아담에게 가죽옷을 입히신다. 또한 아벨의 죽음을 셋으로 회복시켜 주신다. 하나님의 공의의 심판과 아가페 사랑의 양면성은 십자가에서 완전히 빛을 발한다. 아담의 불순종으로 사망이 왕 노릇 한 것처럼 마지막 아담 예수 그리스도의 순종으로 생명이 왕 노릇 하게 된 것이다.

• 아담 사망과 예수 생명(아담-가죽옷) •

창조는 생명이고, 생명의 기준은 하나님 말씀이다. 그런데 아담이 하나님의 말씀에 불순종해서 생긴 선악과 범죄의 결과가 죽이고 죽는 사망이 되었다. 아담 한 사람의 불순종으로 사망이 왕 노릇 하고, 한 사람 예수의 순종으로 생명이 왕 노릇 하게 된다. 그러므로 아담은 오실 자의 모형이다(롬 5:14). 이처럼 하나님의 사랑은 불순종을 순종으로 바꾼다(롬 5:19). 또한 사망에서 생명으로 옮긴다(요 5:24).

• 의인 보호와 죄인 구원(가인-죄인 구원) •

가인이 아벨을 죽였을 때 하나님은 가인에게 표를 주시어 가인을 죽이는 자에게는 벌을 7배나 받게 하신다. 죄인을 사랑하고 살인자를 보호하시는 하나님의 표현이 이해할 수 없을 정도로 지나치시다. 그런데 여기에는 하나님의 깊은 뜻이 담겨 있다. 만약 의로운 사람이 복수의 차원에서 가인을 죽인다면 그도 살인자가 되기 때문이다.

이는 의인을 보호하시고, 살인자에게 은혜를 베풀어 죄인을 구원하시려는 하나님의 깊은 사랑의 마음이다. 살인한 죄로 인해 의인이 죄인 되는 것을 원하지 않으시는 하나님의 세심한 사랑인 것이다. 이처럼 의인을 보호하시고 죄인을 구원하시려는 하나님의 새 계명은 사랑이다.

가인보다 더한 죄인이 양의 탈을 쓰고 가인을 미워할 수 있을까? 아벨보다 더한 의인이 죄의 탈을 쓰고 죄인을 사랑할 수 있을까? 사람의 미움은 하늘을 찌르고, 예수의 사랑은 땅(아담, 사람)을 품는다. 탈 속에 감춰진 마음은 사람의 미움과 하나님의 사랑이 대조를 이룬다.

3. 인간의 범죄에 대한 하나님의 심판(창 6-9장)

하나님의 아들들이 사람의 딸들과 혼인한 것이 하나님의 심판의 원인이 된다. 하나님의 아들들이 남자를 상징한다면 사람의 딸들은 여자를 상징한다. 그들은 하나님의 통치에는 관심이 없었다. 스스로 잘 살아 보려는 수단이 남자에게는 힘과 권력이었고, 여자에게는 아름다운 외모였다. 하나님 없이도 잘 살 수 있다는 것이 힘이기에 그들이 결혼해서 낳은 자식은 네피림 거인이요, 용사였다. 하나님 없이도 잘 먹고 잘살 수 있다는 것이 화근이 된 것이다. 정욕적이고 마귀적인 세상에 마음을 빼앗긴 사람들은 모두 심판의 대상이 된다. 육신의 정욕, 안목의 정욕, 이생의 자랑으로 살다가 하나님의 심판인 물에 빠지게 된 것이다. 그러나 하나님은 여전히 인간을 사랑하셔서 노아를 통해서 방주를 예비하신다. 이처럼 죄에 대해서는 반드시 하나님의 심판이 있다. 그러나 구원의 방주도 예비되어 있다.

> "고운 것도 거짓되고 아름다운 것도 헛되나 오직 여호와를 경외하는 여자는 칭찬을 받을 것이라"(잠 31:30).

> "집과 재물은 조상에게서 상속하거니와 슬기로운 아내는 여호와께로서 말미암느니라"(잠 19:14).

남녀가 눈이 맞으면 짝이 되어 연애하고 결혼을 하듯이, 사람도 하나님과 눈이 맞으면 하나님의 사랑의 은혜를 입게 된다. 심판의 세상에서 하나님의 은혜를 입는 것은 말씀에 눈 맞추는 것이다. 세상에 눈 맞추면 심판의 질투가 임하고, 말씀에 눈 맞추면 사랑의 은혜가 임한다. "노아는 여호와께 은혜를 입었더라"(Noah found favor in the eyes of the Lord, 창 6:8). 노아는 하나님의 은혜를 눈치챘다. 우리는 그분의 말씀을 보고 그 은혜를 눈치채야 한다. 예비된 방주는 하나님의 은혜이기 때문이다.

• 홍수 멸망과 방주 구원(홍수-의인 구원) •

"하나님의 아들들이 사람의 딸들의 아름다움을 보고 자기들이 좋아하는 모든 여자를 아내로 삼는지라"(창 6:2).

"간음한 여인들아 세상과 벗된 것이 하나님과 원수 됨을 알지 못하느냐 그런즉 누구든지 세상과 벗이 되고자 하는 자는 스스로 하나님과 원수 되는 것이니라"(약 4:4).

세상과 결혼해서 발생하는 불순종은 세상과 벗된 모습으로 하나님과 원수가 된다고 말씀한다. 노아를 통해서 만드신 방주는 죄로 인해 발생한 홍수 가운데 나타난 하나님의 사랑이다. 홍수 같은 세상의 바다에서 구원의 방주는 예수 그리스도시다. 따라서 그리스도인은 물 위에 사는 성도를 뜻한다. 반면 구원의 방주에 아직 들어오지 못한 사람들은 물 아래 사는 불신자들이다. 그러나 하나님의 심판 속에는 회복이 있다. 하나님은 홍수 이후 무지개 언약으로 다시는 물로 심판하지 않을 것이며, 불로 심판할지라도 반드시 구원하시겠다는 것을 약속하신다. 하나님과 벗 되어 함께 동행한 자들을 물에서 구원하신 것처럼, 하나님과 벗 된 자들을 불에서도 구원하실 것을 보여 주는 하나님의 사랑의 표현이다.

4. 하나님에게 대항하는 세상의 범죄 사건(창 10-11장)

인류에게 대재앙으로 기억될 만한 홍수 사건을 통해 인간들은 하늘에 닿을 만한 탑을 쌓아서 홍수를 대비하려고 했다. 이는 하나님의 심판과 존재에 대한 정면 도전과도 같은 행위였다. 탑을 쌓을 때 돌 대신 벽돌을 만들고, 진흙 대신 역청을 쓰겠다는 것은 하나님 나라 대신 자신들의 힘으로 나라를 세우겠다는 반역이다. 하늘에서 사람들의 악한 행위를 내려다보신 하나님은 탑을 헐어 버리는 대신 인간들을 흩으신다. 탑을 쌓은 인간의 죄 된 마음이 문제이기 때문이다. 그래서 언어를 혼잡하게 해서 흩으신 것이다. 이처럼 인간의 교만은 분열의 결과를 낳는다.

바벨탑(Tower of Babel)
바벨탑 사건은 인간이 세상을 지배하려는 것에 대한 하나님의 분산이다. 이것으로 인류의 언어 발생지의 근원과 민족이 생겨났음을 알 수 있다.
바벨탑은 일시적으로 중단되었으나 바벨탑에 남아 있던 사람들이 다시 계속해서 탑을 쌓았다.
바벨탑은 지구상 모든 탑의 근원과 모형이 되었다.
바벨탑은 고대 메소포타미아 도시 중앙에 세워졌던 지구라트를 말한다. 지구라트는 구운 벽돌에 역청이나 회를 발라 쌓아 올린 사각추 구조의 층계식 탑으로 그 꼭대기에 신전과 제단이 있는 건축물을 말한다.

이렇게 흩어진 인간들은 계속해서 자신들만의 탑을 세운다. 세계 최고의 건물을 경쟁하듯 세우는 이유도 자신들의 이름을 위해서다. 이런 것이 '금자탑'(金字塔)이다. 금자탑은 피라미드를 말하는 것으로 후세에 길이 남을 인간의 업적을 뜻한다. 이런 업적을 남기기 위해 오늘도 사람들은 열심히 탑을 쌓는다. 또 하나의 탑은 '상아탑'(象牙塔)이다. 상아탑은 학문이나 예술지상주의를 뜻한다. 이러한 탑들은 결국 인간들이 자기 이름을 내고 업적을 쌓기 위한 것이다.

바벨탑과 금자탑, 상아탑을 쌓아 가는 이런 세상에 하나님은 인간들이 보암직하게 보는 탑이 아닌, 인간들에게는 미련하고 어리석게 보이는 십자가를 세우셨다. 그래서 모래 위에 지은 집은 비바람이 불면 무너질 '바벨탑'(금자탑, 상아탑)으로 세상에서 자신이 왕 노릇 하는 모양새다. 그러나 반석 위에 지은 집은 세상의 환난에도 무너지지 않는 '생명탑'(참성전)으로 말씀이 왕 노릇 하는 모양새다.

성경은 하나님의 구원 역사로 '하나님 나라'를 세운다. 그러나 하나님을 대항하는 세력은 점점 더 '세상 나라'를 세워 간다. 세상 나라는 시날 평지인 땅에 모여서, 우리가 이름을 내고 흩어짐을 면하자면서 바벨이란 나라를 세운다(창 10:10, 11:2). 그러나 세상 나라는 반드시 멸망하고, 하나님 나라는 반드시 세워진다. 하나님은 이런 혼란한 틈 속에서도 인류를 구원할 만한 사람을 찾고 준비하신다.

인간이 교만하면 하늘의 진노를 받고, 겸손하면 하늘의 사랑을 받는다. 세상 나라는 바벨론(창 10:10)을 상징하기에 요한계시록에 기록된 큰 성 바벨론은 멸망당하고 만다(계 14:8, 17:5, 18:2, 21). 하나님은 인류를 구원할 그리스도를 통해서 자신의 영광을 위해 바벨탑을 쌓은 사람들을 분리시켜 큰 성 바벨론과 함께 멸망시키시고, 하나님의 영광을 위해 생명탑인 참성전을 건축하는 사람들을 구별해서 구원하신다.

• 민족 분산과 세계 선교(바벨-존재 목적) •

하나님은 하나님을 대적한 자들을 살리시기 위해 흩으시고 다시 모으신다. 온 인류를 흩으시고 아브라함을 부르신다. 죄를 범한 이스라엘을 흩으시고 유다 지파로 구별시키신다. 그리고 디아스포라로 흩어진 유대인들의 남은 자들을 다시 모으신다. 하나님은 온 인류를 구원하기 위해 예수 그리스도를 보내시고, 예수 그리스도는 열두 제자를 부르시어 그들을 통해 세운 초대교회로 열방을 구원하신다.

하나님이 흩고 모으는 일을 반복하시는 것은 구원을 위해서 구별시키는 작업이다. 하나님은 자신의 이름을 내고(창 11:4) 자기 영광의 바벨탑을 쌓는 사람들을 흩으시고, 하나님의 이름을 거룩히 여기며 하나님을 기쁘시게 하는 하나님 영광의 참성전을 건축하는 사람들을 모으신다.

하나님이 예수 그리스도를 통해서 주시는 복은

'하나님의 자녀가 되는 복'이다.

하나님이 주시는 복은 세상을 다스리는 복이고,

하나님의 자녀가 되어 천국 가는 복이다.

세상살이가 곧 천국살이가 되는 왕 노릇이다.

창조 시대 핵심 정리

인류 일반 역사

1. 인류의 역사는 진화가 아닌 창조의 역사다. 세상이 저절로 진화되었다고 믿는 세상 나라는 제국주의(바벨, 로마 제국)로 힘의 상징이고, 창조의 역사로 세워진 하나님 나라는 복의 근원이다.
2. 하나님의 형상(본질이 겉으로 드러난 총체, 속성)과 모양(존재 양태, 스타일, 정체성)으로 창조된 인간은 그분의 형상과 모양으로 살 때만 복되다. 창조된 자연은 언제나 하나님 말씀에 순종하지만, 창조된 사람은 그리스도로 임마누엘 되어야만 순종할 수 있는 존재가 된다.
3. 인간의 존재를 망각하게 되면 하나님의 통치를 거부하는 범죄(선악과, 살인)를 저지르게 된다. 또한 인간의 사명을 망각하게 되면 노아 홍수(하나님의 아들, 사람의 딸)와 바벨 사건(세상 나라, 하나님 나라)을 일으키게 된다.

세상 나라 바벨

1. 세상 나라는 하나님의 통치를 거부함으로써 발생한 죽음의 문제를 해결하려고 다른 신을 섬기게 된다. 이 나라의 특징은 힘에 의한 통치다. 세상 나라를 상징하는 바벨론은 네피림(창 6:4) 같은 용사와 니므롯(창 10:8-9) 같은 정복자가 나와 힘으로 다스린다.
2. 바벨은 '흩어지다, 없어지다'라는 뜻으로, 세상 나라는 없어지지만 하나님 나라는 영원하다. 그러므로 땅의 음녀이며 가증한 것의 어미인 큰 바벨론(계 17:5)은 요한계시록에서 멸망을 예고한다.
3. 예수 그리스도의 승리(계 17:14)로 바벨론 성은 함락(계 18:2)당하고, 심판(계 18:10, 21)을 받고, 지옥에 던져지게 된다(계 20:2-3, 10).

새 창조의 역사

1. 하나님의 창조는 인간에 대한 우주적 투자다. 하나님은 당신이 창조하신 세상에서 당신의 말씀을 기쁘게 반응하는 인간에게 새 창조의 투자를 아끼지 않으신다.
2. 하나님이 은혜로 베푸신 새 창조의 투자로 새로운 피조물이 되면 새 창조의 동역자가 된다. 그는 영원한 생명을 선물로 받으며, 영원한 영광을 얻을 기회를 세상 사는 동안

에 사명으로 받게 된다.

3. 새 창조의 동역자는 세상 사는 동안 인간을 축복하고 영혼을 구원할 기회를 얻게 된다. 새 하늘과 새 땅의 천국을 완성할 기회인 것이다. 새 창조된 생명은 하나님 나라를 세우는 사명으로 영원한 영광에 동참하게 된다.

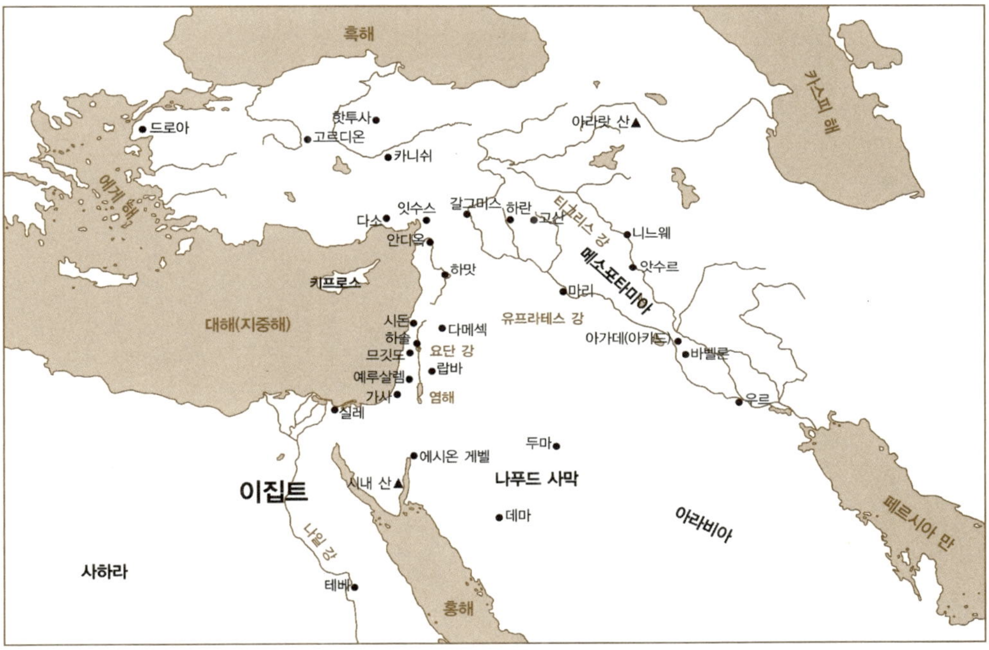

▲ 고대 근동

02

족장 시대

육적 이스라엘

바벨탑 사건 이후 하나님은 흩어진 민족 중에 셈족인 아브라함을 부르신다. 하나님의 부르심에 응답한 아브라함을 통해 이스라엘 민족이 형성되기 시작한다. 족장 시대는 이스라엘의 초기 역사로, 믿음으로 시작한 아브라함과 순종으로 복된 인생의 이삭, 험악한 인생의 야곱 그리고 형통한 인생의 요셉을 주요하게 다룬다. 특히 야곱의 가족 70명이 애굽으로 이주하게 된 이야기는 큰 민족을 이루게 하겠다는 하나님의 약속을 실현시키는 과정이다.

하나님의 백성, 제사장 나라

족장 시대 소통하기

하나님은 아브라함에게 복과 자손의 씨, 땅을 주겠다고 약속하신다. 하나님의 약속은 대를 이어 갈수록 점차 분명하게 확증되어 간다. 하나님은 이삭과 영원한 언약을 세우시겠다는 상징으로 이삭을 번제로 드리라 명하신다(창 17:19). 이삭의 번제 사건은 하나님의 약속이 확고하고 분명하다는 것을 보여 준 것이다. 그리고 이삭을 통한 약속은 이삭의 씨로 하늘의 별과 바다의 모래와 같이 번성하고, 그 씨로 말미암아 천하 만민이 복을 얻게 되는

이스라엘
이스라엘은 '하나님과 겨루어 이겼다'는 뜻이다(창 32:28). 하나님의 축복을 받아 낼 만큼 복에 굶주린 야곱은 하나님과 씨름하다가 허벅지 관절이 위골된다(허리 아랫부분의 엉덩이뼈). 이 뼈는 인체에서 가장 강한 부분이다. 구약 시대 사람들은 이 부분에 손을 얹고 서약했으며, 병사들은 이 부분에 칼을 찼다. 당시 생활 풍습에서 사람이 넓적다리를 치는 것은 가장 깊은 슬픔과 수치,

것이다(창 22:17, 26:4). 이삭의 아들 야곱이 아비 집을 떠나 밧단아람으로 가는 도중 벧엘에서 하나님은 야곱을 끝까지 지키고 보호하시어 이 땅으로 돌아오게 될 것을 약속하신다(창 28:15).

그리고 30년 후, 야곱이 다시 아비 집으로 돌아오는 도중 벧엘에서 하나님은 그를 이제는 '야곱'이 아닌 '이스라엘'이라 부르시며, 그에게서 많은 국민과 왕이 나올 것을 약속하신다(창 35:9-11). 이렇게 약속은 점진적으로 이스라엘이란 나라가 태동할 것을 암시한다. 그리고 마지막 인물 요셉을 통해서 이스라엘이란 나라가 만민의 생명을 구원하는 제사장 나라가 될 것을 암시한다(창 50:20). 족장 시대에 하나님의 약속을 받은 아브라함과 그 자손들은 대를 잇고 가문을 키워 민족을 형성하는 과정에서 오직 하나님만을 경외하고 약속의 성취를 믿어 모세가 등장할 때까지 수백 년 동안 그 약속을 후손들에게 유언으로 남긴다.

후회의 표시다(겔 21:12). 또한 허벅지 관절은 '생식기'를 나타내기도 해서 생명과 직결되는 부분이기도 하다.
야곱은 허벅지 관절이 부러진 다음 하나님에게 순복하고 은혜를 받게 된다. 하나님은 은혜를 내려 주시기 전에 인생에서 가장 강한 부분을 깨뜨리신다. 허벅지 관절이 부러져야 하나님만 의지할 수 있기 때문이다. 그러므로 아직까지 고집불통의 자아가 깨지지 않았다면 하나님과 씨름하는 중인지 생각해 볼 필요가 있다. 그러나 하나님의 축복은 이미 약속된 것이기에 받아 낸 것이 아니라 주어진 것이다.

족장 시대의 목적

족장 시대에는 네 명의 주요 인물(아브라함, 이삭, 야곱, 요셉)이 등장한다.

첫째, 믿음의 조상 아브라함은 복의 모델로 성부 하나님의 축복이 흐르는 것을 볼 수 있다. 또한 복의 근원 아브라함은 믿음의 사람으로 거룩한 인생살이를 보여 준다.

둘째, 이삭은 약속의 씨 모델로 성자 하나님의 순종이 흐르는 것을 볼 수 있다. 또한 이삭은 순종의 사람으로 복된 인생살이를 보여 준다.

셋째, 욕망의 사람 야곱은 죄를 지은 인간의 모델로 피조물의 불순종이 흐르는 것을 볼 수 있다. 또한 야곱은 욕망의 사람으로 험악한 인생살이를 보여 준다.

넷째, 요셉은 복의 씨가 인간에게 들어온 삼위일체 임마누엘 성도의 모델로 성령님의 사랑과 축복이 흐르는 것을 볼 수 있다. 또한 요셉은 꿈꾸는 사람으로 범사에 형통한 인생살이를 보여 준다.

족장 시대에 흐르는 복음은 하나님이 야곱 같은 나를 사랑하사 복의 씨인 예수 그리스도로 임마누엘하셔서, 아브라함처럼 물질보다 사람을 존중하고, 사람보다 사람을 창조하신 하나님을 경외하게 하며, 이삭처럼 자기 족속을 살리고 범사에 양보함으로 이방인에게 하나님의 살아 계심을 보게 한다. 또한 요셉처럼 애매한 종살이와 옥살이의 고난 속에서도 새 언약의 일꾼으로 만민 생명을 구원하게 하신다. 성도에 대한 하나님의 특별한 목적은 만민 생명을 구원하는 세계 선교에 있다.

족장 시대 정통하기

성경 본문	창세기 12-50장
성경 구조	아브라함(창 12-20장), 이삭(창 21-26장), 야곱(창 27-36장), 요셉(창 37-50장)
성경 연대	약 300년간(우르로 떠남, 우르[주전 2166년]-애굽 이주[주전 1876년])
핵심 인물	아브라함
핵심 내용	복과 씨, 땅의 약속, 4대 인물과 하나님 나라의 백성

※ 족장 시대의 성경(1권) : 욥기

족장 시대는 아브라함으로 시작된 이스라엘이 큰 민족으로 형성되기 전까지의 이야기다. 아브라함, 이삭, 야곱, 요셉에 걸친 인물들의 이야기가 주요 내용이다. 아브라함은 믿음의 조상으로 하나님에게 복과 씨와 땅에 대한 약속을 받은 인물이다. 아브라함에게 하신 약속으로 하나님의 구원 역사가 본격적으로 시작된다.

"아브라함이 하나님을 믿으매 그것이 그에게 의로 여겨진 바 되었느니라"(롬 4:3, 창 15:6 참조).

믿음으로 구원받는 하나님의 구원 역사가 아브라함의 고백을 통해 점진적으로 드러난다. 아브라함의 복은 하나님의 은혜고, 그 복의 실체는 약속된 씨, 예수 그리스도다. 그 씨의 복으로 가나안 땅이 상징하는 새 하늘과 새 땅에 들어가게 되는 것이다.

관통 QT
아브라함의 믿음과 나의 믿음에는 어떤 차이가 있는가?

2일 창 12-20장

족장 시대 관통하기

1. 믿음의 사람으로 거룩한 인생, 아브라함(창 12-20장)

로마서가 추천하는 믿음의 사람, 아브라함에게 임한 복은 우연이 아니다. 인간이 창조되면서 처음 주어졌던 복(창 1:28)이 가인의 살인 사건으로 아벨에서 셋으로 이어지고, 홍수 사건 때는 노아에게 이어지고, 바벨 사건 이후에는 아브라함으로 이어진다. 하나님은 아브라함에게 언약을 주신다. '여호와께서 이르시되'(주권, 법), 첫째로 '지시할 땅'(가나안 영토)을 주시겠다는 것이고, 둘째로 셀 수 없이 많은 '자손'(씨, 민족)을 주시겠다는 것이며, 셋째로 '복의 근원'(제사장 나라)이 되게 하신다는 것이다.

하나님의 약속을 붙잡은 아브라함은 믿음으로 약속의 땅을 바라보았고, 믿음으로 약속한 씨, 이삭을 하나님 명령에 따라 모리아 산에서 번제물로 바치려 했던 믿음의 조상이다. 그는 하나님의 부르심에 응답해서 갈 바를 알지 못하고 떠나는 믿음의 진수를 보여 준다.

> "그때에 아비멜렉과 그 군대 장관 비골이 아브라함에게 말하여 이르되 네가 무슨 일을 하든지 하나님이 너와 함께 계시도다"(창 21:22).

하나님이 아브라함에게 주시는 복은 임마누엘 하나님이 함께 계시는 것을 말한다. 그러므로 복은 하나님 자신이고, 그 복의 씨는 예수 그리스도를 말한다. 이방인에게 하나님이 함께 계심을 보여 주는 것이 복 있는 사람의 모습이다. 그리고 영생은 하나님이 함께하시는 사람에게 나타난다(창 21:33).

하나님을 경외해서 이삭을 번제로 드리는 시험에 합격한 아브라함에게 하나님은 "큰 복을 주고 네 씨가 크게 번성하여 하늘의 별과 같고 바닷가의 모래와 같게 하리니 네 씨가 그 대적의 성문을 차지하리라"(창 22:17)고 말씀하신다. 큰 복은 씨를 말하고, 씨는 예수 그리스도를 말한다.

> "아브라함과 이삭과 야곱의 하나님 곧 우리 조상의 하나님이 그의 종 예수를 영화롭게 하셨느니라"(행 3:13).

> "아브라함에게 이르시기를 땅 위의 모든 족속이 너의 씨로 말미암아 복을 받으리라 하셨으니 하나님이 그 종을 세워 복 주시려고"(행 3:25-26).

> "이 약속들은 아브라함과 그 자손에게 말씀하신 것인데 여럿을 가리켜 그 자손들이라 하지 아니하시고 오직 한 사람을 가리켜 네 자손이라 하셨으니 곧 그리스도라"(갈 3:16).

아브라함의 복은 결국 그리스도를 통해서 받은 것이다.

• 하나님 나라의 백성 •

아브라함에게는 떠나는 믿음이 있었다. 그는 세상 나라를 상징하는 갈대아 우르에서 떠났다. 그러므로 세상 나라에서 떠나는 것이 하나님 나라의 백성이 되는 것이다. 하나님 나라에 대한 관심으로 예수님을 찾아온 니고데모(요 3장)처럼 사람들은 천국에 대한 궁금증을 가지고 있다. 하나님 나라는 하나님의 자녀가 들어간다. 하나님의 자녀는 믿음으로 출생된다(엡 2:8-9). 아브라함은 믿음으로 의롭다 함을 받았다. 하나님은 하나님의 자녀 출생이 믿음으로만 된다는 것을 확실히 보여 주시기 위해 약속의 자녀(갈 3:16, 4:28; 창 15:4)를 주겠다고 말씀하신다.

또 아브라함에게는 기다리는 믿음이 있었다. 75세에 받은 하나님의 약속을 25년이 지난 100세에 열매를 거둔다. 갈 바를 알지 못한 채 떠나고 언제인지도 모른 채 기다리는 아브라함은 믿음의 조상이 분명하다.

십계명은 하나님에 대한 계명(1-4계명)과 인간에 대한 계명(5-10계명)으로 나뉜다. 인간에 대한 계명은 다시 인간관계에 대한 계명(5-7계명)과 물질관계에 대한 계명(8-10계명)으로 나눌 수 있다. 아브라함은 이런 계명이 주어지기도 전에 더 중요한 가치를 발견한 것 같다. 그는 조카 롯과 물질의 문제가 생겼을 때 물질보다 인간관계를 더 중요하게 생각하고 일을 처리했다. 또한 그는 이삭을 번제로 바치는 문제가 발생했을 때도 혈육의 인간관계보다 하나님과의 관계를 더 중요시 여겼다. 믿음의 사람은 물질보다 사람을 더 중요하게 생각하고, 사람보다는 하나님을 더욱 신뢰한다.

사람이 배가 아프면 약을 먹어야 하고, 배가 고프면 밥을 먹어야 하듯, 영혼이 목마르면 말씀을 먹어야 한다. 또한 질병에 걸리면 병원에 가서 치료를 받아야 하고, 돈을 벌려면 직장에 가서 일을 해야 하듯, 영생을 얻으려면 교회에 가서 예수 그리스도를 만나 말씀을 좇아 살아야 한다. 아브라함은 하나님 말씀을 좇았다(창 12:4). 말씀을 좇아가면 세상을 떠나고, 우상을 버리고, 물질을 바치며, 자신을 드리게 된다.

• 천국 백성의 성품 •

인류의 일반 역사(세상 나라)와 하나님의 구원 역사(하나님 나라)의 대조적 모습은 아브라함을 통해 드러난다. 하나님은 아담의 선악과 범죄로 자신의 통치를 거부한 인류를 여전히 사랑하심으로 아브라함을 통한 육적 이스라엘을 제사장 나라로 삼아 전 인류를 구원할 계획을 펼치신다. 아브라함으로 시작한 이스라엘을 선택하신 것은 이스라엘뿐 아니라 전 인류를 구원하기 위한 제사장 나라로 삼으신 것이다(출 19:6-7). 이스라엘은 잘못된 선민사상으로 지금까지 예수 그리스도를 믿지 못하는 상태다

(롬 9-11장). 그러나 성경은 아브라함을 시작으로 모든 인류가 구원받는 방법에 차별이 없음을 제시한다(롬 4:3-24). 그러므로 영적 이스라엘 백성(천국 백성)은 '제사장 나라' 역할을 감당해야 한다(고전 3:9; 고후 3:6).
또한 하나님 나라(하늘 문화)에서는 예수 그리스도처럼 섬기고 죽어야 백성의 왕이 된다. 그래서 예수님은 왕의 마음을 가지고(빌 2:5-11), 예수님을 세상 나라의 왕으로 생각한 야고보와 요한의 어머니와 제자들에게 누구든지 높아지려면 종과 같이 낮은 자리에서 섬기라고 하셨다(마 20:20-28). 그러므로 아가페 사랑은 하나님 나라의 문화로, 천국 백성이 가져야 할 성품의 사명이다.

3일 창 21-26장

관통 QT
이삭이 순종한 기준은 무엇인가?

2. 순종의 사람으로 복된 인생, 이삭(창 21-26장)

이삭은 순종의 모범이다. 이삭은 순종의 결과로 흉년에 농사를 해도 100배의 결실을 거두는 것을 볼 수 있다. 또한 힘써 판 우물을 빼앗겨도 회복시켜 주시는 하나님의 은혜를 누리기도 한다. 이삭은 너무 좋은 사람이라 쓸 말이 별로 없다. 누구하고도 다투지 않아서 이름대로 '웃기는 사람'이다. 이삭은 그랄 목자에게 우물을 양보한다. "주의 종은 마땅히 다투지 아니하고"(딤후 2:24)라는 말씀은 이삭처럼 행하라는 것이다. 이삭은 하나님의 계명을 따라 사는 모습을 잘 보여 준다.

여호와 이레
여호와 이레는 '여호와가 준비하시다, 여호와가 보시리라'를 의미한다. '어떤 것을 본다'는 것은 '그것을 준비한다'는 것을 의미한다. 그러므로 하나님은 아브라함이 순종할 것을 아시어 지켜보시고, 아브라함은 하나님이 준비하실 것을 알고 믿은 것이 '이레'다.
"아브라함이 그 땅 이름을 여호와 이레라 하였으므로 오늘날까지 사람들이 이르기를 여호와의 산에서 준비되리라 하더라"(창 22:14).

자식이 대학에 가거나, 좋은 직장에 취직하

거나, 돈이 있어 부자가 되는 것으로 하나님의 살아 계심을 보여 주려는 생각을 가지고 기복적인 신앙생활을 하는 사람들이 있다. 그러나 하나님에게 복 받은 사람들은 이방인으로부터 "당신은 정말 하나님을 믿는 사람 같아요"라는 말을 들어야 한다. 하나님이 드러나는 방법은 간단하다. 그리스도로 인해 세상에서 손해 보고 바보 같다는 소리를 듣는 것이다. 그렇지만 왕따 인생은 아니다. 이삭에게 아비멜렉과 비골이 찾아온 것처럼 원수가 찾아와서 화평하게 되고, 하나님에게 복 받는 존귀한 사람이 된다. 그러면 전도가 저절로 되고, 많은 생명을 살리는 그리스도의 형상으로 살게 될 것이다.

• 여 호 와 이 레 •

아버지에게 순종하는 이삭의 믿음은 아버지와 다를 바가 없다. 이삭의 순종하는 믿음은 예수 그리스도가 하나님 아버지에게 순종하시는 예표다. 독생자 이삭을 모리아 산에서 번제로 드리는 장면은 독생자 예수 그리스도의 십자가 장면을 연상하게 한다(창 22장). 수풀에 걸린 숫양은 다시 살아나는 이삭과 부활의 주님을 동시에 보여 준다.

그 숫양은 언제부터 있었을까? 아마도 순종할 때마다 보이는 '여호와 이레'일 것이다. 모리아 산은 이삭의 번제 이후 2천 년이 지난 후에 하나님이 예비하신 예수 그리스도가 십자가에서 죽으신 골고다 언덕이다. 예수 그리스도는 여호와 이레시다.

관통 QT
야곱의 생애와 나의 생애의 차이점은 무엇인가?

4일 창 27-36장

3. 욕망의 사람으로 험악한 인생, 야곱(창 27-36장)

야곱은 가장 인간적인 사람의 전형적인 모습이다. 야곱은 아브라함도 이삭도 안

닮았다. 절대 양보나 평화가 없다. 배 속에서도 타이틀 매치를 하는 야곱에게 걸리면 좋은 사람도 나쁜 사람이 된다. 장자권과 축복권을 속임수로 얻어 낸 야곱의 모습은 바로 인간적인 우리의 모습이다. 높은 위치에서 많은 복을 누리며 살고 싶은 인간의 욕망이다. 그의 끝없는 욕심은 아비 집을 떠나 네 명의 아내를 통해 열두 아들을 낳은 20년간의 처가살이로 여실히 드러난다. 어떠한 사람을 만나도 이겨 먹는 야곱은 하나님과 겨루어도 이기는 신기한 사람이다.

그가 밧단아람, 외삼촌 라반의 집에서 낳은 열두 아들은 이스라엘의 열두 지파가 되고, 하나님에게 받은 새로운 이름 '이스라엘'은 나라의 이름이 된다. 야곱에게서 레아는 (1) 르우벤, (2) 시므온, (3) 레위, (4) 유다를 낳고, 라헬의 여종 빌하에게서 (5) 단, (6) 납달리를 낳고, 레아의 시녀 실바에게서 (7) 갓, (8) 아셀을 낳고, 다시 레아는 (9) 잇사갈, (10) 스불론과 딸 디나를 낳고, 라헬은 (11) 요셉, (12) 베냐민을 낳는다.

"뛰는 놈 위에 나는 놈 있다"는 말이 있다. 속이는 야곱은 더 잘 속이는 사람들을 만나 속기도 한다. 야곱은 라반에게 품삯을 속임당하고, 자식들에게는 요셉의 생사를 속임당한다. 그러나 하나님은 범사에 불통한 야곱을 끝까지 기다리시면서 축복의 사람으로 만들고, 이스라엘을 장자의 나라로 삼으신다.

• 하나님의 주권 •

조건 없는 하나님의 선택은 하나님의 주권이다. 그러므로 야곱을 선택하신 것은 하나님의 주권적인 은혜다. 인간적으로 한없이 부족해서 미련하고, 약하고, 천하고, 멸시받고, 없는 것이 많을수록 하나님의 주권적인 은혜의 구원은 하나님의 지혜고 능력이 된다(말 1:2-3; 롬 9:13; 고전 1:27-29).

야곱은 장자권과 축복권을 속임수로 얻어 내고(창 25-27장), 76세에 본토 친척 아비 집을 떠나 외삼촌 라반의 집에서 20년간 처가살이를 한다(창 28-32장). 14년간은 두 아내 라헬과 레아를 위해서 살고 90세에 요셉을 낳는다. 그리고 6년은 품삯을 벌기 위해서 라반의 가축을 돌본다. 야곱은 아버지 이삭과 형 에서를 속이고 야반도주해서 20년간 머문 외삼촌의 집에서도 도주해, 96세에 세상의 욕망을 향해 세겜에 머문다. 그곳에서 디나 사건으로 10년 동안 방황한 세겜의 세상살이를 청산하고, 107세에 그 아비가 거하던 헤브론에서 23년을 머물게 된다(창 37-47장).

야곱이 세겜에서 헤브론에 도착했을 때 요셉의 나이는 17세였다. 요셉은 아버지의 편애로 형들의 미움을 사게 되어 13년간 억울한 종살이와 옥살이를 하다가 하나님의 은혜로 30세에 애굽의 총리가 된다. 그로부터 7년의 풍년이 지나고 2년째 흉년을 맞이하면서 꿈에 그리던 아버지 야곱을 만나게 된다. 그때 야곱의 나이는 130세고, 요셉은 40세였다(창 47:9). 아비 집을 떠난 70여 년의 여정은 실로 파란만장하다. 147세로 생을 마감(창 47:28)하는 범사에 불통한 야곱을 끝까지 기다리면서 이스라엘로 만들어 가시는 하나님의 임마누엘 복이 야곱을 축복의 사람으로 만든다(창 48-50장).

헤브론

"야곱이 기럇아르바의 마므레로 가서 그의 아버지 이삭에게 이르렀으니 기럇아르바는 곧 아브라함과 이삭이 거류하던 헤브론이더라"(창 35:27).

아브라함은 하나님으로부터 동서남북 사방이 보이는 땅을 약속 받고도 땅을 차지하러 가지 않고 헤브론(연합, 친구)으로 가서 단을 쌓고 하나님과 교제했다(창 13:14-18).

야곱이 인생 여정을 마치고 마지막에 도착한 곳이 바로 헤브론이고, 죽어서 묻힌 곳도 헤브론이었다(창 50:13). 성도는 하나님과 교제하는 자리를 떠나지 않고 그 자리를 지켜야 한다.

헤브론은 훗날 다윗이 왕이 된 곳이기도 하다. 성도는 왕 같은 제사장으로 하나님과 연합(헤브론)해야 왕 노릇 할 수 있다.

하나님은 구부러지고 비뚤어진 사람을 바르고 곧게 펴 놓는 데 명수이시다. 또한 불평하는 자를 감사하는 자로 바꾸시기도 한다. 속이고 속는 야곱을 바르고 곧게 펴서 축복의 사람으로 만들어 가시는 하나님의 인내가 놀랍다. 하나님의 계산법으로 이 정도가 야곱에게 적당하다면 하나님은 우리를 어떤 환경과 상황으로, 얼마만큼의 시간으로 곧고 바르게 펴 놓으실까! 하나님이 내 인생을 책임지신다는 고백이 야곱보다 빠르기를 기대해 본다.

4. 꿈꾸는 사람으로 형통한 인생, 요셉(창 37-50장)

요셉은 범사에 형통한 사람이었다. 복의 결론이 요셉에게서 분명하게 나타나기 때문이다. 창세기의 출발은 복으로 시작해서 복으로 끝난다. 요셉까지 흐르는 복의 결론을 살펴보면 하나님이 복을 주시면서 당신의 뜻을 이루어 가시는 것을 볼 수 있다. 복의 궁극적 목적은 만민의 생명을 구원하는 것이다. 하나님이 하시는 일은 사람에게 복을 주시면서 악을 악으로 이기는 것이 아니라, 선으로 악을 이기는 것이다(롬 12:21). 악을 이기는 것은 복수가 아니라, 하나님이 함께하심으로 그리스도가 나타나는 새 계명, 곧 사랑이다.

야곱의 가족
창세기와 출애굽기에 기록된 야곱의 가족은 70명이다(창 46:27; 출 1:5). 그런데 스데반은 애굽에 내려간 야곱의 가족을 75명으로 말한다(행 7:14). 그것은 스데반이 요셉의 손자 5명을 포함한 것이다. '70인역'이 이를 뒷받침해 준다.

요셉과 함께하시는 하나님을 통해서 그는 어디를 가든지 범사에 형통한 삶을 살았다(창 39:3-5, 21-23). 범사에 형통한 삶은 단순히 감옥에 가지 않는 것이 아니다. 감옥에 가도 하나님이 함께하시는 것을 놓치지 않는 것이다. 하나님이 전개시키시는 상황은 하나님의 목적인 그분의 뜻과 계획 안에서 해석해야 한다. 요셉은 특별히 잘못한 것도 없는데 하나님의 계획은 요셉을 종살이시키심으로써 하나님의 복을 보여 주시고, 옥살이를 통해서는 하나님의 은혜를 보여 주신다. 또한 애굽의 총리살이를 통해서는 하나님의 복이 만민의 생명을 구원하는 것임을 보여 주신다.

예수 믿는 사람에게는 고난이 있지만, 하나님이 함께하시면 고난을 뚫고 범사에 형통하게 된다. 그러므로 범사에 형통하다는 것은 좋은 일만 있는 것이 아니라 고난이 와도 하나님의 말씀으로 뚫고 갈 수 있는 형통을 말한다.

• 하나님의 계획 •

하나님은 각 사람에 대한 특별한 계획을 갖고 계신다. 그러므로 사람 또한 하나님의 계획을 믿는 믿음이 있어야 한다. 한 사람에 대한 계획을 갖고 계신 하나님은 한 나라에 대한 계획도 갖고 계신다. 이스라엘 민족을 애굽으로 이주시키신 하나님의 계획은 무엇일까?

이스라엘이 제사장 나라가 되기 위해서는 '다른 나라에 영향력을 미칠 수 있는 공동체'로 번성해야 했다. 그래서 하나님은 약속을 이루시기 위해 야곱의 가족 70명을 애굽의 고센 땅으로 보내신다(창 46:27). 이스라엘은 약 400년 후 70명이 약 200-300만 명이 된다. 족장이 아님에도 성경에서 중요하게 다루는 요셉은 애굽으로 이주시키시기 위한 하나님의 구속 섭리다. 그래서 요셉은 그 역할을 예수 그리스도의 예표로 충실히 감당한다.

요셉을 통한 만민의 생명 구원은 결국 세계 선교다. 그는 사랑하고 축복하고 용서하는 방법으로 생명을 구원한다. 만민의 생명을 구원하기 위해서는 "그들의 허물과 죄를 용서"(창 50:17)해야 하기 때문이다. 요셉이 종살이와 옥살이에서 자유자가 되고 총리가 된 목적은 궁극적으로 만민의 생명을 구원하기 위함이다. 그러므로 하나님의 꿈이 요셉을 통해 실현되려면 요셉을 말씀으로 단련하셔야만 했다(시 105:16-19).

"그가 나를 단련하신 후에는 내가 순금같이 되어 나오리라"(욥 23:10).

요셉은 17세에 종살이와 옥살이를 시작해 꿈을 현실로 이루는 데 23년의 시간이 걸린다. 총리가 된 요셉에게 형들에 대한 미운 감정이 남아 있었다면 하나님의 뜻은 이루어지지 않았을 것이다. 그러므로 요셉의 미운 감정을 용서의 마음으로 바꾸시는 하나님은 위대하시다. 하나님은 당신의 계획을 이루시기 위해 사람을 선택하고 꿈을 꾸게 하신다.

하나님은 당신의 꿈을 이룰 수 있는 사람으로 만들기 위해 여러 상황과 환경을 사용하신다. 사람이 갖고 있는 미움과 욕심으로는 하나님의 꿈을 이룰 수 없기 때문이다. 하나님은 성도를 당신의 동역자로 삼으시고 하나님 당신의 꿈인 만민의 생명을 구원하시려고 말씀으로 단련시키신다. 말씀으로 단련되면 미움과 시기와 원망과 끝도 없는 욕망의 불순물이 제거된다. 그러므로 성도는 사람의 생명을 구원하기 위해 말씀으로 단련되어야 한다.

욥기

욥기는 아브라함과 동시대의 인물인 욥이
인내로 고난을 이겨내는 내용의 책이다.

욥기 구조 잡기

- 주제 : 욥의 인내

서론(1-2장) : 욥의 고난	소유물(재산과 자녀)과 생명(질병)의 고난
본론(3-41장) : 욥의 논쟁	세 번의 논쟁과 하나님 말씀
결론(42장) : 욥의 결말	소유와 질병과 논쟁의 회복

※ 욥의 고난(1-2장), 첫 번째 논쟁(3-14장), 두 번째 논쟁(15-21장), 세 번째 논쟁(22-31장), 엘리후의 책망(32-37장), 하나님 말씀(38-41장), 욥의 축복(42장)

욥은 자녀의 성결을 위해서 번제를 드리던 자였다. 그런 그에게 소유물, 생명, 논쟁을 통해서 곤경이 찾아왔다. 첫 번째는 소유에 대한 곤경이다. 욥은 재산과 자식을 잃고도 '주신 자도 여호와시며, 거두신 자도 여호와'시라는 신앙 고백으로 시험을 통과했다. 두 번째는 생명에 대한 곤경이다. 욥은 자신의 생명을 위협하는 질병에 걸리고도 '하나님에게 복을 받았은즉 재앙도 받을 수 있다'고 고백하면서 두 번째 시험도 무사히 통과했다. 그런데 사소한 것에 목숨 건다고, 병문안 온 친구들에게 자신의 처지를 탄식하다가 그들에게 들은 비난의 소리에 그만 곤경에 빠지고 말았다.

마지막 비난에 대한 곤경에서 빠져나오는 것은 예나 지금이나 어려운 것 같다. 남에게 비난과 정죄를 당할 땐 논쟁하지 말고 '나는 죽었고, 예수 사셨네!'라는 심정으로 "하나님이 하셨습니다"라고 신앙 고백하는 것이 최고의 해답이다(욥 36:24, 37:24). 욥은 결국 엘리후와 하나님 말씀을 듣고 자신이 스스로 의롭다고 한 것을 회개한다. 그리고 논쟁자들을 축복하고 그들을 위해 번제를 드린다. 이렇게 욥은 곤경에서 빠져나왔다. 이처럼 의인이 곤경에서 회복되는 방법은 하나님을 의지하고 경외하며, 사람을 사랑하고 축복하는 것이다.

욥기 초점 잡기

욥은 아브라함과 동시대에 살았던 인물이다. 욥기에서는 의인의 고난을 다루고 있다. 먼저는 소유에 대한 고난으로, 욥은 재산과 자녀들을 잃게 된다. 그다음은 생명에 대한 고난으로, 욥이 죽음에 가까운 질병에 걸리게 된다. 마지막은 비난의 고난으로, 친구들과 논쟁에 휩싸이게 된다. 욥의 친구 엘리바스, 빌닷, 소발은 욥이 하나님 앞에서 숨기는 죄악이 있기에 고난을 당하는 것이라며 욥을 위로하기보다는 책망한다. 그들은 하나님이 통치하시는 세상에서는 죄 없이 고난받는 것이 부당하다고 생각했기 때문이다. 그러므로 욥의 고난은 욥의 죄 때문이라고 말한다. 그러나 엘리후는 욥에게 초점을 맞추기보다 하나님의 초월성과 위엄에 초점을 맞추고 있다. 사람이 이해할 수 없는 고난을 당할지라도 그것이 하나님의 공의나 정의를 부정하는 근거가 되지는 못한다. 하나님은 우리 생각보다 훨씬 크신 분이시기 때문이다.

인간은 육의 몸을 입고 있는 동안, 그 몸이 하나님의 은혜로 죽어 가는 동안 육의 실체와 하나님의 존재를 삶 속에서 경험하고 자각한다. 성도는 신앙생활을 하면서 육의 몸이 죽어 가는 고난을 겪는다. 욥의 고난은 성도의 고난이고, 욥의 인내는 성도의 인내다. 이때 성도의 인내는 하나님의 계명과 예수 믿음을 지키는 것이다. 그것은 사랑하고 축복하는 번제와 자기 의가 아닌 하나님의 의가 나오는 인내다.

그런데 욥은 지식적으로는 하나님에게 신앙 고백을 했지만, 결국 하나님이 자신을 의롭게 하신 것을 모르고 자신이 스스로 의롭다고 한다(욥 31장). 하나님은 욥을 고난 속에서 인내하게 하신다. 그것은 욥에게 있는 악과 교만을 제거하고 하나님만이 의롭다는 것을 보여 주시려는 것이다. 그러므로 고난을 통해서 나는 없어지고 하나님만 나오시게 된다.

욥의 고난

1. 소유의 고난(재산과 자녀)
2. 생명의 고난(욥의 질병)
3. 비난의 고난(친구의 논쟁)

욥의 결말

1. 소유의 회복(욥 42:12)
2. 생명의 회복(욥 42:13)
3. 비난의 회복(욥 42:8,10)

요한복음 9장에는 태어날 때부터 맹인인 자가 나온다. 예수님의 제자들은 이것은 분명 맹인의 죄가 아니면 부모의 죄 때문이라고 생각했다. 그러나 예수님은 누가 죄를 범한 것이 아니라 그에게서 하나님이 하시는 일을 나타내고자 한 것이라고 말씀하신다.

> "그대는 하나님께서 하신 일을 기억하고 높이라 잊지 말지니라 인생이 그의 일을 찬송하였느니라"(욥 36:24).

그러므로 성도는 하나님이 하시는 일을 찬송해야 한다. 이해할 수 없는 고난이 성도에게 닥칠 때 야고보서는 욥의 결말을 보고 인내하라고 말씀한다.

> "보라 인내하는 자를 우리가 복되다 하나니 너희가 욥의 인내를 들었고 주께서 주신 결말을 보았거니와 주는 가장 자비하시고 긍휼히 여기시는 이시니라"(약 5:11).

연필의 나무 껍데기를 깎으면 연필심이 나오고, 사람의 육체 껍데기를 깎으면 마음심이 나온다. 고난은 육체의 욕망을 벗겨 내는 하나님이 주신 복이다. 육체의 껍질이 벗겨져야 마음에 새겨진 새 언약의 실체이신 예수 그리스도의 마음으로 살 수 있다.

• 욥과 성도 •

욥기는 고난의 책이라고 말한다. 그렇다. 욥이 받은 시련은 고난이었다. 그런데 신약성경 야고보서는 욥의 고난이라고 말하지 않고 '욥의 인내'라고 말한다(약 5:11). 이는 세상의 환난에서 고난을 당하는 성도에게 소망을 주는 '성도의 인내'다(계 14:12). 왜냐하면 욥의 결말이 곧 성도의 결말이기 때문이다. 욥의 결말은 육신적인 복이 충만했다. 그러므로 성도의 결말은 새 하늘과 새 땅에서 그리스도와 함께 누리는 복으로 충만할 것이다.

족장 시대 핵심 정리

육적 이스라엘

1. 하나님 나라는 아가페 사랑으로 통치한다. 예수 그리스도의 십자가 사건은 아가페로 통치하는 하나님 나라를 세우는 시작이다.
2. 하나님의 부르심에 응답한 아브라함은 육적 이스라엘을 세우는 시작이다. 아브라함을 부르신 목적은 하나님 나라를 세우는 구원 역사의 서막이다.
3. 복의 근원이 되는 아브라함의 복은 바로 하나님이다. 복의 주체이신 하나님이 없으면 기복주의와 물질주의가 되기 때문이다. 진정한 복이란 이방인이 천지를 창조하신 하나님을 알고 그의 백성이 되는 것이다.

하나님의 백성

1. 누가 하나님 나라에 들어갈 것인가? 하나님의 은혜로 말씀에 민감하게 반응하는 사람이다. 노아는 아브라함의 나이 58세까지 생존했다. 그 무시무시한 대홍수 사건의 주인공이신 하나님을 만나고 싶었던 아브라함은 세상 나라 우르에서 하나님 나라로 이동한다.
2. 이삭의 출생은 하나님 자녀의 출생의 비밀이고, 그의 번제는 내가 죽고 예수가 사시는 하나님 백성의 삶이다.
3. 욥은 아브라함 시대에 생존했다. 그는 대가를 바라고 신앙생활하지 않았다. 그를 통해 하나님 나라의 질적인 부분을 보여 주려는 것이다.

제사장 나라

1. 하나님은 아브라함을 통한 육적 이스라엘을 제사장 나라로 삼아 전 인류를 구원해서 영적 이스라엘로 만들 계획이시다.
2. 제사장 나라는 다른 나라에 영향을 미칠 수 있는 공동체로 열방을 구원할 방법이다.
3. 열방 구원 공동체는 세계 열방에 선교사를 파송하는 교회가 된다. 하나님의 백성은 제사장 나라의 백성으로 왕 같은 제사장이다.

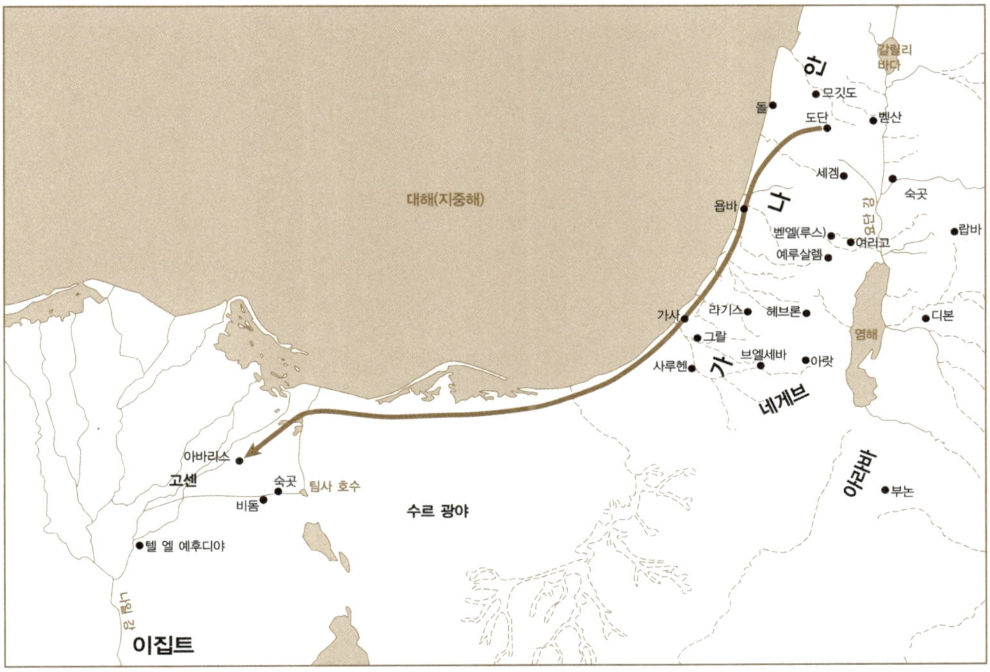

대해(지중해)
갈릴리 바다
가나안
돌
므깃도
도단
벧산
세겜
숙곳
욥바
요단 강
벧엘(루스)
여리고
랍바
예루살렘
가사
라기스
헤브론
디본
그랄
브엘세바
아랏
사루헨
염해
네게브
아라바
부논
아바리스
고센
숙곳
팀사 호수
비돔
수르 광야
텔 엘 예후디야
나일 강
이집트

▲ 요셉의 일생

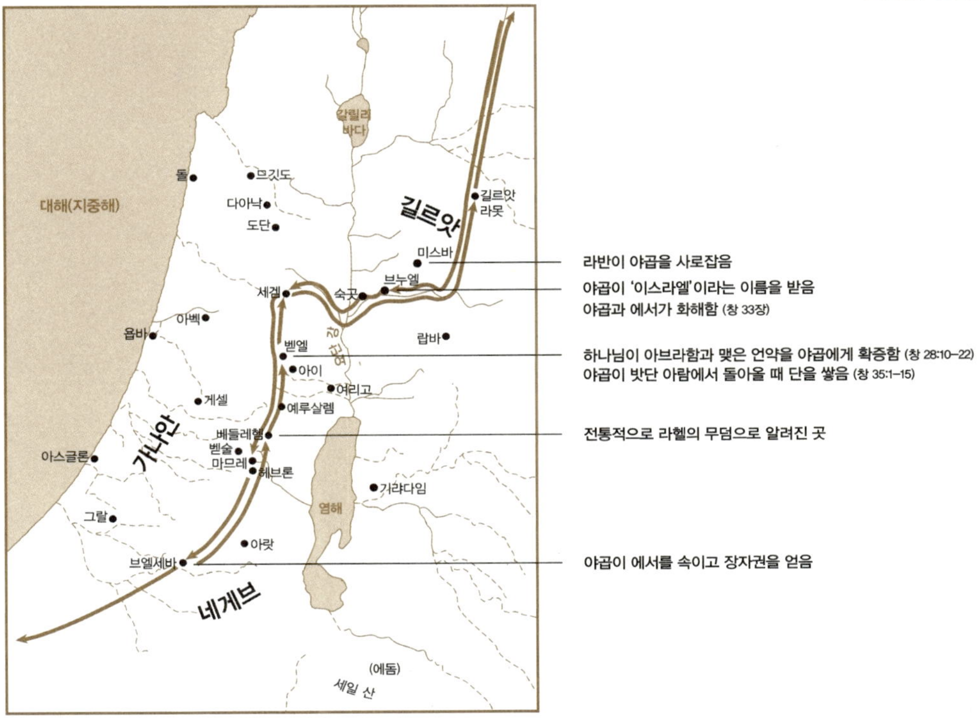

대해(지중해)
갈릴리 바다
돌
므깃도
다아낙
도단
길르앗
길르앗 라못
미스바
브누엘
숙곳
세겜
아벡
욥바
요단 강
벧엘
아이
랍바
여리고
게셀
예루살렘
가나안
베들레헴
벧술
마므레
헤브론
아스글론
거랴다임
염해
그랄
아랏
브엘세바
네게브
(에돔)
세일 산
라반이 야곱을 사로잡음
야곱이 '이스라엘'이라는 이름을 받음
야곱과 에서가 화해함 (창 33장)
하나님이 아브라함과 맺은 언약을 야곱에게 확증함 (창 28:10-22)
야곱이 밧단 아람에서 돌아올 때 단을 쌓음 (창 35:1-15)
전통적으로 라헬의 무덤으로 알려진 곳
야곱이 에서를 속이고 장자권을 얻음

▲ 야곱의 여정

03
광야 시대

불순종 40년

하나님의 약속은 실현되는가? 야곱의 가족 70명이 애굽으로 이주한 지 400년의 세월이 흘러가면서 큰 민족을 형성하게 되고 이스라엘 나라가 태동하게 된다. 광야 시대는 약속의 땅으로 가기 위한 과정이다. 이 시대는 출애굽기에서 모세의 인도를 받으면서 애굽을 탈출한 후, 시내 산에 도착해 거기서 하나님의 백성답게 살아야 되는 레위기 언약서를 받고, 광야에서 생활하는 민수기의 여정과 모세의 설교가 있는 신명기의 내용을 담고 있다.

하나님의 주권, 믿음의 순종

광야 시대 소통하기

야곱 족속이 애굽에 들어간 후 약 400년 동안 그들은 애굽의 노예 생활로 인해 자유에 대한 소망을 갖게 된다. 하나님은 이스라엘의 조상들과 한 약속을 기억하시고 애굽에서 그들을 해방시키신다. 출애굽 사건은 신화나 전설 같은 이야기가 아니다. 야곱 족속이 400년 동안 민족다운 민족으로 성장해서 이스라엘이란 나라로 태동하는 신호탄인 것이다.

모세가 출애굽의 열 가지 기적을 통해 이스라엘 민족을 구원한다. 여기서 예수 그리스도를 통한 인류 구원의 모형이 출애굽 사건이고, 모세 또한 예수 그리스도의 모형이라고 할 수 있다. 모세는 하나님의 집에서 종으로 충성했고, 그리스도는 그의 집 맡은 아들로 충성했기 때문이다(민 12:7; 히 4:5-6). 출애굽의 일등공신인 유월절 어린 양은 구원자 예수 그리스도를 예표한다. 출애굽을 통해 광야 교회

(행 7:38; 고전 10:1-4)로 탄생한 이스라엘 백성은 광야에서 약속의 땅에 들어갈 하나님 나라의 백성으로서 필요한 교육을 철저히 받게 된다.

광야 시대의 목적

광야 시대는 하나님이 창조하신 목적대로 살기 위해 하나님의 은혜로 구원받고 하나님과 언약을 체결한 하나님의 구별된 백성(레위, 제사장, 나실인)을 광야 같은 세상에서 새 계명 언약으로 살게 하는 훈련이다. 광야 시대에 흐르는 복음은 길과 진리와 생명 되시는 예수 그리스도가 광야 같은 인생길에 예고 없이 닥치는 시험의 피할 길이라는 것이다. 그분의 온전한 순종과 헌신은 성도를 약속의 땅, 천국까지 인도하신다. 그러므로 성도는 바른길로 안내하는 그리스도를 따라가야 한다. 그 길(길 찾기)로 가야 하고, 그 진리(새 언약)를 알아야 하고, 그 생명(왕 노릇)으로 살아야 한다.

레제나

레제나는 민수기 3장과 6장에 나오는 레위와 제사장 그리고 나실인의 앞 글자를 딴 이름이다. 레제나는 구약의 성도를 상징하는 이름이다.
하나님이 구별하신 레위인들 중에서 백성을 축복하는 제사장이 나온다. 그리고 자신을 구별해서 드리는 자가 나실인이다. 이것은 하나님이 세상에서 구별시킨 성도를 말한다. 그 성도들이 진정 왕 같은 제사장이다. 또한 그들은 스스로 성별되어 자신을 하나님에게 드리는 구별된 나실인과 같다. 그래서 구약의 레제나는 신약의 성도와 같은 의미라고 말할 수 있다.

광야 시대 정통하기

성경 본문	출애굽기, 민수기
성경 구조	출애굽(출 1-18장), 구세대 시내 산 여정(출 19-40장; 민 1-10장), 광야 생활(민 11-25장), 신세대 모압 재정비(민 26-36장)
성경 연대	40년간(주전 1446-1406년)
핵심 인물	모세
핵심 내용	율법과 성막, 하나님의 주권인 율법은 제사장 나라를 세우는 언약

※ 광야 시대의 성경(2권) : 레위기, 신명기

광야 시대는 요셉이 애굽의 총리가 된 후 야곱이 애굽으로 이주해서부터 약 400년간의 애굽의 노예 생활로부터 해방되어 가나안 땅에 들어가기 전까지의 시대다. 약속의 땅으로 들어갈 때까지 하나님을 예배하는 훈련 이야기가 주요 내용이다.

이스라엘의 출애굽 시기
열왕기상 6장 1절에 근거한다. 솔로몬은 그가 왕으로서 4년째 되었을 때 성전 건축을 시작했고, 그때가 출애굽한 지 480년이 되는 해라고 한다. 솔로몬 재임 기간(주전 970-930년)의 4년째는 주전 966년이다. 그러므로 480+966=1446이니 출애굽 시기는 주전 1446년으로 계산할 수 있다.

모세(Moses)는 '물에서 건져 내다'라는 뜻으로 자신이 물에서 건짐을 받은 것 뿐만 아니라 이스라엘 백성을 물(홍해)에서 건지기도 한다. 구원받은 하나님의 백성은 세상 백성과 구별되게 살아야 하기 때문에 하나님은 모세에게 하나님의 법인 율법을 수여하고 성막의 설계도를 전달하신다. 그러나 그 율법을 완성하신 분은 예수 그리스도시며, 성막을 완성하신 분도 예수 그리스도시다.

"그리스도는 모든 믿는 자에게 의를 이루기 위하여 율법의 마침이 되시니라"(롬 10:4).

"예수께서 대답하여 이르시되 너희가 이 성전을 헐라 내가 사흘 동안에 일으키리라 유대인들이 이르되 이 성전은 사십육 년 동안에 지었거늘 네가 삼 일 동안에 일으키겠느냐 하더라 그러나 예수는 성전 된 자기 육체를 가리켜 말씀하신 것이라"(요 2:19-21).

히브리서 기자는 모세를 통해서 주신 구약의 모형과 그림자(히 8:5)를 보면서 그 실체를 볼 수 있는 눈이 생기는 것을 믿음이라고 말한다(히 11:1). 성경 역사를 공부하고 역사적 성경 읽기를 하면서 믿음의 눈이 열리기를 소망한다.

광야 시대 관통하기

1. 애굽을 떠나다(출 1-18장)

모세와 예수

하나님이 온 인류를 구원하시기 위해 예수 그리스도를 준비하신 것처럼, 이스라엘 백성을 구원하시기 위해 모세를 애굽 왕궁에서 40년, 광야에서 40년간 훈련시키고 준비하신다. 노아를 홍수에서 구원하시고 애굽의 노예 시대에 모세를 구원하신 것처럼, 지식과 말씀의 홍수와 세상의 종살이에서 성경 지식은 있는데 정작 하나님은 모르고 지식의 바다에 빠져 있는 사람들과 세상에 매여서 종살이하는 사람들을 구원하시기 위한 하나님의 탈출 계획은 예수 그리스도시다.

> "너는 바로에게 이르기를 여호와의 말씀에 이스라엘은 내 아들 내 장자라 내가 네게 이르기를 내 아들을 보내 주어 나를 섬기게 하라 하여도 네가 보내 주기를 거절하니 내가 네 아들 네 장자를 죽이리라 하셨다 하라 하시니라"(출 4:22-23).

열 번째 기적인 유월절 사건으로 애굽의 장자가 죽고 출애굽이 시작된 것을 보면 하나님이 이스라엘 백성을 애굽에서 구원시키실 계획은 유월절 어린 양임을 알 수 있다.

장자(長子)의 개념은 모든 인간을 상징적으로 내포하고 있다. 히브리인에게 장자는 남자를 대표하고, 남자는 한 가정을 대표한다. 그러므로 한 가정의 장자를 죽이는 것은 한 가족 전체를 죽이는 것과 같다. 하나님은 애굽의 장자를 죽이심으로 세상을 상징하는 애굽의 모든 백성을 죽이신 것이다. 그런데 이스라엘은 오로지

택함을 받았다는 이유만으로 아무런 노력 없이 죽음의 바다에서 살아난다. 이렇게 유월절 어린 양의 피로 애굽을 떠나 홍해를 건넌 이스라엘은 장자의 나라, 제사장 나라가 된다. 이처럼 세상을 떠나 죽음의 바다를 건넌 성도 또한 세상을 구원하는 복음의 제사장이 되어야 한다(롬 15:16).

이삭의 아들 야곱(이스라엘)이 팥죽을 팔아서 형 에서에게서 장자의 명분을 취했던 것처럼, 하나님은 죄인을 하나님의 자녀로 만드시기 위해 독생자 예수 그리스도를 십자가에 팔아 성도에게 하나님 아들의 명분을 주신다(갈 4:5).

8일 출 7-12장

관통 QT
기적은 나에게 축복인가, 저주인가?

열 가지 기적의 축복과 재앙

이스라엘 백성은 하나님의 자기 계시를 통한 열 가지 기적의 축복으로 애굽을 탈출하게 된다. 애굽에서 행하신 열 번째 기적이 유월절 절기가 된다. 예수 그리스도는 세상 죄를 지고 가는 하나님의 유월절 어린 양의 예표시다(요 1:29). 출애굽 당시에 죽은 어린 양으로 유월절 명절이 되고, 그 유월절 명절에 죽은 어린 양 예수 그리스도로 인해 부활절 명절이 되었기 때문이다.

열 가지 기적
이스라엘 백성이 출애굽하는 과정에서 열 가지 기적이 발생한다. 이 기적은 애굽 백성에게는 재앙이고, 이스라엘 백성에게는 축복이다. 기적의 결과가 애굽 백성에게는 사망이었고, 이스라엘 백성에게는 생명이었기 때문이다.

400여 년이란 시간이 흐르면서 이스라엘 백성은 아브라함과 이삭과 야곱의 하나님이 누구신지 잘 몰랐다. 애굽의 왕과 백성 및 고센 땅에 있는 이스라엘 백성에게 하나님 당신이 어떤 분인지 보여 주신 것이 열 가지 기적이었다. 하나님이 애굽에서 자신을 계시해서 보여 주신 열 가지 기적은 애굽인들에게는 재앙이었고, 이스라엘 백성에게는 축복이었다. 하나님이 애굽에서 행하신 열 가지 기적은 하나님이 하나님 되심을 드러내면서 당신의 백성을 구원하시는 데 초점이 있다. 애굽 백성에게 행하신 열 가지 재앙은 그 당시에 애굽인이 섬겼던 열 가지 신에 대한 하나님의 벌이었다(피개이파악-독우메흑초, 출 18:11; 민 33:4 참조). 애굽의 신들을 벌하시고 하나님만이 참신이심을 보여 준 사건이었던 것이다.

"모세에게 이르시되 내가 긍휼히 여길 자를 긍휼히 여기고 불쌍히 여길 자를 불쌍히 여기리라 하셨으니 그런즉 원하는 자로 말미암음도 아니요 달음박질하는 자로 말미암음도 아니요 오직 긍휼히 여기시는 하나님으로 말미암음이니라 성경이 바로에게 이르시되 내가 이 일을 위하여 너를 세웠으니 곧 너로 말미암아 내 능력을 보이고 내 이름이 온 땅에 전파되게 하려 함이라 하셨으니 그런즉 하나님께서 하고자 하시는 자를 긍휼히 여기시고 하고자 하시는 자를 완악하게 하시느니라"(롬 9:15-18).

"내가 너를 세웠음은 나의 능력을 네게 보이고 내 이름이 온 천하에 전파되게 하려 하였음이니라"(출 9:16).

하나님은 강퍅한 불순종으로도 당신의 하나님 되심을 드러내시고, 이방인 중에서도 긍휼히 여겨 순종하게 함으로 하나님 되심을 드러내신다. 하나님은 지금도 당신의 이름을 온 천하에 전파하시면서 당신의 백성을 구원하기 위해 강퍅한 자와 긍휼한 자를 모두 세우신다. 하나님의 백성을 구원하는 데 강퍅하게 쓰임 받기보다는 긍휼하게 쓰임 받아 하나님의 이름을 온 천하에 드러내야 할 것이다.

열 가지 기적

내용	애굽의 신
피	나일 강의 신(크놈, 하피)
개구리	개구리 형상의 신(헥트)

이	땅의 신(겝)
파리	멍청이 형상의 신(코프리)
악질(돌림병)	황소의 신(아피스)
독종(악성 종기)	의술의 신(임호텝)
우박	하늘의 신(누트)
메뚜기	곡물의 신(세트)
흑암	태양의 신(아몬-리)
초태생의 죽음	생명의 신(프타)

"애굽인은 여호와께서 그들 중에 치신 그 모든 장자를 장사하는 때라 여호와께서 그들의 신들에게도 벌을 주셨더라"(민 33:4).

열 가지 기적은 하나님이 애굽의 잡신들에게 벌을 주시며, 하나님만이 참신이라는 것을 보여 주신 사건이다.

9일 출 13-18장

관통 QT
나를 향한 하나님의 구원은 얼마나 위대한가?

홍해 수족관

"여호와께서 오늘 너희를 위하여 행하시는 구원을 보라"(출 14:13).

하나님은 자신이 어떤 분인지를 성경을 통해서 드라마틱하게 연출하신다. 한 예로, 호세아서와 아가서에서는 로맨틱하게 연출하시고, 홍해를 가르고 여리고 성을 무너뜨릴 때는 스펙터클하게 연출하시면서 구원을 이루신다.

"믿음으로 그들은 홍해를 육지같이 건넜으나 애굽 사람들은 이것을 시험하다가 빠져 죽었으며"(히 11:29).

이스라엘 백성이 홍해를 건넌 것을 보고 애굽 군사들은 자신들도 시험함으로 물에 빠져 죽게 된다. 이스라엘 백성이 믿음으로 홍해를 건넌 것처럼 이 땅에 사는 성도들은 세상을 믿음으로 건너야 한다. 홍해를 육지같이 건너는 믿음은 십자가를 가로질러 풍파 많은 세상 바다를 건너는 것과 같다. 이스라엘 백성은 믿음으로 홍해를 건너며 바닷길 속에서 홍해 수족관을 감상할 수 있었다. 우리도 유월절 출애굽 사건을 통해 어린 양 예수 그리스도로 출세상해서 세상 수족관을 입체적으로 즐기며 살 수 있는 여유가 있음을 발견할 수 있다. 하나님의 구원은 인생을 피곤하게 사는 것이 아니라 극적이며 드라마틱하고, 사랑스러우며 로맨틱하고, 웅장하고 스펙터클하게 살게 한다. 이제 홍해를 건넌 그들은 하나님이 조상들에게 약속하신 '가나안 땅'으로 가기 위해 수르 광야를 지나 아말렉과 전쟁하고 모세의 장인 이드로를 만나 조직을 정비해서 시내 산에 도착하게 된다.

• 출애굽과 출세상 •

출애굽은 노예에서의 해방이고, 출세상은 세상에서의 해방이다. 죄에서 해방돼 자유가 생긴 것이다. 아브라함의 하나님, 이삭의 하나님, 야곱의 하나님이 나의 하나님이 되기 위해서는 하나님을 경험하는 과정이 필요하다. 애굽에서 종 되었던 이스라엘 백성을 구원하신 하나님이 나를 구원하신 하나님이시다. 죄의 종에게 자유는 영적인 출애굽이다. 구원의 하나님을 경험하기 위해서 열 가지 기적은 매우 중요하다. 특히 마지막 유월절의 기적으로 '구원'을 경험하게 되고, 홍해의 기적을 통해 '세례'(침례)를 받게 된다(고전 10:2). 이것은 '유월절 어린 양의 피로 구원받은 후 물세례 의식'을 민족적으로 시행한 것이라고 할 수 있다.

2. 구세대 시내 산 여정(출 19-40장; 민 1-10장)

율법 수여

"세계가 다 내게 속하였나니 너희가 내 말을 잘 듣고 내 언약을 지키면 너희는 모든 민족 중에서 내 소유가 되겠고 너희가 내게 대하여 제사장 나라가 되며 거룩한 백성이 되리라 너는 이 말을 이스라엘 자손에게 전할지니라"(출 19:5-6).

돌비에 새긴 십계명은 섬기는 예법으로, 천대까지 복 받는 영성과 땅에서 잘되고 장수하는 인생으로 살게 한다. 성도를 제사장 나라로 삼으시고 그들에게 계명을 주시는 것은 하나님이 그들을 장자의 나라로 축복하시는 것이다. 이는 사람을 하나님에게 연결해 주는 복음의 제사장 직분이다. 하나님과 관계가 형성되면 하나님을 사랑하며 사는 것이 계명이다. 거룩한 백성은 거룩이 들어와야 거룩하게 된다. 그런데 하나님 자체가 거룩이시다. 그러므로 이스라엘 백성을 출애굽시키신 것은 그들로 하여금 거룩하게 살고 하나님의 이름을 거룩하게 하도록 하시기 위함이다.

제사장 나라의 역할은 온 인류를 구원할 사명을 가지고 거룩한 백성의 존재로 거룩한 삶을 살게 하는 것이다. 하나님이 왜 구원시키셨는지를 잘 알고 세계 선교에 초점을 가지고 중재자와 축복자로 살아야 한다.

성막 건립

애굽에서 구원시켜 언약을 체결하신 증표가 성막이다. 성막 안에는 제사와 계명이 있다. 제사와 계명과 성막을 완성하신 예수 그리스도는 길과 진리와 생명이시다. 하나님은 언약의 증표인 성막의 설계도(출 25-34장)를 보여 주시면서 즐거운 마음으로 봉헌(출 25:2)하는 것을 받으라고 모세에게 말씀하신다. 그런데 설계도대로 성막을 건축(출 35-40장)할 때 백성이 자원하는 마음으로 봉헌(출 35:21)해서 넘치고도 넘치게 되었다. 이처럼 내 인생을 자원해서 즐거운 마음으로 드리는 것이 예배다.

성경에서 반복은 중요한 것을 뜻한다. 성막을 건축할 때 하나님이 말씀하신 대로 건축한 것을 두 번 반복해서 기록함으로 명하신 대로 했는지를 확인하는 의미가 있다. 하나님이 말씀하시면 그대로 순종하라는 것이다. 성막을 건축할 때 즐거운 마음으로 드리지 않는 것은 받고 싶지 않다는 하나님의 마음을 읽을 수 있어야 한다. 억지로 봉헌하게 하는 것은 하나님의 방법이 아니기 때문이다.

> "명령하신 대로 되었으므로 모세가 그들에게 축복하였더라"(출 39:43).

성막 건축을 통해서 우리가 알 수 있는 것은 하나님이 하시는 일은 설계도대로 그대로 건축하면 복을 주신다는 것이다. 그러므로 언약대로 살면 그 자체가 복이 된다.

12일 출 32-40장

관통 QT
하나님의 성전인 성도가 어떻게 하나님과 교제할 수 있는가?

성막은 신약성경 히브리서에서 하늘의 본을 보고 만든 모형이라고 말한다. 구약 시대에는 하늘의 실체를 보고 만든 모형 성막에서 제사를 드렸다. 그리스도가 오신 신약 시대에는 하나님의 성령이 임재하시는 실체 성전인 성도가 예배자가 된다. 전에는 '성전에서' 예배를 드렸는데 이제는 하나님이 임재하신 '성전(성도)이' 예배를 드리는 것이다. 그것은 삶의 현장에서 기쁘게 산제사의 삶을 살아 내는 것을 말한다. 하나님의 백성과 언약을 체결한 증표가 성막이다. 이 성막은 하나님과 연합되는 구원을 상징하기도 한다. 마귀와 교제하면 교만해지지만, 하나님과 교제하면 겸손해진다. 성전은 하나님과 교제하는 거룩한 장소다.

13일 민 1-5장

관통 QT
구별된 성도의 구원을 깊이 묵상해 보라.

이스라엘 백성은 애굽에서 정월에 출발해 3월에 시내 산에 도착했다. 제2년 1월 1일에 성막을 완성(출 40:17-33)하고, 제2년 1월 14일 두 번째 유월절(민 9:1-5)을 지켰다. 제2년 2월 1일에 인구 조사를 실시(민 1:1)하고, 제2년 2월 20일에 바란 광야로 출발(민 10:11)한다. 광야로 출발하기 전까지 시내 산에서 약 1년(11개월 20일 : 출 19:1; 민 1:1, 10:11) 동안 이스라엘은 성막에서 제사할 레위기 제사 교육을 받는다. 이스라엘 백

구별된 레위인
이스라엘은 20세 이상 싸움에 나갈 만한 자를 계수한다. 그런데 레위 지파만 계수에서 제외된다. 레위인을 별도로 구별한 이유는 이스라엘이 유월절 어린 양으로 구원받은 것의 대표성을 띠고 있기 때문이다. 구원은 구별이다. 하나님의 일을 위해서 구별된 자들은 이미 복된 자다.

성과 계약을 체결하신 하나님이 언약 체결의 표증으로 성막을 세우게 하신다. 그리고 제사로 하나님과 교제하는 방법인 성막의 규례로 하나님과 함께 사는 방법을 가르치신다. 하나님과의 계약은 결혼과 같다. 하나님이 호세아서에서 이스라엘과의 관계를 남편과 아내로 비유하신 것으로도 알 수 있다.

관통 QT
영생의 출발은 중생으로 시작된다. 나에게 그 시점은 언제였는가?

14일 민 6-10장

레위기의 법은 이스라엘 백성이 하나님의 백성으로 거룩하게 사는 방법을 교육한다. 지도자(모세)는 하나님 말씀 및 깨달은 말씀을 교육할 수 있어야 하고, 성도(백성)는 말씀 준수 및 순종하는 과정이 있어야만 한다. 모세는 40년을 왕궁에서 훈련했기에 하나님의 율법을 교육할 수 있었고, 40년을 광야에서 생활했기에 이스라엘 백성 수백만 명을 인도할 수 있는 지도자가 되었다. 그러기에 우리가 모든 족속을 제자 삼기 위해서는 먼저 말씀으로 훈련되어야 한다.

두 번째 유월절
모세의 인도로 이스라엘 백성은 레위기 법의 기준을 가지고 이제 광야로 출발하려고 한다. 이 시점에서 두 번째 유월절 의식을 행한다. 유월절 절기를 지키지 않는 자는 이스라엘 공동체에서 제외된다. 이처럼 이스라엘 공동체에서 유월절 의식은 준엄하다. 유월절의 의미는 예수 그리스도의 죽으심과 부활을 상징하기 때문이다.

3. 광야 생활(민 11-25장)

사람이 세상에서 하나님의 은혜로 성도가 되어 곧바로 천국에 가지 않고 세상에 사는 것은 광야에서 레위기 법대로 사는 훈련을 하는 것과 같다. 민수기 11-25장까지는 40년의 광야 생활 중 약 38년의 세월을 담고 있다. 민수기는 말세를 만난 우리를 깨우치기 위해 기록했다고 사도 바울은 고린도전서에서 이야기하고 있다(고전 10:11). 광야 같은 세상에 사는 동안 원망, 불평, 비판할 일이 많지만 이는 사람이 감당할 시험으로 피할 길이 있다. 예수 그리스도에게 피하면 억울한 일이 생겨도 사랑하고 축복하며 감사할 수 있는 길이 열린다. 예수 그리스도에게 피하면 그리스도로 인해 세상에 사는 동안 신앙 고백할 기회와 하나님의 거룩을 나타낼 기회와 원수에게 축복받을 기회를 얻으며 살 수 있다. 오직 예수 그리스도만이 시험을 감당할 수 있는 피할 길이시기 때문이다(고전 10:13).

15일 민 11-15장

관통 QT

내 의지와 기준이 말씀과 상반될 때 어떻게 신앙을 고백할 수 있는가?

신앙을 고백할 기회(민 11-15장)

> "다만 여호와를 거역하지는 말라 또 그 땅 백성을 두려워하지 말라 그들은 우리의 먹이라 그들의 보호자는 그들에게서 떠났고 여호와는 우리와 함께하시느니라 그들을 두려워하지 말라 하나"(민 14:9).

하나님의 백성은 광야 같은 세상에서 버려야 할 것이 있다. 애굽에서 살았던 옛 사람의 옛 성품인 원망, 탐욕, 비방, 불신앙, 자만, 혈기, 우상 숭배, 음행 등이다. 하나님 백성의 목적은 광야 같은 세상에서 잘사는 것이 아니라, 여호수아와 갈렙처럼 하나님 약속의 말씀을 믿고 하나님을 기쁘시게 하는 신앙을 고백하는 것이다. 다윗은 골리앗을 상대할 때 만군의 여호와의 이름으로 나간다는 신앙 고백으로 승리했다. 신앙 고백은 세상을 이기는 기회다. 세상에서의 신앙 고백은 그리스도가 내게 주인 되시는 성령 충만한 상태며, 옛 사람의 옛 성품을 버리는 좋은 기회다.

스스로 보기에도 메뚜기 같다고 말한 자들은 광야에서 메뚜기처럼 살다가 죽었고, 그들은 우리 밥이라고 말한 여호수아와 갈렙은 진수성찬을 먹으러 가나안 땅에 들어가게 된다. 이처럼 믿음의 말 한마디가 인생을 대박 나게 한다. 세상은 우리의 밥이다. 이러한 신앙 고백이 세계 선교의 밑거름이 되는 것이다. 하나님의 백성으로 산다는 것은 어떠한 상황 속에서도 신앙 고백하며 사는 것을 말한다. 신앙 고백은 가장 진실한 진리를 뜻한다. 신앙 고백은 세상에서 가장 행복한 언어의 고백이다. 신앙 고백은 나를 숨기고 그리스도를 나타내는 것이다. 신앙 고백은 사람의 생각이 아니라 하나님이 하신 약속의 말씀을 말하는 것이기 때문이다.

관통 QT
광야 같은 세상에서 하나님의 거룩을 어떻게 나타낼 수 있는가?

16일 민 16-25장

하나님의 거룩을 나타낼 기회(민 16-20장)

> "이스라엘 자손이 여호와와 다투었으므로 이를 므리바 물이라 하니라 여호와께서 그들 중에서 그 거룩함을 나타내셨더라"(민 20:13).

세상에 사는 동안 하나님의 거룩을 나타내지 못하는 것은 자만과 분수가 지나쳐(민 16:7) 혈기와 분노가 나오는 옛 사람의 옛 성품 때문이다(민 20:12). 그런즉 선 줄로 생각하는 자는 넘어질까 조심해야 한다. 거룩한 하나님만이 거룩을 나타내실 수 있다. 세상은 원망할 일들이 많지만 동시에 하나님의 거룩을 나타낼 기회가 더 많다. 광야 같은 세상에서 거룩하게 사는 것은 십자가 위에서 사는 것이다. 자만하고 혈기가 방자하면 가끔 십자가에서 내려오고 싶을 때도 있다. 주님은 십자가에 달리셨을 때 십자가에서 내려오면 믿겠다는 사람들의 말에 속지 않으시고 묵묵히 죽으셨다. 거룩하게 살지 못하도록 십자가에서 내려오게 하는 세상의 말에는 들을 귀가 죽고 하나님 말씀에는 들을 귀가 살아나야 한다. 나의 옛 사람이 죽고 새사람 예수 그리스도가 내 안에 사시게 되면 광야 같은 세상에서 하나님의 거룩을 나타낼 수 있다.

원수의 축복을 받아 낼 기회(민 21-25장)

> "하나님이 발람에게 이르시되 너는 그들과 함께 가지도 말고 그 백성을 저주하지도 말라 그들은 복을 받은 자들이니라"(민 22:12).

광야 생활의 막바지에 요단 건너편, 곧 여리고 맞은편에 있는 모압 평지에 도착하게 된다. 아모리 왕 시혼과 바산 왕 옥에게 행한 일을 보고 위기감을 느낀 모압 왕 발락이 브올의 아들 발람을 불러 하나님의 백성을 저주하라고 한다. 그러나 하나님은 발람에게 복을 받은 하나님의 백성을 저주하지 말고 축복하라고 말씀하신다. 이에 발람은 하나님의 백성은 구별된 민족으로 임마누엘 하나님이 도우시고, 그들은 하나님을 왕으로 섬기고 있으며, 복의 근원인 하나님의 백성을 축복하는 자는 복을 받고 저주하는 자는 저주를 받을 것이라고 세 번이나 축복한다. 그리고 마지막으로 한 별이 야곱에게서 나오고 한 홀이 이스라엘에게서 일어날 것을 말함으로 주권자 예수 그리스도의 탄생을 예고한다.

40년 광야 생활

이스라엘 백성의 광야 생활 40년은 가데스바네아에서 가나안 땅을 탐지하고 온 날수 40일을 하루에 1년으로 환산한 기간이다(민 14:34). 그들이 출애굽해서 시내 산에 머문 시간과 가나안 땅에 들어가기 전 모압 지역에 머문 시간을 빼면 광야에서 방황한 시간은 약 38년이다(신 2:14).

광야의 세 가지 기회

1. 자신의 신앙을 고백할 기회
2. 하나님의 거룩을 나타낼 기회
3. 원수에게 축복받을 기회

하나님이 발람을 통해서 보여 주신 축복으로 말미암아 하나님의 백성은 세상에서 저주를 받아도 축복하고, 핍박을 받아도 인내하고, 비방을 당해도 친절하게 대하는 왕 노릇에 대한 당위성을 갖게 된다. 하나님의 백성이 사랑하고 축복하면서 살게 되면 하나님의 은혜로 원수들의 축복도 받아 낼 수 있다.

"사람의 행위가 여호와를 기쁘시게 하면 그 사람의 원수라도 그와 더불어 화목하게 하시느니라"(잠 16:7).

• 믿음으로 역할을 감당할 것인가, 불신앙으로 역할을 감당할 것인가? •

모든 환경은 믿음을 보이고 능력을 받을 기회다. 이성은 자기 능력이고, 믿음은 예수 믿음을 빌려서 쓰는 능력이다. 참된 행복은 예수 믿음 안에서 찾아야 한다. 가데스바네아에서 시작된 광야 38년의 고난은 정탐꾼으로 인한 불순종으로 말미암는다(민 14:34; 신 2:14). 가나안 정탐 후 불신앙에 대해 하나님이 아브라함의 자손을 멸절하고 모세의 자손으로 다시 하나님 나라를 시작하시겠다는 것(민 14:12)에 모세는 기도함으로 하나님의 철회 응답을 받는다. 그러나 불순종의 대가로 구세대는 광야에서 죽고 40년 후 새로운 세대가 가나안에 입성하게 된다(민 14:23, 34).

세상 문화에 대한 하나님 백성의 존재 목적은 하나님이 주신 사명이다. 그런데 불순종은 그 사명을 감당하지 못한다. 하나님 나라의 백성이 세상 나라가 무서워서 싸우기를 거부한다면 사명을 감당할 수 없기 때문이다. 가나안 정복은 세상 문화 정복과 같은 것으로 구원받은 하나님 나라 백성이 싸워 이겨야 한다. 그 정복의 대상은 세상 나라의 상징인 네피림의 후손이다(창 6:4, 10:8; 민 13:28, 33). 구원은 끝이 아니라 제사장 나라의 시작으로 선교다. 왕 같은 제사장은 천국 백성으로 가나안의 세상 문화를 아가페 사랑으로 정복, 선교해서 하나님 나라와 의를 구하며, 모든 족속으로 제자를 삼아야 한다. 이것을 포기하고 외면하면 40년이 늦어지고, 다음세대에 기회가 주어진다. 사명감 없이는 하나님의 동역자가 될 수 없듯이 하나님도 그 사람과 일하기를 싫어하신다(민 14:34). 은혜로 얻은 구원을 통해 축복의 기회를 붙잡아야 할 것이다.

광야에서의 훈련은 선민의 사명을 깨닫고 그것을 감당하기 위한 훈련이다. 그러므로 구원받은 영적 이스라엘 백성의 사명도 선교로서, 이는 교회 공동체가 사느냐, 죽느냐 하는 중대 사안이다. 교회 공동체는 죽기 살기로 사명을 감당해야 한다. 광야의 구약 교회(약 300만 명으로 유월절 어린 양의 피로 구원받고, 홍해에서 공동 세례 받은 교회)는 애굽에서 먹던 세상 문화를 그리워했을 뿐, 세상을 정복하는 전도와 선교에는 관심이 없었다. 그저 나 혼자 복 받고 내 식구 잘되는 것에만 관심을 갖고 나만 사랑하고 나만 위로받다가 시간이 지나면서 소멸되고 말았다. 교회는 다녀도 그저 예배당만 오가는 하나님이 쓰실 수 없는 메뚜기 신앙생활을 하지 말고, 예수 믿음으로 살아서 세상의 신약 교회가 요구하는 새 언약의 일꾼이 되어야 한다.

4. 신세대 재정비(민 26-36장)

"애굽에서 나온 자들이 이십 세 이상으로는 한 사람도 내가 아브라함과 이삭과 야곱에게 맹세한 땅을 결코 보지 못하리니 이는 그들이 나를 온전히 따르지 아니하였음이니라 그러나 그나스 사람 여분네의 아들 갈렙과 눈의 아들 여호수아는 여호와를 온전히 따랐느니라 하시고 여호와께서 이스라엘에게 진노하사 그들에게 사십 년 동안 광야에 방황하게 하셨으므로 여호와의 목전에 악을 행한 그 세대가 마침내는 다 끊어졌느니라"(민 32:11-13).

하나님은 불순종하는 세대가 소멸될 때까지 기다리시고 온전히 순종하는 세대를 다시 세워 당신의 뜻을 이루어 가신다. 지금으로부터 약 3,500년 전, 광야 시대는 대다수가 온전히 순종하지 못했다는 것을 민수기를 통해서 알 수 있다. 그래서 지금 이 시대도 온전히 순종하기가 쉽지 않다고 생각할 수 있다. 그러나 나는 죽고, 그리스도가 나의 주인으로 살게 되면 쉽고 가볍게 할 수 있다.

하나님이 이스라엘을 광야에서 40년 동안 빙빙이 돌려서 불순종의 독소를 제거하고 온전히 순종하는 거룩한 세대로 재정비하셨던 것처럼, 하나님 말씀을 통독하는 말통을 계속 돌리면 온전히 순종하는 믿음이 추출된다. 광야에서의 40년의 시간은 단순한 징계가 아니었다. 그것은 불신앙 세대인 옛 사람이 완전히 죽어 없어지는 데 필요한 시간이었다. 이는 죄로 인해 죽은 옛 사람의 전형적인 모습이다. 그 결과 오직 여호수아와 갈렙을 제외하고는 불신앙 세대의 모든 사람이 다 광야에서 죽었다.

모세는 마지막 사명을 감당하기 위해 여리고 맞은편 모압 평지에 이르러서 세 편의 고별 설교와 유언을 한다. 첫째, 과거를 추억하는 설교(신 1-4장)는 40년간의 사건을 회고하며 하나님의 은혜를 생각하게 한다. 둘째, 현재의 율법 설교(신 5-28장)는 율법을 재해석하고 하나님이 원하시는 순종을 말한다. 셋째, 미래를 향한 설교(신 29-30장)는 갱신된 언약인 순종으로 받는 복과 불순종으로 받는 저주 중에서 하나를 선택하라며 촉구하고, 마지막 모세의 유언(신 31-34장) 후에 여호와의 말씀대로 그는 모압 땅에서 죽는다(신 34:5).

레위가 살게 될 48개 성읍

모세는 죽기 전에 제비를 뽑아 가나안 땅을 열두 지파가 서로 나누어 갖되, 레위 지파는 42개 성읍과 6개 도피 성읍에 흩어져 살게 했다. 이렇게 레위 지파가 받을 48개 성읍은 앞으로 이스라엘 열두 지파가 가나안 땅을 정복해서 살게 될 곳으로, 땅을 정복하기 전에 미리 제비를 뽑은 것이다.

레위기

레위기는 시내 산에서 하나님에게 받은 제사법과 거룩법이다.

레위기 구조 잡기

- 주제 : 위임받은 산제사와 거룩

서론(1-10장) : 레위 제사법	5대 제사(번제, 소제, 화목제, 속죄제, 속건제)
본론(11-25장) : 레위 거룩법	5대 거룩(음식, 질병, 문화, 직분, 절기)
결론(26-27장) : 언약의 결과	상(복)과 벌(저주)

※ 5대 제사 : 번제(생명) - 소제(사명) - 화목제(친교) - 속죄제(칭의) - 속건제(성화)
※ 5대 거룩 : 음식(말씀) - 질병(구별) - 문화(새 계명) - 직분(축복자) - 절기(예배자)

레위기는 지금으로부터 약 3,500년 전 모세에 의해 문자로 기록되었다. 이스라엘 백성의 역사는 아브라함으로부터 출발해서 애굽에서 430여 년간의 종살이를 마치고 출애굽해 시내 산에 도착한다. 이때 하나님에게 받은 계명이 레위기다. 레위기의 중심 내용은 하나님을 만날 수 있는 제사법과 하나님과 교제하는 거룩법이다. 이스라엘 백성은 성막에서 레위기의 법대로 제사를 지내야 한다. 레위기는 시내 산에서의 언약이지만 이것을 가지고 광야에서 생활하게 된다. 이렇게 레위기를 기준으로 한 광야에서의 훈련과 생활이 민수기다. 또한 신명기는 레위기를 다시 설명한 것이다.

이처럼 레위기는 중요하고 중요한 내용임에도 불구하고 재미없고 지루하게 생각한다. 레위기는 하나님의 백성이 하나님에게 예배드리는 방법을 설명한다. 또한 사람이 하나님과 동거할 수 있는 방법들을 잘 서술하고 있다. 그러므로 레위기는 하나님의 백성에게 꼭 필요한 지침서다. 아마도 레위기를 잘 모르면 우리 인생에도 위기(?)가 닥쳐올지도 모르겠다.

레위기 초점 잡기

하나님이 '레위와 세운 언약'은 '생명과 평강'이다. 생명과 평강은 레위기의 의미적 내용과 같다. '생명'은 레위기 전반부(1-10장)의 제사법에 해당하고, '평강'은 후반부(11-25장)의 거룩법에 해당한다. 제사법을 통해 생명을 얻게 되고, 거룩법을 통해 평강의 삶을 살 수 있기 때문이다.

> "만군의 여호와가 이르노라 내가 이 명령을 너희에게 내린 것은 레위와 세운 나의 언약이 항상 있게 하려 함인 줄을 너희가 알리라 레위와 세운 나의 언약은 생명과 평강의 언약이라 내가 이것을 그에게 준 것은 그로 경외하게 하려 함이라 그가 나를 경외하고 내 이름을 두려워하였으며 그의 입에는 진리의 법이 있었고 그의 입술에는 불의함이 없었으며 그가 화평함과 정직함으로 나와 동행하며 많은 사람을 돌이켜 죄악에서 떠나게 하였느니라 제사장의 입술은 지식을 지켜야 하겠고 사람들은 그의 입에서 율법을 구하게 되어야 할 것이니 제사장은 만군의 여호와의 사자가 됨이거늘 너희는 옳은 길에서 떠나 많은 사람을 율법에 거스르게 하는도다 나 만군의 여호와가 이르노니 너희가 레위의 언약을 깨뜨렸느니라"(말 2:4-8).

> "너희는 택하신 족속이요 왕 같은 제사장들이요 거룩한 나라요 그의 소유가 된 백성이니 이는 너희를 어두운 데서 불러내어 그의 기이한 빛에 들어가게 하신 이의 아름다운 덕을 선포하게 하려 하심이라"(벧전 2:9).

하나님에게 제사를 위임받은 제사장이 바른 길에서 떠나면 그리스도의 말씀과 부딪히게 된다. 오늘날 우리에게 레위기는 제사를 위한 제사장 이야기라 생각하기 때문에 우리와 상관없는 것 같지만 아주 밀접한 관계가 있다. 우리는 왕 같은 제사장이기 때문이다. 그래서 신약성경 히브리서는 레위기 말씀의 핵심 내용인 '예수 그리스도가 왜! 어떻게 죽으셨는지에 대해서'도 레위기 말씀을 기준으로 잘 설명하고 있다.

레위기의 5대 제사는 제사장이 맡았다. 그리고 참대제사장이신 예수 그리스도가 레위기의 법대로 제사를 완성하셨다. 레위기라는 이름은 예배 규칙의 시행을 맡은 레위인의 이름에서 나온 것이다. 그리고 레위기 언약을 한 번 더 반복해서 쓴 것이 신명기다. 하나님이 말씀하신 율법의 언약을 되풀이한 것이다. 그래서 첫 번째 명령은 레위기, 반복적으로 설명한 것은 신명기(申命記)다.

레위기를 잘 모를 경우 히브리서를 보면 도움이 된다. 이렇게 성경을 처음부터 끝까지 쭉 읽다 보면 성경의 어느 한 책이 성경의 다른 책을 설명한다. 사실 성경에 설명이 다 되어 있다. 성경을 읽다 보면 성경의 어느 한 구절이 눈에 확 들어올 때가 있는데, 이처럼 성경을 읽는 목적은 내가 필요한 말씀을 찾는 것이 아니라, 성경이 나에게 필요한 말씀을 들려주기 위한 것이어야 한다. 마치 등대가 이 근처에는 암초가 있으니 돌아가라고 말하는 것처럼, 성경은 옳은 길을 제시한다. 우리의 인생에도 말씀의 등대가 반짝반짝 진리의 빛을 비추고 있다. 캄캄한 바다에서 등대가 불빛을 비추는 것처럼, 인생의 바다에서 성경은 진리의 빛을 비추고 있다. 우리는 성경에서 숨어 있는 진리를 찾는 것이 아니다. 등대가 빛을 발하는 것처럼 성경은 스스로 진리를 드러낸다. 우리가 성경에 눈을 뜨기만 하면 성경의 진리가 보이기 시작할 것이다.

성경은 우리가 죄짓기를 원할까, 예수 믿기를 원할까? 성경은 그것이 목적하는 바를 반드시 행할 것이다. 성경에는 그만한 에너지가 있다. 성경에서 말씀의 등대가 빛을 발하는데도 아무것도 볼 수 없다면 아직도 어두운 밤이다. 컴맹은 컴퓨터를 모르는 것이고, 까막눈은 글자를 모르는 것이라고 한다. 말씀이 무슨 뜻인지 모르면 말씀의 까막눈이 아닐까? 말씀은 등대의 빛처럼 캄캄한 인생을 안전하게 인도한다. 주의 말씀은 내 발에 등이요, 내 길에 빛이기 때문이다. 그러므로 성경을 읽으면 까막눈은 말씀의 눈빛으로 변하고, 어두운 인생살이는 해맑은 예수살이로 변하게 된다.

성경을 읽는 것은 까막눈을 뜨는 연습이고, 계속해서 읽을 때 성경은 진리의 말씀을 보게 한다. 하나님이 깨닫게 하신다. 내 생각, 관점, 주관을 제거하고 하나님의 뜻을 담게 하신다. 우리 안에 하나님이 메시지를 심어 주시는 것이다.

때로 성경 구절의 내용 전체가 파악되어도 성경이 원래 말하려는 분명한 의도를 모를 때가 있다. 그러나 하나님이 열어 주시면 반짝반짝 보일 때가 있다. 말씀이 확 다가올 때가 있다. 새롭게 보이는 것들이 있는 것이다. 레위기를 읽다가 용수철처럼 튀어 오른 말씀을 나누려고 한다.

레위기를 어렵게 생각해서 말씀의 간격과 구조를 잘 못 잡는 경우가 있다. 레위기에 대한 기준은 언약이므로 그대로 살면 된다. 신명기는 사는 것이 아니라 다시 설명한 것이고, 민수기는 사는 것이다. 그러므로 레위기와 민수기는 하나님이 말씀대로 살아야 되는 것에 대해 그렇게 살았는지 못 살았는지를 대차대조표로 설명하고 계신다고 볼 수 있다.

성경을 읽다가 구조가 잡히면 훨씬 입체적이라는 것을 알게 된다. 나는 성경을 연구하는 것이 아니라 성경 말씀을 먹는다. 성경의 학문적 지식은 좀 부족할지라도 말씀을 잘 먹으면 건강해진다. 먹지 않고 연구만 하면 별 의미가 없다. 그러나 하나님 말씀을 먹으려고 읽으면 구조가 잡히고 연구도 된다. 하나님 말씀이 어디에 초점을 두고 있는지 처음에는 잘 모르지만, 읽는 것에 반복적으로 도전을 하다 보면 어느정도는 성경 지식을 따라갈 수 있다. 읽는 것만으로는 학문적 지식이 좀 부족해 보일지라도 전혀 그렇지 않다. 공부와 삶은 차이가 크기 때문이다. 성경의 학문적 지식은 형식과 공부가 필요하지만 삶에 곧바로 적용되지 않는다. 식탁에서 도구와 음식은 구별해야 한다. 배가 고프다고 냄비, 접시, 수저 등을 먹을 수는 없다. 그러나 조화를 이루면 금상첨화다.

화려한 조직적 신학과 성경 지식은 좀 부족할지라도 그리스도의 고난은 우리 삶에 풍성해야 한다. 천국에 가면 성경을 얼마나 알고 있는지는 시험 보지 않지만 어떻게 살았는지는 카운트(계산)하기 때문이다. 레위기도 너무 학문적으로 공부하려 하지 말고 그냥 먹으면 된다.

"이는 번제와 소제와 속죄제와 속건제와 위임식과 화목제의 규례라"(레 7:37).

레위기 7장 37절은 5대 제사와 위임제를 설명하고 있다. 제사장의 위임식은 5대 제사를 위임하겠다는 것이다. 위임은 맡긴다는 뜻인데 이것이 우리와 무슨 상관인가? 예수 그리스도가 5대 제사의 기준으로 제사를 완성하셨고, 왕 같은 제사장인 우리에게 하나님이 이 제사를 위임하셨다는 것이다. "어? 나는 제사장 위임을 받은 적이 없는데!"라고 말할지도 모르겠다. 5대 제사를 완성하신 예수 그리스도가 위임하셨다. '모든 민족을 제자로 삼아라'(마 28:19). '만민에게 복음을 전파하라'(막 16:15). '모든 일에 증인이 되라'(눅 24:48). '사랑으로 목회하라'(요 21:17). 구약의 제사는 예배자의 삶으로 하나님을 기쁘시게 하는 신약의 산제사를 말한다.

위임은 5대 제사를 진행하는 자로 맡겼다는 것이다. 위임 받은 제사장은 그 제사의 기준으로 살아야 한다. 제사의 간단한 기준은 죄를 속하는 것으로, 속죄의 제사는 죄를 태우는 작업이다. 단어의 의미보다 대의를 깨달아야 한다.

1. 번제는 짐승을 잡아 태우듯이 죄를 다 태운다(레 1:3) - (성도의 성별, 희생 제사) 생명

죄를 대속하는 '속죄제'는 번제로 다 태워 버린다. 제사는 죄가 없어지는 것과 죽는 것을 말한다. 그 후에 드리는 제사(예배)는 하나님과 이웃과 친해지는 '화목제'와 희생과 헌신을 드리는 '소제'가 있다. 또한 거룩하고 흠이 없는 그리스도의 형상까지 성화되는 '속건제'가 있다.

처음 죄를 없애는 제사는 짐승을 번제로 태워 드린다. 하나님이 죄를 해결하고 우리와 교제하시겠다는 것을 제사를 통해 설명하시는 것이다. 인간의 죄를 모형으로 설명하시며 죄가 어떻게 전가되고 없어지고 태워지는가를 설명하시는 것이다.

사람의 죄를 해결하기 위해서는 흠 없는 송아지 머리에 안수하고 자신의 죄를 전가시켜야 한다. 제물을 가져온 주인이 자신의 죄를 제물인 소에게 옮기는 작업이다. 제사 의식을 통해서 "너의 죄를 사하노라"는 죄 사함의 의식인 것이다. 이런 레위기라는 원서를 로마서에서는 복음이라고 설명한다. 설명서, 번역서인 로마서를 통해 바울이 조금 쉽게 설명하고 있는 것이다.

죄를 전가시키는 과정을 살펴보면, 소는 죄를 짓지 않았는데도 순전하고 거룩하고 깨끗한 걸로 준비한다. 이왕 더러운 죄를 뒤집어쓰고 죽을 것이면 흠 없고 깨끗해서 값나가는 것보다 더럽고 형편없어 쓸모없는 것을 골라 번제로 드리면 안 되는 것일까?

나는 예전에 오래된 중고차를 끌고 다녔다. 그러던 어느 날 어떤 차가 내 차 정면을 박아서 앞 부분이 조금 찌그러졌다. 내 차가 워낙 낡았기에 괜찮으니 그냥 가시라고 했다. 만약 내 차가 새 차였다면 얼마나 속상했겠는가? 원래대로 다 물어내라고 했을 것이다.

하나님은 점도 없고 흠도 없는 기준을 어린 양, 예수 그리스도로 설명하신다. 사람의 더러운 죄를 거룩한 예수 그리스도에게 다 뒤집어씌우고 그 예수님을 송아지처럼 번제로 불태워 드리시겠다는 것이다. 죄의 삯은 사망이기에 죄 없는 짐승에게 죄를 전가시키면 그 짐승은 내 죄 때문에 대신 죽게 된다는 것이다.

한번 생각해 보자. 내가 지은 죄를 송아지에게 안수 기도한다고 그 죄가 전가될 것 같은가? 말도 안 되는 이야기가 아닌가? 성경은 이런 식으로 말도 안 되는 이야기를 전개시킨다. 한 번도 본 적 없는 예수 그리스도가 내 죄 때문에 죽으셨으니 믿으라는 것이다. 그리스도가 내 죄를 전가받아 그 죄를 대신 다 짊어지고 죽으셨다는 것이다. 예수님은 이런 방식으로 레위기의 제사법을 통해 사람의 죄를 깨끗하게 하신다. 그러므로 레위기의 말씀을 믿어야 한다. 성경은 믿는 것이지 이해하는 것이 아니다.

로마서 4장은 '아브라함이 하나님을 믿으매 그것을 의로 여겼다'고 말씀한다. 우리도 이처럼 똑같이 믿으면 의로 여기겠다는 것을 믿으라는 것이다. 이 믿음으로 죄인이 의인 되고, 우리는 하나님의 자녀가 된다.

구약 시대의 흠 없는 제물은 예수 그리스도를 상징한다. 번제로 태워져 없어지는 의미는 내 죄가 번제로 완전히 없어지는 것을 믿으라는 것이다. 죄는 세탁기에 돌려도 죄의 얼룩이 빠지지 않고, 옥시크린을 먹어도 깨끗해지지 않는다. 아무리 죄를 짓고 감옥에 갔다 와도 그 사실이 사라지지 않는다. 하나님 말씀을 기준으로 죄와 의를 구분하는 기준이 하나님 말씀이기 때문이다. 그러므로 하나님의 아들, 예수 그리스도의 피만이 죄를 사한다. 예수 그리스도가 하나님의 능력이기에 그 분만이 죄를 해결할 수 있으시다.

레위기에서 이렇게 언약을 했기에 예수님이 십자가에서 인간의 죄를 위해 대신 죽으시는 것이다. 그리고 이를 똑같이 성도에게 위임하신다. 죽기까지 순종하라는 것이다(빌 2:8). 성도는 주님이 가신 길, 곧 순종의 길을 가야 한다. 예수 믿는 것은 레위기를 몰라도 레위기처럼 사는 것이다. 또한 신학은 잘 몰라도 신앙생활로 사는 것이다. 예수 믿는 것은 나보다 나를 더 잘 아시는 예수 그리스도로 사는 것이다.

성도가 주님이 가신 길로 따라가는 것이 번제로 드려지고, 소제로 드려지고, 화목제로 드려지는 삶이다. 성령이 들어오면서 이렇게 살도록 위임하신 것이다. 우리의 조상들은 다 그렇게 살았다. 먼저 믿었던 신앙의 선배들은 레위기처럼 자기의 삶을 불사르며 살았다.

하나님이 이렇게 살게 하신다는 것이다. 예수 믿는 것은 장난이 아니다. 번제는 그렇게 위임한다는 것이다. 당신은 예수님처럼 살고 싶은가? 아니면 바울처럼 살고 싶은가? 하나님은 우리가 그렇게 살기를 원하신다. "너도 나처럼 살아라!" 하나님이 우리를 사랑하신 것처럼 똑같이 하라는 것이다. "내가 거룩하니 너희도 거룩하라." 사람은 그렇게 살 수 없어도 하나님이 살게 하시면 살 수 있다. 하나님이 주도권을 가지고 그렇게 살게 하신다. "아따, 이거 예수 믿다가 엄청 덤터기 쓰게 생겼네." 그렇다. 하나님은 더러운 죄를 전가받아 십자가에서 죽으시고, 그 죄인을 의롭다 칭하는 거룩을 덤터기 씌우셨다. 가만히 있으면 저절로 되는 것이 아니라, 하나님이 하게 하신다는 의미로 마음에서 불길 같은 은혜가 솟아나 하게 하신다. 그래서 더러운 죄인으로 살던 사람이 거룩한 하나님의 자녀로 살면서 하나님이 하게 하시는 능력으로 자신을 불태우는 번제, 즉 순교자의 삶을 살게 하신다.

예수 믿는 사람들은 다 그 길로 가라고 성경이 길을 제시하고 있다. 우리는 "내가 곧 길이요 진리요 생명"(요 14:6)이라 하신 분을 붙잡고 가야 된다. 그 길을 지나가는 것이 신앙생활이다. 어둠이 지나가야 새벽이 오는 것처럼, 이 세상은 어둠이며 사망의 그늘을 지나가야 된다. 고난이다. 세상 사는 것 자체가 고난인 동시에 영광이다. 영광을 보는 눈이 열려야 고난을 뚫고 갈 수 있다. 그 영광을 알고만 있는 것이 아니라, 그것을 보고 그 영광으로 살아야 한다. 성경 말씀을 통해서 그 영광이 성도의 마음으로 밀려 들어온다. 번제는 완전히 드려져야 한다. "네 마음을 다하고 목숨을 다하고 뜻을 다하여 주 너의 하나님을 사랑하라"(마 22:37, 막 12:30; 신 6:5 참조). 하나님은 우리에게 순종과 산제사를 위임하신 것이다.

"또 마음을 다하고 지혜를 다하고 힘을 다하여 하나님을 사랑하는 것과 또 이웃을 자기 자신과 같이 사랑하는 것이 전체로 드리는 모든 번제물과 기타 제물보다 나으니이다"(막 12:33, 히 10:5-8 참조). 죄를 용서받기 위해 속죄제를 번제로 태운 희생 제물도 하나님을 기쁘시게 할 수 없기 때문이다.

2. 소제는 곡식을 태워 드리는 헌신의 사명(레 2:13) - (성도의 봉사, 헌신 고백) 사명

성도로 구별된 사람이 하나님에게 드려지는 삶을 사는 것을 '소제'라고 한다. 소제는 그 사람에게서 나타난 열매다. 일해서 번 소득(곡식)을 드리는 헌신이다. 나의 지혜와 지식과 재능이 하나님에게 드려져 헌신 봉사하는 삶을 말한다. 그리스도는 하나님 아버지와 사람들을 섬기셨다. 그의 섬김은 순종과 사랑이었다. 순종하지 않는 섬김은 자기 의를 드러내는 것이고, 사랑하지 않는 섬김은 자기 열심일 뿐이다.

"소제물에 소금을 치라 네 하나님의 언약의 소금을"(레 2:13).

소금 언약은 변하지 않는 언약이다.

"이스라엘 하나님 여호와께서 소금 언약으로 이스라엘 나라를 영원히 다윗과 그의 자손에게 주신 것을 너희가 알 것 아니냐"(대하 13:5).

"너희는 세상의 소금이니"(마 5:13).

부패를 막는 청결의 소금은 예수 그리스도를 말한다. 소제로 드려지는 섬김은 예수 그리스도가 빛으로, 소금으로 나타나는 것을 말한다. 예수 그리스도의 순종과 사랑으로 섬기는 것이 소제다. 그러므로 소제는 예수 그리스도의 순종과 사랑을 위임한 것이다.

"너희 중에 누구든지 으뜸이 되고자 하는 자는 너희의 종이 되어야 하리라 인자가 온 것은 섬김을 받으려 함이 아니라 도리어 섬기려 하고 자기 목숨을 많은 사람의 대속물로 주려 함이니라"(마 20:27-28).

결국 섬김도 내 몸의 열매만이 아니라 나 자신을 드리는 것이다. 속고, 손해 보고, 순교로 다 퍼 주는 것이다.

3. 화목제는 화목하게 하는 제사(레 3:16) - (성도의 친교, 화목 제사) 동역자

'화목제'는 사람이 하나님과 화목하게 되는 것이다. 기준은 하나님의 자녀가 되는 화목이다. 타락한 사람을 하나님과 화목하게 해서 하나님의 자녀가 되게 한다.

"그러므로 우리가 믿음으로 의롭다 하심을 받았으니 우리 주 예수 그리스도로 말미암아 하나님과 화평을 누리자"(롬 5:1).

그러므로 화목은 하나님에게 순종하는 능력이 붙어야 한다. 아담의 불순종으로 하나님과 인간 사이에는 막힌 담이 생겼다. 그러나 예수 그리스도의 순종으로 하나님과의 막힌 담이 헐리고 화목하게 되었다.

"이 예수를 하나님이 그의 피로써 믿음으로 말미암는 화목 제물로 세우셨으니 이는 하나님께서 길이 참으시는 중에 전에 지은 죄를 간과하심으로 자기의 의로우

심을 나타내려 하심이니"(롬 3:25).

"그는 우리 죄를 위한 화목 제물이니 우리만 위할 뿐 아니요 온 세상의 죄를 위하심이라"(요일 2:2).

"사랑은 여기 있으니 우리가 하나님을 사랑한 것이 아니요 하나님이 우리를 사랑하사 우리 죄를 속하기 위하여 화목 제물로 그 아들을 보내셨음이라"(요일 4:10).

"모든 것이 하나님께로서 났으며 그가 그리스도로 말미암아 우리를 자기와 화목하게 하시고 또 우리에게 화목하게 하는 직분을 주셨으니 곧 하나님께서 그리스도 안에 계시사 세상을 자기와 화목하게 하시며 그들의 죄를 그들에게 돌리지 아니하시고 화목하게 하는 말씀을 우리에게 부탁하셨느니라"(고후 5:18-19).

새롭게 구별되어 헌신된 삶을 사는 것도 복인데, 천사도 흠모하는 화목하게 하는 직책까지 받았다. 우리는 하나님의 동역자로서 화목 제물이 되도록 위임받아 그리스도의 대사가 된 것이다. 그러므로 화평하게 하는 일은 하나님의 자녀에게 위임된 일이다.

"화평하게 하는 자는 복이 있나니 그들이 하나님의 아들이라 일컬음을 받을 것임이요"(마 5:9).

"화평하게 하는 자들은 화평으로 심어 의의 열매를 거두느니라"(약 3:18).

무조건 전도만 하면 되는 것이 아니라, 화평이신 예수 그리스도를 심어 하나님의 자녀를 거두어야 한다. 만약 화목 제물로 소를 드렸다면 제사장의 몫을 제외하고 무려 300킬로그램(약 500근)의 살코기를 다음 날 해 지기 전까지 먹어야 했다(레 7:15-18). 화목제의 진정한 의미는 평소에 무관심했던 사람까지 함께 먹어야 시한 내에 다 먹을 수 있다는 데 있다. 모두가 먹어야 될 화목 제물로 인해 함께 하기 싫은 사람까지 필요했던 것이다.

> "사람의 행위가 여호와를 기쁘시게 하면 그 사람의 원수라도 그와 더불어 화목하게 하시느니라"(잠 16:7).

하나님이 기뻐하시는 것은 보기 싫은 원수도 사랑하고 축복하는 것이다. 하나님을 기쁘시게 하는 화목 제물로 드려지면 원수라도 화목하게 된다. 그것은 내 자존심과 욕심을 버리는 것이다. 결국 화목 제물은 원수에게 뜯어 먹히는 것이다.

4. 속죄제는 죄 사함을 받기 위해 드리는 제사(레 4:26) - (성도의 칭의, 죄 사함) 새 창조

'속죄제'는 창조주 하나님에게 불순종한 원초적 죄의 기준이다. 불순종을 해결하고 하나님의 자녀가 되게 하는 것이다. 속죄제는 인간의 본질적 속성과 본성인 죄를 사하는 것이다. 죄인의 죄가 그리스도에게 전가되어 예수 그리스도가 속죄제로 죽으신 것이다. 죄인은 죄가 없어져서 의인이 되는 것이 아니다. 죄가 없어지면서 동시에 의를 전가받았기 때문이다. 그래서 의로운 사람이 된 것이다. 내 죄를 예수님이 가져가시고, 죄인에게 의인이라고 이름을 붙여 칭의, 곧 '의롭다'고 하신 것이다. 그러나 우리는 법적으로는 의인이지만 죄의 속성이 남아 있어서 계속, 가끔 죄를 짓기도 한다. 바울도 죄의 속성이 얼마나 무서운지 "오호라 나는 곤고한 사람이로다 이 사망의 몸에서 누가 나를 건져내랴"(롬 7:24)고 애통해했다.

> "그러므로 백성을 위하여 속죄제를 드림과 같이 또한 자신을 위하여도 드리는 것이 마땅하니라"(히 5:3).

성도는 속죄제를 위임받았기에 그리스도 안에서 죽고 예수로 살아야 한다.

> "육신의 생각은 사망이요 영의 생각은 생명과 평안이니라 육신의 생각은 하나님

과 원수가 되나니 이는 하나님의 법에 굴복하지 아니할 뿐 아니라 할 수도 없음이 라 육신에 있는 자들은 하나님을 기쁘시게 할 수 없느니라"(롬 8:6-8).

성도에게 위임된 속죄제는 육신을 좇지 않고 성령을 좇아 사는 것이다. 그리스도 예수 안에 있는 생명의 성령의 법이 죄와 사망의 법에서 우리를 해방했기 때문이다(롬 8:2). 속죄제는 단순히 죄 사함만 받는 것이 아니라 성령의 인도함을 받는 삶을 위임받은 것이다. 새로운 삶의 방식이다. 사망(육신)으로 살지 말고 생명(예수)으로 살아야 한다(롬 6:11).

죄를 구속받았다는 것은, 몸은 죄로 인해 죽고 영은 의로 인해 다시 사는 것이다(롬 8:10). 그러므로 그리스도의 사람, 곧 그리스도에게 소유된 사람으로 살게 되는 것이다. 피로 값 주고 샀기 때문에 핏값으로 새 창조의 삶, 복음 값으로 새 계명의 삶, 이름값으로 세계 선교의 삶이 나오게 된다. 말에나 일에나 복음 값이 나오는 새 창조의 삶이 왕 같은 제사장의 삶이기 때문이다.

5. 속건제는 죄를 인정하고 용서를 구하는 제사(레 6:7) - (성도의 성화, 죄 용서) 그리스도의 형상

성도가 예수로 사는 과정을 통해 변화되는 모습을 '성화'라고 한다. 오늘이든 내년이든 순종해서 "나는 죽었고, 예수 사셨네!" 하면 된다. 물론 쉽지 않다. 순종은 타락한 세상에서 예수 먹는 것이고, 안 먹으면 불순종이 된다. 불순종은 에덴동산에서 선악과를 먹은 것이기에 선악과를 안 먹으면 순종이다. 예수로 살고 죽는 것이 잘 살고 잘 죽는 산 순교다.

속건제는 그 허물들을 용서받는 제사로 성화하는 과정이다. 그래서 성화 구원의 의미를 가지고 있다. 불순종할 때마다 제사 의식을 통해 회개하며 나아가는 것이다. 그 과정을 통해 조금씩 거룩해지면서 예수 그리스도의 형상을 나타내고, 거룩하고 흠 없는 자녀의 모습으로 성숙해 가는 것이다. 하나님의 은혜는 더럽고 지저분한 사람을 사랑으로 계속 받아 주신다. 왜 계속 받아 주실까? 거룩하고 흠이 없는 하나님의 자녀로 살게 하려고 죄를 대속하셨기 때문이다(엡 1:4).

속죄제는 죄인의 속성인 죄를 말하고, 속건제는 죄로 인해 발생한 허물을 말한다. 속죄제는 죄를 진 죄인을 사하는 것이고, 속건제는 죄로 인해 발생한 허물을 용서받는 것이다(엡 2:1). 좀 다르게 말하면, 속죄제가 원죄에 대한 칭의라면, 속건제는 자범죄에 대한 성화인 것이다.

> "나의 자녀들아 너희 속에 그리스도의 형상을 이루기까지 다시 너희를 위하여 해산하는 수고를 하노니"(갈 4:19).

어떻게 하면 예수 폼 나는 인생으로 한번 살아 볼까? 개폼, 똥폼, 있는 폼 없는 폼 다 잡아도 사람 폼이다. 하나님의 품, 예수님의 품속에서 그 마음을 품으면 예수 폼이 나올까? 세상 폼 내며 살려고 했던 인생, 천국 폼으로 리폼 된 생명이 진짜 폼 나는 인생이다. '폼생폼사'는 '폼에 살고 폼에 죽는다'는 뜻이다. 체면으로 살고 체면으로 죽지 말고, 거룩으로 살고 거룩으로 죽어야 한다. 속건제를 위임받은 성도는 거룩하고 흠이 없는 하나님의 자녀로 매일 새로워져야 하기 때문이다.

한편, 5대 제사를 위임받은 왕 같은 제사장의 총체적인 제사는 산제사다.

> "이 은혜는 곧 나로 이방인을 위하여 그리스도 예수의 일꾼이 되어 하나님의 복음의 제사장 직분을 하게 하사 이방인을 제물로 드리는 것이 성령 안에서 거룩하게 되어 받으실 만하게 하려 하심이라"(롬 15:16).

집사, 장로, 목사로 직분이 구분된 것은 각자의 역할일 뿐, 모두 다 복음의 제사장이다. 이방인을 예수 믿게 만드는 것을 이방인을 제물로 드리는 것으로 본다. 이처럼 5대 제사를 위임받은 왕 같은 제사장의 총체적인 제사는 산제사다.

성경을 읽으면서 지식과 삶의 균형을 잡으면 풍성한 신앙생활이 선교의 재료가 된다. 하나님은 이렇게 5대 제사를 통해 사람들을 부르셨다. 성경의 내용은 반드시 나와 연관이 있고, 동일한 형식으로 구원받으며, 같은 방식으로 지옥 가는 것이다. 이 원리가 그대로 적용되어 있다.

8장에서 위임식을 했듯이, 하나님은 왕 같은 제사장인 우리에게도 맡기셨다.

하나님의 방식에는 생명이 있고 진리가 있다. 위임한 대로 제사를 드리는 것이 9장의 내용이다. 예배의 핵심은 축복이다. 왕 같은 제사장의 역할은 사랑하고 축복하는 것이다. 목회자가 성도를 축복하고, 부모가 자녀를 축복하고, 시어머니가 며느리를 축복하고, 형이 동생을 축복하고, 사장이 사원을 축복하고, 선생이 학생을 축복하는 비밀이다. 그러면 하나님의 영광이 불로 나타난다(레 9:23-24; 민 6:24-27).

이와 반대로, 10장은 진노의 불이다. 다른 불로 사는 제사장에게 내린다(레 10:1-2). 레위기 10장 9절은 포도주와 독주를 마시지 말라고 말씀한다. 또한 민수기 6장에서 나실인은 포도주와 독주를 마시면 안 되게 구별되었다. 레위인, 제사장, 나실인은 모두 세상과 구별된 삶을 살아야 한다. 그렇지 않으면 하나님이 진노하시기 때문이다. 무엇이 거룩이고 속된 것인지, 어떤 것이 부정하고 깨끗한 것인지 분별하도록 가르쳐야 한다(레 10:9-11).

"내가 거룩하니 너희도 거룩할지어다"(레 11:45).

하나님은 영이시기 때문에 하나님이 말씀하시는 거룩이 어떤 것인지, 부정한 것이 어떤 것인지 육적인 사람은 잘 모른다. 그래서 음식, 질병과 문화 그리고 직분과 절기를 눈에 보이게 설명하신다.

1. 음식(레 11장 _ 신 8:3; 마 4:4, 15장; 행 10장; 딤전 4:3-5 참조)

음식은 사람을 위해서 주신 것으로 사랑의 기준으로 보면 감사한 은혜다. 구별된 삶을 원하시는 하나님이 주시는 은혜다. 그러나 음식 규례를 지키는 것으로 거룩을 유지할 수는 없다. 마음에서부터 나오는 거룩을 나타내야 하기 때문이다. 깨끗한 음식을 먹는 것은 몸만 깨끗해 지는 것이 아니라 마음도 깨끗해 지기 위함이다. 그런데 음식으로 마음까지 깨끗하게 하지는 못한다.

예수님은 이 땅에 오셔서 먹는 것에 대한 정의를 내리셨다. 그리고 베드로에게 부정한 음식인 족발과 새우젓을 배달하신다(행 10:9-16). 상징적인 의미가 중요하다. 실제적으로 이걸 지키면 육신의 유익도 있다. 그런데 이것으로 거룩해지는 것은 아니다. 거룩은 곧 우리의 마음을 거룩하게 하려는 것이다. 마음이 심히 부패해서 입술로만 존경하는 것은 종교 생활일 뿐, 속은 시꺼멓고 더럽다는 것이다. 예수님은 사람 입으로 들어간 것이 더러운 것이 아니라 마음에서 나온 것이 더럽다고 하신다(마 15장).

음식으로 그 설명을 풀어 주신다. 그렇게 하나님이 위임하신 것이다. 무엇을 먹어야 되는가? 예수를 먹어야 된다. 음식의 어떤 종류를 먹어서 잘못된 것이 아니다. 깨끗한 음식을 먹어도 예수를 먹지 않으면 더러운 죄인인 것이다. 구약에서는 눈에 보이는 것으로 설명하고 신약에서는 눈에 보이지 않는 것으로 설명한다. 음식에서 거룩은 먹는 문제(선악과)로 죄가 되었다. 그러므로 무엇을 먹어야 죄의 마법에서 해독이 되는가? 말씀을 먹어야 마음까지 거룩해진다(마 4:4, 15장; 빌 2:5; 딤전 4:5). 사람을 깨끗하게 만드는 것은 그리스도의 살과 피다.

2. 질병(레 12-17장 _ 요 6:53-58, 63, 69 참조)

질병에 대한 규례는 피가 더럽혀지고 살이 썩어 가는 질병으로 구분된다. 모든 질병은 살과 피에서부터 시작된다. 살(문둥병)과 피(유출병)를 깨끗하게 하는 것은 그리스도의 살과 피를 먹는 것이다. 그리스도의 살과 피가 우리를 전인격적으로 깨끗하게 한다. 질병으로부터 거룩을 유지하기 위해서도 그리스도를 먹어야 한다. 땅의 것을 먹으면 땅의 것을 내고, 영원한 것을 먹으면 영원한 것을 내게 된다. 무엇을 먹어야 영혼까지 거룩해지는가? 그리스도의 살과 피를 먹어야 거룩해진다. 성찬의 삶이다(고전 11:25). 예수 먹고, 예수 마시고, 예수를 전하는 것이 성찬의 삶이다.

> "모든 눈물을 그 눈에서 닦아 주시니 다시는 사망이 없고 애통하는 것이나 곡하는 것이나 아픈 것이 다시 있지 아니하리니 처음 것들이 다 지나갔음이러라"(계 21:4).

그리스도가 역사하시는 삶은 슬픔과 아픔과 질병이 없는 삶이다. 그러므로 천국에는 질병, 슬픔, 눈물, 죽음이 없다.

3. 문화(레 18-20장 _ 마 5-7장, 산상수훈 참조) - 사랑으로 율법을 완성

성범죄와 간음(레 18:3; 마 5:17, 27)	세상 문화와 하늘 문화
용서와 사랑(레 19:18; 마 6:14-15)	원수 사랑이 사람을 거룩하게 함
불법과 들보(레 20:8, 23; 마 7:5, 23)	죄, 불법에 대해 죽고 의에 대해 사는 것(롬 6:11)

옛 사람은 죽고 새사람이 사는 것이 새로운 문화인 하늘 문화다. 이 규례는 문화에서 거룩한 것을 말한다. 율법을 완성하는 거룩은 사랑이다. 하나님은 "너희는 너희가 거주하던 애굽 땅의 풍속을 따르지 말며 내가 너희를 인도할 가나안 땅의 풍속과 규례도 행하지 말고"(레 18:3)라고 말씀하신다. 세상 문화에 빠지지 않고 하늘의 문화를 나타내는 것이 새 계명으로 사람을 사랑하고 세상을 축복하는 것이다.

4. 직분(레 21-22장)

왕 같은 제사장은 사람들을 살리는 영으로 사는 것이다. 또한 하나님의 계명을 지키며 사는 것이다. 왕 같은 제사장은 오직 진리만 말하고, 화평을 구하고, 용서해주며, 사랑하고 축복하며, 거룩하고 아름답게 세우는 것이다.

> "너희는 내 계명을 지키며 행하라 나는 여호와이니라 너희는 내 성호를 속되게 하지 말라 나는 이스라엘 자손 중에서 거룩하게 함을 받을 것이니라 나는 너희를 거룩하게 하는 여호와요"(레 22:31-32).

하나님이 거룩하시기 때문에 제사장의 직분 역시 거룩해야 한다. 왕 같은 제사장의 거룩은 하나님의 계명을 지키는 것이다. 그 계명을 지킬 때 하나님의 거룩이 나타난다.

> "나의 계명을 지키는 자라야 나를 사랑하는 자니 나를 사랑하는 자는 내 아버지께 사랑을 받을 것이요 나도 그를 사랑하여 그에게 나를 나타내리라"(요 14:21).

5. 절기(레 23-25장)

유월절	유월절 어린 양이 되신 그리스도 예표(고전 5:7)
칠칠절	오순절 성령 강림을 상징(고전 15:20)
초막절	장막절(수장절)은 광야 생활 기념으로 '율법서'를 읽음(신 31:10-13)

이스라엘에서는 부림절에 에스더서를 읽는다. 여호와의 절기에는 성회로 모이고 성경을 읽었다. 신약 시대에도 유대인들은 날, 달, 절기, 해를 삼가 지켰다(갈 4:10). 날과 절기를 지키거나 지키지 않는 자, 먹는 자와 먹지 않는 자 모두 주를 위한 것이다(롬 14:5-6). 그러나 하나님 나라는 먹고 마시는 것이 아니라 성령 안에서 의와 희락과 평강이다(롬 14:17). 날과 절기는 예배의 날로 영적 예배, 산제사를 말한다(롬 12:1). 절기는 말씀 통독으로 거룩해지는 뜻도 있다. 구약 시대의 대표적인 통독은 에스라 통독이다(느 8:8). 그리고 신약 시대의 대표적인 통독은 에베소교회의 공적인 통독이다(딤전 4:13). 하나님 말씀은 자기 나이만큼을 읽어야 한다는 말이 있다. 성경 말씀은 읽고, 암송하고, 실천하는 것이 무엇보다 중요하다.

5대 제사와 5대 거룩

5대 제사의 화목 제물처럼, 화목 제물이 되기 위해서 속죄제(칭의)와 속건제(성화)가 번제(생명)와 소제(사명)로 드려진다. 5대 거룩 또한 세상의 문화를 정화하는 하늘 문화의 새 계명인 사랑으로 살기 위해 왕 같은 제사장의 직분을 가지고 공동체를 축복하며, 그리스도의 말씀으로 마음과 영혼까지 깨끗해진다. 레위기의 5대 제사와 5대 거룩의 기준으로 구별된 삶을 살아 내면 사는 동안에 복이 있다.

• 레위기에 흐르는 복음 •

레위기의 법대로 살면 상과 복이 있고, 언약의 말씀을 준행하지 않으면 벌과 저주가 있다. 거룩한 백성이 거룩하게 살면 오래 두었던 묵은 곡식을 먹다가 새 곡식으로 인해 묵은 곡식을 치우게 될 것이고, 거룩한 백성답게 살지 못하면 먹어도 배부르지 않는 저주가 임할 것이라고 말씀한다.

하나님이 천지를 창조하시고 일곱째 날 복을 주어 거룩하게 하시는 안식이 곧 새로운 생명이 탄생되는 천국과 연결된 복이다. 구약의 그림자에서 복음의 실체인 그리스도로 완성된 거룩이 복이다. 악을 선으로 바꾸시는 하나님은 종을 자유인으로 바꾸시어, 세상 사람을 거룩한 하나님의 자녀로 바꾸시고 거룩한 삶을 살게 하신다. 사람이 기준 되지 않고 술이 기준 되면 술이 사람을 더럽게 만든다. 사람이 기준 되지 않고 거룩이 기준 되면 거룩이 사람을 거룩하게 한다.

신약성경 사도행전의 스데반과 구약의 선지자 아모스는 이스라엘 백성이 광야 생활 40년 동안 희생 제사를 현실적으로 드려 왔지만 하나님은 안 받으셨다고 말씀한다(암 5:25; 행 7:42). 언약의 백성들이 율법대로 살았지만 마음으로 하지 않고 형식적으로 한 것은 안 한 것으로 정리하시는 것이다. 열심히 한 것을 하나님이 알아주지 않으시면, 천국에서 계산되지 않는 것일 수 있다. 성경을 읽고 확인해야 한다. 성경에서는 계명을 기준으로 제사를 드리는 것을 말씀한다. 말라기서에도 돌비에 새긴 법대로 예물을 드렸지만 안 받으신 것으로 말씀하고 있다(말 1:13). 하나님이 원하시고 기뻐하시는 제사를 드려야 한다. 돌비에 새긴 계명 갖고는 안 되기 때문에 심비에 새기는 새 언약을 말씀한다.

예레미야서에서 말씀하시는 새 언약의 체결(렘 31:33)은 그리스도가 골고다 십자가에서 죽으시면서 세우신 것이다(눅 22:20). 이것이 곧 십자가 언약이다. 마음으로 믿고 입으로 시인해야 구원이 임하는 것처럼, 마음에서 믿어져야 하나님을 기쁘시게 하는 산제사가 드려지는 것이다.

창조주이신 하나님은 피조물과의 관계 설정을 구약에서는 성막의 임재로 하시고 지금은 성전인 내 안에서 하신다. 새 언약이 세워짐으로 참성전이 완성되고, 참성전은 새 언약의 기준에서 세워진다. 동물 제사로 매번 드렸던 것을 그리스도가 단번에 죽으심으로 해결하신 것이다. 성전인 성도가 새 언약의 기준을 가지고 산제사로 사는 것이 하나님에게 드려지는 삶이다. 산제사는 살아 있는데 죽은 것이고, 죽었는데 살아 있는 것이다. 산제사는 내가 죽고 그리스도가 사시는 은혜다. 그러므로 레위기에 흐르는 복음은 세상에서 하나님의 거룩으로 살게 하시는 임마누엘 그리스도가 주인으로 살아 주시는 거룩이다.

신명기

신명기는 주제 중심이 아닌 해석서로서,
민수기를 요약하고 레위기를 설명하는 결론적 내용의 책이다.

신명기 구조 잡기

- 주제 : 행복은 어디에서 오는가!

서론(1-4장) : 과거 역사 추억	하나님의 은혜를 기억하라.
본론(5-28장) : 현재 율법 순종	하나님의 말씀에 순종하라.
결론(29-34장) : 미래 축복 선택	하나님의 축복을 선택하라.

신명기는 출애굽을 시작해서 40년 11월 1일(신 1:3)에 요단 동편 모압 평지에서 요단 강을 건너기 전까지 모세가 쓴 세 편의 설교와 유언을 기록한 책이다. 신명기는 주제 중심이 아닌 해석서로서, 민수기를 요약하고 레위기를 본문으로 설명한 결론적 내용이다. 신명기를 통한 그의 마지막 사명은 하나님 나라의 백성으로서 이 세상을 향해 제사장적 사명을 감당하라는 교육이다.

모세는 출애굽기, 레위기, 민수기 때보다도 신명기에서 훨씬 원숙한 법해석을 한다. 광야 40년 동안 법을 준수한 경험으로 설명한다. 그러나 예수님은 신약에서 산상수훈을 '새 율법'으로 선포하시며 율법을 완성하셨다. 모세오경의 총정리가 신명기라면, 산상수훈을 말씀하신 예수 그리스도는 성경의 결론이시다. 그러므로 광야 생활 동안 그리스도의 형상이 나타나는 결론의 삶을 살아야 한다(갈 4:19).

신명기 초점 잡기

세상이 정해 놓은 기준으로는 행복할 수 없다. 세상에서는 물질과 학벌, 명예, 권력, 세상의 인기를 행복의 기준이라고 말하지만, 하나님을 경외하지 않으면 불행의 기준이 될 수도 있다. 행복의 가장 정확한 기준은 세상이 아닌 성경이 정한 하나님을 사랑하는 것이다.

모세오경을 물고기에 비유하면 창세기, 출애굽기, 레위기는 머리 부분이고, 민수기는 몸통이고, 신명기는 꼬리에 해당한다. 또한 40년의 광야 시대를 비유해도 민수기는 몸통에, 신명기는 꼬리에 해당한다고 말할 수 있다. 광야 시대의 앞부분 1년에 해당하는 책은 출애굽기와 레위기고, 38년 몸통에 해당하는 책은 민수기며, 약 1년 미만으로 꼬리에 해당하는 책은 신명기다.

일반적으로 세상에서 유혹하는 것을 두고 꼬리친다고 말한다. 세상에서 유혹하는 꼬리는 일거에 잘라 버려야 한다. 그런데 세상의 꼬리를 자르기보다는 말씀의 꼬리를 자르는 경우가 허다하다. 세상의 꼬리에 넘어가지 말고 말씀의 꼬리에 넘어가라. 세상의 꼬리를 자를 수 있는 것은 말씀의 칼뿐이다. 레위기를 본문으로 재해석한 신명기는 말씀의 칼이 되기에 충분하다.

과거 역사 추억(1-4장)

> "네가 호렙 산에서 네 하나님 여호와 앞에 섰던 날에 여호와께서 내게 이르시기를 나에게 백성을 모으라 내가 그들에게 내 말을 들려주어 그들이 세상에 사는 날 동안 나를 경외함을 배우게 하며 그 자녀에게 가르치게 하리라 하시매"(신 4:10).

신명기에는 모세가 광야의 여정을 출발하기 전 받은 말씀으로, 하나님이 행하신 일들을 잊지 말고 기억해서 일평생 마음에서 떠나지 않게 하며 자자손손 이어지게 하시기 위해 백성을 모으고 하신 말씀이다. 하나님의 백성 레제나들이 세상에 사는 이유는 하나님이 베푸신 은혜를 추억하며 잊지 않고 하나님 경외하는 것을 배우기 위함이다. 또한 세상에서 사는 동안은 행복의 목적을 이루기 위한 기회가 주어지기 때문이다.

성경을 읽던 중 나 역시 하나님의 은혜로 세상에서 사는 목적이 하나님 경외하는 것임을 알았다. 세 자녀에게 하나님 경외하는 것을 가르치고자 성경을 읽히고 암송시켰다. 큰딸에게는 200구절을 선정해서 영어로 암송하게 했다. 약 6개월 동안 200구절을 다 암송하자 하나님은 2007년 중학교 1학년 과정을 마친 큰딸을 중국 선교지로 보내 주셨다. 특히 큰딸은 2004년(초등학교 5학년) 1년 동안 나와 함께 뉴질랜드와 호주 선교지에서 성경 통독 훈련을 받았었다. 중국에서 약 2년 동안 청소년 선교사로 있다가 한국에 돌아와서 중학교와 고등학교 검정고시에 합격한 큰딸은 2010년에 수시로 시험을 치른 모 신학대학교 선교영어학과에 합격해 2011학년도 신입생으로 입학했다.

> **레제나 하우스**
>
> 1. 레제나 하우스는 성경 천독으로 영혼을 구원하는 세계 선교의 비전이 있다.
> 2. 레제나는 레위인, 제사장, 나실인의 앞 글자를 딴 것으로 구별된 성도의 호칭이다.
> 3. 레제나는 세상의 선교사로 사람을 사랑하고 세상을 축복하는 사명이 있다.
> 4. 레제나 하우스는 새 창조된 새로운 피조물이 세계 선교에 헌신하는 선교의 현장이다.

둘째 딸은 2010년 2월에 초등학교를 졸업하고 나와 함께 3월 초에서 5월 말까지 3개월 동안 미국에 다녀왔다. 2010년 1년 동안은 중학교에 진학하는 대신 성경을 읽고 선교지를 탐방하는 데 시간을 보냈다. 세상에 사는 동안 세상에서 배우는 학문은 조금 부족해도 말씀과 기도로 거룩해지는 삶을 살 수 있다는 믿음으로 둘째 딸과도 거룩한 싸움을 계속하고 있다. 사람들은 자녀를 학교에 안 보내면 홈스쿨은 어떻게 하는지 궁금해한다. 홈스쿨이 아닌 홈스테이로, 특별히 학원에 보내는 것도 없이 집에서 자유롭게 놀면서 가정 레제나 하우스 프로그램으로 부모는 선생이 되고 자녀는 학생이 되어 매일 성경 통독을 하는 것이 전부다. 하나님의 백성 레제나의 자녀들이 세상 사는 동안에 하나님을 경외해서 하나님이 전적으로 책임져 주시는 인생이 되기를 기대해 본다.

"이스라엘아 네 하나님 여호와께서 네게 요구하시는 것이 무엇이냐 곧 네 하나님 여호와를 경외하여 그의 모든 도를 행하고 그를 사랑하며 마음을 다하고 뜻을 다하여 네 하나님 여호와를 섬기고 내가 오늘 네 행복을 위하여 네게 명하는 여호와의 명령과 규례를 지킬 것이 아니냐"(신 10:12-13).

"일의 결국을 다 들었으니 하나님을 경외하고 그의 명령들을 지킬지어다 이것이 모든 사람의 본분이니라"(전 12:13).

하나님이 요구하시면 사람에게는 자연스럽게 사람의 본분이 된다. 하나님이 요구하시고 사람에게 본분이 된 내용은 하나님을 경외해서 최고로 행복한 사람으로 살라는 것이다. 에덴동산에서 행복자로 살 수 있는 방법은 선악과 계명을 지키는 것이었다. 그것이 하나님을 사랑하고 경외하는 것이기 때문이다. 그런데 에덴동산에서 선악과 계명이 무너지자 하나님은 십계명을 주셨다. 하나님은 하나님을 사랑하고 하나님의 계명을 지키는 자에게 천 대까지 은혜를 베푸시겠다고 신명기 5장에서 말씀하신다. "선악과를 왜 만드셨느냐?"는 불평스러운 질문은 밥만 먹는 기준으로 이해한 것이다. 이런 질문은 누가 하나님인지 알 수 없게 만든다. 천지를 창조하고 사람을 만드신 하나님은 매뉴얼을 가지고 사용하신다. 그것은 하나님에게 소유권이 있기 때문이다. 율법은 사람에게 불리한 것이 아니라 유리한 것이다. 또한 율법은 사람을 위해서 만든 것이다. 교통법규를 어기면 벌금을 내는 손해가 있지만 교통법규를 만든 목적은 생명의 안전을 위해 사고를 방지하기 위한 것이다. 하나님이 율법으로 주신 십계명은 천 대까지 축복받은 영성으로 땅에서 잘되고 장수하는 인생으로 살게 하시는 사랑의 표현이다.

하나님이 광야에서 만나를 먹이신 것은 사람이 떡으로만 사는 것이 아니라 하나님의 입으로 나오는 모든 말씀으로 사는 줄을 알게 하려 하신 것이다. 세상에 사는 이유가 하나님을 경외하는 것이라면, 세상에 사는 방법은 무엇일까? 그것은 하나님 말씀으로 사는 것이 아닐까! 하나님 말씀으로 살면 세계 모든 민족 위에 뛰어나게 하실 것이라고 약속하셨다. 세상에 태어나서 최고로 살 수 있는 방법이 생긴 것이다. 사람들은 최고가 되기 위해서 엄청난 시간과 물질을 투자한다. 나는 지난 수년 동안 성경을 통독하는 데 하루에 10시간씩 투자했다. 최고가 되기 위해서 성경을 통독한 것이 아니라 하나님의 은혜로 성경을 읽었다. 하나님 말씀대로 살기 위한 출발이 성경을 통독하는 것이라고 생각했기 때문이다. "율법에 순종하라"는 말의 결론은 "하나님을 사랑하라"는 것이다. 하나님과 이웃을 내 몸과 같이 사랑하라는 것이다. 하나님은 당신을 사랑하는지의 여부를 알기 위해 아브라함을 시험하셨던 것처럼 우리를 시험하신다. 누구든지 하나님을 사랑한다고 하면서 형제를 미워하면 하나님을 사랑하지 않는 것이다. 보이는 형제를 사랑하지 못하면 보이지 않는 하나님을 사랑할 수 없기 때문이다.

결국 하나님을 경외하는 사람의 본분은 사람을 사랑하고 축복하는 것이다. 또한 사랑하고 축복하는 일이 하나님에게 복 받으며 최고로 행복한 사람으로 사는 것이다. 학교에서 내 준 숙제도 안 하면 안 되는데, 하물며 하나님이 내 주신 "사랑하고 축복하라"는 행복한 숙제는 마음과 뜻과 목숨을 다해 해야 하는 일이다.

미래 축복 선택(29-34장)

> "이스라엘이여 너는 행복한 사람이로다 여호와의 구원을 너같이 얻은 백성이 누구냐 그는 너를 돕는 방패시요 네 영광의 칼이시로다 네 대적이 네게 복종하리니 네가 그들의 높은 곳을 밟으리로다"(신 33:29).

영원한 생명을 약속받고 구원받은 은혜에 감사하면 행복한 사람이다. 옛 사람에서 새사람으로 변화된 존재를 감사하면 행복한 사람이다. 자신이 짓지 않은 집을 갖게 되어도 감사하지 못하고, 자녀가 건강해도 감사하지 못하고, 공부 못한다고 불평하고, 직장을 선교지로 주셨음에도 감사하지 못하고 직장에 대한 불평만 늘어놓으며, 교회생활 또한 감사하지 못하고 마음에 들지 않는 성도가 있다고 불평하며, 물질에 사로잡히고, 자녀에 목숨 걸고, 세상에 휘둘리며, 하나님을 등지고 세상과 짝해서 행복을 잃어버린 사람들이여! 구원의 새 노래와 하나님에게 순종하는 경외로 감사와 행복을 회복할지어다.

성도는 행복의 대표 선수로 세상에서 펼쳐진 믿음 올림픽에서 하나님을 경외함으로 '행복한 사람'이라는 면류관을 받는 것이다.

> "내가 오늘 하늘과 땅을 불러 너희에게 증거를 삼노라 내가 생명과 사망과 복과 저주를 네 앞에 두었은즉 너와 네 자손이 살기 위하여 생명을 택하고 네 하나님 여호와를 사랑하고 그의 말씀을 청종하며 또 그를 의지하라 그는 네 생명이시요 네 장수이시니 여호와께서 네 조상 아브라함과 이삭과 야곱에게 주리라고 맹세하신 땅에 네가 거주하리라"(신 30:19-20).

행복은 생명을 택하고 순종하는 것이다. 그것이 우리의 생명이고 장수며 사명이기 때문이다. 하나님은 광야 시대 40년 동안 행하신 일들을 추억하고 그 은혜를 기억하며 하나님 말씀을 마음에 두고 순종하면 복을 주겠다고 말씀하신다. 세상 사는 목적은 하나님을 경외하는 것으로, 하나님이 복을 주시면 가난해도 살길이 있고, 질병에 걸려도, 부족해도 넘치는 은혜가 있다. 하나님의 모든 말씀을 마음에 두고 자녀에게 지켜 행하게 해야 한다. 성경 공부적 지식 전달은 전달자도 못하고 전달받은 자도 못하기 때문이다.

신명기에 흐르는 복음은 하나님이 사람의 마음에 할례를 베푸사 마음을 다하며 성품을 다해 하나님을 사랑하게 하사, 생명을 얻게 하시는 창조적 사랑에서 흘러나오는 구원이 광야 같은 세상에서 거룩한 언약의 백성 레(위인)제(사장)나(실인)로 율법에 순종해서 행복한 인생으로 살게 하시는 하나님의 열심이다.

광야 시대 핵심 정리

불순종 40년

1. 광야 교회가 하나님 나라의 정체성과 구원의 목적을 망각한다. 민수기에서는 사명을 망각하고 구원의 안락에 안주하는 불순종에 대한 경고와 심판을 보여 준다. 광야 교회의 정체성은 하나님 나라의 특별한 소유며, 제사장 나라로 세상을 구원해야 하는 거룩한 백성의 공동체다.
2. 광야에서 40년을 머물게 한 사건은 일명 정탐꾼 사건이다. 이 사건은 또한 하나님에게 신앙 고백한 것으로 광야의 40년을 청산한 사건이다. 세상을 자신의 눈으로 정탐하면 실패하지만, 세상을 말씀으로 정복하면 성공이다.
3. 그들이 우리의 밥인가, 우리가 그들의 밥인가? 신앙 고백은 영혼의 진수성찬이다. 신명기를 통해서 과거 역사를 교훈하고, 현재 율법에 순종하며, 미래 축복을 선택하라는 말씀이 바로 진리의 성찬이다.

하나님의 주권

1. 하나님의 주권이 출애굽기를 통해서 선명하게 드러난다. 창조주가 선택한 민족을 구원하는 방법이 초월적인 하나님을 알게 한다. 열 가지 기적과 홍해 사건이 그러하다.
2. 하나님은 레위기를 통해서 하나님의 법을 제정하고 언약으로 지킬 것을 약속하신다. 이는 하나님 나라의 공동체에 꼭 필요한 법이다. 십계명은 하나님의 존재와 그 백성의 가치 기준과 삶의 원리다. 이 법은 신약의 산상수훈에서 더욱 구체화되고 완전해진다.
3. 하나님은 성막을 통해서 당신이 직접 통치하는 모습을 보여 주신다. 성막을 건립하고 약 8평 정도에 임재하시는 하나님이 사람 성전인 육신 가운데 거하신다. 임마누엘로 주인 노릇 하시는 하나님의 주권이 놀랍다.

믿음의 순종

1. 광야 교회의 불순종은 경계의 거울이고, 여호수아의 신앙 고백은 순종의 본이다. 순종은 믿음으로부터 온다(롬 1:5). 순종의 본을 보이신 예수 그리스도가 임마누엘로 성도 안에서 순종하게 하신다.

2. 하나님의 언약 백성은 은혜로 구원받고 순종으로 거룩한 삶을 사는 것이다. 하나님은 광야에서 가나안까지 인도하신다. 또한 세상에서 천국까지 인도하신다. 하나님 말씀을 믿고 순종하면 하나님의 영광을 보게 된다.
3. 하나님 나라의 존재 목적은 열방을 구원하는 것이다. 그러므로 구원받은 백성은 사랑의 삶으로 세상에 널려 있는 가나안 땅에 하나님 나라의 문화를 심는 것이다. 하늘의 만나를 먹고 세상의 환경에 감사하면 불평 바이러스를 잡는 감사 백신이 생긴다.

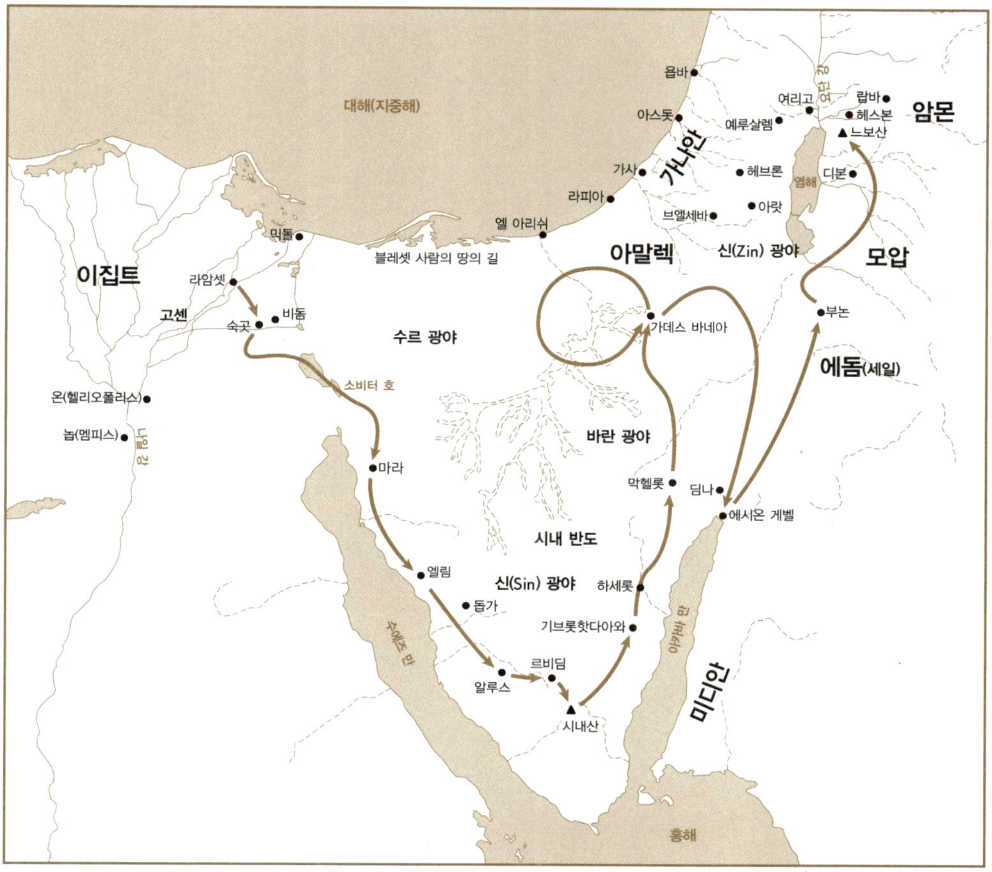

▲ 출애굽 경로

04
정복 시대

가나안 문화

여호수아의 인도를 받아 약속의 땅인 가나안을 정복하고 각 지파별로 땅 분배를 마친 것이 정복 시대의 주요 내용이다. 그들은 어떻게 가나안 땅을 정복할 수 있었는가? 특히 가나안 지역에서 첫 전투가 시작되는 여리고 성은 견고하기가 하늘을 찌르고 이스라엘 백성의 심장을 찌르기에도 남음이 있다. 그런데 견고한 여리고 성에서는 승리하고 작은 아이 성 전투에서는 패한다. 그것은 순종과 불순종의 결과로, 불순종하면 실패하지만 순종하면 승리할 수 있음을 보여 준다.

04 정복 시대 : 가나안 문화

하나님의 영토,
하나님 문화

정복 시대 소통하기

이스라엘 백성은 가데스바네아에서의 반역과 불신으로 광야에서 40년간이나 방황해야 했다. 이제 구세대는 다 죽고 새로운 세대가 약속의 땅 초입에 있는 여리고를 앞에 두고 다시 한 번 40년 전과 같은 상황을 맞이하고 있다. 지난 40년간 백성들을 인도했던 모세는 죽고, 그 뒤를 이어 여호수아가 새로운 지도자가 되었다. 앞으로 이 민족이 가나안 땅을 정복하는 것은 여호수아의 리더십에 달려 있었다. 모세의 리더십이 광야 생활을 인도했다면, 이제 여호수아의 리더십은 이스라엘을 가나안 땅으로 인도한다. 우리 또한 영적 광야 생활에서 승리하고 영원한 새 하늘과 새 땅으로 인도받으려면 예수의 리더십을 따라야 한다. 여호수아의 정복 전쟁은 이 땅에서의 영적 전쟁을 상징하기 때문이다.

또한 전쟁은 다윗의 고백처럼 하나님에게 속해 있기 때문에 하나님이 전쟁의 주체가 되신다(삼상 17:47). 하나님은 정복 전쟁을 승리로 이끌기 위해 순종 작전을 계획하시고, 먼저 순종 훈련으로 전쟁을 준비하신다. 훈련을 마치고 정복 전쟁에서 순종 작전으로 승리한 여리고 성의 전투와 불순종으로 패한 아이 성의 전투를 통해 순종과 불순종의 대조적인 모습을 보여 주신다. 또한 오직 순종만이 살길이며 순종했을 때 상이 있다는 사실을 땅 차지로 보여 주신다.

정복 시대의 목적

정복 시대는 모세의 죽음부터 여호수아의 죽음에까지 이르는 동안 이스라엘의 흥망성쇠에 대한 내용과 가나안 정복 과정에 따르는 토지 분배를 담고 있으며, 여호수아의 마지막 유언으로 끝이 난다. 정복 시대의 목적은 온전한 순종으로 약속의 땅 가나안에 입성해서 하나님 나라의 거룩한 백성이 하나님을 경외하는 것과 새 계명으로 사는 하늘 문화의 모습을 보여 주려는 것이다(신 4:14).

이처럼 정복 시대에 흐르는 복음은 내게 있는 옛 사람의 불순종을 제거하고 온전한 순종으로 형통한 삶을 살게 하시는 예수 그리스도가 내 육신의 완전한 정복자라는 것이다.

정복 시대 정통하기

성경 본문	여호수아
성경 구조	정복 준비(수 1-5장), 순종 작전(수 6-8장), 가나안 정복(수 9-12장), 정복 결과(수 13-24장)
성경 연대	약 15년간(주전 1406-1390년)
핵심 인물	여호수아
핵심 내용	약속의 땅 정복과 전쟁 방식

정복 시대는 광야 생활을 마치고 약속의 땅을 정복한 시대다. 정복 전쟁에서 승리한 방법과 이스라엘 각 지파별로 땅을 차지하게 된 이야기가 주요 내용이다.

여호수아는 모세의 후계자로 대권을 이어받는다. 그는 가나안 땅을 차지하고 원주민들을 몰아내야 할 막중한 책무를 갖게 된다. 그는 예전 출애굽 당시 홍해를 건너고 시내 산으로 이동하는 도중에 르비딤에서 아말렉과 전쟁을 할 때부터 용사였다. 그런데 그의 용맹한 칼 솜씨는 모세의 손에 달려 있었다. 모세의 손이 올라가면 전쟁에서 이기고, 그의 손이 내려오면 전쟁에서 패하게 되는 것을 경험한 것이다. 여호수아는 그때부터 전쟁은 칼로 하는 것이 아니라 하나님의 능하신 손으로 하는 것임을 배운다. 그래서 그는 누구보다도 전쟁의 방식을 하나님에게 물을 수밖에 없었다. 약속의 땅, 가나안 정복 전쟁의 방식은 다름 아닌 순종이다.

19일 수 1-8장

관통 QT
순종 훈련에서 가장 중요한 것은 무엇인가?

정복 시대 관통하기

1. 정복 준비(수 1-5장) - 순종 훈련

> "이 율법책을 네 입에서 떠나지 말게 하며 주야로 그것을 묵상하여 그 안에 기록된 대로 다 지켜 행하라 그리하면 네 길이 평탄하게 될 것이며 네가 형통하리라"(수 1:8).

하나님은 여호수아에게 '내가 너의 앞에 행해서 요단을 건너가 그 민족을 멸하고 조상에게 맹세한 약속의 땅을 얻게 할 것이니 강하고 담대하여 두려워 말고 그들 앞에서 떨지 말라'고 말씀하신다. 하나님이 주도권을 갖고 다 하실 것이니 하나님의 백성은 오직 순종하고 따르기만 하면 된다는 것이다. 레위 사람 제사장들은 하나님의 언약궤를 메고 약 1킬로미터(2천 규빗) 앞서서 진행하고, 백성은 그 뒤를 따르게 하신다. 이전에 가 보지 않은 길을 앞서가시는 하나님의 사랑을 느낄 수 있다.

하나님의 백성은 세상의 선교사로서 세상을 말씀으로 정복하기 위해 자기 생각과 지식, 고집과 자존심을 앞세우기보다는 말씀과 사람을 사랑하고 세상을 축복하는 것에 앞서가야 할 것이다. 하나님 말씀대로 제사장들이 언약궤를 메고 앞서가서 요단 물에 발을 담그자 요단 강이 갈라진다. 이처럼 자기 실력보다 하나님 말씀을 앞세우면 능하게 일하시는 하나님의 기적을 보게 된다.

이스라엘 백성이 요단을 건너고 길갈에 진을 친다. 그런데 코앞에 있는 적진 여리고 성을 정복하기 위해 전쟁 준비와 침투 작전을 계획해도 이길까 말까 하는데, 하나님은 할례를 행하고 유월절 절기를 지키게 하신다. 40년을 벼르던 정복 전쟁 준비치고는 너무나 허술하고, 사람의 생각으로는 이해할 수 없는, 도저히 납득이 안 되는 하나님의 작전이었다.

하나님은 전쟁터에서 이 일을 행하시면서 하나님 말씀에 정복당한 자는 세상을 정복할 수 있지만, 말씀에 정복당하지 않는 자는 세상에 정복당한다는 것을 보여 주시기 위해서 철저히 순종 훈련을 행하신다. 하나님의 순종 작전으로 순종 훈련을 받은 여호수아와 백성은 정복 전쟁 준비를 마치게 된다. 하나님의 백성은 세상을 정복하기 위해 먼저 자신의 옛 사람인 자아를 그리스도에게 내어 주고 하나님 말씀으로 순종 훈련을 해야 할 것이다.

• 할례와 유월절 •

정복 전쟁은 적진 앞에서 할례를 행하는 것부터가 보통의 전쟁 이야기와는 방향이 완전히 다르다. 이스라엘 백성은 전쟁터에서 할례 의식과 유월절 의식을 행한다. 이것은 이스라엘 백성이 아브라함의 언약을 할례로 이어받은 언약 백성임을 확고히 한 것이다. 또한 전쟁에 앞서 애굽의 종살이에서의 탈출을 기념하는 40년 전 유월절을 재현한 것은 하나님의 은혜를 기억하고 구원의 은혜에 감사한 것이다. 구약의 할례는 선민 의식으로 구전에서 법제화 된 것이다. 신약의 할례는 마음의 할례로 믿음의 고백을 뜻한다. 그것은 '그리스도를 구주로 고백'하는 증거이며, 구원 확신의 표증이다. 할례를 통해서는 애굽에서 종노릇했던 수치와 같은 죄에 종노릇한 옛 사람을 벗어 버리고, 유월절 의식을 통해서는 어린 양의 피로 새롭게 출발하는 새사람의 선언을 한 것이다.
가나안을 정복하기 위해서는 먼저 정복 준비가 필요하다. 여리고 성 함락 작전은 성 주위를 13바퀴 도는 순종 작전이다. 성도가 예수 그리스도를 믿는 것은 세상 정복의 준비와 같은 것이다. 영적 전쟁의 승리도 믿음으로 순종하는 작전이다.

2. 순종 작전(수 6-8장) - 여리고 성과 아이 성

여리고 성의 순종 승리와 아이 성의 회개 승리

여리고 성을 정복하기 위해 이스라엘의 모든 군사는 하루에 한 번씩 성 주위를 6일 동안 돌고 7일째 되는 날에는 성을 일곱 번 돌았다. 여리고 성 주위를 총 7일 동안 13번 돌고 나서 나팔소리에 맞추어 모두 크게 외치자 성벽이 무너져 내린다. 정복 준비도 허술하고 적진을 향한 공격도 남들이 보면 어설펐는데, 그 견고하고 튼튼한 여리고 성이 맥없이 무너진 것이다. 완전히 손 안 대고 코 푸는 것과 같은 이런 상황을 히브리서 11장 30절에서는 "믿음으로 칠 일 동안 여리고를 도니 성이 무너졌으며"라고 말씀한다.

너무도 쉽고 가볍게 여리고 성 전투에서 대승을 거둔 이스라엘은 의기양양해서 아이 성을 얕잡아 보고 공격하지만 하나님 말씀에 불순종한 아간의 범죄로 인해 참패를 당하고 만다. 믿음에서 오는 순종의 결과는 축복이지만 불신에서 오는 불순종의 결과는 저주다. 순종으로 여리고 성 전투에서 승리를 거두고, 불순종으로 아이 성 전투에서 패배한 것은 값비싼 대가를 치르고 순종만이 살길이라는 교육을 철저하게 받은 것이다.

라합의 믿음과 아간의 탐욕

여리고 성 전투에서 여호수아는 순종으로 승리한다. 그리고 여리고 성의 기생 라합은 믿음으로 정탐꾼을 평안히 영접했으므로 순종하지 않은 자와 함께 멸망되지 않고 구원받는다(히 11:31). 그러나 유다 지파의 아간은 하나님 말씀을 어겨 여리고 전쟁에서 거둔 전리품에 탐욕을 품고 "시날 산의 아름다운 외투 한 벌과 은 이백 세겔과 그 무게가 오십 세겔 되는 금덩이 하나"(수 7:21)를 취하는 불순종으로 아골 골짜기에서 죽임을 당하게 된다. 여리고 전투에서 구원받은 라합은 훗날 유다 지파의 살몬과 결혼해서 이스라엘의 정중앙인 다윗의 족보에 들어가게 되지만, 아간은 이스라엘의 정중앙인 유다 지파에서 뽑혀 나오게 된다. 멸망할 수밖에 없는 세상의 상징인 여리고 성에서 빠져나오는 사람이 있는 반면에, 세상 정복자임에도 불순종으로 세상의 상징인 여리고 성에 빠지는 경우도 있다. 하나님이 여호수아를 통해서 누구든지 여리고 성을 다시 건축하면 저주를 받을 것이라고 말씀하셨는데, 약 500년 후 아합 시대에 벧엘 사람 히엘이 여리고를 건축하다가 맏아들과 막내아들이 죽는 저주를 받게 된다(수 6:26; 왕상 16:34).

하나님은 육신의 여리고가 세워지는 것을 원하지 않으신다. 육신의 탐욕과 욕심을 세우는 여리고를 말씀 순종으로 무너뜨리고 아직 남아 있는 정복 전쟁에서 승리하게 하시려고 아골 골짜기에서 탐욕의 불순종을 제거하신다. 하나님은 내 속에 숨어 있는 아간 같은 탐욕의 불순종을 제거하고, 라합 같은 믿음을 주셔서 멸망하는 세상에서 구원하길 원하신다. 내 육신의 원주민을 완전 정복하기 위해 예수 그리스도는 내가 가야 할 죽음의 골짜기에서 대신 죽으셨다. 세상의 정복 전쟁에서 승리하기 위해서는 내 속에 숨어 있는 탐욕을 말씀으로 제거해야 한다.

전쟁과 통독

> "그 후에 여호수아가 율법책에 기록된 모든 것대로 축복과 저주하는 율법의 모든 말씀을 낭독하였으니"(수 8:34).

불순종으로 패배를 맛본 여호수아는 아이 성 전투 후에 성경을 통독했다. 그는 축복과 저주의 갈림길이 순종과 불순종으로 나타남을 이미 40년간 광야 생활에서 충분히 경험했다. 그중에서도 핵심적인 내용은 아마 민수기 14장에 나오는 정탐꾼 사건일 것이다. 하나님이 말씀하시면 말씀하신 대로 된다는 것을 잘 알고 있었던 여호수아는 전쟁 중에도 하나님 말씀을 놓지 않았다. 하나님 말씀을 주야로 묵상하고 그 가운데 기록한 대로 다 지켜 행했다.

여호수아를 통해서 우리의 모습을 조명해 봐야 한다. 우리의 상황도 아직은 세상에서 전쟁 중이다. 눈에 보이는 세상살이에서의 전쟁, 눈에 보이지 않는 육신의 옛 사람과의 전쟁 그리고 영적인 마귀와 전쟁 중이다. 편안할 때와 시간이 많을 때 성경을 더 많이 읽을 수 있을 것 같은데 꼭 그렇지도 않다. 그러므로 성경을 통독하기 위해서는 어떤 상황에서도 생명을 걸고 읽어야 한다.

상황이 어려울 때도 성경 통독, 마음이 힘들 때도 성경 통독, 마음이 울적할 때도 성경 통독, 마음에서 전쟁이 일어날 때도 성경 통독으로 하나님 말씀에 붙어 있는 것이 전쟁에서 승리할 수 있는 가장 좋은 방법이다. 불순종으로 아이 성 전투에서 패배한 것처럼 실패의 쓴맛을 경험했을 때 다시 하나님 말씀으로 돌아가는 것이 인생 역전을 이루는 기회다.

• 의의 병기 •

성경은 "악은 어떤 모양이라도 버리라"(살전 5:22)고 말씀한다. 영적 전쟁은 영과 육의 전쟁이다. 육이 이기면 악의 병기가 되어 육의 열매를 거두고, 영이 이기면 의의 병기가 되어 성령의 열매를 거둔다.
운동선수가 육체를 사용하듯이 성령의 열매도 육체를 사용한다. 영적 전쟁은 자만과 교만한 죄의 형상을 해결해야 승리할 수 있다. 그래서 그리스도는 인간의 죄를 해결하기 위해 죽음의 골짜기에서 죄의 형벌을 대신 받고 죽임을 당하신 것이다.
인간의 죄를 위해 죽으신 주님이 임마누엘로 살아 주시면 의의 병기가 되어 성령의 열매를 거두게 된다.

3. 가나안 정복(수 9-12장) - 아브라함이 받은 약속의 땅을 정복한 여호수아

가나안 정복 전쟁은 크게 세 지역에서 치러진다. 먼저 중부 지역의 여리고 성과 아이 성을 점령하고(수 6-8장), 둘째로 남부 지역의 기브온 전투로 아모리 다섯 왕을 물리치고(수 9-10장), 마지막으로 북부 지역의 메롬 물가 전투로 하솔 왕 야빈의 연합군을 진멸한다(수 11-12장). 이때마다 하나님은 친히 당신의 백성을 위해서 싸우신다. 여호수아는 아브라함이 약속받은 땅을 약 500년 만에 정복하기 시작해 가나안 땅 대부분을 차지하게 된다. 이렇게 아브라함에게 약속하신 땅(창 15:13-18)이 약 500년 후 여호수아에게서 성취된 것이다. 그러므로 가나안 땅은 아브라함 이후 4대 만에 출애굽(출 12:40[430년], 갈 3:17 참조)해서 정복한 것이다(수 21:43-45). 애굽에서 이스라엘 백성을 출애굽시킨 구원자 모세가 정복한 땅은 요단 동편의 아모리 왕 시혼, 바산 왕 옥의 땅이다. 또한 가나안 정복자 여호수아가 정복한 땅은 요단 서편의 총 서른한 명의 왕의 땅이다. 그럼에도 미 정복한 지역(수 13:1-6; 삿 3:1-3)이 있었다. 이 지역은 다시 500년 후 다윗에 의해 산과 골짜기뿐만 아니라 평지까지 완전히 점령당하게 된다. 정복 전쟁의 완전한 승리가 다윗에게서 이루어진 것을 보면, 훗날 예수 그리스도를 통해서 영적 전쟁의 승리가 완전하게 이루어질 것을 예견할 수 있다.

정복 전쟁이 본격적으로 벌어질 때 모세가 아모리 왕과 바산 왕에게 빼앗은 요단 동편(길르앗 땅)의 땅을 차지한 갓, 르우벤, 므낫세 반 지파의 4만 명(수 4:12-13) 가량의 군사가 정복 전쟁에 파병(민 32장)되었다가 가나안 정복 후 귀환하게 된다(수 22장). 이미 땅을 차지한 요단 동편의 지파들이 전쟁에 동참한 이 사건은 그들이 한 민족임을 과시하는 것이다. 또한 교회가 세상을 정복하는 선교 사역에 연합해서 함께 동참해야 한다는 심오한 교훈을 준다.

• 죄와의 전쟁 •

한국전쟁 당시 맥아더 장군의 인천 상륙작전을 방불케 한 가나안 정복 전쟁은 죄와의 전쟁이다. 여호수아가 미 정복한 곳은 블레셋 지역으로, 500년 후 다윗이 세상 나라의 상징인 블레셋의 장군 골리앗(네피림, 아낙 자손)과의 싸움을 시작으로 완전히 정복하게 된다.

모세는 출애굽 구원자, 여호수아는 가나안 정복자다. 그러나 예수 그리스도는 완전한 구원자이며 완전한 정복자시다. 예수 그리스도를 믿음으로 구원받고, 그 믿음 안에서 주인으로 살아 주시는 주의 은혜로 육신의 원주민을 정복해야 한다. 맥아더가 한국전쟁 당시, 중부 지역인 인천을 먼저 공략하고, 후에 남쪽 지역을 점령하고, 맨 나중에 북으로 진격한 사례가 있다. 가나안 정복 전쟁 또한 중부 지역인 여리고를 먼저 공략하고, 남쪽 지역(기브온 전투)을 점령하고, 마지막으로 북쪽 지역(메롬 물가 전투)을 정복하게 된다.

이처럼 죄와의 전쟁도 먼저 십자가로 내 중심에 자리 잡고 있는 중부 지역의 죄를 점령해서 구원하고, 밑바닥에 남아 있는 남쪽 지역의 자존심과 욕심을 제거하고, 마지막으로 자기의 의로 신앙생활을 하려는 북쪽 지역의 교만한 머리의 지식까지 완전히 정복하는 것을 말한다.

21일 수 17-24장

관통 QT

48개 성읍에 흩어져 살아야 되는 레위인의 사명은 땅에 있는가, 말씀에 있는가?

4. 정복 결과(수 13-24장) - 전쟁으로 정복한 땅 분배

순종 작전으로 가나안 땅을 정복한 후 이스라엘의 열두 지파에게 땅을 분배하게 된다. 땅 분배는 정복 전쟁의 열매로 하나님의 상이며, 신실한 복된 삶이다. 악하고 게으른 종이 아닌 착하고 충성된 종이 되어서 세상의 전쟁터에서 말씀을 깊이 새기며 순종하는 믿음으로 사랑하고 축복하면 전쟁에서 이기게 하시는 분이 귀한 상도 준비하신다.

하나님은 사람을 창조하실 때 생육하고 번성하고 땅에 충만해서 땅을 정복하고 다스리라고 말씀하셨다. 다스리는 왕 노릇을 하기 위해서는 먼저 정복이 이루어져야 한다. 하나님 말씀에 정복당하면 세상에서 왕 노릇 하고, 세상에 정복당하면 세상에서 종노릇하게 된다. 죄인을 구원해서 의인을 만들어 하나님의 자녀 되게 하신 후 세상 풍속이 가득한 죄의 소굴인 가나안 땅에 들여보내시는 하나님의 계획은 무엇일까? 사랑하고 축복하는 새 계명인 사랑으로 세상을 정복하고 다스리기 원하시는 것이며, 하늘의 문화로 세상 문화를 정복해서 하나님 나라를 세우라는 것이다.

광야 시대에 40세의 나이로 유다 지파를 대표해서 가나안 땅을 정탐했던 갈렙은 45년이 지난 후 정복 전쟁이 한창인 당시 85세의 노장이 된다(수 14:7-10). 그는 광야에서 신앙을 고백했던 45년 전의 믿음이 전혀 변하지 않았다. 오히려 더 담대해져서 하나님이 함께하시면 하나님 말씀대로 아낙 사람들을 쫓아낼 수 있다고 굳게 믿고 헤브론 땅을 차지하게 된다. 세상을 정복하는 방법은 외모, 학벌, 지식, 권력, 물질이 아니라 하나님이 함께하시면 정복할 수 있다는 믿음이다. 하나님이 함께하시면 세상을 믿음으로 이길 수 있고, 원수도 사랑으로 정복할 수 있다.

성도가 예수 그리스도를 믿으면 어디에서 무슨 일을 하면서 어떻게 살아야 하는지 고민하고 걱정할 필요가 없다. 어디로 가서 무엇을 하는 것보다 어떤 사람이 되는지가 더 중요하기 때문이다. 하나님 말씀을 기준으로 새 계명인 사랑으로 축복하며 사는 사람은 어디를 가서 무슨 일을 해도 형통하기 때문이다. 불통한 사람은 뒤로 넘어져도 코가 깨지지만, 형통한 사람은 어디로 넘어져도 은혜의 매트리스가 깔린다. 이것이 하나님이 주시는 복이다. 형통의 기준은 물질, 명예, 지식, 학벌이 아닌 하나님 말씀이며, 정복 전쟁의 결과는 하나님 말씀을 붙잡는 복된 삶이다.

• 영적 전쟁 •

정복 시대에 땅을 분배받은 것은 그 땅을 복음화하고 경건화해서 예수화하라는 지상 명령이다. 광야 시대 열두 정탐꾼 사건에서 네피림의 후손인 아낙 자손을 무서워하며 생긴 불신앙으로 광야의 구세대가 다 죽었는데, 정복 시대에는 아낙 자손을 이기고 있다. 특히 갈렙은 아낙 자손을 이기고 헤브론 땅을 차지한다(수 14:6-15).
그러므로 영적 전쟁에서의 승리는 여전히 순종이다. 여호수아는 마지막까지 이 순종을 강조하고 있다. 여호수아의 마지막 고별 설교(수 23-24장)가 그것을 입증해 준다. 모세가 마지막 유언처럼 말한 신명기에서 순종을 통해 복을 받는 것을 선택하라는 말처럼, 여호수아도 그 선택을 강조하며 하나님을 섬길 것을 촉구한다(수 24:15).
성도에게 가나안 땅 입성의 의미는 복음을 듣고 믿음으로 구원받은 상태를 말한다. 또한 정복 전쟁의 의미는 육신을 말씀으로 정복하는 영적 전쟁을 뜻한다. 땅 분배의 의미는 하늘 상급을 말한다.
성도는 이 땅에서 천국의 소망과 그리스도의 상급을 가지고 육신의 원주민을 내쫓아야 한다. 영적 전쟁의 땅 정복은 육신의 정욕과 안목의 정욕 그리고 이생의 자랑을 정복하는 것이다. 자기 뜻과 자기 욕망을 주장하면 실패하게 된다. 또한 자만과 교만한 마음은 불순종의 원인이 되기도 한다.
가나안 정복은 민족적으로는 성공하고 지파별로는 실패한 내용이다. 영적 전쟁은 육체를 가운데 두고 영과 육이 싸운다. 진 자는 이긴 자의 종이 된다는 교훈이 있다(롬 6:16; 벧후 2:19). 정복 시대의 여호수아는 이긴 부분을 다루고, 사사 시대의 사사는 실패한 부분을 다룬다. 싸움에서 실패한 중요한 요인은 싸움을 피한다는 것이다. 예수님이 죽기까지 싸우신 것처럼 싸워서 이겨야 한다. 영적 전쟁은 악을 선으로 이기는 싸움이다.

• 완전 정복 •

가나안 정복의 중요한 명령은 완전 정복으로 가나안을 진멸하는 것이다. 그 이유는 하늘 문화가 세상 문화에 흡수되면 심판에 이르기 때문이다. 문화의 핵심은 종교다. 문화는 종교의 부산물이기 때문이다. 또한 세계 역사의 흐름을 보면 발달된 문화에 저급한 문화가 흡수당한다. 세상 문화는 첨단 문화처럼 화려하게 보일지라도 우상 문화이기에 반드시 멸해야 한다. 세상의 상징인 바벨 문화가 가나안 문화다. 그러므로 가나안 땅은 세상 문화를 상징하는 악한 땅이다.
가나안 문화는 종교다. 그들의 문화는 종교적 우상이다. 그들이 섬기는 우상은 생산물과 부요의 신 바알이다. 바알은 태양신으로 남성을 상징한다. 또한 아세라는 달신으로 여성을 상징한다. 드라빔은 남성의 성기와 여성의 가슴을 강조한 우상이다. 모든 생산물은 그들의 생명과 같다. 모든 생산은 '암, 수'에 의해서 생기기 때문에 풍요롭게 잘살기 위해서 섬겼던 그들의 우상이었다.

영적으로 현시대는 지금도 가나안 땅에 사는 것과 같다. 잘살기 위한 수단으로 예수 그리스도를 믿고, 잘사는 것을 목적으로 교회를 다닌다면 그것이 바알을 섬기는 것과 무엇이 다른가? 더 잘살기 위해 기도하고, 더 잘되기 위해 하나님을 이용한다면 그것이 하나님을 섬기는 것이라고 말할 수 있는지 반문해 보아야 한다.

완전히 정복당하지 않은 아간의 욕심은 암울한 사사 시대를 만들어 내고, 왕정 시대에는 하나님의 대표 선수 엘리야 선지자와 바알의 대표 선수 아합 왕이 신경전을 벌이다 급기야 갈멜 산에서 바알의 선지자 450명과 아세라 선지자 400명, 도합 850명과 엘리야 선지자가 전투를 벌이는 장면이 나온다.

그 세상 욕심의 우상은 얼마나 질긴지 이스라엘 나라를 멸망시키고 포로 시대를 만들어 낸다. 그들이 다시 귀환해서 회복하는 성전은 우상과 일치할 수 없는 것이다. 포로 시대를 거치면서 그들에게 눈에 보이는 우상은 사라졌지만, 침묵 시대를 거치면서 또다시 눈에 보이지 않는 우상이 싹트기 시작했다. 그래서 그들은 복음 시대에 예수 그리스도를 맞이했지만 눈에 보이지 않는 우상으로 눈이 멀어 그리스도를 알아볼 수 없었던 것이다. 율법에 사로잡혀 외식하는 자들에게 교회 시대의 성령은 마음의 우상을 제거하기에 충분하다. 그러므로 육신이 가지고 있는 죄의 본성에서 해방되고 자유할 수 있는 것은 성령을 의지해서 그리스도가 성도 안에서 임마누엘로 주인 노릇 하실 때만 가능한 것이다.

인터넷 음란물 유포는 사탄의 전략으로 가나안 문화다. 네팔과 인도의 신전들도 온통 음란한 그림들이다. 네팔의 신전에는 수천 개의 우상과 함께 음란한 그림이 그려져 있다. 이런 가나안 문화를 완전히 멸망시키는 것이 이스라엘과 하나님 나라 백성의 사명이다. 어둠을 없애는 것은 빛이다. 그러므로 이 사명은 하늘 문화를 심는 것이다. 하늘 문화는 사랑하고 축복하는 왕 노릇이다.

정복 시대 핵심 정리

가나안 문화

1. 가나안 문화는 우상 숭배와 음란한 문화다. 이런 문화가 판치는 세상에서 하나님의 법이 시행되고 있다. 가나안 문화에 혼합되어 바알과 아세라의 우상을 숭배하지 않기 위해서는 가나안 족속을 모두 진멸해야 한다.
2. 가나안 백성은 누구인가? 세상 나라의 상징인 네피림의 후손으로 풍요와 다산, 쾌락이다. 내 육신의 정욕이 바로 가나안이다. 육신의 원주민을 말씀으로 완전 정복해야 한다.
3. 하나님은 가나안에 들어가 열방을 복 받게 하려고 이스라엘을 선택하셨다. 그 복은 창조주 하나님을 알고 그분의 백성이 되는 것이다. 이 복을 전하고 이 복으로 사는 것이 성도의 사명이다.

하나님의 영토

1. 가나안 정복은 세상 문화를 정복하는 것이다. 내 마음의 땅을 그리스도에게 정복당하는 것은 믿음의 신앙 고백과 순종이다.
2. 정복 전쟁은 왕 같은 제사장의 존재 의의와 사명이다. 또한 세상 나라의 상징적인 땅을 심판하시는 하나님의 방법이다. 여리고와 아이 성 전투(수 6-8장)는 칼이 아닌 하나님의 능력을 보여 주는 하나님 전쟁의 샘플이다. 또한 기브온 전투(수 9-10장)는 화친을 맺은 기브온 거민을 보호하고 아모리 다섯 왕을 정벌한 약속과 신의를 지킨 전쟁이다. 그리고 메롬 물가의 전투(수 11-12장)는 하솔 왕 야빈의 연합군을 이겨 정복 전쟁의 승리가 하나님의 약속대로 진행되었음을 보여 준 것이다.
3. 땅 분배를 받은 열두 지파 중에 레위 지파는 48개 성읍을 배정받아 말씀으로 이스라엘 백성을 돌볼 사명을 갖게 되었다. 레위 지파를 여러 지역에 흩으신 것은 말씀으로 교육하고 통치하시겠다는 하나님의 의지다.

하나님 문화

1. 율법은 하나님 백성의 삶이고, 산상수훈은 예수 제자의 삶이다. 하나님의 문화는 하나님의 통치가 흘러 사망의 존재가 영생에 삼킨바 되는 것이다. 구원받은 성도는 하나님

의 영토고 하나님의 문화다.

2. 가나안이 더럽고 세상이 악한 것보다 하나님의 백성인 성도가 성별되지 않는 것이 문제다. 성도 속에 있는 우상을 불태우고 부흥을 맛보며 거룩한 모습을 드러내는 것이 그리스도 예수의 은혜다. 구별된 문화는 하나님의 거룩이다.
3. 하나님 나라의 문화는 천국의 의와 하나님 아들의 평강과 희락의 기쁨이다. 의는 하나님 말씀과 뜻에 자발적으로 순종하는 것이며(마 5:6), 평강은 화평하게 하는 자들이 화평을 심어 거두는 의의 열매며(약 3:18), 희락은 의를 위해 핍박을 받아도 기뻐하고 즐거워하는 은혜다(마 5:11-12). 그러므로 하나님 나라의 문화는 먹고 마시는 것이 아니다(롬 14:17).

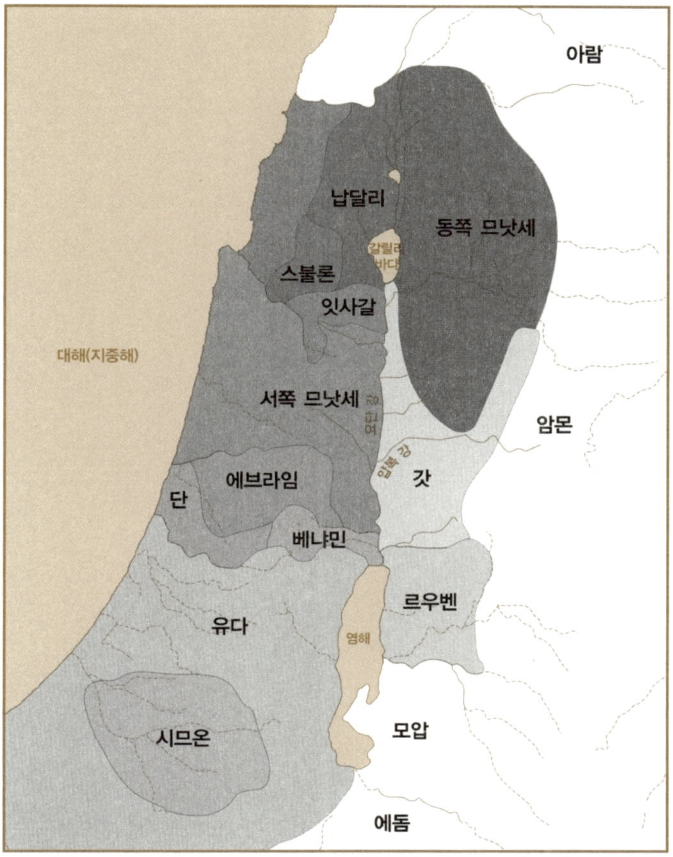

◀ 열두 지파 땅 분배

05
사사 시대

레위인 사명

여호수아가 죽은 후 다른 세대가 등장하면서 이스라엘은 정복한 약속의 땅에서 오히려 정복당한 채 살게 된다. 그러자 하나님이 열두 명의 사사를 지파별로 일으켜 이스라엘 백성을 구원하시는 것이 주요 내용이다. 특히 이스라엘에 왕이 없으므로 사람이 각기 자기의 소견대로 행한 그들 삶의 주기는 하나님의 목전에서 악을 행하고, 그로 인해 심판을 당해 살려 달라고 회개하고, 그때마다 하나님에게 구원받는 악순환을 무려 350년 동안 일곱 번이나 반복한다.

하나님의 통치, 말씀 왕 노릇

사사 시대 소통하기

이스라엘은 하나님이 족장 시대에 아브라함에게 약속하신 민족이 점차 형성되면서 광야 시대의 모세를 통해 주어진 율법과 정복 시대의 여호수아로 인해 얻게 된 약속의 땅을 통해 제법 규모 있는 나라로 세워진다. 이제 이스라엘은 제사장 나라로 세상에 영향을 미칠 수 있는 세력이 된다.

어떤 나라든지 나라를 유지하는 정치 형태가 있다. 하나님이 이스라엘을 다스리시는 정치 형태는 레위인들을 통해 말씀으로 통치하시는 신정 제도다. 이스라엘 열두 지파가 가나안 땅에 흩어져 사는 48개 성읍에 레위인들을 보내서 하나님의 법을 통해 사는 방법을 교육하고, 하나님 말씀대로 살게 하려는 것이다. 마치 오늘날의 교회 형태와 동일하다. 이런 목적으로 하나님은 레위 지파를 48개 성읍으로 흩어지게 하신 것이다.

레위 지파의 땅 분배(수 21장)는 모세와 여호수아에 이어서 레위 자손들에게 하나님 말씀을 가르쳐야 할 것을 책임으로 맡기신 것이다(레 10:11). 그런데 레위 지파는 하나님 말씀을 연구하고 가르쳐야할 사명을 가진 제사장으로서 하나님의 법도를 지키고 전수하는 역할을 감당하지 못한다. 그로 인해 미가의 신상 사건(삿 17장)과 레위인의 첩 사건(삿 19장)이 벌어지게 되어 사사 시대의 부패성이 드러나게 된다. 하나님 말씀으로 통치하려던 레위 시대가 그만 사사들이 통치하는 사사 시대가 되고 만 것이다.

말씀이 통치하는 오늘날의 교회와 성도는 사사 시대를 살고 있는가, 아니면 레위 시대를 살고 있는가? 우리는 스스로에게 반문해 보아야 한다. 아마도 하나님이 통치하시려는 시대는 레위 시대일 것이기 때문이다. 시대마다 하나님의 법을 잘못 이해하게 되면 암울한 사사 시대가 되고, 하나님의 법을 제대로 깨닫게 되면 말씀이 통치하는 레위 시대가 될 것이다. 사사 시대의 초점은 사사가 아니라 레위에게 말씀을 주신 하나님이다. 레위 시대를 꿈꾸신 하나님은 결국 하나님의 시대를 꿈꾸신 것이다.

사사 시대의 목적

사사 시대는 여호수아의 죽음에서부터 왕권 제도가 설립될 때까지의 이스라엘 역사다. 사사 시대는 이스라엘 백성에게 빈번하게 일어난 주기적인 순환(범죄, 심판, 회개, 구원, 안식)을 일곱 번 반복한다. 이스라엘을 구원한 열두 사사는 옷니엘, 에훗, 삼갈, 드보라와 바락, 기드온, 돌라, 야일, 입다, 입산, 엘론, 압돈, 삼손이다.

사사 시대는 하나님의 은혜로 구원받은 언약의 백성이 행복한 정복자가 되어 세상에서 새 계명으로 왕 노릇 하는 것이다. 창세기에서 창조된 생명이, 출애굽기에서 구원받은 하나님의 백성이 되어, 레위기의 언약을 맺고, 민수기 광야에서 훈련받은 신명기의 행복한 사람들이, 여호수아의 정복자가 되어, 사사기에서 언약의 말씀으로 왕 노릇 하는 것을 말한다.

사사 시대에 흐르는 복음은 영생에 대한 영원한 구원자이신 예수 그리스도가 육신의 원주민인 옛 사람을 내쫓고 영원한 안식을 주시는 완전하고 영원한 사사

시라는 것이다. 그분은 세상에 오셔서 부분적 구원이 아닌 완전한 구원을 온 인류에 행하신다.

사사 시대 정통하기

성경 본문	사사기
성경 구조	불순종 세대(삿 1-2장), 불순종 주기(삿 3-16장), 불순종 문화(삿 17-21장)
성경 연대	약 350년간(주전 1390-1050년)
핵심 인물	기드온
핵심 내용	하나님의 통치 방법, 각 지파를 사사들을 통해 구원

※ 사사 시대의 성경(1권) : 룻기

사사 시대는 정복한 가나안 땅에서 하나님이 선택하신 레위들을 통한 통치가 무너지자 사사들을 세워 통치하시던 시대다. 하나님을 왕으로 섬기지 않는 시대가 얼마나 암울한지를 적나라하게 보여 주는 이야기가 주요 내용이다.

하나님이 이스라엘 백성을 직접 통치하시는 시대에 사사들이 등장하게 된다. 사사(士師)는 일반적으로 '재판관'을 말한다. 이 시대의 사사들은 백성의 문제를 재판하고, 그들을 다스리고 구원하는 일을 했다. 사사들의 신분은 다양했고, 그들은 사명을 잘 감당하고 나면 본래의 자리로 돌아갔으며, 세습은 되지 않았다. 또한 그들은 이스라엘을 전체적으로 다스리기보다 지역적으로 다스리는 역할만 했다. 열두 명의 사사 중에서 기드온이 제일 귀감이 될 만하다. 백성은 자신들을 다스리는 왕으로 기드온을 세우려고 했지만 그는 거절하고 하나님이 이스라엘을 다스리실 것이라 말한다(삿 8:22-23). 하나님만이 이스라엘의 진정한 왕이시기 때문이다.

사사 시대 관통하기

1. 불순종 세대(삿 1-2장) - 죄의 악순환

여호수아가 죽고 그 세대 사람들도 모두 죽은 후에 일어난 다른 세대는 하나님을 알지 못하며, 하나님이 이스라엘을 위해서 행하신 일도 알지 못했다. 이것은 광야에서 하나님을 실제로 경험한 자들이 하나님이 어떤 분이신지를 제대로 전달하지 못한 결과다. 게다가 그들은 가나안의 풍요 속에서 신앙이 변질되고 말았다. 그로 인한 타락과 심판 그리고 회개의 과정으로 인해 사사들이 등장하게 된다.

창조된 생명의 변질은 세상의 허상을 좇는 것이다. 눈에 보이는 허상은 없어지는 그림자고, 눈에 안 보이는 실상은 점진적으로 나타나는 하나님 나라다. 그들의 변질된 모습은 사사 시대의 자화상이며, 또한 이 시대의 자화상이기도 하다. 이스라엘 백성의 변질은 레위에게 준 말씀을 볼 수 없는 눈이다. 변질된 눈을 가지고 세상의 부귀영화만 보았기에 말씀으로 역사하시는 하나님을 볼 수 없었던 것이다. 하나님 앞에서 악을 행한 죄인이 변화되기 위해서는 말씀으로 돌아가야 한다. 변질된 세상에서 하나님의 약속을 볼 수 있는 눈은 말씀뿐이기 때문이다. 말씀을 마음에 품으면 삶의 질이 달라진다. 사사 시대의 삶의 질은 말씀의 질과 동등한 것임을 잘 보여 주고 있다.

하나님이 아브라함에게 약속하신 땅은 500여 년 만에 여호수아를 통해서 성취된다. 여호수아의 정복 전쟁을 통해 가나안 땅에 들어온 이스라엘 백성은 땅을 분배받았지만, 레위인에게는 땅을 분배하지 않고 이스라엘 열두 지파의 48개 성읍에 흩어져 살게 하셨다. 이는 하나님이 레위와 세운 언약(말 2:5)의 말씀으로 직접 통치하시려는 것이다.

모세의 죽음으로 광야 시대를 끝내고, 여호수아의 죽음으로 정복 시대를 마치자 드디어 꿈에 그리던 하늘의 모형 하나님 나라가 가나안 땅에 세워졌다. 하나님의 백성을 레위와 세운 언약의 말씀으로 하나님이 통치하시는 시대가 온 것이다. 이렇게 하나님 말씀으로 통치하는 시대가 왔지만 바알을 섬기는 불순종 세대로 인해서 말씀이 통하지 않는 시대가 돼 버렸다.

"이스라엘 자손이 여호와의 목전에 악을 행하여 바알들을 섬기며"(삿 2:11).

"그들이 어디로 가든지 여호와의 손이 그들에게 재앙을 내리시니"(삿 2:15).

정복 시대의 순종 세대는 어디를 가든지 형통했지만, 사사 시대의 불순종 세대는 어디를 가든지 불통 재앙이었다. 정복 시대의 여호수아서는 어디를 가든지 형통해서 하는 것마다 잘된 내용이지만, 사사 시대의 사사기는 어디를 가든지 안 되는 내용이다.

어떤 사람들은 교회를 어디에 개척해야 잘되는지를 질문한다. 어떤 장소에 따라 잘되고 안 되는 것이 아니다. 예수 맛만 잘 내면 하나님은 사람을 보내신다. 어디에 어떤 음식이 맛있다고 소문이 나면 사람들은 찾기 힘든 깊은 곳도 내비게이션을 찍어 가며 몇 시간이 걸리든 찾아간다. 특별히 돈 들여서 광고할 필요가 없다. 한 번 먹어 본 사람이 자기 돈 들여서 손님을 모셔 오고 대접하다 보면 저절로 광고가 된다. 교회도 이렇게 사람들이 찾아오도록 하나님의 살아 계심을 맛보게 하면 된다. 교회에 영생의 진리가 있다면 구원에 목마른 사람들은 찾아오게 될 것이다.

이렇게 하나님 만나기 쉬운 교회가 곳곳에 세워지길 기대해 본다. 그러므로 교회는 세상과 사람 눈치가 아닌 하나님의 눈치를 봐야 한다. 하나님의 눈치를 살피면서 하나님을 섬기며 순종하는 세대는 말씀이 기준이 되고 세상과 사람의 눈치를 보면서 바알을 섬기며 불순종하는 세대는 자기 자신이 기준이 된다. 순종하는 세대로 다시 돌아가는 방법은 말씀으로 돌아가는 것이다.

바알의 우상을 섬기는 불순종을 제거하는 것은 말씀이다. 우상을 불태우는 것은 오직 하나님 말씀뿐이기 때문이다. 성령의 불로 내 안의 우상을 불태워야 한다. 그리고 후대에 불순종하는 세대가 생기지 않게 하기 위해서는 복음의 말씀을 계승해야 한다. 하나님의 백성은 세상 문화에 흡수당하거나 세상과 타협을 해서는 안 된다. 이들은 하늘 문화로 세상을 정복하고 살아야 된다. 이스라엘 백성은 가나안 땅에 입성해서 전에 살았던 애굽의 풍속과 똑같은 가나안의 문화를 좇지 말고 거룩한 하나님의 백성으로 살아야 했다. 그런데 그만 세속에 물든 가나안 문화를 좇아 살게 되었다. 결국 사사 시대는 불순종의 주기로 인한 불순종의 문화를 적나라하게 보여 준다.

• 다음세대 •

성도에게 원주민은 육신의 속성과 같다. 하나님이 가나안 원주민을 남겨 두신 것은 싸움을 가르치시려는 의도다. 가나안 전쟁은 영적 전쟁으로 하나님의 전쟁이며 순종 작전이었다. 그런데 이스라엘의 가나안 세대는 정복 세대와는 다른 세대로 전쟁을 알지 못했다.

정복 세대의 영성을 전수받지 못해 다음세대가 되지 못한 이스라엘의 다른 세대는 싸우지 않고 타협하며 섞여 살았다. 섞이지 않고 타협하지 않으려면 싸워야 한다. 이것이 자신과 싸우는 영적 전쟁이다. 또한 영적 전쟁에서는 하나님만 의뢰해야 승리할 수 있다. 영적 전쟁은 자기를 극복하고 하나님의 뜻을 이루는 것이며, 죄를 극복하고 말씀을 실천하는 능력을 갖는 것이다.

그러므로 하나님 말씀 없이 자기 생각으로는 승리할 수 없다. 그런데 이스라엘 백성은 안식이 주어지자 말씀을 버리고 가나안의 신, 바알과 아세라의 향락 문화와 세속에 빠져서 점점 섞이기 시작했다(삿 2:11, 3:6; 창 6:2). 하나님이 성도를 세상에 남겨 두신 것은 말씀과 기도를 통해 자신에게 있는 욕심의 속성을 이기고 하나님 나라의 다음세대가 되라는 것이다.

2. 불순종 주기(삿 3-16장) - 범죄 → 심판 → 회개 → 구원 주기가 일곱 번 반복

첫 번째 주기(3:7), 해당 사사	옷니엘
두 번째 주기(3:12), 해당 사사	에훗, 삼갈
세 번째 주기(4:1), 해당 사사	드보라와 바락(바락은 사사로 인정하지 않는다)
네 번째 주기(6:1), 해당 사사	기드온
다섯 번째 주기(8:33), 해당 사사	돌라, 야일(아비멜렉은 사사로 인정하지 않는다)
여섯 번째 주기(10:6), 해당 사사	입다, 입산, 엘론, 압돈
일곱 번째 주기(13:1), 해당 사사	삼손

이스라엘 열두 지파의 48개 성읍에서 하나님 말씀을 담당한 레위가 사명을 감당하지 못한 것이 죄를 반복하는 악순환의 원인이 되었다. 그로 인해 사사 시대의 불순종 주기가 생기게 된다. 불순종 주기는 이스라엘의 범죄로 인한 하나님의 징계와 이스라엘의 회개로 인한 하나님의 구원이 350여 년 동안 일곱 번이나 반복적으로 지속된다. 사사 시대는 모세와 여호수아의 지도를 받는 중앙 집권 시대가 지나고 이스라엘 각 성읍에서 하나님 말씀을 통해 레위인들의 지도를 받는 지방 분권 시대다. 사사 시대는 각 나라와 민족이 사는 세상 성읍에 각 교회가 세워져 레위와 맺은 언약의 말씀을 가지고 하나님이 통치하시는 오늘날 교회 시대와 비슷하다.

기드온

하나님은 죄악의 혼탁한 세상에서 백성을 구원하시기 위해 사사들을 세우신다. 이스라엘의 열두 명의 사사는 이렇게 세워지게 된다. "여호와께서 기드온에게 이르시되 너를 따르는 백성이 너무 많은즉 내가 그들의 손에 미디안 사람을 넘겨 주지 아니하리니 이는 이스라엘이 나를 거슬러 스스로 자랑하기를 내 손이 나를 구원하였다 할까 함이니라"(삿 7:2)고 말씀하신 하나님은 그 후 미디안을 치기 위해 기드온을 따라온 3만 2천 명 중에서 300명만 선발해서 미디안의 압제에서 이스라엘을 구원하신다. 하나님은 기드온을 포함한 어떤 사람에게서도 자신이 스스로를 구원했다는 소리를 듣기 싫어하신다는 것을 발견할 수 있다.

또한 다른 모든 사사에게도 이런 하나님의 마음이 동일하게 적용된다. 사사가 똑똑하고 잘나서 이스라엘을 구원한 것이 아니라 하나님의 전적인 은혜와 사랑임을 보여 주는 것이다. 기드온과 300명의 용사가 중요한 인물이 아니라, 중요한 사건을 하나님이 기드온에게 맡기신 것이다. 하나님은 이상하게도 우스운 작전으로 전쟁에서 이기게 하신다. 300명을 세 부대로 나누어 각 손에 나팔과 빈 항아리를 들리고 항아리 안에는 횃불을 감추게 한 다음 신호에 따라 빈 항아리를 깨고 한 손엔 횃불을 들고 다른 손으로 나팔을 불면서 소리를 지르면 미디안과의 전쟁에서 이기게 되는 작전이다. 사사를 통해 진정한 구원자가 하나님이심을 보여 주는 것이다.

사람이 똑똑하고 잘나서 교회를 부흥시키는 것이 아님을 분명히 알려 주시는 메시지다. 또한 특별한 프로그램을 해야 교회가 부흥하는 것이 아니라는 것을 알게 하신다. 하나님이 이스라엘을 별다른 무기 없이 이기게 하시는 것처럼 교회에도 특별한 무기가 없다. 그저 기도와 말씀으로, 허술하기 짝이 없는 프로그램으로 교회를 교회 되게 하신다. 보잘것없는 사람을 성도 되게 하시고 목사와 선교사로 불러 주시는 은혜가 너무 크다. 부족하고 보잘것없어서 대단하지도 않은 사람을 찾아 쓰시는 하나님은 더 대단하시다. 하나님의 눈치를 잘 살펴서 하나님의 눈에만 들면 하나님이 얼마든지 쓰실 수 있는 사람이 된다. 나아가 하나님이 쓰시는 존귀한 사람이 되어도 교만하지 말고 하나님의 심부름꾼으로서의 역할만 잘 감당하면 된다.

삼손

"그때에 블레셋 사람이 이스라엘을 다스린 까닭에 삼손이 틈을 타서 블레셋 사람을 치려 함이었으나 그의 부모는 이 일이 여호와께로부터 나온 것인 줄은 알지 못하였더라"(삿 14:4).

하나님은 삼손을 통해서 이스라엘을 블레셋 사람에게서 구원할 계획을 가지고 계셨다. 하나님의 구원 전략은 삼손이 블레셋 여자와의 결혼이라는 틈을 타서 블레셋을 치는 것이었지만, 삼손의 부모는 그것이 하나님이 블레셋을 치시려고 구실을 마련하는 것인지 몰랐다. 삼손은 첫 번째로 딤나 지역의 블레셋 여인과 결혼하고, 두 번째는 가사 지역의 기생을 만나고, 마지막으로는 소렉 지역의 블레셋 여인 들릴라를 사랑해서 틈을 얻게 된다.

삼손은 20년간 사사로 활동하면서 많은 블레셋 사람을 죽이고 다녀도 쉽게 잡히지 않았다. 그런데 마지막 들릴라에게 진정을 토하는 고백으로 블레셋에게 잡히고 만다. 들릴라로 틈을 얻어 블레셋을 쳐야 되는 삼손이 들릴라를 사랑하게 되어 그녀의 유혹에 마음이 번뇌해 죽을 지경에 이르자 진정을 토하며 유혹에 넘어가 하나님의 전략을 다 말해 버리고 만 것이다. 결국 머리를 다 밀리고 눈까지 뽑혀 아무런 힘도 쓰지 못하는 처량한 신세의 사사가 되어 버렸다.

성도는 세상을 구원할 사사다. 성도가 세상에 살면서 세상에 마음을 두고 세상을 사랑하면 사명을 망각하게 된다. 성도가 세상에 사는 것은 세상을 구원하실 하나님의 전략이다. 삼손이 블레셋의 들릴라 전략에 말려든 것처럼 성도는 세상의 유혹에 넘어가서는 안 된다. 성도는 하나님의 뜻이 있는 곳이 제일 안전한 지역임을 인식하고 세상 깊숙한 선교지에서 하나님의 메시지를 삶으로 담아내야 한다.

하나님은 사사가 사는 동안에 태평한 안식을 주셨지만, 사사가 죽으면 백성은 또 다시 하나님의 목전에서 악을 행하는 악순환을 끊지 않았다. 악순환으로 생긴 불순종의 주기가 결국 사사 시대의 불순종 문화를 형성하게 된 것이다.

· 하 나 님 의 　도 구 ·

사사 시대의 진정한 왕은 하나님(삿 8:22-23)으로, 구원의 역할은 사사가 했지만 통치자는 하나님이시다. 사사는 평상시에는 재판을 하고, 전쟁 시에는 전투를 지휘하는 왕의 역할을 했다. 또한 백성의 문제를 하나님에게 가지고 나아가는 제사장의 역할을 했다. 그리고 하나님의 음성을 백성에게 들려주는 선지자의 역할을 했던 하나님의 일꾼이다. 그러나 왕이나 제사장처럼 세습은 안 되었다. 아무리 훌륭한 사사라 하더라도 사사는 하나님의 도구일 뿐이다.

관통 QT
내 기준과 말씀의 기준 중에 어떤 기준으로 사는 것이 합당한 것인가?

24일 삿 17-21장

3. 불순종 문화(삿 17-21장) - 각자의 소견에 옳은 대로 행한 범죄

하나님의 목전에서 악을 행하는 불순종 세대가 불순종 주기를 반복하면서 종교 및 도덕적으로 타락한 불순종의 문화를 보여 준다. 레위인이 사명을 무시하면 기복주의 신앙으로 복을 따라 사는 것을 미가의 신상 사건(삿 17장)과 단 지파의 사건(삿 18장)을 통해서 종교적으로 타락한 내용을 살펴볼 수 있다. 또한 레위인이 사명을 망각하면 세상을 따라 정욕대로 사는 것을 어떤 레위인의 첩 사건(삿 19장)과 베냐민 지파의 사건(삿 20-21장)으로 확인할 수 있다.

사명을 무시하면 기복주의 신앙이다. 미가와 단 지파 사건(삿 17-18장)은 미신적인 우상 숭배로 종교적인 죄다. 미가의 어머니는 돈을 훔친 아들의 저주를 바꾸기 위해 복 받기를 원한다고 하면서, 여호와가 아들에게 복을 주시도록 하나님에게 감사하는 표시로 우상을 만든다. 그러면서 여호와를 잘 섬기기 위해 대제사장의 옷인 에봇과 신의 뜻을 알아내는 드라빔을 만들고, 유다 지파의 한 레위인을 제사장으로 삼았다. 이 미신적이고 잘못된 신앙은 모세의 법도대로 하나님을 바르게 섬길 줄 몰랐기 때문이다. 단 지파 또한 하나님을 잘 섬기겠다고 미가의 우상을 훔치고, 레위 사람을 납치해서 제사장으로 삼겠다고 한다. 한 가정의 제사장보다 한 지파의 제사장이 되면 더 많은 수입이 될 것 같아 제사장도 복을 따라 떠난다(삿 18:20).

사명을 잃어버리면 쾌락주의 신앙이다. 레위인의 첩 사건(삿 19장)은 성적인 타락으로 도덕적인 죄다. 레위인으로 모범을 보여야 됨에도 불구하고 첩을 둔 범죄는 실로 크다 할 것이다. 마지막으로 베냐민 지파의 사건(삿 20-21장)은 민족 분열의 죄다. 교회의 성도는 서로 싸워서는 안 된다. 하나님 나라는 한 나라의 한 왕이 통치하시는 믿음과 순종으로 통일된 나라다.

사사 시대에 이런 악을 행한 근본적인 이유는 '이스라엘에 왕이 없으므로 사람이 각각 그 소견에 옳은 대로 행했기 때문'이다. 이스라엘에 왕이 없다는 것은 말씀이 왕 노릇 하지 못했다는 것이다. 말씀이 통치하는 시대에 말씀을 마음에 두지 않고 세상을 마음에 두면, 말씀으로 내 속에 있는 육신의 원주민을 쫓아내지 못하면 복을 따라 살고 육신을 따라 살게 된다. 육신을 따라 사는 악순환의 주기를 끊고 말씀을 따라 사는 선순환의 주기를 세워야 한다. 말씀에 정복된 사람은 말씀으로 육신의 원주민을 쫓아낼 수 있다. 그러한 사람은 예수 그리스도를 왕으로 섬기며, 새 계명으로 살면서 불순종의 주기를 끊어내고 말씀이 왕 노릇 하게 된다.

사사기의 불순종 주기를 깨는 것은 근본적으로 예수 그리스도를 왕으로 모시고 섬기는 것이다. 말씀의 사사, 복음의 사사, 완전한 사사되신 예수 그리스도가 내 안에서 영원히 사시게 되면 말씀의 주기, 복음의 주기, 믿음의 주기인 사랑, 축복, 용서, 이해, 용납하는 주기를 갖게 된다. 주님이 통치하고 다스리시는 나라는 사랑의 나라로 말씀이 기준 되는 나라다. 그리스도가 내 안에 왕으로 살아 주실 때 말씀이 기준 되는 나라에서 말씀으로 세상을 디자인하게 될 것이다. 말씀이 왕 노릇 하는 영원한 사사 예수 그리스도가 내 안에 주인으로 살아 주시면 자기 소견대로 사는 것이 아니라 하나님 말씀대로 살게 된다. 예수 그리스도가 내게 왕으로 살아 주시면 실제 상황의 모든 어려움도 이길 수 있게 된다.

• 완전한 사사 •

사사 시대의 신앙생활 상태는 그야말로 형편없이 잘못된 신앙과 사명을 잃은 제사장의 모습이다. 정복 시대에 가나안 원주민을 다 진멸하지 못하고 남겨 두어 이스라엘 백성이 원주민에게 동화되었지만, 예수 그리스도는 완전한 사사로 죄악을 물리치고 온 인류를 구원하신다. 성도가 성화되는 과정에서 완전한 사사 예수 그리스도를 의지하고 나아가면 세상에서 승리할 수 있다.

이스라엘 백성은 350년 동안 일곱 번 반복되는 죄를 짓는다. 하나님은 그때마다 새로운 사사를 통해 구원하신다. 우리 또한 수없이 불순종하지만 하나님은 끝까지 용서하시고 옳은 길로 인도하신다.

사사 시대에는 열두 명의 사사가, 신약 시대에는 열두 명의 제자가 있다. 사사 시대의 여사사 드보라를 통해서 남종과 여종의 시대가 온 것을 알린다(욜 2:28-29; 행 2:17-18). 크게 쓰임 받는 사사가 있고, 작게 쓰임 받는 사사가 있다. 작게 쓰임 받을지라도 충성하면 영광이다. 사사 시대의 사사는 이스라엘을 부분적이고 일시적으로 구원했다. 그러나 예수 그리스도는 온 인류를 대상으로 완전한 구원을 영원으로 이끄실 것이다. 그러므로 완전한 사사이신 예수 그리스도를 발견하고 그분의 인도를 받으면 암울한 세상에서 참자유를 누리는 축복이 있다.

• 영적 전쟁의 세 가지 원칙 •

첫째, 진멸한다. 진멸은 하나님에게 온전히 드려진다는 의미다. 자신의 몸에 가시 같은 역할을 하는 육신의 원주민인 자아와 욕심을 몰아내는 것이다. 둘째, 싸운다. 상대방을 향한 공격 무기는 은혜의 말씀이다. 사랑으로 싸워 말씀으로 복음화 하는 것이다. 셋째, 타협하지 않는다. 이스라엘 백성은 철병거가 있는 원주민과 싸워 이기지 못해 쫓아내지 못했다. 예수 그리스도는 세상과 타협하지 않고 구원의 사명을 감당하신다.

이스라엘 백성이 가나안 일곱 족속을 몰아내야 하듯이, 영적 이스라엘 백성인 성도는 육신의 원주민을 몰아내야 한다. 육신의 지배를 받으면 육신이 사악한 불의의 병기가 되어 말씀에 불순종해 율법 아래 있게 된다. 그러나 성령의 인도함을 받으면 육신이 의의 병기가 되어 말씀에 순종하게 된다(롬 6:13; 갈 5:18).

룻기

룻기는 영적으로 죽어 있는 사사 시대에 소망의 빛을 비추는 사사 시대의 성경, 사사 시대의 별책 부록과 같은 책이다.

룻기 구조 잡기

- 주제 : 신앙 고백 속에 숨겨진 생명의 씨

서론(1:1-22) : 룻의 믿음	나오미의 하나님이 룻의 하나님
본론(2:1-4:12) : 룻의 결혼	룻과 보아스의 보리밭 사랑 이야기
결론(4:13-22) : 룻의 족보	베레스의 세계에서 그리스도의 세계로

룻기는 다윗 시대에 기록된 것으로 추정되지만, 역사적 배경은 사사 시대다. 사사 시대는 간헐적인 평화기를 빼고는 줄곧 반역과 부도덕과 이방 민족들의 침입으로 혼란했던 시기였다. 룻기는 바로 그러한 시대에 고결한 삶을 살았던 한 여인에 관한 이야기다. 룻기는 이방인도 신앙 고백으로 아브라함과 다윗의 자손 예수 그리스도의 족보에 들어가서 하나님의 가족이 될 수 있다는 것을 보여 준다.

룻기 초점 잡기

룻의 믿음(룻 1:1-22)

> "룻이 이르되 내게 어머니를 떠나며 어머니를 따르지 말고 돌아가라 강권하지 마옵소서 어머니께서 가시는 곳에 나도 가고 어머니께서 머무시는 곳에서 나도 머물겠나이다 어머니의 백성이 나의 백성이 되고 어머니의 하나님이 나의 하나님이 되시리니"(룻 1:16).

신약성경 로마서는 이스라엘의 불신앙으로 이방인을 구원하는 비밀을 기록하고 있다. 하나님은 국제 정세와 세상의 모든 상황을 이방인을 구원하고 하나님의 가족을 만드는 데 사용하신다.

나오미의 가정은 어려운 상황인 흉년을 만나자 이 상황을 피하려고 모압이라는 이방 지역으로 내려가지만 남편과 아들 둘이 죽는 더 큰 어려움에 빠지고 만다. 이런 위기의 상황을 하나님은 이방 여인 룻을 구원하는 기회로 사용하신다. 하나님이 주시는 환경과 과정에는 하나님의 계획이 있음을 룻기를 통해서 알 수 있다. 엘리멜렉과 나오미의 가정이 유다 베들레헴에서 흉년을 피하기 위해 이방 땅 모압에 가서 생활한 10년의 이민 생활은 결과적으로 모압 여인 룻을 다윗의 족보에 들어오게 하는 계기가 되었다.

룻기는 사사 시대에 있었던 이야기로, 사사기와 룻기를 입체적으로 볼 필요가 있다. 사사 시대의 룻기를 따로 빼내서 별도의 책으로 기록하신 이유는 무엇일까? 이는 룻기를 통해 무언가를 설명하시기 위함이다. 사사 시대는 불순종이 흐르고 하나님을 왕으로 인정하지 않는 문화를 형성하고 있다. 이런 시대에 룻이 이방인으로서 시어머니를 공경하고 시어머니의 하나님을 자신의 하나님으로 삼고 섬기는 것은 사사 시대의 문화를 역행하는 것이 된다.

동일한 시대와 동일한 문화에서 그 문화를 역행하는 것은 쉽지 않은 일이다. 사사 시대의 문화는 소돔과 고모라 같은 가나안 문화로서 종교적으로 왜곡된 기복적 신앙과 도덕적으로 타락한 문화였다. 이스라엘 백성이 바알을 섬기는 우상 문화에서 시어머니 나라의 하나님을 자기 하나님으로 섬기겠다는 이방인 룻의 고백은 이스라엘의 하나님을 자기 왕으로 섬기겠다는 믿음의 고백이라고 말할 수 있다.

왕이 없어 자기 소견에 옳은 대로 행하던 시대적 배경에서 룻의 고백은 엄청난 의미가 있다. 하나님은 정복 시대의 라합처럼 룻을 이스라엘의 정중앙인 유다 지파에 들어오게 하신다.

룻의 결혼(룻 2:1-4:12)

> "형제들이 함께 사는데 그 중 하나가 죽고 아들이 없거든 그 죽은 자의 아내는 나가서 타인에게 시집 가지 말 것이요 그의 남편의 형제가 그에게로 들어가서 그를 맞이하여 아내로 삼아 그의 남편의 형제 된 의무를 그에게 다 행할 것이요 그 여인이 낳은 첫 아들이 그 죽은 형제의 이름을 잇게 하여 그 이름이 이스라엘 중에서 끊어지지 않게 할 것이니라 그러나 그 사람이 만일 그 형제의 아내 맞이하기를 즐겨하지 아니하면 그 형제의 아내는 그 성문으로 장로들에게로 나아가서 말하기를 내 남편의 형제가 그의 형제의 이름을 이스라엘 중에 잇기를 싫어하여 남편의 형제 된 의무를 내게 행하지 아니하나이다 할 것이요 그 성읍 장로들은 그를 불러다가 말할 것이며 그가 이미 정한 뜻대로 말하기를 내가 그 여자를 맞이하기를 즐겨하지 아니하노라 하면 그의 형제의 아내가 장로들 앞에서 그에게 나아가서 그의 발에서 신을 벗기고 그의 얼굴에 침을 뱉으며 이르기를 그의 형제의 집을 세우기를 즐겨 아니하는 자에게는 이같이 할 것이라 하고 이스라엘 중에서 그의 이름을 신 벗김 받은 자의 집이라 부를 것이니라"(신 25:5-10).

신명기 25장 5-10절에 나오는 말씀은 이스라엘의 사회보장제도였던 계대결혼이다. 계대결혼으로 룻은 보아스와 결혼해서 다윗의 증조모가 된다. 룻은 시어머니 나오미를 보양해야 하는데 마침 모압에서 베들레헴으로 돌아왔을 때가 보리를 추수할 시기였다. 룻은 보아스의 밭에서 이삭을 줍게 된다. 이 일이 계기가 되어 보아스는 룻을 아내로 취하게 되고, 죽은 자의 기업을 그 이름으로 잇게 해 대신 기업을 무르게 된다. 기업 무를 자를 찾아 애쓰는 룻의 모습을 본 보아스는 기업을 무르기 위해서 쉬지 않고 성취한다.

룻이 기업 무를 자인 보아스를 만난 것은 하나님의 은혜다. 룻은 자기 남편도 죽었지만 시동생도 죽었기 때문에 당시 관습대로 가까운 친척 중 서열이 가장 빠른 친척과 재혼할 수 있었다. 두 번째 서열인 보아스는 서열이 가장 빠른 기업 무를 자에게 '고엘' 의사가 있는지 없는지를 확인하고 성읍 장로 앞에서 재판까지 해서 절차를 진행한다. 우선권이 있던 그 기업 무를 자가 룻에 대한 의무를 포기하자 보아스는 룻과 결혼하게 된다.

이처럼 룻기는 다윗의 족보와 정통성을 보여 준다. 계대결혼의 궁극적인 목적은 그리스도의 계보를 이어 가는 데 있다. 이스라엘의 구원자, 여자의 후손(창 3:15)이 나올 때까지 계보를 이어 가야 한다. "보라 자식들은 여호와의 기업이요 태의 열매는 그의 상급이로다"(시 127:3). 그러나 우리에게 주신 기업과 상급은 예수 그리스도를 말한다. 구약의 계대결혼을 통해서 기업을 무르는 것은 결국 우리의 기업 무를 자는 예수 그리스도시라는 것을 설명하려는 것이다.

만약 은행이 부도가 나면 영업 정지를 당해 영업을 할 수가 없게 된다. 만약 교회가 영적으로 부도가 난다면 말씀이 제대로 효력을 발휘하지 못할 것이다. 이처럼 사사 시대는 말씀이 부도난 시대다. 만약 성도가 영적으로 부도가 난다면 믿음

계대결혼

계대결혼(繼代結婚)은 대를 대신 잇게 하는 결혼을 말한다(신 25:5-10). 형이 죽고 형수에게 자식이 없으면, 동생이 형수에게 들어가 형의 대가 끊어지지 않게 해야 한다. 그렇지만 이것이 꼭 지켜야만 하는 의무 사항은 아니다. 동생이 형수에게 들어가는 것을 거부할 수 있다. 그러나 거부하면 그의 발에서 신을 벗기고 그 얼굴에 침 뱉으며 "형제의 집 세우기를 싫어하는 자"라고 비난할 수 있다. 동생이 거부하면 그 다음 가까운 친족에게 대를 잇게 할 책임이 주어진다.
룻기에 나오는 '룻과 보아스'가 바로 그런 경우에 해당된다.

기업 무를 자

기업 무를 자를 '고엘'이라고 한다. 고엘은 '되찾다, 구속하다'라는 의미다. 고엘 제도는 이스라엘 지파가 분배받은 기업을 보존하기 위해 마련된 제도다.

정지를 당한 것처럼 믿음으로 살 수 없고 소견에 옳은 대로 살게 될 것이다. 사사 시대에 부도난 레위의 사명을 정지시킨 것은 전쟁과 흉년이었다. 사사는 힘으로 이기는 모습을 보여 주기도 하고, 그들에게는 소망이 없음을 보여 주기도 했다. 레위를 통해서는 말씀이 무너지는 모습을 보여 주었지만, 룻을 통해서는 회복되는 소망의 모습을 보여 주었다. 죄로 인해 부도난 인생에게 소망은 사사도, 레위도, 물질도 아니다. 하나님의 약속의 말씀을 지키는 신앙 고백으로 만나는 보아스 같은 그리스도시다.

사람이 사업을 하다가 부도가 나면 절망하고 쓰러지더라도 다시 재기할 수 있는 길이 있다. 그런데 인생이 부도가 나면 은행의 돈으로도 막을 수 없고, 부도나기 전 시절로 돌아갈 수도 없다. 그러나 주님은 죄와 허물로 부도난 인생의 기업을 무르실 자로, 그 일을 성취하시기까지 쉬지 않는 분이시다. 부도난 인생을 하나님의 형상으로 회복해서 돌려주시고 부도난 영혼을 책임지실 분은 오직 예수 그리스도밖에 없다.

라합이 전쟁터에서 믿음으로 구원받았듯이, 룻이 보리밭 추수 때에 보아스를 만나 기업을 추수했듯이, 성도는 예수 그리스도를 만남으로 말미암아 영혼의 전쟁터에서 믿음으로 구원받고, 세상 밭에서 영혼의 기업을 추수한 것이다. 예수 그리스도를 만나서 영혼이 추수되고 천국을 기업으로 얻는 사람은 복된 사람이다.

룻의 족보(룻 4:13-22)

> "베레스의 계보는 이러하니라 베레스는 헤스론을 낳고 헤스론은 람을 낳았고 람은 암미나답을 낳았고 암미나답은 나손을 낳았고 나손은 살몬을 낳았고 살몬은 보아스를 낳았고 보아스는 오벳을 낳았고 오벳은 이새를 낳고 이새는 다윗을 낳았더라"(룻 4:18-22).

사사 시대의 정중앙에 있는 룻기는 이방 여인 룻이 베레스의 세계에서 다윗의 세계를 거쳐 예수 그리스도의 세계로 이어지는 것을 족보로 그려 내고 있다.

신약성경 마태복음은 "아브라함과 다윗의 자손 예수 그리스도의 계보라"로 시작하면서 예수 그리스도의 계보에 들어온 몇 명의 여인을 소개한다. 그들은 야곱의 아들인 유다의 며느리 다말과 여리고 기생 라합, 모압 여인 룻, 헷 사람 우리아의 아내 밧세바 그리고 요셉과 정혼한 마리아다. 이들은 모두 '역전의 여왕'이라 불릴 정도로 드라마틱한 반전의 내용을 갖고 있다.

족장 시대의 다말은 이방 민족인 가나안 사람으로 두 명의 남편을 잃고는 창녀로 가장해서 시아버지 유다의 아들을 낳아 주고 예수 그리스도의 계보에 들어간다. 정복 시대의 라합은 멸망하는 여리고 성에서 믿음으로 살아 살몬과 결혼해서 예수 그리스도의 계보에 들어간다. 사사 시대의 룻은 모압 여인으로 보아스와 재혼해서 예수 그리스도의 계보에 들어간다. 왕정 시대의 밧세바는 군인의 아내로 전쟁 미망인이었지만 다윗을 통해서 왕비가 되어 예수 그리스도의 계보에 들어간다. 요셉과 정혼한 마리아는 요셉과 동거하기 전에 성령으로 잉태된 것이 나타나서 요셉에게 파혼당할 처지에 이르지만, 요셉에게 주신 하나님의 은혜로 예수 그리스도를 탄생시키게 된다.

하나님은 사람이 이해할 수 없는 방법으로 하늘의 뜻을 이루어 가시는 것을 쉽게 발견할 수 있으며, 이런 여인들을 통해서도 어떻게 예수 그리스도의 세계를 이루어 가시는지 확인할 수 있다. 사사 시대와 방불한 현시대는 종교적, 도덕적으로 타락해서 바알이 하나님 노릇 하는 시대다. 종교적, 도덕적으로 타락한 현시대에도 하나님은 룻 같은 이방인을 예수 그리스도의 계보로 인도하고 계신다.

룻기에 흐르는 복음은 믿음의 신앙 고백으로 그리스도의 신부가 되어 아브라함과 다윗의 자손이신 예수 그리스도의 계보에 들어간다는 것이다. 예수 그리스도는 죄로 인해 일그러진 성도의 자화상을 하나님의 형상으로 회복시키시는 인생과 영혼의 기업을 무르는 자시다.

사사 시대 핵심 정리

레위인의 사명

1. 사사 시대의 신앙생활은 미신적 신앙과 사명 잃은 제사장의 모습을 보여 준다. 말씀을 맡은 레위가 사명을 무시하면 복을 따라 살게 된다. 또한 사명을 망각하면 육체의 정욕과 세상을 따라 살게 된다. 교회의 성도 또한 서로 싸우고 분열하면 말씀의 기준을 무시하고 망각하는 행동이 된다.
2. 말씀을 가르치는 레위인은 하나님이 세상의 왕 되신 것을 드러내고, 말씀을 듣는 백성들이 하나님의 자녀답게 살도록 교육해야 한다.
3. 사사 시대에 에브라임 지역에서 발생한 레위인의 사건은 실로 충격적이다. 그런데 같은 시대, 같은 지역에서 사무엘 같은 제사장은 레위의 진면목을 보여 주기도 한다.

하나님의 통치

1. 광야 시대의 지도자는 모세고, 정복 시대의 지도자는 여호수아며, 사사 시대의 지도자는 레위인들이다. 새로운 방식의 리더십이다. 성경을 통해 하나님을 알게 하는 새로운 방식의 통치다.
2. 하나님은 당신의 말씀이 통치하는 사회와 나라를 계획하고 새로운 시도를 하셨지만 인간의 불순종과 타락으로 예수 그리스도의 리더십이 필요하게 되었다.
3. 말씀이 왕 노릇 하고 말씀이 주장하는 나라는 사랑으로 사는 아가페 나라다. 하나님을 왕으로 모신 자유인의 삶은 율법적 율법이 아니라 복음적 율법을 완성하는 사랑의 실천이다. 하나님을 사랑하는 대신관계가 이웃을 사랑하는 대인관계로 이어진다.

말씀의 왕 노릇

1. 말씀이 통치하는 삶이 하나님 나라 백성의 삶이다. 하나님을 왕으로 인정하는 사명자가 사명을 따라 살 때 진정한 자유와 행복을 누릴 수 있다.
2. 교회는 말씀이 왕 노릇 하는 공동체다. 그러므로 성도는 말씀에 자발적으로 순종해야 한다.
3. 복음으로 정복당한 성도는 말씀으로 육신을 정복할 수 있다(약 3:15; 요일 2:16). 말씀에

능한 공동체가 교회다. 그러므로 교회의 각종 모임은 말씀으로 하나님을 인식하고 말씀이 왕 노릇 하도록 말씀 통독과 말씀 사경회가 주요 프로그램이 되어야 한다.

▲ 레위 지파의 도시와 도피성

06
통일 왕국 시대

다윗의 영성

통일 왕국 시대는 하나님이 사사를 통해 통치하시던 시대를 끝내고 왕을 세워 대리 통치하시는 시대다. 이 시대는 사울과 다윗 그리고 솔로몬이 등장하며 각각 40년씩 통치해서 120년의 기간이 흘러간다. 특히 사울은 자기 생각대로 통치하다가 폐위당하고, 다윗은 말씀을 기준으로 통치해서 하나님 마음에 맞는 자로 귀감이 되며, 솔로몬은 하나님의 지혜로 통치하다가 이방 왕후에게 마음을 빼앗긴 후 자기 지혜로 통치하다가 나라가 분열되는 원인을 제공한다.

대리 통치 모델, 왕국 건설 일꾼

통일 왕국 시대 소통하기

한평생 사는 동안 우리는 많은 순간을 접하게 된다. 그때마다 우리는 가장 지혜롭다고 판단되는 것을 선택하게 된다. 그 선택에는 피할 수 없는 대가가 따른다. 이스라엘 민족은 완전한 자유를 기대하며 하나님에게 왕을 요구한다. 자기들을 잘 살 수 있도록 인도하면서 절대로 억압하지 않는 그런 꿈속의 왕을 기대하고 있다. 자기가 원하는 대로 살자니 절제가 안 되고, 누군가의 통치를 원하지만 그로부터 구속받기는 싫은 마음이다.

하나님은 그들이 원하는 왕으로부터 당할 속박에 대해 자세히 설명하신다(삼상 8:11-18). 그러나 그들은 막무가내였다. 사랑의 하나님은 어쩔 수 없이 허락하신다. 그 결과 왕국 시대는 수많은 일진일퇴를 거듭하는 매우 혼란한 시대가 된다. 그래도 의로운 왕의 치하에서는 나라가 번영했으나, 불의한 왕이 왕권을 획득했을 때는 나라가 휘청거렸다. 완전하신 하나님 대신 불완전한 인간을 왕으로 세운 데서 오는 당연한 현상이다(삼상 8:7). 마침내 왕국은 왕의 불의로 인해 분열되고, 왕의 범죄로 인해 멸망하고 만다.

통일 왕국 시대에서 하나님이 말씀하시려는 의도는 무엇일까? 하나님은 사울, 다윗, 솔로몬의 통일 왕국 시대에서 분열 왕국의 마지막 시드기야까지 지나가면서 왕이 생기고 없어지는 시간의 과정 속에서 왕정 시대의 막을 내리신다. 내용은 분명하고 확실하다. 원리 또한 간단하다. 하나님의 시간표는 정확하다. 내용을 잘 살펴보면, 하나님은 이스라엘 백성이 홍해를 건너 가나안 땅에 들어가기 전부터 이들의 마음을 알고 계셨다. 이들이 왕을 구하고 이방의 문화를 본받을 것을 이미 알고 계셨던 것이다.

역사를 거슬러 올라가서 신명기 17장에는 왕정 시대를 보는 하나님의 안목이 나온다. 하나님 입장에서 보면 왕정 시대는 언제부터 시작하는가? 왕정 제도에 대해서는 신명기에 이미 기록되어 있고(신 17:14-20), 사무엘상 8장에 이르러 마침내 백성이 왕을 요구하게 된다. 왕을 요구하기 약 500년 전에 신명기에서 왕의 제도에 대한 말씀을 하신 것이다. 이스라엘 백성이 왕을 세우겠다는 요구를 하면 어떻게 제도를 마련해야 할지를 미리 말씀하신 것이다.

신명기의 광야 시대를 지나서 사사 시대를 말씀으로 통치하시려 했지만, 말씀으로 통치가 안 되는 것을 볼 수 있다. 하나님 말씀으로 통치가 안 되는 것은 사람이 통치하는 왕정 시대를 예고한다. 그러나 하나님은 이 예고된 제도를 폐지하려는 것을 포로 시대에 보여 주셨다.

하나님은 소선지서인 호세아서를 통해서 왕정 시대가 포로 시대로 끝나는 것을 미리 보여 주신다. 성경 읽기를 통해 왕정 시대의 내용보다 하나님의 마음을 먼저 보아야 한다. 신명기 17장은 하나님의 마음을, 사무엘상 8장은 사람의 마음을 표현하고 있다. 사람들은 하나님을 왕으로 섬길 수 없다는 것이고, 하나님은 당신이 왕이라는 것을 다윗을 통해 보여 주려고 하신다. 하나님은 다윗을 왕으로 세워 하나님을 왕으로 섬기는 기준을 설명하신다. 그러므로 하나님은 왕을 세우시지만 사람들이 원하는 왕은 다시 폐위된다. 하나님은 이런 당신의 마음을 호세아 선지자를 통해서 말씀하신다.

"내가 분노하므로 네게 왕을 주고 진노하므로 폐하였노라"(호 13:11).

백성은 하나님에게 왕을 구한 것이 얼마나 악한 것인지 알게 된다(삼상 12:19). 하나님은 사울이 불순종하자 폐위하신다. 그리고 성도를 왕 같은 제사장으로 세우신다. 하나님을 왕으로 섬기는 자가 왕의 자녀로서 왕 같은 제사장이다. 하나님만 섬기는 왕을 세우시려는 것이 왕정 시대의 목적이다. 이것이 성경의 큰 틀이다. 성경을 진리로 읽으면 성경의 큰 틀은 점진적으로 잘 보이게 된다. 그러므로 성경을 꾸준히 읽으면 내용과 초점이 잡히고 진리의 말씀이 믿어진다. 하나님이 다윗을 세우신 의도를 알 수 있게 될 것이다.

통일 왕국 시대의 목적

왕정 시대의 목적은 하나님 나라의 모델하우스를 지상에 세워 창조의 원래 목적을 보여 주려는 것이다. 사울 왕은 '하나님을 위해서'라고 하면서 사무엘의 경고에도 멈추지 않고 불순종의 길을 40년이나 헤맸다. 그러나 다윗은 지옥 같은 고난 속에서도 하나님의 마음을 품고 천국 같은 순종의 길을 멈추지 않았다.

고속버스 운전기사가 안내 방송을 했다! "잠시 후 이 차는 목적지인 부산에 도착합니다." 운전기사의 안내 방송을 들은 승객들은 모두 자리에서 일어나 한바탕 소동을 벌인다. "광주로 갈 차가 왜 부산에 온 거지? 도대체 어떻게 된 일입니까?" 당황한 운전기사가 차에서 내려 앞에 붙은 행선지를 보고 말한다. "내가 차를 잘못 탔네요." 세상과 사람과 물질이 왕인 시대에 사탄은 인생의 행선지에 '천국행'이라고 적어 놓고 '지옥행'으로 브레이크 없이 달린다. 사탄과 세상에 속지 않으려면 하나님을 왕으로 섬기고 인생의 운전대도 하나님에게 맡겨야 한다. 이처럼 왕정 시대의 목적은 하나님 말씀에 정복당해서 하나님을 왕으로 섬기는 행복한 정복자를 하나님의 대리 통치자로 삼아 하나님 나라의 모델하우스를 지상에 세우는 것이다. 왕정 시대에 흐르는 복음은 예수 그리스도가 내 인생의 왕이시며, 원수를 사랑하고 축복하는 왕 노릇 하며 살도록 인도하는 길이요, 진리요, 생명으로 생지옥 같은 세상에 생천국 모델하우스를 세우시는 분이라는 것이다.

통일 왕국 시대 정통하기

성경 본문	사무엘상·하, 열왕기상 1-11장
성경 구조	사무엘(삼상 1-9장), 사울(삼상 10-31장), 다윗(삼상 16-삼하 24장), 솔로몬(왕상 1-11장)
성경 연대	120년간(사울 40년, 다윗 40년, 솔로몬 40년[주전 1050-930년])
핵심 인물	다윗
핵심 내용	말씀의 왕 노릇, 하나님 나라 백성은 왕 같은 제사장

※ 통일 왕국 시대의 성경(4권) : 시편, 잠언, 전도서, 아가

통일 왕국 시대는 사사를 통해 통치하시던 시대를 끝내고 왕을 세워 대리 통치하시는 시대다. 하나님 말씀에 순종해서 그분을 진짜 만왕의 왕으로 인정하는 자가 하나님이 세우신 왕이 되어 왕 노릇을 하게 된다는 이야기가 주요 내용이다.

다윗은 왕정 시대를 비롯해 신·구약성경에서 가장 중요한 인물 중 한 명이다. 그래서 신약성경 마태복음은 "아브라함과 다윗의 자손 예수 그리스도의 계보라"고 기록한다(마 1:1). 그리스도의 모형으로 등장하는 다윗을 통해 아브라함에게 약속하신 복과 씨와 땅이 점진적으로 완성되어 간다. 정복 시대와 사사 시대에도 정복하지 못한 땅을 다윗이 완전히 정복한다. 다윗은 성전을 건축할 마음을 통해서 다윗 왕조의 씨를 보장받게 된다. 그로 인해 예수 그리스도가 다윗의 혈통에서 나오게 된 것이다. 또한 다윗은 하나님의 법도를 따라 하나님의 길을 가는 복을 받는다(왕상 3:14).

하나님은 사람을 그리스도 예수의 씨로 하나님의 자녀가 되게 하시고, 그들을 새 하늘과 새 땅으로 인도하는 동안 세상에서 말씀이 왕 노릇 하는 삶을 살게 하시려는 것을 다윗을 통해 보여 주고 계신 것이다.

통일 왕국 시대 관통하기

1. 왕을 세운 선지자, 사무엘(삼상 1-9장)

이스라엘의 왕국 건설 초기는 약 50년간(주전 1100-1050년)으로 본다. 왕정 시대의 과도기는 사사 시대 끝물에 출생한 사무엘을 시작으로 사울이 왕으로 기름부음을 받을 때까지다.

하나님은 이스라엘이 정복한 가나안 땅에서 하나님이 통치하시는 나라를 세우시려 했지만 하나님 말씀에 불순종하는 세대로 인해 신정 통치는 점점 어두워만 간다. 하나님을 왕으로 섬기기 싫어하는 백성은 이방 민족의 압제에서 고통을 당할 때마다 하나님이 세우신 이스라엘의 사사들에 의해 구원의 안식을 간간히 누려 보지만 구원 사사 삼손의 죽음으로 이스라엘은 풍전등화에 놓이게 된다. 이스라엘은 전쟁터에서 군사들이 수없이 죽고 전쟁에서 패하자 성막이 있는 실로에 가서 언약궤를 가져다가 언약궤로 전쟁에 이기기를 원했다. 하지만 전쟁터에서는 엘리의 두 아들 홉니와 비느하스가 죽고 언약궤까지 빼앗기는 수모를 겪게 된다. 할례 없는 이방 블레셋에게 언약궤를 빼앗겼다는 비극적 소식을 듣고 충격을 받은 엘리는 그만 의자에서 자빠져 문 곁에서 목이 부러져 죽는다.

이스라엘의 종교 지도자가 죽고 언약궤까지 빼앗기는 어처구니없는 상황에서도 하나님은 언약궤를 빼앗기게 놔두시면서 하나님 말씀의 상징인 언약궤를 소중히 여기고 말씀을 지킬 사람을 준비하고 계셨다. 하나님이 말씀으로 통치하시는 나라를 세우기 위해 말씀에 순종하고 말씀으로 왕 노릇 하는 사람을 준비하셨던 것이다.

하나님은 혼탁한 사사 시대의 끝물에, 동일한 시대와 동일한 지역을 배경으로 하나님이 준비시키신 엘가나 가정을 사무엘상 초두에 등장시키신다. 사사기는 에브라임 산지(삿 17:1)에 미가라는 사람이 가정에 신상을 만들어 놓고 떠돌이 레위인을 가정의 제사장으로 삼아 기복적으로 신앙생활하는 모습과 에브라임 산지(삿 19:1) 구석에 우거하는 '어떤 레위'의 첩 사건을 통해 민족끼리 전쟁이 발발해서 베냐민 지파가 끊어질 위기에 놓인 기사를 쓰고 있다. 하나님은 이런 동일한 문화와 동일한 지역을 배경으로 엘가나와 한나의 가정사를 통해 하나님 말씀에 순종하며 사사 시대를 닫고 왕정 시대를 여는 사무엘을 출생시키신다.

사무엘이 출생하기까지 한나가 자식이 없어서 겪는 고통이 점점 심해지자 그녀는 아들을 주시면 나실인으로 키워 하나님에게 드리겠다고 서원을 하게 된다. 사람에게 있는 약점과 인생이 잘 풀리지 않는 여러 가지 이유는 하나님의 뜻을 이루기 위한 하나님의 프로그램이다. 족장 시대의 요셉이 종살이와 옥살이를 하게 된 것은 애굽의 총리가 되는 프로그램이었고, 사사 시대의 나오미 가정의 어려움은 룻을 통해서 기업을 이어받게 하는 프로그램이었으며, 엘가나 가정에서 한나가 성태하지 못하는 고통은 사무엘을 나오게 하는 프로그램이 되었다. 재물이 없어서 가난하고, 건강하지 못해서 질병 가운데 있고, 성공하지 못해서 실패한 인생들에게 하나님은 당신의 뜻을 이루시기 위한 프로그램을 돌리고 계시는 것이다.

산모의 아기를 낳기 위한 해산의 수고는 고통스럽고 힘들지만 아기를 출생시키기 위해서 주변 사람들은 산모에게 고통스러워도 조금만 참으라고 말한다. 산모는 힘들고 고통스러워 죽을 지경인데도 사람들은 산모에게 멈추라고 말하지 않는다. 생명을 출생시키는 고결하고 아름다운 기쁨은 해산의 고통과 비길 수 없기 때문이다.

오늘날 성도가 사사 시대와 흡사한 현시대를 살며 인생의 약점과 쉽게 풀리지 않는 문제들을 가지고 씨름하는 것은 하나님을 왕으로 섬기는 하나님의 자녀를 출생시키시기 위한 하나님의 프로그램이라고 할 수 있다. 이는 혼탁한 세상 나라를 닫고 하나님이 통치하시는 나라를 여는 과도기인 것이다.

왕을 요구하다

"그러므로 그들의 말을 듣되 너는 그들에게 엄히 경고하고 그들을 다스릴 왕의 제도를 가르치라"(삼상 8:9).

"네가 네 하나님 여호와께서 네게 주시는 땅에 이르러 그 땅을 차지하고 거주할 때에 만일 우리도 우리 주위의 모든 민족들 같이 우리 위에 왕을 세워야겠다는 생각이 나거든 반드시 네 하나님 여호와께서 택하신 자를 네 위에 왕으로 세울 것이며 네 위에 왕을 세우려면 네 형제 중에서 한 사람을 할 것이요 네 형제 아닌 타국인을 네 위에 세우지 말 것이며 그는 병마를 많이 두지 말 것이요 병마를 많이 얻으려고 그 백성을 애굽으로 돌아가게 하지 말 것이니 이는 여호와께서 너희에게 이르시기를 너희가 이후에는 그 길로 다시 돌아가지 말 것이라 하셨음이며 그에게 아내를 많이 두어 그의 마음이 미혹되게 하지 말 것이며 자기를 위하여 은금을 많이 쌓지 말 것이니라 그가 왕위에 오르거든 이 율법서의 등사본을 레위 사람 제사장 앞에서 책에 기록하여 평생에 자기 옆에 두고 읽어 그의 하나님 여호와 경외하기를 배우며 이 율법의 모든 말과 이 규례를 지켜 행할 것이라 그리하면 그의 마음이 그의 형제 위에 교만하지 아니하고 이 명령에서 떠나 좌로나 우로나 치우치지 아니하리니 이스라엘 중에서 그와 그의 자손이 왕위에 있는 날이 장구하리라"(신 17:14-20).

이스라엘 백성은 하나님을 자신들의 왕이 되지 못하게 하려고 열방과 같이 사람을 왕으로 세워 달라고 한다. 이것이 얼마나 큰 죄인지 알지 못하고 그들은 자신들이 지은 모든 죄에 왕을 구하는 악을 더했다(삼상 12:19). 하나님은 사무엘을 통해 백성에게 왕을 세우고 왕의 제도를 설명하라고 하시지만 "내가 분노하므로 네게 왕을 주고 진노하므로 폐하였노라"(호 13:11)고 호세아에게 말씀하신 것을 볼 때 하나님의 마음은 분노를 참으시고 왕을 세우게 했던 것이고, 백성은 하나님의 마음을 제대로 파악하지 못하고 왕을 요구한 것이다.

그럼에도 여전히 하나님은 만왕의 왕이시기에, 왕의 제도를 통해서 왕은 하나님 말씀을 옆에 두고 읽고 하나님 경외하는 것을 배워서 하나님에게 순종할 것을 말씀하신다. 그리고 "만일 너희가 여전히 악을 행하면 너희와 너희 왕이 다 멸망하리라"(삼상 12:25)고 말씀하신다. 하나님을 왕으로 섬기는 자가 왕 같은 제사장으로 세상에서 말씀으로 왕 노릇 하게 되는 것이다.

• 하 나 님 의 사 람 , 사 무 엘 •

사무엘은 모세가 경험했던 기적들을 체험하지는 못했다. 그러나 기록된 모세오경의 말씀을 믿고 깨닫는다. 그러므로 믿음은 기록된 하나님 말씀을 믿는 것을 말한다. 사무엘은 사사 시대 에브라임 산지에서 엘가나와 한나에게 출생해 여호수아가 실로에 세웠던 회막에서 교육을 받는다. 동시대 동지역(미가, 레위인의 첩)에서 한나와 사무엘은 하나님 문화를 잊지 않고 정통성 있는 장소인 실로에서 하나님을 바르게 섬긴다. 혼탁한 사회 속에서도 사무엘은 하나님 편에 서서 율법을 깊이 깨달은 사람만이 전할 수 있는 '순종이 제사보다 낫다'(삼상 15:12)는 메시지와 '하나님은 중심을 보신다'(삼상 16:7)는 메시지를 전한다.

사무엘은 미신적인 신앙을 가지고 있는 우매한 사사 시대의 백성을 가르치기 위해 해마다 벧엘과 길갈과 미스바로 순회해서 라마로 돌아온다(삼상 7:16-17). 이런 미스바 성회의 영적 부흥 집회는 잃어버린 신앙 회복 운동으로 우상을 철폐하고 여호와만 섬기게 한다.

왕정 시대의 출발은 한나의 기도로 준비된 사무엘(사사, 제사장, 선지자)이 이스라엘에 왕을 세움으로써 시작된다. 왕을 세우는 과정은(삼상 1-9장) 50년이지만(주전 1100-1050년) 약 500년간(주전 1050-586년) 고통을 당한다. 그러므로 하나님이 주시지 않는 것을 요구하는 것은 축복이 아니다.

• 미 신 적 신 앙 •

엘리의 아들 홉니와 비느하스가 법궤를 우상시 하다가 전쟁터에서 블레셋에게 빼앗긴다. 실로에 있는 법궤를 에벤에셀에서 빼앗은 블레셋 사람들은 법궤를 블레셋 다곤 신전이 있는 아스돗으로 옮긴다. 그런데 그곳에서 독종이 생긴다. 독종의 재앙에 놀란 사람들은 법궤를 가드로 옮기고 거기서도 감당할 수가 없어 에그론으로 옮긴다. 에그론에서 법궤를 이스라엘로 돌려보내기 위해 벧세메스로 옮길 때 블레셋 사람들은 '멍에를 메 보지 않은 젖 나는 소'에게 법궤를 메게 해 하나님을 시험한다(삼상 6:9). 암소가 새끼 송아지에게로 가지 않고 벧세메스로 가면 독종의 재앙은 하나님이 내리신 것이 틀림없지만, 그렇지 않고 새끼 송아지에게로 가면 그것은 우연히 벌어진 일이라고 생각한 것이다. 그런데 법궤를 멘 암소가 울면서 벧세메스로 간 것이다. 이스라엘 지역 벧세메스에 도착한 법궤를 들여다본 후 70명이 사망한 사건(삼상 6:19)으로 법궤는 다시 기럇여아림으로 옮겨 가고 그곳에서 20년을 머문다.

하나님은 미신적인 신앙생활에 일침을 가하시기 위해 법궤를 옮겨 놓은 다곤 신당의 블레셋의 다곤 신을 부수고, 그 백성에게 재앙을 내리신다. 또한 이스라엘 백성의 기복적이고 미신적인 신앙 태도에도 경고를 가하신다. 법궤가 상징하는 하나님 말씀을 지식으로만 알고 삶으로 실천하지 않은 채 자신들의 안위를 위해서 필요할 때마다 꺼내 쓰는 카드 정도로만 아는 이들을, 거룩한 삶을 살지 않고 오만해서 말씀을 구경만 하듯이 법궤를 들여다본 사람들을 죽이신 것이다.

이스라엘 백성은 이때까지만 해도 사사기에 나오는 미신적이고 기복적인 미가의 신상 사건의 수준을 넘어서지 못했다. 지금도 미신적이고 기복적인 신앙생활을 하는 사람들이 있다. 미신(迷信)은 비과학적이고 종교적으로 망령되다고 판단되는 신앙이다. 또는 그런 신앙을 가지는 것이다. 하나님 말씀을 믿지 못해서 말씀이 왕 노릇 하는 삶을 살지 못하면 미신적이고 기복적인 종교 생활이 되고 만다. 오늘날 하나님의 백성이 이 땅에서 잘 먹고 잘살기 위해 하나님과 성경을 이용하는 것이 미신이고, 기복주의에서 나오는 우상 숭배다. 진정한 복은 예수 그리스도가 가신 길을 따라가는 것이다.

• 하나님의 심부름꾼 •

사사 시대에서 왕정 체제로 전환된 계기가 있었다. 그것은 엘리의 아들 홉니와 비느하스가 음행(삼상 2:22)을 행하고 제사, 제물에 욕심(삼상 2:12-17)을 부린 것이다. 또한 사무엘의 아들 요엘과 아비야가 뇌물을 받고 판결을 굽게 한 것이다(삼상 8:3-5). 그러므로 목회 세습은 사람의 뜻이 아닌 하나님의 뜻이다. 인도자 모세에서 여호수아로 이동하고, 선지자 엘리에서 사무엘로 이동하고, 왕 사울에서 다윗으로 이동하며 하나님의 뜻대로 지도자가 결정된다.

이스라엘은 왕정 제도로 세상을 좇아가며 땅의 문화를 점점 본받게 된다. 백성이 왕을 요구하는 상황에서 하나님은 사무엘을 위로하시며 "너를 버림이 아니요 나를 버려 자기들의 왕이 되지 못하게 함이니라"(삼상 8:7)고 말씀하신다. 그럼에도 하나님은 사울 왕을 준비하시고 사무엘에게 기름부음을 시행하게 하신다. 그러므로 성도는 암울한 세상 속에서 하나님의 심부름꾼으로 살아야 한다.

관통 QT
사울의 불순종은 무엇이며, 하나님의 마음에 합한 순종은 어떤 것인가?

26일 삼상 9-15장

2. 세상을 주목한 왕, 사울(삼상 10-31장)

하나님은 사무엘을 통해서 왕과 나라의 제도를 설명하시며 사울에게 기름을 부으시고, 백성을 통해 암몬 자손의 왕 나하스 손에서 이스라엘을 건진 전쟁 영웅 사울을 이스라엘의 초대 왕으로 세우신다. 40세에 왕이 된 사울은 이스라엘을 40년 동안 통치하게 된다. 그런데 이스라엘을 다스린 지 겨우 2년이 지났을 뿐인데 블레셋과의 전쟁이 임박하자 월권으로 제사장 영역을 침범하게 된다(삼상 13장). 그 후 아말렉과의 전쟁에서는 하나님 말씀을 대언하는 선지자의 예언을 무시하고 사울 왕은 월권으로 선지자의 영역을 침범하게 된다(삼상 15장).

사울은 왕이 되어 블레셋과 싸우는 전쟁터에서 엄청난 위기감을 느낀다. 이스라엘과는 전혀 상대가 안 되는 화력과 병력으로 밀고 오는 블레셋 군대를 보고 공포를 느낀 이스라엘 군사들은 전의를 상실해 도망가려 했다. 그러자 사울은 위급한 상황을 모면하려고 하나님의 명령을 어기고 만다. 사무엘은 사울이 하나님의 명령을 지키지 않고 자기 멋대로 행한 일에 대해 책망하며 "여호와께서 왕에게 명령하신 바를 왕이 지키지 아니하였으므로 여호와께서 그의 마음에 맞는 사람을 구하여 여호와께서 그를 그의 백성의 지도자로 삼으셨느니라"(삼상 13:14)고 말한다.

이처럼 하나님의 마음을 읽는 것은 참으로 중요하다. 하나님의 마음은 성경 통독을 통해서 읽을 수 있다. 궁극적으로 하나님 마음은 하나님의 명령인 계명 안에 담겨 있다. 하나님의 마음을 읽고 행하는 자는 하나님 말씀인 계명을 지키게 된다.

사무엘은 사울을 찾아가 '내가 전에 왕에게 기름을 부어 이스라엘의 왕으로 세운 것은 여호와가 명하신 것이다. 그러므로 왕은 여호와의 말씀을 잘 듣고 순종하라'며 왕의 제도를 설명하고 하나님이 옛적에 이스라엘이 애굽에서 나올 때에 길에서 대적한 에서의 후손 아말렉을 진멸하라고 명하셨음을 전달한다.

그러나 사울은 여전히 하나님의 마음을 읽지 못하고 전쟁에서 포로로 잡은 아말렉 왕 아각과 보기에 좋은 모든 것을 진멸하지 않는다. 하나님의 명령을 어긴 사울은 사무엘의 책망에 모든 백성은 진멸하고 다만 아말렉 왕 아각만 살려 둔 것이고, 진멸해야 될 것 중에서 가장 좋은 것은 하나님에게 제사하려고 취한 것이라는 변명을 늘어놓는다.

그러자 사무엘은 사울에게 '여호와는 번제와 다른 제사보다 그 목소리 순종하는 것을 더 좋아하신다. 그러므로 여호와의 말씀을 듣고 순종하는 것보다 더 좋은 제물은 없으며, 여호와의 말씀을 거역하는 불순종은 점쟁이의 속임수와 같고, 여호와의 말씀보다 자기의 고집을 내세우는 것은 우상 숭배와 같은 죄악이다. 이제 왕이 여호와의 명령을 저버린 것같이 여호와도 왕을 버려 더 이상 하나님의 백성을 다스리는 왕이 되지 못하게 하신다'(삼상 15:22-23)라고 말한다.

27일 삼상 16-23장

관통 QT
다윗의 믿음처럼 살 것인가, 사울의 생각처럼 살 것인가?

왕정 제도를 통해서 하나님이 당신의 백성을 통치하시겠다는 마음을 눈치채지 못한 사울은 그 후로도 여전히 하나님의 마음을 읽지 못해 하나님의 뜻을 주목하지 못했다. 그 대신 세상과 사람을 주목하고 자기 멋대로 이스라엘을 통치한다. 이런 사건을 계기로 혜성같이 등장한 목동 다윗이 하나님의 마음에 들어오게 된다. 하나님은 사무엘에게 "사람은 외모를 보거니와 나 여호와는 중심을 보느니라"(삼상 16:7) 말씀하시며 이새의 아들 다윗에게 기름을 붓게 하신다. 그리고 블레셋 전쟁터에서 싸움을 돋우는 가드 사람 골리앗을 상대로 '너는 칼과 창으로 나오지만 나는 만군의 여호와의 이름으로 나간다'라는 신앙을 고백하고 승리함으로 다윗의 중심에는 하나님이 계시다는 것을 증명해 보이신다. 하나님이 마음 중심에 계신 하나님의 마음에 맞는 다윗을 주목하는 사울 왕의 시기와 질투로 인해 생명의 위협을 느낀 다윗은 도피 생활을 시작하게 된다.

사울은 40년의 통치 기간 중 2년 후 하나님에게 버림받고 38년을 자기 멋대로 통치한다. 이처럼 불순종은 자신과 가문을 망치고, 시기와 질투는 하나님의 일을 못 하게 한다. 사울 왕은 다윗을 하나님 말씀으로 훈련시키는 악역을 감당하고 블레셋 전투에서 불명예스럽게 죽는다. 사울 왕은 하나님의 뜻을 모르고 왕 노릇을 했지만, 왕 같은 제사장인 성도는 예수 그리스도처럼 하나님 아버지의 뜻을 알고 살아야 한다. 그러므로 왕을 통해 왕을 보아야 한다. 세상의 왕을 통해 하늘의 왕을 보아야 하고, 유한한 왕을 통해 영원한 왕을 보아야 하며, 육신의 왕을 통해 영혼의 왕을 보아야 한다. 예수 그리스도는 만왕의 왕이시다.

관통 QT
다윗이 원수 같은 사울의 축복을 받아 낸 비결은 무엇인가?

28일 삼상 24-31장

3. 말씀을 주목한 왕, 다윗(삼상 16-삼하 24장)

하나님의 마음에 맞는 다윗(삼상 24, 26장)

사울 왕의 아들 요나단은 자기 생명을 사랑함같이 아끼는 다윗을 자신의 아버지 사울이 죽이려 하자 그를 피신시킨다. 사울이 세상 욕심에 눈멀어 지속적인 왕권을 누리려는 속셈으로 하나님을 마음 중심에 두고 이스라엘과 자신에게 충성한 다윗을 죽이려 하자 다윗은 눈물을 머금고 도피 생활을 시작한다. 다윗이 도피하게 된 것을 알고 다윗의 가족들은 물론 사울의 학정 밑에서 압제받는 사람, 빚진

자, 마음이 원통하고 억울한 처지에 있는 자 400명가량이 모여서 다윗을 그들의 우두머리로 삼는다.

수백 명의 부하를 거느리고 도망 다니는 게 쉬운 일은 아니지만 하나님의 도우심으로 다윗과 그 일행은 사울에게 잡히지 않는다. 도리어 다윗을 잡으려던 사울이 다윗이 숨어 있는 동굴 속에서 잡혀 죽을 위기가 있었고(삼상 24장), 그 후에 또 다윗을 잡으려고 광야에서 진을 치고 잠들었을 때도 다윗에게 잡혀 죽을 위기가 있었지만(삼상 26장), 하나님의 마음을 중심에 둔 다윗은 두 번씩이나 사울을 살려 주게 된다.

하나님의 마음도 모르고 다윗의 마음도 모르는 사울은 '다윗이 왕을 해하려고 한다'는 신하들의 유언비어를 믿고 이스라엘에서 뽑은 특공대 3천 명을 거느리고 다윗을 찾아 나선다. 사울이 군사를 이끌고 온다는 소식을 들은 다윗은 동굴 깊숙한 곳에 숨어 있었는데 마침 사울이 볼일을 보려고 굴속으로 들어온다. 그때 다윗의 부하들은 사울을 죽이자고 하지만 다윗은 사울의 겉옷자락만 살짝 베어 내고 부하들에게는 "여호와의 기름 부음을 받은 내 주를 치는 것은 여호와께서 금하시는 것"(삼상 24:6)이라고 말해 사울을 죽이지 못하게 한다. 사울은 다윗이 자기를 죽일 수 있는 기회가 있음에도 살려 준 것을 알고 고마운 마음으로 "사람이 그의 원수를 만나면 그를 평안히 가게 하겠느냐 네가 오늘 내게 행한 일로 말미암아 여호와께서 네게 선으로 갚으시기를 원하노라"(삼상 24:19)고 축복하며 '네가 반드시 왕이 될 것이고, 이스라엘 나라도 네 손에 견고히 설 것'이라고 축복한다.

다윗을 축복했던 사울은 시간이 지나자 또다시 다윗을 잡으려고 이스라엘의 특공대 3천 명을 거느리고 출정해 다윗이 숨어 있는 근처에 거대한 원형 꼴로 진을 친다. 그리고 그 한가운데서 자기의 군대 장관 아브넬과 함께 누워서 쉬고 있었다. 다윗이 늦은 밤 아비새와 함께 사울의 진영에 들어가 곤하게 잠들어 있는 사울에게 다가가자 아비새가 여호와가 주신 기회이니 사울의 머리 곁에 꽂혀 있는 창으로 사울을 죽이겠다고 하지만, 이번에도 다윗은 '여호와의 기름 부음 받은 자를 죽이지 말라. 그에게 형벌을 내리실 분은 여호와뿐이시다'라고 말하며 깊게 잠든 사울의 머리 곁에 있는 창과 물병만 가지고 진영을 빠져나온다. 사울은 다윗이 두 번씩이나 자신을 살려 준 것을 알고 자신의 잘못을 깊이 인정하며 "내 아들 다윗아 네게 복이 있을지로다 네가 큰일을 행하겠고 반드시 승리를 얻으리라"(삼상 26:25)고 축복의 말을 해 준다.

두 번씩이나 원수 같은 사울을 살려 주면서 원수의 축복을 받아 낸 사건을 통해 다윗이 하나님의 마음에 맞는 사람이란 것을 확인할 수 있다. 또한 다윗은 하나님의 기름 부음 받은 자의 생명을 귀중히 여김으로 자신의 생명도 귀중하게 여겨 주실 하나님의 마음을 읽고 있었다. 사울을 죽이지 않으면 자기가 죽을지도 모르는 상황이 두 번씩이나 반복되어도 사울을 살려 주는 것은 하나님 말씀을 마음에 두었기 때문이다. 이렇듯 하나님의 마음을 읽고 행하는 다윗은 하나님 마음에 맞는 사람이 분명하다.

세상과 사람과 물질이 왕인 시대에 하나님을 마음에 두고 왕으로 섬기는 다윗을 통해 진정한 왕 노릇의 기준은 하나님 말씀이라는 것을 보여 주며 하나님은 다윗을 이스라엘의 왕으로 세우신다. 그리고 다윗이 행하는 왕 노릇이 예수 그리스도의 영원한 왕 노릇으로 연결된다. 왕 노릇 하는 기준은 말씀이기에 말씀을 가지고 왕 같은 제사장이 왕 노릇 하는 삶을 살지 못하면 사울 왕처럼 세상 욕심으로 우상 숭배와 멸망의 길로 가게 된다. 그러나 말씀이 왕 노릇 하게 되면 내 마음에 있는 세상 욕심의 우상을 제거하고 그리스도가 가신 생명의 길로 가게 된다.

관통 QT
참성전인 성도는 늘 하나님의 마음을 품고 있어야 하는데, 나는 어떠한가?

29일 삼하 1-7장

하나님의 성전을 건축하려는 다윗(삼하 1-7장)

"왕이 선지자 나단에게 이르되 볼지어다 나는 백향목 궁에 살거늘 하나님의 궤는 휘장 가운데에 있도다 나단이 왕께 아뢰되 여호와께서 왕과 함께 계시니 마음에 있는 모든 것을 행하소서 하니라"(삼하 7:2-3).

"그는 내 이름을 위하여 집을 건축할 것이요 나는 그의 나라 왕위를 영원히 견고하게 하리라 나는 그에게 아버지가 되고 그는 내게 아들이 되리니 그가 만일 죄를 범하면 내가 사람의 매와 인생의 채찍으로 징계하려니와 내가 네 앞에서 물러나게 한 사울에게서 내 은총을 빼앗은 것처럼 그에게서 빼앗지는 아니하리라 네 집과 네 나라가 내 앞에서 영원히 보전되고 네 왕위가 영원히 견고하리라 하셨다 하라"(삼하 7:13-16).

하나님은 천지를 창조하시고, 사람을 하나님의 자녀 삼으시는 구원을 이루시고, 창조주와의 관계를 설정하는 언약을 체결한 후, 그 증명을 성막으로 확증하신다. 스스로 계시는 초월자이신 하나님이 성막을 통해 언약을 체결하고 그들 가운데 거하시는 하나님으로 계시하시는 것이다. 그래서 성막 봉헌식에서 '쉐키나(샤켄)의 구름'이 성막 위에 떴다. 하나님 통치의 상징인 광야의 성막이 정복 시대부터는 실로에 머무르게 되지만, 사사 시대를 거쳐 왕정 시대 이스라엘의 두 번째 왕으로 등극한 다윗의 마음에는 성전을 건축하고 싶은 마음이 생겨 급기야 솔로몬에 의해서 예루살렘에 성전이 세워지게 된다.

다윗에게 성전 건축의 마음이 있다는 것은 하나님을 마음에 두었다는 것을 의미한다. 이미 하나님을 마음에 두고 있는 다윗은 골리앗을 이기고, 하나님의 계명을 지키기 위해 목숨을 다한 것으로 사무엘상에서 증명되었다. 이런 다윗을 통해 성막이 가지고 있던 의미를 성전으로 더 깊게 설명하고 있다. 하나님의 마음을 품은 다윗은 왕이 거하는 왕궁에 비해 하나님이 거하시는 성막이 너무 초라해 보여 하나님이 거하실 집을 짓고 싶었다. 성전을 건축하려는 다윗의 마음에 감동을 받은 하나님은 다윗의 이름을 존귀하게 하시고, 모든 대적에게서 평안하게 하시고, 그의 나라를 견고하게 하시고, 그 나라의 왕위를 영원히 견고하게 하시겠다며 그와 아버지와 아들의 관계를 맺으셨다.

성전을 건축하고 싶은 마음은 이미 하나님을 마음에 품고 있는 것이며, 성전 건축은 하나님과의 관계가 아버지와 자녀의 관계임을 뜻하는 것이다. 성전은 이런 부자의 관계가 깨어질 때 파괴되는 것으로, 그리고 다시 관계를 회복하기 위해 재건되는 것으로 성경의 역사 속에서 상징적으로 나타난다. 하늘의 실체를 보고 모형으로 만든 성막의 실체는 그리스도시다. 성전은 말씀이 육신이 되어 우리 가운데 거하시는 것처럼 그리스도가 임마누엘로 성도 안에 거하시는 것을 말한다. 하나님이 당신의 자녀에게 하시는 통치는, 그들 인생의 왕으로 임하셔서 작은 신음에도 반응하는 하나님으로 거하시겠다는 뜻이다. 이처럼 우리가 하나님이 거하시는 성전으로 하나님과 아버지와 아들의 관계가 되면 우리를 아들로 대우하시는 것이다.

신약성경 히브리서에서는 "너희가 참음은 징계를 받기 위함이라 하나님이 아들과 같이 너희를 대우하시나니 어찌 아버지가 징계하지 않는 아들이 있으리요 징계는 다 받는 것이거늘 너희에게 없으면 사생자요 친아들이 아니니라"고 말씀해 주고 있다(히 12:7-8). 하나님을 마음에 두고 진정한 왕으로 섬긴 다윗은 하나님과 아버지와 아들의 관계가 되었다. 하나님 아버지는 다윗이 잘못하면 징계를 통해서 아들로 대우하겠다고 하시면서 사람 막대기와 인생 채찍을 사용해서 하나님의 자녀답게 교육시키고 훈련하겠다고 말씀하신다. 다윗이 하나님의 아들로 대우받는 교육과 훈련을 통해 하나님의 자녀가 되어 가는 모습을 그의 통치 기간에 더 깊게 만나 볼 수 있다.

관통 QT
빗세바를 통해서 한순간에 무너진 다윗은 어떻게 회복하게 되는가?

30일 삼하 8-12장

하나님에게 자복 통회하는 다윗(삼하 8-20장)

"이는 다윗이 헷 사람 우리아의 일 외에는 평생에 여호와 보시기에 정직하게 행하고 자기에게 명령하신 모든 일을 어기지 아니하였음이라"(왕상 15:5).

만군의 하나님이 다윗과 함께 계시니 그가 점점 강성해지고, 어디를 가든지 여호와가 이기게 하신다. 이렇게 연전연승하며 승승장구하던 다윗에게 먹구름이 드리우기 시작한 것은 다윗이 전쟁에 나가지 않고 부하들만 내보낸 채 왕궁에 머물렀을 때다. 옛날 이스라엘에서는 보통 춘분이 지난 다음 건조기가 시작되는 때에 전쟁하는 관습이 있었다. 춘분은 바로 새해가 시작되는 때였고, 이렇게 또다시 새해가 시작되면 왕들은 전쟁에 출전한다. 이때 다윗은 출전하지 않고 부하들을 보내 암몬 족속을 치게 했는데, 이스라엘이 암몬을 무너뜨리고 그들의 수도 랍바를 포위하게 된다. 랍바 도성을 포위한 기간이 봄부터 여름까지 계속되도록 다윗은 예루살렘에 머무른다.

다윗은 낮잠을 자고 일어나 시원한 저녁 바람을 쐬려고 왕궁의 평평한 옥상으로 올라가 거닐다가 심히 아름다운 한 여인이 목욕하는 것을 내려다보게 된다. 그 여인의 이름은 밧세바(Bathsheba)로서 이를 영어로 번역하면 목욕하는 여자(Bath-she-ba)다. 다윗은 이 사건으로 인해 모욕으로 목욕할 정도로 극심한 치욕을 당하게 된다. 다윗은 밧세바를 마음에 품고 동침해서 그녀가 임신하게 되자 간음죄를 은폐하기 위해 그 여인의 남편이며 자신의 충직한 장수 우리아를 암몬의 수도 랍바 도성을 포위한 전쟁터에서 죽게 만드는 살인죄까지 범하게 된다. 하나님은 다윗이 범한 죄를 책망하기 위해 나단을 보내 질책하신다. 그리고 이로 인해 하나님에게 자복하고 통회하는 마음을 다윗의 시편에서 찾아볼 수 있다(시 51편). 다윗은 '내가 정녕 주님 앞에서, 주님이 뻔히 보고 계시는 줄 알면서도 못된 짓을 저질렀으니 주님이 이것의 잘잘못을 가리시는 것은 당연한 일이고 벌을 내리시는 것 또한 지당하다'며 죄를 자복한다. 그러면서 "하나님께서 구하시는 제사는 상한 심령이라 하나님이여 상하고 통회하는 마음을 주께서 멸시하지 아니하시리라"(시 51:17)고 통회하며 하나님 아버지의 징계를 받는 자세를 취한다.

하나님은 성전의 목적대로 아버지와 아들의 관계가 된 다윗이 죄를 범하자 사울처럼 내치지 않으시고 아들로 대우하셔서 아주 심할 정도로 사람의 매와 인생의 채찍으로 그를 징계하신다. 다윗이 헷 사람 우리아의 일 외에는 평생에 여호와 보시기에 정직히 행하고 자기에게 명한 모든 일을 어기지 않았음에도 하나님은 다윗만 징계하시는 것이 아니라 그의 가족에게 그리고 나라 전체에 분란이 일어나게 하신다. 그래도 다윗은 원망하지 않고 하나님 아버지의 징계를 달게 받는 것을 통해 마음을 다해 아버지를 섬긴다. 히브리서에서 "또 우리 육신의 아버지가 우리를 징계하여도 공경하였거든 하물며 모든 영의 아버지께 더욱 복종하며 살려 하지 않겠느냐 그들은 잠시 자기의 뜻대로 우리를 징계하였거니와 오직 하나님은 우리의 유익을 위하여 그의 거룩하심에 참여하게 하시느니라"(히 12:9-10)라고 말해 주고 있듯이, 하늘 아버지와 아들의 관계에서 징계를 통해 보여 주시는 아버지의 사랑을 다윗은 오롯이 받아 냄으로 아버지를 공경하는 모습을 잘 보여 주고 있다.

관통 QT
자식에게 쫓기고 신하에게 욕을 먹은 상황을 다윗은 어떻게 이겨 내는가?

31일 삼하 13-18장

"욕심이 잉태한즉 죄를 낳고 죄가 장성한즉 사망을 낳느니라"(약 1:15)는 말씀처럼 우리아의 아내가 낳은 다윗의 아이가 죽게 된다. 그리고 다윗이 아내로 맞이한 밧세바가 하나님의 사랑함을 입은 솔로몬을 낳게 된다. 이렇게 아이를 낳게 되는 약 2년의 잠복기를 거친 다음 "그 후에 이 일이 있으니라"(삼하 13:1)는 말씀대로 본격적인 하나님의 징계가 점진적으로 압살롬의 반역(삼하 15장)과 세바의 반역(삼하 20장)까지 이어진다.

다윗의 맏아들 암논이 배다른 누이 다말을 침실로 끌어들여 억지로 동침하고, 그런 다음 심히 미워해서 내쫓아 버린다. 압살롬은 자기의 누이동생이 암논에게 당한 것을 복수하기 위해 2년을 준비해서 계획적으로 암논을 죽이게 된다. 다윗이 은밀히 행한 죄를 철저히 깨닫게 하시기 위해 하나님은 백주에 간음과 살인이 가정사에 벌어지게 하신다. 그리고 마침내 압살롬의 반역에까지 이르게 하신다.

암논을 죽이고 도망간 압살롬을 3년 후에 불러들인 다윗은 2년 동안 얼굴을 보지 않다가 사면해 준다. 사면을 받은 압살롬이 4년 동안 열심히 인기 관리를 하고 백성의 환심을 사서 급기야 대대적인 반역을 일으키자 다윗은 예루살렘 왕궁에서 광야로 쫓겨 가게 된다.

아들 압살롬의 반역으로 쫓기는 신세도 처량한데 백성 중의 한 사람 시므이가 "피를 흘린 자여 사악한 자여 가거라 가거라"(삼하 16:7) 하면서 저주한다. 눈 뜨고 볼 수 없는, 왕을 저주하는 광경을 보던 다윗의 신복 아비새가 시므이를 죽여 버리겠다고 말하자 다윗은 '아비새야 그가 너와 무슨 상관이 있느냐. 시므이가 저주하는 것은 여호와가 저주하라고 허락하신 것이므로 누구도 말릴 수 없을 것이니 가만두라'고 말한다. 시므이의 저주를 하나님의 징계로 받아 내는 다윗은 하나님의 마음을 읽고 있었다. 다윗은 하나님의 징계를 통해 받는 수모를 그대로 다 받아 내면 혹시 하나님이 회복시켜 주시지 않을까 기대하고 있는 것이다. 사람의 저주를 받아 내는 것이 하나님의 선을 받을 수 있는 기회가 되는 것이다. 자기에게 배달된 모든 환경과 상황을 하늘 아버지와의 관계로 처리하는 다윗은 하나님의 은혜로 압살롬의 군대를 제압해서 다시 예루살렘으로 돌아오게 되고, 세바의 반역까지 잘 처리하게 된다.

32일 삼하 19-24장

관통 QT
어떻게 해야 다윗처럼 하나님 아버지의 마음을 품을 수 있을까?

백성의 아픔을 돌보는 다윗(삼하 21-24장)

다윗 왕의 통치 기간 중 3년간 큰 가뭄이 들었다. 이렇게 긴 흉년이 계속되자, 다윗은 여호와 하나님에게 기도한다. 그러자 하나님은 사울이 죄 없는 기브온 사람들을 많이 죽였기 때문에 지금 흉년이 계속되고 있는 것이라고 말씀하신다.

> "이는 사울과 피를 흘린 그의 집으로 말미암음이니 그가 기브온 사람을 죽였음이니라"(삼하 21:1)

다윗은 왕정 제도의 기준을 가지고 하나님을 왕으로 섬기면서 자신을 하나님이 당신의 백성을 돌보라고 세우신 대리 통치자인 것을 잘 알고 있었다. 하나님의 백성을 통치하는 대리 통치자 다윗은 하나님 아버지의 마음을 헤아리는 아들의 심정으로 백성을 돌보는 마음이 있었다. 왕이 백성을 통치한다는 것은 권력도 명예도 아닌 하나님 아버지의 마음이다. 하나님은 다윗이 아버지의 마음으로 통치하기를 원하셨고, 다윗이 하나님의 마음을 헤아려 아버지의 마음으로 백성의 아픔을 돌보고 통치하는 것을 기브온 사람들의 원한을 풀어 주는 것으로 알 수 있다. 성도는 하나님 아버지의 마음을 품고 살아가는 세상의 선교사다. 하나님은 세상에서 당신의 자녀들이 사랑하고 축복하며 살기를 원하신다.

• 불완전한 다윗 •

다윗은 사울에게 미움을 받고 쫓겨 다니면서 약 10년간 현장 학습을 하게 된다. 그로 인해 전쟁을 하기만 하면 백전백승을 거두게 된다. 우리에게 배달된 환경은 생존을 위해 우리를 공부시키는 현장 학습이다. 고난이 자신에게 유익이 되었다고 고백하는 다윗처럼, 고난의 환경은 값진 신앙이며, 하나님만 의지하게 한다.

다윗은 블레셋 장수 골리앗(네피림, 아낙 자손, 키가 여섯 규빗 한 뼘, 296센티미터)을 보고 여호수아와 갈렙이 "그들은 우리의 먹이"라고 한 말처럼, "너는 칼과 창과 단창으로 내게 나아오거니와 나는 만군의 여호와의 이름"으로 나아간다는 믿음의 말을 한 신앙인이다. 하나님 나라의 왕은 대리 통치자 다윗을 세워 역사 속에서 세상 나라의 상징인 골리앗을 반드시 심판하신다.

다윗은 30세에 왕이 되어 유다 지파, 헤브론에서 7년 반을 다스리고, 온 이스라엘에서 33년을 다스린다. 다윗은 사사 시대의 불순종 세대들이 하나님을 잘 섬기지 못한 것과 비교해 보면 엄청난 차이가 있다. 다윗은 하나님을 배우고, 율법을 연구하고, 하나님을 찬양하면서 시편을 썼다. 하나님은 다윗 같은 사람을 만들어 내어 쓰신다. 이스라엘의 왕 중의 왕인 다윗은 예수 그리스도의 예표다. 그러나 다윗은 실수로 온전하지 못한 인간의 모습을 보여 준다(간음죄, 살인죄). 예수 그리스도는 완전한 인간이시다. 또한 완전한 하나님이시다. 다윗을 만들어 내신 하나님은 그리스도를 통해 온전하지 못한 나를 왕 같은 제사장으로 만들어 내시어 골리앗이 판치는 세상에서 신앙 고백하며 살게 하신다.

4. 여인을 주목한 왕, 솔로몬(왕상 1-11장)

다윗이 마음에 품은 성전은 하나님과 아버지와 아들의 관계가 되는 의미가 있다. 성전으로 하나님의 마음에 맞은 다윗은 하나님 아버지의 뜻을 눈치채고 살았다. 그런데 극적인 상황 끝에 왕위를 계승한 솔로몬은 일천 번제를 드리고, 다윗이 품은 성전을 건축하며, 세계 이목을 집중시키는 정치에는 성숙했지만, 하나님과의 관계는 미숙했다. 세상 생활에는 성숙하고 영적 생활에는 미숙한 것과 같다. 솔로몬은 왕으로서의 통치 기준을 하나님에게 두지 못하고 끝내 하나님의 마음을 읽지 못하는 둔한 눈치로 분열의 원인을 제공하게 된다. 그러므로 세상 물정에는 둔해도 하나님 말씀에는 둔하면 안 되고, 세상 물정은 몰라도 천국 물정을 모르면 안 된다.

여호와는 일찍이 두 번이나 솔로몬에게 나타나셨다. 처음에는 일천 마리의 짐승을 한꺼번에 번제로 드리는 일천 번제를 드렸을 때 나타나셔서 솔로몬이 구하는 것을 주겠다고 하셨다. 솔로몬이 하나님에게 백성을 잘 다스리기 위해 선악을 분별하는 지혜를 구하자 하나님은 마음에 감동을 받아 솔로몬이 구하지도 않은 부(富)와 수(壽)를 주셨다. 신앙 고백으로 하나님을 감동시키면 다윗처럼 왕 노릇이 보장되는 은혜가 있듯이, 하나님이 하나님 말씀대로 살겠다고 고백하는 사람을 잘못되게 하실 리가 없다. 하나님은 솔로몬에게 '다윗의 길로 행하면 네 날을 길게 하겠다'고 약속하시고, 사방의 태평함으로 성전 건축의 준비를 다 갖추어 주셨다.

솔로몬이 성전 건축을 마치자 여호와가 지난번 일천 번제를 드린 기브온에서처럼 다시 나타나셔서 전에 다윗에게 말씀하셨던 성전의 의미를 솔로몬에게 말씀하신다.

> "네 기도와 네가 내 앞에서 간구한 바를 내가 들었은즉 나는 네가 건축한 이 성전을 거룩하게 구별하여 내 이름을 영원히 그 곳에 두며 내 눈길과 내 마음이 항상 거기에 있으리니 네가 만일 네 아버지 다윗이 행함 같이 마음을 온전히 하고 바르게 하여 내 앞에서 행하며 내가 네게 명령한 대로 온갖 일에 순종하여 내 법도와 율례를 지키면 내가 네 아버지 다윗에게 말하기를 이스라엘의 왕위에 오를 사람이 네게서 끊어지지 아니하리라 한 대로 네 이스라엘의 왕위를 영원히 견고하게 하려니와 만일 너희나 너희의 자손이 아주 돌아서서 나를 따르지 아니하며 내가 너희 앞에 둔 나의 계명과 법도를 지키지 아니하고 가서 다른 신을 섬겨 그것을 경배하면 내가 이스라엘을 내가 그들에게 준 땅에서 끊어 버릴 것이요 내 이름을 위하여 내가 거룩하게 구별한 이 성전이라도 내 앞에서 던져버리리니 이스라엘은 모든 민족 가운데에서 속담거리와 이야기거리가 될 것이며"(왕상 9:3-7)

하나님의 마음은 성전에 계시므로 성전이 곧 하나님의 마음이며, 성전을 마음에 품으면 하나님이 존재하시는 것이다. 그런데 솔로몬은 이방 여인들에게 마음을 빼앗겨 부친 다윗의 마음과 같지 않고 마음을 돌이켜 이스라엘 하나님 여호와를 떠나므로 여호와 하나님이 진노하시어 솔로몬의 아들 르호보암에게는 한 지파를 주어 남 왕국을 통치하게 하시고, 솔로몬의 신복이었던 여로보암에게는 이스라엘의 열 지파를 주어 북 왕국을 통치하게 해 남과 북으로 분열되게 하신다.

다윗과 같이 행하면 견고해지지만, 그와 다르게 다른 신을 섬기면 하나님은 징계로 성전을 무너지게 하시고 하나님의 이름이 거룩하게 회복될 때 성전을 다시 세우신다. 예수 그리스도가 성전의 실체이시기 때문에 성전이 완성되는 것은 참 성전이며 완전한 성전인 성도에게 그리스도의 몸이 세워지는 것이다. 분열의 원인이 세상과 짝해서 하나님을 마음에 두지 않는 것이었듯이, 다시 회복하는 것은 분열의 아픔을 깨닫고 하나님을 마음에 품어 하나님만 섬기는 것이다. 이스라엘이 남과 북으로 분열된 것은 하나님과 맺은 관계도 분열되었음을 상징한다. 하나님은 이스라엘의 회복을 기대하시며 분열시키는 징계를 내리신다. 그리고 우상을 섬기는 이스라엘을 구원하시기 위해 참하나님이 누구인지를 알리는 엘리야를 준비하신다.

• 헛된 인생과 복된 인생 •

솔로몬의 통치 초기에는 백성을 잘 다스리고 재판하기 위해 그가 하나님에게 간구해서 받은 지혜(왕상 3:9)로 잘 통치해서 나라는 부강해지고 국제 무역으로 엄청난 부를 쌓게 되었다. 그러나 그는 나라가 번성하고 여러 나라에서 구경꾼이 올 만큼 소문이 나자 지혜의 근본이 누구인지를 잊어버리기 시작한다.

옛말에 "그 아버지에 그 아들"이란 말이 있다. 아브라함이 애굽과 그랄에서 부인 사라를 누이동생이라 속였는데, 그 아들 이삭도 그랄 왕에게 자기 부인 리브가를 누이동생이라고 속인다. 다윗 왕은 사무엘하 11장에서 하향 곡선을 그리기 시작하는데, 그 아들 솔로몬도 열왕기상 11장에서 하향 곡선을 그린다. 두 사람 모두 여자가 원인이었다. 이런 것을 보고 피는 못 속인다고 한다.

다윗의 후계자로 수많은 업적을 남긴 솔로몬의 화려한 통치로 왕국은 영화를 누리게 되지만 그는 정작 인생이 헛되고 헛되다고 고백한다. 예수 그리스도 없이 사는 헛된 삶에서 예수 그리스도를 만나면 복된 인생으로 살게 된다.

통일 왕국이 메시아 왕국을 예표한다면, 분열 왕국은 세상 왕국으로 멸망한다는 예표다. 성도는 하나님 나라의 건설을 위해 창세전에 건설 현장의 일꾼으로 부름 받았다. 예수 그리스도를 통한 하나님 나라를 세우기 위해 성숙한 성도로서 하나님 나라 건설 현장에서 맡은 일에 충성하면 솔로몬보다 지혜로운 복된 인생이 될 것이다.

시편

시편은 다윗이 절반 가까이 쓴 책이며,
복 있는 사람의 새 노래를 모은 찬양 시집이다.

시편 구조 잡기

• 주제 : 복 있는 사람의 새 노래

서론(1편) : 복 있는 사람	의인의 길과 악인의 길
본론(2-145편) : 새 노래	복 있는 사람의 새 노래
결론(146-150편) : 할렐루야	호흡이 있는 자의 찬양

시편은 제1권(1-41편), 제2권(42-72편), 제3권(73-89편), 제4권(90-106편), 제5권(107-150편)으로 분류된다. 시편에는 다윗(73개), 아삽(12개), 고라(11개), 솔로몬(2개, 72, 127), 모세(1개, 90), 에단(1개, 89) 그리고 무명(50개)의 시들이 기록되어 있다. 특히 시편 78편, 105편, 106편, 136편에는 하나님의 구원 역사가 기록되어 있다.

시편 초점 잡기

시편은 전체 150편 중에서 다윗이 쓴 시가 73편이나 되어 통일 왕국 시대로 분류했다. 시편은 이스라엘의 태동기부터 포로기까지 약 1,000년의 시간 속에서 각 시대마다 다양한 종류의 신앙을 표현한 시의 집대성이다. 시편은 성경 전체를 통틀어 가장 긴 책이고, 시편 119편은 가장 긴 장이기도 하다. 시편은 신약성경에도 많이 인용되는데, 특히 예수 그리스도에 대한 부분이 인용되고 있다(눅 24:44). 그중에서도 예수 그리스도의 십자가 사건이 단연 돋보인다(시 22:18, 34:20, 69:21). 그리스도의 십자가 사건을 통해 새 언약이 신약에서 성취될 것을 미리 알고 요한계시록에서 구원받은 성도들이 부르는 새 노래를 시편에서 부르고 있다(시 33:3, 40:3, 96:1, 98:1, 144:9, 149:1). 그러므로 시편의 주제는 '복 있는 사람의 새 노래'다.

복 있는 사람은 어떤 사람인가? 복 있는 사람은 예수 그리스도가 있는 사람으로 영생을 얻게 된 사람이다.

> "헐몬의 이슬이 시온의 산들에 내림 같도다 거기서 여호와께서 복을 명령하셨나니 곧 영생이로다"(시 133:3).

이 시편의 말씀은 하나님이 예수님에게 하신 명령이다. 예수님은 하나님의 명령이 영생인 줄 알고 세상에 오신 것이다(요 12:50). 예수 그리스도로 인해 영생을 얻게 된 복 있는 사람은 "오직 여호와의 율법을 즐거워하여 그의 율법을 주야로 묵상하는"(시 1:2) 사람이다. 그러므로 복 있는 사람은 사망으로 가는 죄인의 길에 서지 않고, 생명으로 가는 의인의 길로 가게 된다. 그 길은 다윗이 갔던 길이고, 예수 그리스도가 가신 십자가의 길이다. 또한 성도가 가야 할 길이다. 그 길에서 부르는 노래는 애통, 탄원, 감사, 찬양 등으로, 일상에서 겪는 신앙인의 노래와 하나님의 구원을 찬양하는 새 노래가 있다. 하나님의 구원을 노래하는 자들은 주의 말씀을 노래해야 한다(시 119편). 그 말씀으로 왕 노릇 하는 삶이 되어 창조의 목적으로 살아야 한다.

> "이 백성은 내가 나를 위하여 지었나니 나의 찬송을 부르게 하려 함이니라"(사 43:21).

우리는 지금 무엇을 노래하고 있는가!

시편 인용 자료

신약성경에서 인용한 시편은 총 62편(복음서 18편, 역사서 8편, 바울 서신 34편, 일반 서신 2편)으로 아래와 같다.

• 마태복음

인용 구절	시편 구절
마태복음 4장 6절	"그가 너를 위하여 그의 천사들을 명령하사 네 모든 길에서 너를 지키게 하심이라"(시 91:11).
마태복음 13장 35절	"내가 입을 열어 비유로 말하며 예로부터 감추어졌던 것을 드러내려 하니"(시 78:2).
마태복음 21장 16절	"어린아이들과 젖먹이들의 입으로 권능을 세우심이여 이는 원수들과 보복자들을 잠잠하게 하려 하심이니이다"(시 8:2).
마태복음 21장 42절	"건축자가 버린 돌이 집 모퉁이의 머릿돌이 되었나니"(시 118:22).
마태복음 22장 44절	"여호와께서 내 주에게 말씀하시기를 내가 네 원수들로 네 발판이 되게 하기까지 너는 내 오른쪽에 앉아 있으라 하셨도다"(시 110:1).
마태복음 27장 46절	"내 하나님이여 내 하나님이여 어찌"(시 22:1).

• 마가복음

인용 구절	시편 구절
마가복음 12장 10-11절	"건축자가 버린 돌이 집 모퉁이의 머릿돌이 되었나니"(시 118:22).
마가복음 12장 36절	"여호와께서 내 주에게 말씀하시기를 내가 네 원수들로 네 발판이 되게 하기까지 너는 내 오른쪽에 앉아 있으라 하셨도다"(시 110:1).

• 누가복음

인용 구절	시편 구절
누가복음 4장 10-11절	"그가 너를 위하여 그의 천사들을 명령하사 네 모든 길에서 너를 지키게 하심이라 그들이 그들의 손으로 너를 붙들어 발이 돌에 부딪히지 아니하게 하리로다"(시 91:11-12).
누가복음 20장 17절	"건축자가 버린 돌이 집 모퉁이의 머릿돌이 되었나니"(시 118:22).
누가복음 20장 42-43절	"여호와께서 내 주에게 말씀하시기를 내가 네 원수들로 네 발판이 되게 하기까지 너는 내 오른쪽에 앉아 있으라 하셨도다"(시 110:1).

• 요한복음

인용 구절	시편 구절
요한복음 2장 17절	"주의 집을 위하는 열성이 나를 삼키고 주를 비방하는 비방이 내게 미쳤나이다"(시 69:9).
요한복음 6장 31절	"그들에게 만나를 비 같이 내려 먹이시며 하늘 양식을 그들에게 주셨나니"(시 78:24, 105:40, 출 16:4; 느 9:15 참조).
요한복음 13장 18절	"내 떡을 나눠 먹던 나의 가까운 친구도 나를 대적하여 그의 발꿈치를 들었나이다"(시 41:9).
요한복음 15장 25절	"까닭 없이 나를 미워하는 자들이 서로 눈짓하지 못하게 하소서"(시 35:19, 69:4).
요한복음 19장 24절	"내 겉옷을 나누며 속옷을 제비 뽑나이다"(시 22:18).
요한복음 19장 28절	"그들이 쓸개를 나의 음식물로 주며 목마를 때에는 초를 마시게 하였사오니"(시 69:21).
요한복음 19장 36절	"그의 모든 뼈를 보호하심이여 그중에서 하나도 꺾이지 아니하도다"(시 34:20, 출 12:46; 민 9:12 참조).

• 사도행전

인용 구절	시편 구절
사도행전 1장 20절	"그들의 거처가 황폐하게 하시며 그들의 장막에 사는 자가 없게 하소서"(시 69:25, 109:8).
사도행전 2장 25-28절	"내가 여호와를 항상 내 앞에 모심이여 그가 나의 오른쪽에 계시므로 내가 흔들리지 아니하리로다"(시 16:8).
사도행전 2장 34-35절	"여호와께서 내 주에게 말씀하시기를 내가 네 원수들로 네 발판이 되게 하기까지 너는 내 오른쪽에 앉아 있으라 하셨도다"(시 110:1).
사도행전 4장 11절	"건축자가 버린 돌이 집 모퉁이의 머릿돌이 되었나니"(시 118:22).
사도행전 4장 25절	"어찌하여 이방 나라들이 분노하며 민족들이 헛된 일을 꾸미는가 세상의 군왕들이 나서며 관원들이 서로 꾀하여 여호와와 그의 기름 부음 받은 자를 대적하며"(시 2:1-2).
사도행전 13장 22절	"내가 내 종 다윗을 찾아내어 나의 거룩한 기름을 그에게 부었도다"(시 89:20, 삼상 13:14 참조).
사도행전 13장 33절	"너는 내 아들이라 오늘 내가 너를 낳았도다"(시 2:7).
사도행전 13장 35절	"주의 거룩한 자를 멸망시키지 않으실 것임이니이다"(시 16:10).

• 로마서

인용 구절	시편 구절
로마서 3장 4절	"주께서 말씀하실 때에 의로우시다 하고 주께서 심판하실 때에 순전하시다 하리이다"(시 51:4).
로마서 3장 10-12절	"어리석은 자는 그의 마음에 이르기를 하나님이 없다 하는도다 그들은 부패하고 그 행실이 가증하니 선을 행하는 자가 없도다"(시 14:1, 53:1).
로마서 3장 13절	"그들의 입에 신실함이 없고 그들의 심중이 심히 악하며 그들의 목구멍은 열린 무덤 같고 그들의 혀로는 아첨하나이다"(시 5:9, 140:3).
로마서 3장 14절	"그의 입에는 저주와 거짓과 포악이 충만하며"(시 10:7).
로마서 3장 18절	"악인의 죄가 그의 마음속으로 이르기를 그의 눈에는 하나님을 두려워하는 빛이 없다 하니"(시 36:1).
로마서 4장 7-8절	"허물의 사함을 받고 자신의 죄가 가려진 자는 복이 있도다"(시 32:1).
로마서 8장 36절	"우리가 종일 주를 위하여 죽임을 당하게 되며 도살할 양같이 여김을 받았나이다"(시 44:22).
로마서 10장 18절	"그의 소리가 온 땅에 통하고 그의 말씀이 세상 끝까지 이르도다"(시 19:4).
로마서 11장 9-10절	"그들의 밥상이 올무가 되게 하시며 그들의 평안이 덫이 되게 하소서"(시 69:22).
로마서 15장 9절	"이러므로 내가 이방 나라들 중에서 주께 감사하며 주의 이름을 찬송하리이다"(시 18:49).
로마서 15장 11절	"너희 모든 나라들아 여호와를 찬양하며 너희 모든 백성들아 그를 찬송할지어다"(시 117:1).

• 고린도전서

인용 구절	시편 구절
고린도전서 3장 20절	"여호와께서는 사람의 생각이 허무함을 아시느니라"(시 94:11).

• 고린도후서

인용 구절	시편 구절
고린도후서 4장 13절	"내가 크게 고통을 당하였다고 말할 때에도 나는 믿었도다"(시 116:10).
고린도후서 9장 9절	"그가 재물을 흩어 빈궁한 자들에게 주었으니 그의 의가 영구히 있고 그의 뿔이 영광 중에 들리리로다"(시 112:9).

• 에베소서

인용 구절	시편 구절
에베소서 4장 8절	"주께서 높은 곳으로 오르시며 사로잡은 자들을 취하시고 선물들을 사람들에게서 받으시며"(시 68:18).
에베소서 4장 26절	"너희는 떨며 범죄하지 말지어다 자리에 누워 심중에 말하고 잠잠할지어다"(시 4:4).

• 히브리서

인용 구절	시편 구절
히브리서 1장 5절	"너는 내 아들이라 오늘 내가 너를 낳았도다"(시 2:7).
히브리서 1장 6절	"너희 신들아 여호와께 경배할지어다"(시 97:7).
히브리서 1장 7절	"바람을 자기 사신으로 삼으시고 불꽃으로 자기 사역자를 삼으시며"(시 104:4).
히브리서 1장 8-9절	"하나님이여 주의 보좌는 영원하며 주의 나라의 규는 공평한 규이니이다"(시 45:6).
히브리서 1장 10-12절	"주께서 옛적에 땅의 기초를 놓으셨사오며 하늘도 주의 손으로 지으신 바니이다"(시 102:25).
히브리서 1장 13절	"여호와께서 내 주에게 말씀하시기를 내가 네 원수들로 네 발판이 되게 하기까지 너는 내 오른쪽에 앉아 있으라 하셨도다"(시 110:1).
히브리서 2장 6-8절	"사람이 무엇이기에 주께서 그를 생각하시며 인자가 무엇이기에 주께서 그를 돌보시나이까"(시 8:4).
히브리서 2장 12절	"내가 주의 이름을 형제에게 선포하고 회중 가운데에서 주를 찬송하리이다"(시 22:22).
히브리서 3장 7-11절	"너희가 오늘 그의 음성을 듣거든"(시 95:7).
히브리서 3장 15절	"너희는 므리바에서와 같이 또 광야의 맛사에서 지냈던 날과 같이 너희 마음을 완악하게 하지 말지어다"(시 95:8).
히브리서 4장 3절	"그러므로 내가 노하여 맹세하기를 그들은 내 안식에 들어오지 못하리라 하였도다"(시 95:11).
히브리서 4장 7절	"너희가 오늘 그의 음성을 듣거든"(시 95:7).
히브리서 5장 5절	"너는 내 아들이라 오늘 내가 너를 낳았도다"(시 2:7).
히브리서 5장 6절	"너는 멜기세덱의 서열을 따라 영원한 제사장이라 하셨도다"(시 110:4).
히브리서 7장 17절	"너는 멜기세덱의 서열을 따라 영원한 제사장이라 하셨도다"(시 110:4).

히브리서 7장 21절	"여호와는 맹세하고 변하지 아니하시리라 이르시기를 너는 멜기세덱의 서열을 따라 영원한 제사장이라 하셨도다"(시 110:4).
히브리서 10장 5-7절	"주께서 내 귀를 통하여 내게 들려주시기를 제사와 예물을 기뻐하지 아니하시며 번제와 속죄제를 요구하지 아니하신다 하신지라"(시 40:6).
히브리서 13장 6절	"여호와는 내 편이시라 내가 두려워하지 아니하리니 사람이 내게 어찌할까"(시 118:6).

• 베드로전서

인용 구절	시편 구절
베드로전서 2장 7절	"건축자가 버린 돌이 집 모퉁이의 머릿돌이 되었나니"(시 118:22).
베드로전서 3장 10-12절	"생명을 사모하고 연수를 사랑하여 복 받기를 원하는 사람이 누구뇨"(시 34:12).

• 시편에 나타난 신약성경 인용 구절

시편 구절	인용 구절
시편 2편 1-2절	"어찌하여 열방이 분노하며 족속들이 허사를 경영하였는고 세상의 군왕들이 나서며"(행 4:25-26).
시편 2편 7절	"너는 내 아들이라 오늘 너를 낳았다"(행 13:33, 히 1:5, 5:5 참조).
시편 4편 4절	"분을 내어도 죄를 짓지 말며 해가 지도록 분을 품지 말고"(엡 4:26).
시편 5편 9절, 140편 3절	"그들의 목구멍은 열린 무덤이요 그 혀로는 속임을 일삼으며 그 입술에는 독사의 독이 있고"(롬 3:13).
시편 8편 2절	"어린 아기와 젖먹이들의 입에서 나오는 찬미를 온전하게 하셨나이다"(마 21:16).
시편 8편 4-6절	"사람이 무엇이기에 주께서 그를 생각하시며 인자가 무엇이기에 주께서 그를 돌보시나이까"(히 2:6-8).
시편 10편 7절	"그 입에는 저주와 악독이 가득하고"(롬 3:14).
시편 14편 1-3절, 53편 1절	"기록된 바 의인은 없나니 하나도 없으며"(롬 3:10-12).
시편 16편 8-11절	"내가 항상 내 앞에 계신 주를 뵈었음이여 나로 요동하지 않게 하기 위하여 그가 내 우편에 계시도다"(행 2:25-28).
시편 16편 10절	"주의 거룩한 자로 썩음을 당하지 않게 하시리라 하셨느니라"(행 13:35).
시편 18편 49절	"그러므로 내가 열방 중에서 주께 감사하고 주의 이름을 찬송하리로다"(롬 15:9).

시편 19편 4절	"그러면 무엇을 말하느냐 말씀이 네게 가까워 네 입에 있으며 네 마음에 있다 하였으니 곧 우리가 전파하는 믿음의 말씀이라"(롬 10:8).
시편 22편 1절	"나의 하나님, 나의 하나님, 어찌하여 나를 버리셨나이까"(마 27:46).
시편 22편 18절	"그들이 내 옷을 나누고 내 옷을 제비 뽑나이다"(요 19:24)
시편 22편 22절	"주의 이름을 내 형제들에게 선포하고 내가 주를 교회 중에서 찬송하리라"(히 2:12).
시편 32편 1-2절	"불법이 사함을 받고 죄가 가리어짐을 받는 사람들은 복이 있고"(롬 4:7-8).
시편 34편 12-16절	"생명을 사랑하고 좋은 날 보기를 원하는 자는"(벧전 3:10-12).
시편 34편 20절	"그 뼈가 하나도 꺾이지 아니하리라"(요 19:36).
시편 35편 19절, 69편 4절	"그들이 이유 없이 나를 미워하였다 한 말을 응하게 하려 함이라"(요 15:25).
시편 36편 1절	"그들의 눈앞에 하나님을 두려워함이 없느니라 함과 같으니라"(롬 3:18).
시편 40편 6-8절	"제사와 예물을 원하지 아니하시고 오직 나를 위하여 한 몸을 예비하셨도다 번제와 속죄제는 기뻐하지 아니하시나니"(히 10:5-7).
시편 41편 9절	"내 떡을 먹는 자가 내게 발꿈치를 들었다 한 성경을 응하게 하려는 것이니라"(요 13:18).
시편 44편 22절	"우리가 종일 주를 위하여 죽임을 당하게 되며 도살당할 양같이 여김을 받았나이다"(롬 8:36).
시편 45편 6-7절	"하나님이여 주의 보좌는 영영하며 주의 나라의 규는 공평한 규이니이다"(히 1:8-9).
시편 51편 4절	"주께서 주의 말씀에 의롭다 함을 얻으시고 판단 받으실 때에 이기려 하심이라"(롬 3:4).
시편 53편 1-3절, 14편 1절	"깨닫는 자도 없고 하나님을 찾는 자도 없고"(롬 3:10-12).
시편 68편 18절	"그가 위로 올라가실 때에 사로잡혔던 자들을 사로잡으시고 사람들에게 선물을 주셨다"(엡 4:8).
시편 69편 4절, 35편 19절	"그들이 이유 없이 나를 미워하였다"(요 15:25).
시편 69편 9절	"주의 전을 사모하는 열심이 나를 삼키리라 한 것을 기억하더라"(요 2:17).
시편 69편 21절	"그 후에 예수께서 모든 일이 이미 이루어진 줄 아시고 성경을 응하게 하려 하사 이르시되 내가 목마르다 하시니"(요 19:28).
시편 69편 22-23절	"그들의 밥상이 올무와 덫과 거치는 것과 보응이 되게 하시옵고"(롬 11:9-10).
시편 69편 25절, 109편 8절	"그의 거처를 황폐하게 하시며 거기 거하는 자가 없게 하소서"(행 1:20).

시편 78편 2절	"내가 입을 열어 비유로 말하고 창세부터 감추인 것들을 드러내리라 함을 이루려 하심이라"(마 13:35).
시편 78편 24절, 105편 40절	"하늘에서 그들에게 떡을 주어 먹게 하였다 함과 같이 우리 조상들은 광야에서 만나를 먹었나이다"(요 6:31).
시편 89편 20절	"내가 이새의 아들 다윗을 만나니 내 마음에 맞는 사람이라 내 뜻을 다 이루리라"(행 13:22, 삼상 13:14 참조).
시편 91편 11-12절	"그들이 손으로 너를 받들어 발이 돌에 부딪치지 않게 하리로다"(마 4:6, 눅 4:10-11 참조).
시편 94편 11절	"주께서 지혜 있는 자들의 생각을 헛것으로 아신다 하셨느니라"(고전 3:20).
시편 95편 7-11절	"오늘 너희가 그의 음성을 듣거든"(히 3:7-11, 15, 4:7).
시편 95편 11절	"그들이 내 안식에 들어오지 못하리라 하셨다"(히 4:3).
시편 97편 7절	"하나님의 모든 천사들은 그에게 경배할지어다"(히 1:6).
시편 102편 25-27절	"그것들은 멸망할 것이나 오직 주는 영존할 것이요 그것들은 다 옷과 같이 낡아지리니"(히 1:10-12).
시편 104편 4절	"그의 천사들을 바람으로, 그의 사역자들을 불꽃으로 삼으시느니라"(히 1:7).
시편 105편 40절	"기록된 바 하늘에서 그들에게 떡을 주어 먹게 하였다 함과 같이 우리 조상들은 광야에서 만나를 먹었나이다"(요 6:31).
시편 110편 1절	"네 원수를 네 발아래에 둘 때까지 내 우편에 앉아 있으라 하셨도다"(마 22:44, 막 12:36; 눅 20:43; 행 2:35; 히 1:13 참조).
시편 110편 4절	"네가 영원히 멜기세덱의 반차를 따르는 제사장이라 하셨으니"(히 5:6, 7:17, 21).
시편 112편 9절	"그가 흩어 가난한 자들에게 주었으니 그의 의가 영원토록 있느니라"(고후 9:9).
시편 116편 10절	"내가 믿었으므로 말하였다 한 것같이 우리가 같은 믿음의 마음을 가졌으니 우리도 믿었으므로 또한 말하노라"(고후 4:13).
시편 117편 1절	"모든 열방들아 주를 찬양하며 모든 백성들아 그를 찬송하라 하였으며"(롬 15:11).
시편 118편 6절	"주는 나를 돕는 이시니 내가 무서워하지 아니하겠노라 사람이 내게 어찌하리요"(히 13:6).
시편 118편 22절	"건축자들이 버린 돌이 모퉁이의 머릿돌이 되었나니"(마 21:42, 막 12:10; 눅 20:17; 행 4:11; 벧전 2:7 참조).
시편 140편 3절	"목구멍은 열린 무덤이요 그 혀로는 속임을 일삼으며 그 입술에는 독사의 독이 있고"(롬 3:13).

잠언

잠언은 솔로몬이 기록한 책으로
지혜서다.

잠언 구조 잡기

- 주제 : 하나님을 경외하는 지혜

서론(1-9장) : 지혜로 묘사된 그리스도	지혜를 얻는 자는 그리스도의 생명을 얻는다.
본론(10-29장) : 지혜로운 자와 미련한 자의 길	지혜로운 자는 위로 향한 생명의 길로 간다.
결론(30-31장) : 지혜로운 그리스도의 신부	여호와를 경외하는 자는 진주보다 값지다.

마태복음에 산상수훈(마 5-7장)이 있다면 잠언에는 잠언수훈(잠 5-7장)이 있다.

- 죄의 길로 인도하는 음녀의 입술(잠 5:3)에 걸리면 스올로 간다(잠 5:5).
- 어찌하여 음녀를 연모하고 이방 계집을 사랑하는가(잠 5:20)?
- 죄의 종목(잠 6:16-19).
- 죄에 빠지게 하는 음녀(잠 6:24-26)는 생명을 사냥한다.
- 지혜의 가족은 이것에게서 생명을 보존한다(잠 7:1-5).
- 지혜 없는 자는(잠 7:7)
- 음녀가 호리는 말에 꼬임을 당해 생명을 잃어버리는 것을 알지 못한다 (잠 7:16-23).

- 음녀의 길에 빠지지 마라(잠 7:25-27).
- 교만하고 미련한 자들이 사망의 길로 내려가는 것을 보고 지혜가 소리를 높여 부른다. 그래도 어떤 사람은 사망의 길로 간다(잠 14:12).
- 지혜로운 자는 지혜가 부르는 소리를 듣고 생명의 길로 간다(잠 15:24).
- 생명의 길로 가는 자는 여호와를 경외하는 진주보다 값진 그리스도의 신부다(잠 31:10).

잠언 초점 잡기

잠언은 솔로몬의 지혜서다. 잠언은 지혜로운 내용을 담고 있는 책이다. 특히 잠언은 여호와를 경외하는 것이 지혜라고 말한다(잠 1:7, 9:10). 잠언에는 악인과 의인, 지혜로운 자와 미련한 자가 대조적으로 등장한다. 그런데 어떤 사람들은 자기가 의롭고 지혜롭다고 생각하면서 사망의 길로 가는 경우가 있다.

"어떤 길은 사람이 보기에 바르나 필경은 사망의 길이니라"(잠 14:12).

사람이 아무리 똑똑하고 지혜로워도 생명의 길을 찾을 수 있을까? 사람들은 잘 먹고 잘살기 위해서 열심히 일하라고 한다. 그래서 부지런히 일하는 개미에게 배우라고 한다(잠 6:6). 또한 평안을 위해서 남의 보증이 되지 말라고 한다(잠 11:15, 17:18, 20:16, 22:16, 27:13). 행복한 결혼을 위해 현숙한 배우자를 만나라고 한다(잠 19:14, 31:10). 그러나 오래 살기 위한 가장 지혜로운 방법은 여호와를 경외하는 것이다(잠 10:27). 그러므로 정말 지혜로운 자는 생명의 길을 찾는 자다.

"여호와를 경외하는 것은 사람으로 생명에 이르게 하는 것이라"(잠 19:23).

잠언의 목적은 일반적인 지혜를 말하는 것이 아니다. 생활의 지혜를 통해서 진리의 지혜를 설명하려는 것이다. 지혜의 근본은 여호와를 경외하는 것이다. 그러므로 여호와를 경외하려면 지혜가 무엇인지를 먼저 잘 알아야 한다. 잠언에서 말하는 지혜는 단순하게 공부 잘하는 지혜가 아니다. 그러므로 하나님을 경외하는 지혜를 찾는 것은 마치 감추인 보배를 찾는 것과 같다. 그러나 그것을 찾기만 하면 여호와 경외하기를 깨달으며 하나님을 알게 된다(잠 2:4-5). 감추인 보배는 그리스도를 상징한다(마 13:44; 고후 4:7). 그러므로 잠언의 지혜는 구체적으로 그리스도를 설명하고 있다.

"지혜는 그 얻은 자에게 생명 나무라 지혜를 가진 자는 복되도다"(잠 3:18).

사람들은 건강이 제일이라고 말한다. 그러나 예수 그리스도가 제일이다. 그래서 잠언은 지혜가 제일이라고 말하는 것이다(잠 4:7). 세상의 음녀는 미혹의 길로 인도해서 사망의 방으로 유혹한다(잠 7:25-27). 이런 세상에서 지혜자이신 예수 그리스도가 소리 높여 부르고 있다(잠 8:1). 세상에 사는 동안 예수 그리스도를 만나는 자는 생명과 하나님의 은총을 얻게 된다(잠 8:35). 잠언은 지혜 복음이다. 잠언을 통해서 예수 그리스도를 발견할 수 있다면 그는 정말 지혜로운 사람이다.

전도서

전도서는 솔로몬이 기록한 인생론이다.

전도서 구조 잡기

- 주제 : 하나님을 경외하는 사람의 본분

서론(1장) : 헛된 인생	하나님을 떠나면 헛된 인생이다.
본론(2-11장) : 인생의 목적	하나님을 경외하는 것이 인생의 목적이다.
결론(12장) : 사람의 본분	하나님의 요구가 사람의 본분이다.

욥기(성도의 인내-축복), 시편(성도의 찬양-구원), 잠언(성도의 지혜-경외), 전도서(성도의 인생-범사), 아가(성도의 사랑-혼인). 구약성경의 시가서 다섯 권은 성도의 인생을 드라마처럼 보여 준다. 인생에서 펼쳐지는 크고 작은 일이 모두 범사다. 흙으로 돌아가는 범사 인생이 해 아래서 창조주 하나님을 기억하고 찾게 되면 복된 인생이 된다. 전도서를 통해 인생의 목적을 발견한 성도는 아가서의 그리스도와 혼인한 신부로, 잠언의 하나님을 경외하는 지혜로, 시편의 하나님의 구원을 노래하고, 욥기의 고난을 인내하면 결말이 복된 인생이 된다. 그러므로 하나님이 요구하시는 말씀은 사람에게 본분이 되어 행복으로 종결된다.

전도서 초점 잡기

전도서는 솔로몬의 인생론이다. 솔로몬의 부귀영화를 세상 모든 사람이 부러워한다. 그러나 성경에서 예수님은 "내가 너희에게 말하노니 솔로몬의 모든 영광으로도 입은 것이 이 꽃 하나만 같지 못하였느니라"(마 6:29)고 하신다. 인생은 풀의 꽃과 같다. 모든 육체는 풀이요, 그 모든 아름다움은 들의 꽃 같다. 그래서 풀은 마르고 꽃은 시들게 된다. 그러나 하나님 말씀은 영원히 서게 된다(사 40:6-8). 솔로몬 같은 인생도 헛되다는 것을 성경에서 이미 말씀하고 있다. 그래서 솔로몬이 그것을 깨닫고 전도서를 쓰게 된 것이다.

그는 인생의 무익함과 자신의 지혜와 업적, 재물의 무익함을 깨달았다. 그렇다고 오해하고 '인생은 헛되다'는 것으로 결론을 내면 안 된다. 전도서는 헛되고 무익한 사람이 어떻게 복된 인생이 될 수 있는지를 설명하고 있기 때문이다. 헛된 인생이 복된 인생이 되려면 어떻게 해야 하는가? 그것은 사람의 본분을 찾는 것이다. 사람의 본분은 '하나님을 경외하고 그의 명령들을 지키는 것'이다(전 12:13).

인간의 삶은 고통뿐이며 따라서 인생은 살 만한 가치가 없다고 주장하는 극단적인 염세주의자들은 자살을 선택한다. 인생이 허무하다고 생각하기 때문이다. 또한 쾌락을 가장 가치 있는 인생의 목적이라 생각하고 행동하는 극단적인 쾌락주의자들은 마약을 선택한다. 인생을 즐기는 것이라고 생각하기 때문이다. 그런데 전도서가 말하는 지혜는 인간의 삶이 허무하고 쾌락적 즐거움도 헛되기 때문에, 인생의 마지막이 오기 전에 창조주 하나님을 만나면 가장 행복하고 복된 길을 찾을 수 있다는 것이다. 사람의 본분은 창조주 하나님이 요구하실 때 생긴다. 그 요구는 하나님을 경외하라는 것이다(신 10:12-16). 그러나 하나님을 경외하는 것은 그리스도를 만나 마음에 할례를 행한 자만이 할 수 있다(골 2:11).

결국 전도서도 예수 그리스도의 지혜를 설명한다. 하나님은 사람을 창조하실 때부터 영원을 사모하는 마음을 주셨다(전 3:11). 영원을 사모하는 사람은 세상의 그 어떤 것으로도 만족할 수가 없다. 사람에게는 세상의 무엇으로도 채울 수 없는 빈 공간이 있는데, 그 공간을 채울 수 있는 것은 오직 하나님뿐이다. 하나님과 그리스도의 말씀으로 채워진 사람은 새 것이 없는 해 아래서 새 것이 된다.

"그런즉 누구든지 그리스도 안에 있으면 새로운 피조물이라 이전 것은 지나갔으니 보라 새 것이 되었도다"(고후 5:17).

전도서는 새 것이 없는 해 아래의 옛 사람들에게 해 위에서 영원히 살 수 있는 새사람이 되라고 지금도 외치고 있다.

아가

아가서는 솔로몬이 기록한
사랑의 오페라다.

아가 구조 잡기

• 주제 : 죽음보다 강한 사랑

서론(1장) : 사랑의 입맞춤	사랑의 입맞춤은 구원의 출발
본론(2-7장) : 사랑의 노래	달콤 쌉싸름한 로맨스
결론(8장) : 죽음보다 강한 사랑	사망을 이기는 사랑

전도서가 초상집 분위기라면 아가서는 혼인 잔칫집 분위기 같다. 헛된 인생의 죽음에서 생명으로 구원받은 성도는 그리스도의 혼인 잔치에 참여하게 된다. 솔로몬과 술람미 여인의 사랑은 마치 신랑 그리스도가 신부 성도를 사랑하는 것과 같다. 이들의 사랑은 죄와 세상의 고난으로 인해 달콤하기도 하고 씁쓸하기도 하다. 그러나 그리스도의 사랑이 너무 강하고 달콤해서 씁쓸한 사망과 세상을 이기는 믿음으로 살 수 있다. 죽음보다 강한 사랑을 받은 자는 그분의 사랑으로 살게 된다.

아가 초점 잡기

아가서는 솔로몬의 사랑 노래다. 하나님이 이스라엘 백성을 사랑하시는 것처럼 예수 그리스도가 교회를 사랑하시는 것으로 비유한다. 아가서의 주요 등장 인물은 솔로몬과 술람미 여인인데, 솔로몬, 술람미를 히브리어로 쓰면 모두 '샬롬'(평화)이다. 아가서는 예수 그리스도와 교회가 사랑하는 관계를 설명하고 있다. 교회는 그리스도의 몸이다. 성도가 그리스도와 한 몸이 되어 서로 사랑하게 되면 그리스도가 주시는 평안이 임하게 된다(요 14:27). 아가서에 나오는 입맞춤으로 구원을 설명하려고 한다(아 1:2, 5:16, 8:1).

> "그의 아들에게 입 맞추라 그렇지 아니하면 진노하심으로 너희가 길에서 망하리니 그의 진노가 급하심이라 여호와께 피하는 모든 사람은 다 복이 있도다"(시 2:12).

이것은 죄인의 길에서 돌이켜 의인의 길에 서는 것과 같다. 하나님의 사랑을 받는다는 것은 그리스도에게 입맞춤을 당하는 것과 같다. 아가서의 마지막은 입맞춤의 결과다.

> "너는 나를 도장같이 마음에 품고 도장같이 팔에 두라 사랑은 죽음같이 강하고 질투는 스올같이 잔인하며 불길같이 일어나니 그 기세가 여호와의 불과 같으니라"(아 8:6).

아가서는 이 말씀으로 사랑의 결론을 말한다. 죽음처럼 강한 사랑은 죽음을 이기는 능력이다. 또한 사랑은 시샘하는 투기와 같아서 세상을 사랑하는 자들에 대한 불같은 분노다. 그리스도 사랑의 복음에는 심판이 함께 있다.

> "내가 사람들에게 고난을 내려 맹인같이 행하게 하리니 이는 그들이 나 여호와께 범죄하였음이라 또 그들의 피는 쏟아져서 티끌같이 되며 그들의 살은 분토같이 될지라 그들의 은과 금이 여호와의 분노의 날에 능히 그들을 건지지 못할 것이며 이 온 땅이 여호와의 질투의 불에 삼켜지리니 이는 여호와가 이 땅 모든 주민을 멸절하되 놀랍게 멸절할 것임이라"(습 1:17-18).

"많은 물도 이 사랑을 끄지 못하겠고 홍수라도 삼키지 못하나니 사람이 그의 온 가산을 다 주고 사랑과 바꾸려 할지라도 오히려 멸시를 받으리라"(아 8:7).

그러므로 이 사랑의 불은 홍수가 와도 꺼지지 않고, 끌 수도 없다. 마지막 종말의 때에 하나님의 사랑을 받은 자만이 살게 되고, 그분의 사랑이 없으면 죽게 된다. 사랑의 복음과 같은 아가서는 이것을 극명하게 드러낸다. 십자가 사랑은 구원과 심판이 같이 있다. 술람미에게 솔로몬의 사랑이 중요하듯이, 그리스도의 신부는 그리스도의 사랑이 너무도 중요하다. 그리스도의 십자가 사랑 노래가 성도에게는 구원의 새 노래가 된다. 그리스도 안에서 구원의 새 노래를 부르는 자들은 시편에서 하나님을 찬양하는 자들이다. 그들은 헛된 인생으로 복된 진리를 전도서에서 발견했기 때문이다. 그 복된 진리는 잠언에서 말하는 그리스도의 지혜다. 이런 보배로운 지혜를 찾게 된 것은 아가서에서 말하는 그리스도의 사랑을 받았기 때문이다. 이런 사랑을 받은 자들은 욥기와 같은 세상의 고난 속에서도 그리스도의 사랑으로 넉넉히 이기게 된다(롬 8:37).

• 아가서의 장별 요약 •

1장 : 사랑의 입맞춤은 신부로 간택된 은혜다(아 1:2). 그 아들에게 입 맞추지 않으면 진노하심으로 길에서 망한다(시 2:12). 예수 그리스도에게 사랑을 받은 복 있는 자는 죄인의 길에서 의인의 길에 서게 되며(시 1:1), 의인의 길은 여호와가 인정하신다(시 1:6). 복 있는 사람은 세상의 고난 속에서 하나님을 보는 사람이다. 더 복된 사람은 앞뒤 좌우가 열려 있는데도 하늘을 우러러보며 사는 사람이다.

2장 : 신부를 사랑하는 자의 목소리, 복음의 소리가 들린다. 세상 지옥의 불 속을 향해 뛰어오면서 빨리 피하라는 소리가 들린다(아 2:8). 복음을 들고 산을 넘는 아름다운 발이다(사 52:7). 노루와 사슴 같은 그리스도(아 2:9, 8:14), "사슴이 시냇물을 찾기에 갈급함같이 내 영혼이 주를 찾기에 갈급하니이다"(시 42:1). "그대의 젖가슴은 새끼 사슴 한 쌍, 나리꽃밭에서 풀을 뜯는 쌍둥이 노루 같아라"(공동번역, 아 4:5). "그대의 가슴은 나리꽃밭에서 풀을 뜯는 한 쌍 사슴 같고 쌍둥이 노루 같구나"(새번역, 아 4:5). 말씀 없이는 하나님을 만날 수 없다. 젖(유방)은 말씀으로 가득 차 있다(아 4:5). 그러므로 모든 악독과 기만, 외식, 시기와 비방하는 말을 버리고 "갓난 아기들같이 순전하고 신령한 젖을 사모하라 이는 그로 말미암아 너희로 구원에 이르도록 자라게 하려 함이라"(벧전 2:1-2). 하나님 말씀을 젖으로 비유하고 있다. 마음의 벽 속에서 창을 열고 말씀으로 마음을 찌른다(아 2:9). 지혜자의 말은 찌르는 채찍이다(전 12:11). 그리스도는 사람의 패하고 흥함을 위해 비방을 받는 표적으로, 마음을 찌르고 마음의 생각 속에 있는 욕심과 은혜를 드러내신다(눅 2:35). 베드로의 설교는 청중의 마음을 찌르고 그들은 어찌할꼬 회개한다(행 2:37). 스데반의 설교 또한 청중의 마음을 찌르지만 그들은 이를 갈고 돌을 던진다(행 7:54).

"일어나서 함께 가자"(아 2:10). 가장 복된 자는 좁은 문, 좁은 길이라도 그 길을 따라간다. 주님을 섬기고 따르는 것은 예수 그리스도가 있는 곳으로 가는 것이다(요 12:26). 사망(세상, 시험, 사탄) 가운데 주저앉아 있지 말고 일어나야 한다. 부자 청년은 영생의 길을 좇지 못했다(막 10:21-22). 그러나 소경 바디매오, 그는 길에서 예수님을 좇았다(막 10:52). 소경 안요한 목사는 부자였을 때 목사 아들이었지만 세상을 좇아가다가 소경 거지가 되었다. 그러나 그 후 진리를 만나고 예수님을 좇았다.

신랑은 신부의 마음을 일으켜 세운다(아 2:8-10). 또한 가시적인 상황에서 일으켜 세운다(아 2:11-13). 인생의 겨울이 지나고 봄이 왔다. 세상에서 천국을 바라보게 한다. 그럼에도 세상의 시험에서 위기감을 느끼는 신부를 건져 낸다(아 2:14). 얼굴을 보게 하라. 우리의 관계를 방해하는 작은 여우를 잡자.

3장 : 서로에게 속한 관계는 결국 복음으로 잉태하고(아 3:1-5) 혼인으로 설명한다(아 3:6-11).

4장 : 신부의 모습을 표현한다(아 4:1-5). 십자가 구원으로(아 4:6) 흠 없는 하나님의 자녀(아 4:7)인 그리스도의 신부는 한 몸으로, 완벽한 신부의 모습은 신랑이 준 것이다(아 4:9). 신부가 신랑의 동산에서 아름다운 생명 나무의 열매를 먹게 된다(아 4:16).

5장 : 십자가 구원으로 생명 나무 열매를 먹은 신부가(아 5:1) 현상적인 이 세상에 살면서 세상에 빠져 잠들어 사는 모습을 보고(아 5:2-3) 주님은 피 묻은 손으로 흔적을 남기고 가신다(아 5:4-6). 현실 속에서 자신만을 위해 사는 병에 걸린다(아 5:7-8). 그러자 사람들이 '너의 하나님은 어디 있느냐'(아 5:9; 시 42:2-3, 10-11 참조)고 묻는다. 신부는 신랑을 구주로 고백한다(아 5:10-16).

6장 : 신랑 되시는 예수 그리스도는 어디에 계시는가(아 6:1)? 그는 자기 동산에서 양떼를 먹이고 계시다(아 6:2-3). 신랑은 신부를 세상이 감당하지 못하는 하나님의 군대에 비유한다(아 6:4-10). 주님으로부터 목양을 받은 신부는 세상이 감당하지 못하는 삶을 산다. 그러자 세상이 신부를 불러 유혹한다(아 6:13a). 그러나 신부는 마하나임(야곱이 만난 하나님의 군대, 피난처)의 언약 속에 산다(아 6:13b).

7장 : 신랑의 노래(아 7:1-9)와 함께 서로 사랑하고 사모하는 관계가 된다(아 7:10-13).

8장 : 구원의 비밀은 죽음을 이기는 사랑이다(아 8:6). 그 사랑이 구원과 심판을 정의한다. 사망의 세력은 신자에게 죄의 화살을 날리지만, 생명의 세력은 십자가에서 사랑의 화살을 날린다.

통일 왕국 시대 핵심 정리

다윗의 영성

1. 하나님 말씀에 붙잡힌 사람은 사사 시대에도 말씀을 연구해서 왕정 시대에 빛을 본다. 혼탁한 세상에서 말씀에 올인하면 새로운 시대의 문이 열린다. 하나님 말씀을 충분히 깨달은 사람만이 이스라엘과 세상을 통치하시는 왕이 하나님임을 알 수 있다.
2. 하나님의 능력을 끌어 잡아당겨서 하나님의 사람으로 바로 서 있는 사람은 하나님 마음에 맞는 사람이다. 말씀은 험악한 환난의 세상에서 바로 설 수 있는 힘이다.
3. 다윗은 성전에 대한 열망이 있다. 진정한 왕에 대한 통치권을 인정하는 자는 하나님의 거하실 처소에 관심이 있다. 하나님의 영에 감동된 예배자의 영성은 하나님의 마음과 맞는 사람에게서 나온다(행 13:22). 세상의 상징인 골리앗을 이기는 믿음은 신앙 고백이다. 신앙 고백하는 성도는 영적 체질화 된 자로 모든 분야에서 영적 사명을 감당할 수 있다. 말씀의 사람에게는 평생을 통해서 하나님을 경험한 세계관과 삶의 원리인 신앙 고백이 있다. 예수 그리스도는 우리의 힘이시다.

대리 통치 모델

1. 이스라엘 백성이 사사 시대를 지나오면서 원했던 왕은 열방의 왕으로, 세상의 왕을 원했다. 사울은 백성이 원해서 왕이 된 이스라엘 초대 왕으로 세상 왕의 모델 케이스다. 그 당시 암몬과의 전쟁에서 사울이 승리하게 되자 왕을 세우고자 하는 분위기가 더 고조되었다. 세상의 왕은 힘으로 이기고 자기 생각으로 다스린다.
2. 다윗은 하나님 나라의 모델 케이스로 왕이 되어 사사 시대의 땅보다 세 배를 더 정복한다. 골리앗과 같은 아낙 자손과 싸운 여호수아와 갈렙의 전쟁은 "그들은 우리의 먹이"라는 신앙 고백이다. 다윗 또한 "만군의 여호와의 이름"으로 골리앗을 이긴다. 하나님 나라의 왕은 신앙 고백으로 승리하고 말씀으로 다스린다.
3. 인류의 핏줄을 타고 여자의 후손에서 난 예수 그리스도는 다윗의 줄기다. 몰락한 이스라엘에게 회복은 오는가? 모압 사람인 이방 여인 룻의 줄기에서 다윗이 나오고, 다윗의 줄기에서 그리스도가 탄생한다. 다윗과 맺은 하나님의 언약은 영원한 다윗 왕조다. 영원한 다윗 왕조는 영원한 예수 그리스도의 메시아 왕국을 상징한다.

왕국 건설 일꾼

1. 하나님은 당신의 나라를 세우시기 위해 아브라함을 통해 백성을 만드시고, 다윗을 통해 왕권을 확립하시고, 예수 그리스도를 통해 영원한 하나님 나라를 완성하신다.
2. 하나님 나라를 세우는 일꾼의 생활은 인생살이가 예수살이고, 세상살이는 천국살이다. 예수 부활 생명이 움직이는 삶이다.
3. 충성된 일꾼의 영성은 말씀의 통치를 받는 영성이다. 사자 굴에 들어가도 기도하고, 표정이 사역이 되는 믿음의 사람이다. 성도는 그리스도 안에서 늘 아멘 신앙으로 잘못된 것, 안 되는 것, 부족한 것 없는 하나님의 은혜로 산다. 또한 충성된 일꾼은 외모, 물질, 명예, 학식보다 충성이 더 중요하다. 하나님이 계산해 주시는 새 창조와 새 계명의 왕 노릇으로 산다.

◀ 다윗의 정복 전쟁

07

분열 왕국 시대

우상 숭배

솔로몬 이후 나라는 둘로 분열되어 북 이스라엘은 여로보암으로 시작하고, 남 유다는 르호보암으로 시작된다. 북 이스라엘은 앗수르에게 주전 722년에 멸망하고, 남 유다는 바벨론에게 주전 586년에 멸망당하는 것이 주요 내용이다. 특히 분열 왕국 시대에는 선지자들이 많이 등장한다. 북 이스라엘의 대표 선지자는 엘리야와 엘리사이며, 남 유다의 대표적인 선지자는 이사야와 예레미야다. 특이한 것은 요나가 원수의 나라 니느웨 성읍에 선교한 내용이다.

능력 대결,
진리 대결

분열 왕국 시대 소통하기

이스라엘은 120년간 통일 왕국을 누렸다. 초대 왕 사울과 다윗에 이어 솔로몬이 모두 똑같이 40년씩 통치했다. 그런데 솔로몬이 결정적인 원인을 제공함으로써 나라가 남과 북이 되어 둘로 분열된다. 분열된 북쪽에서는 여로보암이, 남쪽에서는 르호보암이 다스리게 된다. 북 왕국은 우상을 숭배하는 여로보암의 길로 가다가 앗수르에게 멸망하고, 남 왕국은 여로보암의 길을 따라가는 악한 왕과 다윗의 길을 따라가는 선한 왕이 서로 등장하다가 결국 바벨론에게 멸망당하고 만다.

분열 왕국 시대의 열왕기는 중요한 책이 아니라 복잡한 책이다. 복잡한 것을 모르면 다 모른 것처럼 생각하지만 그렇지 않다. 남과 북의 내용이 섞여 있어서 그렇지 한 줄로 꿰면 간단하다. 복잡한 것을 쉽게 푸는 방법은 원래 말하려는 것만 푸는 것이다. 두 나라의 왕이 서로 교차하면서 등장할 뿐이다. 성경이 말하려는 내용은 동일하고 일관성이 있기에 그것만 알면 된다.

복잡한 것은 미로 같아서 길을 알면 쉽게 뚫고 갈 수 있다. 분열 왕국도 길만 알면 쉽게 왕래할 수 있다. 예를 들면, 카타콤의 미로는 길이 복잡해서 로마 군사들은 못 찾는다. 그러나 그곳에 사는 사람들은 쉽게 들락날락한다. 열왕기에 선지서가 주렁주렁 붙어 있다. 여기서 줄기 하나만 잘 찾아내면 길이 뻥하고 뚫린다.

열왕기는 복잡하지만 간단하게 기록되어 있는 책이다. 그러므로 울창한 숲과 무성한 나무만 보면서 가면 길을 잃기가 쉽다. 중요한 것은 길을 찾아서 그 길로 가는 것이다. 아무리 밀림이 우거져도 밀림에 사는 사람들은 길을 잃어버리지 않는다. 열왕기는 복잡하다. 그러나 길을 찾으면 문제는 해결된다. 여로보암의 길은 사망의 길이고, 다윗의 길은 생명의 길이다. 열왕기에서 다윗의 길을 찾고 그 길을 따라가면 된다.

분열 왕국 시대의 목적

사울 왕이 죽고, 헤브론에서 유다 지파의 왕이 된 지 7년 6개월 후에 다윗은 온 이스라엘의 왕이 된다. 그때까지 이스라엘의 나머지 지파들은 사울의 아들 이스보셋을 왕으로 삼고 있었다. 그런데 오랜 전쟁 끝에 이스라엘의 두 그룹이 합쳐지게 된 것이다. 그러므로 이 두 그룹은 언제든지 분리될 수 있는 위험 요소가 있었다.

다윗의 왕위를 이어받은 솔로몬은 하나님을 왕으로 섬기는 왕의 제도를 지키지 않고 우상을 숭배하게 된다. 그러자 하나님은 징계로 나라를 남과 북으로 분열시키신다. 하나님과 성전의 관계를 회복시키기 위해 바른 길을 제시하려는 것이 분열 왕국의 목적이다.

바른 길은 다윗의 길을 말한다. 하나님은 당신의 마음에 맞은 다윗의 길과 우상을 숭배한 여로보암의 길을 대조적으로 보이면서 옳은 길을 제시하신다. 분열 왕국 시대를 통해 그 길을 찾게 되면 하나님의 마음을 알게 된다.

분열 왕국 시대 정통하기

성경 본문	열왕기상 12-22장, 열왕기하
성경 구조	북 왕국(왕상 12-왕하 17장), 남 왕국(왕상 12-왕하 25장), 역대기는 사무엘서(역대상), 열왕기서(역대하)와 중복된 내용으로 포로기에 기록된다. 창조-포로 귀환(대상 1-9장), 다윗(대상 10-29장), 솔로몬(대하 1-9장), 남 왕국(대하 10-36장)
성경 연대	북 왕국 200년간(주전 930-722년, 앗수르), 남 유다 350년간(주전 930-586년, 바벨론)
핵심 인물	히스기야, 요시야
핵심 내용	종교 개혁, 하나님 나라 백성의 삶

※ 북 왕국 시대의 성경(3권) : 아모스, 호세아, 요나

※ 남 왕국 시대의 성경(8권) : 요엘, 오바댜, 이사야, 미가, 나훔, 스바냐, 하박국, 예레미야

분열 왕국 시대는 솔로몬이 하나님 말씀에 불순종해서 남북이 갈라져 두 나라가 된 시대다. 북 이스라엘(여로보암-호세아[주전 930-722년]) 아홉 왕조 열아홉 명의 왕과 남 유다(르호보암-시드기야[주전 930-586년]) 다윗 왕조 스무 명의 왕이 여전히 하나님 말씀에 불순종해서 분열된 두 나라가 완전히 멸망해 포로로 잡혀가는 이야기가 주요 내용이다.

분열 왕국 시대에 남 왕국의 히스기야 왕이 등장할 때가 되면 북 왕국은 풍전등화에 놓인 상태다. 결국 북 왕국은 히스기야가 남 왕국을 통치하고 있는 시기에 앗수르에게 멸망당하게 된다. 하나님 말씀을 준행하지 않고, 언약을 배반하고, 모세가 명령한 것을 듣지도 않고, 행하지도 않았기 때문이다(왕하 18:12). 그러나 히스기야는 다윗의 모든 행위와 같이 하나님이 보시기에 정직히 행한다. 특히 그는 광야 시대의 백성이 불순종하고 원망하다가 불뱀에 물려 죽게 되었을 때 모세가 놋뱀을 만들어 장대 위에 달아 뱀에게 물린 자마다 놋뱀을 쳐다보면 소생한 사건으로 우상이 되어 버린 놋뱀을 부숴 버리는 종교 개혁을 단행한다(왕하 18:4, 민 21:9 참조). 그리고 하나님 보시기에 정직히 행해서 그 조상 다윗의 모든 길로 행하고 좌우로 치우치지 아니한 요시야 왕은 성전을 수리하다가 발견한 율법책을 읽고, 그 언약의 말씀에 기록된 대로 지켜 행한다. 그러므로 진정한 종교 개혁은 하나님 말씀으

로 내 안의 놋뱀 우상을 제거하고, 하나님의 마음을 품고 예수 십자가를 세우는 것이다.

분열 왕국 시대 관통하기

1. 북 왕국(왕상 12-왕하 17장) - 불의한 여로보암의 길

북 왕국의 열아홉 명의 왕은, 다윗 가문에 반역한 1대 여로보암이 22년 통치, 2대 나답이 2년 통치, 3대 바아사가 두 번째 반역으로 24년 통치, 4대 엘라가 2년 통치, 5대 엘라의 부하인 시므리가 세 번째 반역으로 7일 통치, 6대 엘라의 또 다른 부하인 오므리가 네 번째 반역으로 12년 통치, 7대 아합이 22년 통치, 8대 아하시야가 2년 통치, 9대 요람(여호람)이 12년 통치, 10대 예후가 다섯 번째 반란으로 28년 통치, 11대 여호아하스가 17년 통치, 12대 요아스가 16년 통치, 13대 여로보암 2세가 41년 통치, 14대 스가랴가 6개월 통치, 15대 살룸이 여섯 번째 반란으로 1개월 통치, 16대 므나헴은 일곱 번째 반란으로 10년 통치, 17대 브가히야가 2년 통치, 18대 베가가 여덟 번째 반란으로 20년 통치, 19대 호세아가 아홉 번째 반란으로 11년을 통치해서 약 200년간(주전 930-722년) 나라를 유지하다가 앗수르 제국에 의해 멸망당한다(왕하 17:22-23). 북 왕국은 총 아홉 번의 반란으로 피로 물든 왕조로 기억된다.

여로보암의 길과 다윗의 길(왕상 12-16장)

여로보암의 길은 여로(旅路) 보암직한 길로, 사람이 보기에 바르나 필경 사망의 길이고, 다윗의 길은 다(多) 윗길로 가야 살 수 있는 주님 가신 생명의 길이다. 나그네의 인생길처럼 여행하듯이 사는 인생은 이곳저곳 기웃거리고, 이 길 저 길 가 보고, 이것저것 해 보고 즐기면서 사는 것이 행복인 줄 알지만 하나님이 없으면 사망의 길이다. 다윗의 길을 우리말로 생각해 보면 '모두 다 윗길로 가라'는 뜻으로, 많은 사람이 다윗이 갔던 길로 가서 행복하게 살기를 바라는 마음으로 하나님은 다윗이란 이름을 선택하셨는지도 모르겠다. 세상을 마음에 품고 가는 길은 아랫길이고, 하나님의 마음을 품고 가는 길은 윗길로, 회복의 길이고 행복의 길이며 생명의 길이다.

북 왕국의 여로보암은 두 금송아지를 벧엘과 단에 두고 '이것이 이스라엘을 애굽 땅에서 구원하신 신'이라면서 우상을 세우고 레위 자손이 아닌 보통 백성으로 제사장 삼아 7월 15일의 초막절 절기를 비슷하게 흉내 내어 8월 15일로 절기를 정해 분향하게 해서 백성을 통치하는 수단으로 삼았다. 백성을 통치하는 목적은 하나님을 마음에 품고 섬기는 것인데, 여로보암은 하나님을 통치의 수단으로 삼는 큰 죄를 범했다.

르호보암의 뒤를 이은 남 왕국의 아비얌은 다윗의 마음 같지 않았지만, 그 뒤를 이은 아사와 여호사밧은 다윗같이 여호와 보시기에 정직하게 행했다. 여로보암의 뒤를 이은 북 왕국의 왕(나답, 바아사, 엘라, 시므리, 오므리, 아합)들은 모두 여로보암의 길로 행했다. 여로보암의 길로 행한 왕들 중에 특히 아합은 여로보암의 죄를 따라 행하는 것을 오히려 가볍게 여기며 시돈 사람의 왕 엣바알의 딸 이세벨을 아내로 삼고 가서 바알을 섬겨 숭배하고 사마리아에 건축한 바알의 사당 속에 바알을 위해 단을 쌓으며 또 아세라 목상을 만들었다. 그는 모든 이스라엘 왕보다 심히 이스라엘 하나님 여호와의 노를 격발했다.

아합의 바알과 엘리야의 하나님(왕상 17-19장)

"엘리야는 우리와 성정이 같은 사람이로되 그가 비가 오지 않기를 간절히 기도한즉 삼 년 육 개월 동안 땅에 비가 오지 아니하고 다시 기도하니 하늘이 비를 주고 땅이 열매를 맺었느니라 내 형제들아 너희 중에 미혹되어 진리를 떠난 자를 누가 돌아서게 하면 너희가 알 것은 죄인을 미혹된 길에서 돌아서게 하는 자가 그의 영혼을 사망에서 구원할 것이며 허다한 죄를 덮을 것임이라"(약 5:17-20).

신약성경 야고보서에서는 엘리야가 바알을 섬기는 아합과 갈멜 산에서의 대결전에 비를 멈추게도 하고, 갈멜 산 대결 승리 후 비를 다시 오게 하는 기적을 행한 이유를 하나님을 떠나 여로보암의 미혹한 길에 빠진 이스라엘을 구원하려는 목적으로 설명하고 있다. 하나님은 이스라엘이 바알을 섬기며 죄를 범하는 여로보암의 길을 갈지라도 다시 하나님에게로 돌아오게 하시려는 것이다. 엘리야는 아합 왕과 이세벨 왕후가 추종하는 바알의 선지자 450명과 아세라의 선지자 400명을 갈멜 산에 모이게 하고, 백성에게 "너희가 어느 때까지 둘 사이에서 머뭇머뭇하려느냐"(왕상 18:21) 하며 만일 여호와가 하나님이면 그를 좇고, 바알이 하나님이면 그를 좇으라고 호통을 치지만 백성은 여전히 머뭇거리고 있었다.

이스라엘 백성은 세상에서 잘살게 하는 복을 주는 것이 바알이라고 생각했기에 여호와가 참하나님으로 참행복과 구원을 주시는 분이라는 것을 증명해 보이는 대결을 할 수밖에 없었다. 바알을 섬기는 선지자들과 엘리야가 각각 송아지 한 마리를 택해서 각을 뜬 후 나무 위에 놓고 불을 붙이지 않은 상태에서 서로의 신 이름을 불러 이에 불로 응답하는 신이 진짜 하나님이신 것이라고 말하자, 바알과 여호와 사이에서 머뭇거리던 백성이 불로 응답하는 신이 진짜 하나님이시라고 대답한다. 아침부터 시작해서 저녁 소제 드릴 시간이 될 때까지 바알의 선지자들이 자기 신을 부르지만 응답이 없자, 엘리야는 비가 오지 않아 가뭄이 심한 때 바짝 마른 나무 위에 올려놓은 송아지 제물에 네 개의 통에 담은 물을 세 번씩 반복해서 붓게 해 물로 흠뻑 적셔 도저히 불을 붙일 수도 없는 상태로 만들어 놓고 저녁 소제 드릴 시간에 "이스라엘의 하나님 여호와여 주께서 이스라엘 중에서 하나님이신 것과 내가 주의 종인 것과 내가 주의 말씀대로 이 모든 일을 행하는 것을 오늘 알게 하옵소서"(왕상 18:36)라고 기도한다. 그러자 하늘에서 불이 내려와 번제물을 모두 태우는 것으로 응답하신다. 그때 비로소 머뭇거리던 백성은 여호와가 하나님이시라고 말한다.

세상을 창조하고 영원한 천국으로 인도하시는 하나님이 누구인 줄 모르는 사람들은 세상과 하나님 사이에서 머뭇머뭇거리고 있다. 성도의 새 계명의 삶은 하나님을 하나님 되게 하는 것이고, 성도를 하나님의 자녀 되게 하는 것이고, 세상에서 머뭇거리는 사람들을 구원하는 생활이다. 구약에서는 제사장이 제사를 마치고 백성을 축복하면 여호와의 영광이 온 백성에게 나타나고, 여호와 앞에서 나온 불이 번제물을 모두 태워 버린다. 하늘에서 불로 응답하시는 하나님이 성령의 불로 역사해서 구원을 성취하신다. 사랑하고 축복하는 왕 같은 제사장으로서의 성도의 삶은 민족을 회개시키고 구원하며 세계를 선교하는 것이다.

하나님은 하나님을 떠난 자들을 돌아오게 하려고 바른 길을 제시하신다. 하지만 여전히 하나님을 떠나 세상으로 가는 자들의 최후가 어떤 것인지를 바알을 추종하는 아합의 비참한 죽음으로 여실히 보여 주신다.

바알의 추종자 아합의 최후(왕상 20-22장)

하나님은 회복의 목적으로 이스라엘을 남과 북으로 분열시키신 후 남 왕국의 르호보암에게는 징계를 통해 하나님과 성전의 관계가 회복되길 기대하시고, 북 왕국의 여로보암에게는 "네가 만일 내가 명령한 모든 일에 순종하고 내 길로 행하며 내 눈에 합당한 일을 하며 내 종 다윗이 행함같이 내 율례와 명령을 지키면 내가 너와 함께 있어 내가 다윗을 위하여 세운 것같이 너를 위하여 견고한 집을 세우고 이스라엘을 네게 주리라"(왕상 11:38)라고 말씀하셨다. 하지만 여전히 이스라엘의 왕들은 왕정 제도와 성전의 관계를 잘 지켜 행한 다윗의 길로 가지 않고 우상을 섬기는 여로보암의 길로 행해 아합 왕의 최후와 엘리야의 승천이 대조를 이룬다. 아합 왕은 이스르엘에 있는 나봇의 포도원을 탐내어 나봇을 죽이고 빼앗는 추한 범죄를 저지르고 아람과의 전쟁 통에 이스르엘에서 비참하게 죽게 된다.

분열 왕국 시대의 연대
- 통일 120년(주전 1050-930년)
- 분열 208년(주전 930-722년)
- 잔존 136년(주전 722-586년)
- 총 464년

열왕기상에 흐르는 복음은 피조물이 하나님에게 불순종해서 세상 우상을 숭배하는 여로보암의 길로 가면 하나님은 징계를 통해 다윗의 길을 상징하는 예수 그리스도에게 돌아오는 것이 사는 길이라는 것을 보여 주는 것이다.

2. 남 왕국(왕상 12-왕하 25장) - 다윗 왕조의 왕국

남 왕국의 스무 명의 왕은 1대 르호보암이 17년 통치, 2대 아비얌(아비야)이 3년 통치, 3대 아사가 41년 통치, 4대 여호사밧이 25년 통치, 5대 여호람이 8년 통치, 6대 아하시야가 1년 통치, 7대 아달랴(여왕)가 6년 통치, 8대 요아스가 40년 통치, 9대 아마샤가 29년 통치, 10대 웃시야(아사랴)가 52년 통치, 11대 요담이 16년 통치, 12대 아하스가 16년 통치, 13대 히스기야가 29년 통치(히스기야 6년, 주전 722년에 북 왕국은 멸망한다), 14대 므낫세가 55년 통치, 15대 아몬이 2년 통치, 16대 요시야가 31년 통치, 17대 여호아하스(살룸)가 3개월 통치, 18대 여호야김이 11년 통치, 19대 여호야긴이 3개월 통치, 20대 시드기야가 11년 통치한다.

하나님은 구원하신다(왕하 1-13장)

하나님은 갈멜 산에서 엘리야를 통해 여호와는 생사화복을 주장하는 하나님이심을 증거하셨다. 그럼에도 불구하고 이스라엘 왕이 병들었을 때 그는 자신의 질병이 죽을병인지 나을 병인지를 하나님이 아닌 블레셋의 한 성읍인 에그론의 신 바알세붑에게 묻기 위해 사자를 보냈다. 이를 지켜보신 하나님은 이스라엘에 하나님이 없어서 우상을 찾아가느냐며, 이스라엘의 왕은 반드시 죽을 것이라고 말씀하신다. 여전히 하나님을 찾지 않는 사람은 왕이라도 죽음을 면하지 못하지만, 하나님을 찾는 자는 어떤 상황에서도 구원하신다는 것을 엘리야를 통해 보여 주신다.

엘리야가 승천하기 전 갑절의 능력을 구한 엘리사는 하나님이 마라의 쓴 물을 달게 하신 것처럼 좋지 않은 물을 좋은 물로 바꾸어 주시는 하나님을 나타낸다. 또한 모압과의 전쟁에서 승리하게 해 전쟁에서 구원하며, 선지생도 과부의 기름병을 채워 궁핍한 생활을 구원하기도 한다. 수넴 여인의 아들을 살리는 기적으로 생명을 구원하고, 먹을 것이 없어 산야초를 끓여 먹으려다 사망의 독이 퍼진 것을 가루로 독을 없앤다. 적은 양식으로 100명을 먹이고 남게 해서 흉년에서 구원하는가 하면, 적국 아람 나라의 군대 장관 나아만의 나병을 고쳐 질병에서 구원하고, 잃어버린 도끼를 찾아 주고, 아람 군대의 침략을 사전에 알고 방비해서 나라를 적국에서 구원하시는 하나님을 계속해서 보여 주고 있다.

관통 QT
바알을 추종하듯 내 안에 말씀으로 개혁되어야 할 것은 무엇인가?

38일 왕하 8-13장

어떤 상황과 환경에서 바알과 하나님 중 누가 구원자인지를 엘리사를 통해 여러 모양으로 보여 주고 나타내셨음에도 구원의 하나님에게 돌아와서 섬겨야 되는데 여전히 바알을 섬기는 세력들이 남아 있었다. 바알을 추종하는 아합의 최후를 비참하게 하셨듯이 하나님은 바알의 추종 세력들을 제거하시려고 예전에 엘리야에게 '하사엘에게 기름을 부어 아람의 왕으로 삼고, 예후에게 기름을 부어 이스라엘의 왕으로 삼고, 엘리사에게 기름을 부어 엘리야의 후계자로 삼으라'고 말씀하셨다. 하사엘의 칼을 피하는 자는 예후가 죽일 것이요, 예후의 칼을 피하는 자는 엘리사가 죽일 것이라는 준엄한 말씀이었다. 이 말씀대로 이스라엘의 왕 예후에 의해서 아합의 집은 왕후 이세벨과 왕자 70명이 죽임을 당하고, 아합에 속한 자들은 진멸되고, 바알을 섬기는 모든 선지자와 섬기는 자, 제사장은 한 사람도 살아남지 못했다(왕하 10:19).

하나님은 엘리사를 통한 구원으로 하나님에게로 돌아오기를 촉구하시고, 아합 계열과 바알을 추종하는 세력을 제거하시는 개혁을 단행하시고, 자기 멋대로 사는 사람들을 하나님 말씀대로 살게 하시려고 말씀으로 개혁을 준비하고 계신다.

관통 QT
나는 말씀대로 사는가, 제멋대로 사는가?

39일 왕하 14-17장

말씀대로와 제멋대로(왕하 14-17장)

"그때에 하나님의 사람이 여호와의 말씀으로 말미암아 유다에서부터 벧엘에 이르니 마침 여로보암이 제단 곁에 서서 분향하는지라 하나님의 사람이 제단을 향하여 여호와의 말씀으로 외쳐 이르되 제단아 제단아 여호와께서 이와 같이 말씀하시기를 다윗의 집에 요시야라 이름하는 아들을 낳으리니 그가 네 위에 분향하는 산당 제사장을 네 위에서 제물로 바칠 것이요 또 사람의 뼈를 네 위에서 사르리라 하셨느니라"(왕상 13:1-2).

하나님은 이스라엘이 남과 북으로 분열되는 주전 930년경 북 왕국 여로보암 왕이 벧엘에서 우상을 숭배할 때부터 남 왕국 16대 왕인 요시야 때까지 대대적인 종교 개혁을 단행하신다. 그때까지 선지자 엘리야와 엘리사를 통해 여로보암의 길로 가는 자들에게 하나님에게 돌아와서 말씀대로 살 수 있는 기회를 주셨다. 그럼에도 불구하고 바알을 섬기는 뿌리가 얼마나 깊은지, 남 왕국의 왕궁까지 침투해서 여호와 보시기에 악을 행하는 일이 벌어진다. 아합과 이세벨 사이에서 태어난 아달랴 공주가 남 왕국 여호사밧의 아들 여호람과 결혼해서 낳은 아들 아하시야가 왕으로 재위하고 있을 때 북 왕국의 요람 왕이 아람 왕 하사엘과 싸우다 다쳤다는 소식을 듣고 병문안을 갔다가 그만 북 왕국의 군대 장수 예후의 반란으로 이세벨의 아들 요람과 아달랴의 아들 아하시야가 죽임을 당한다. 아달랴는 그 틈을 이용해서 자신의 손자들을 모두 죽이고 남 왕국의 7대 여왕으로 등극한다.

하나님은 예전에 다윗에게 왕권이 끊어지지 않게 하겠다고 약속하신 말씀대로 아달랴가 전부 죽였다고 생각한 왕손 중에 요아스 왕자를 여호세바 공주를 통해 살려 두어 6년 동안 성전에 숨겨 놓으시고 7년째가 되었을 때 여호세바의 남편 여호야다 제사장을 통해 아달랴를 제거하고, 바알의 신전을 훼파하고, 바알의 제사장 맛단을 죽이고, 성전을 수리하는 개혁을 단행하게 하신다.

이스라엘의 역사에는 40여 명의 왕이 등장하는데 열왕기하에서만 30여 명의 남북 왕이 섞여서 등장한다. 아무리 많은 왕이 등장해도 걱정할 필요가 없다. 하나님이 어떤 목적으로 열왕기를 기록하고 계시는지만 알면 간단하다. 우선 열왕기의 내용은 왕의 업적을 기록한 것이 아니다. 북 왕국의 왕들은 그들의 남은 사적과 그 모든 행한 일이 이스라엘 왕 역대지략에 기록되었다고 말하고, 남 왕국의 왕들 또한 남은 사적과 그 모든 행한 일이 유다 왕 역대지략에 기록되었다고 말한다. 즉 열왕기는 하나님 말씀대로 사는 왕인지, 자기 멋대로 사는 왕인지를 기록한 것이다. 또한 하나님 말씀대로 사는 왕은 선한 왕으로, 자기 멋대로 사는 왕은 악한 왕으로 기술하고 있다. 열왕기는 누가 여호와 보시기에 선한 왕이고 악한 왕인지를 구별해 준다. 여호와 보시기에 선한 왕은 다윗같이 왕정 제도의 기준인 하나님 말씀대로 준행하며 하나님을 마음에 품는 성전의 관계로 사는 자다.

관통 QT
내 마음의 종교 개혁은 어떤 것인가?

40일 왕하 18-25장

말씀대로 히스기야와 제멋대로 므낫세(왕하 18-21장)

대부분의 왕이 여호와 보시기에 악을 행했지만 남 왕국의 히스기야 왕은 다윗의 모든 행위와 같이 정직하게 행해서 아세라 목상을 찍고, 이스라엘 백성이 그때까지 분향하던 모세가 만들었던 놋뱀을 부숴 버리고, 하나님이 모세에게 명하신 계명을 지키는 개혁을 했다. 그런데 이렇게 말씀대로 사는 히스기야 왕에게 위기가 닥쳐왔다. 자기 멋대로 살았던 북 왕국이 앗수르에 의해 멸망한 지 8년이 되었을 때 말씀대로 사는 히스기야 왕에게 앗수르 왕 산헤립이 쳐들어와서 유다의 모든 견고한 성읍을 점령하고 예루살렘으로 진격해 항복을 요구하는 위협을 가하게 된다.

앗수르 왕이 랍사게를 보내 항복을 권유하고, '하나님을 의지하지 말고 히스기야가 너희에게 여호와를 의지하고 그분이 구원할 것이라고 말해도 듣지 말고 속지 말라'고 회유하면서 '북 왕국도 그들의 신이 앗수르 왕의 손에서 건지지 못했으며, 민족의 신들 중에 어느 한 신도 그의 땅을 내 손에서 구원하지 못했으니 여호와 또한 예루살렘을 내 손에서 건지지 못할 것이다'라고 살아 계신 하나님을 훼방하자 히스기야 왕은 이사야 선지자를 불러 기도를 요청하게 된다. 하나님이 혹시 앗수르 왕이 살아 계신 하나님을 훼방하러 보낸 말을 들으셨으면 앗수르를 꾸짖을 것이라는·말씀을 알고 있었던 것이다.

> "여호와의 이름을 모독하면 그를 반드시 죽일지니 온 회중이 돌로 그를 칠 것이니라 거류민이든지 본토인이든지 여호와의 이름을 모독하면 그를 죽일지니라"(레 24:16).

히스기야 왕은 레위기의 이 말씀을 잘 알고 있었다. 하나님은 히스기야가 말씀을 기준으로 기도한 것을 들으시고 말씀으로 응답하셔서 앗수르 왕에게 "네가 누구를 꾸짖었으며 비방하였느냐 누구를 향하여 소리를 높였으며 눈을 높이 떴느냐 이스라엘의 거룩한 자에게 그리하였도다"(왕하 19:22)라고 말씀하시고 그 밤에 앗수르 정예군 18만 5천 명을 송장이 되게 하셔서 풍전등화와 같은 이스라엘을 구원하셨다.

하나님은 히스기야가 말씀을 기준으로 기도하자 앗수르를 물리쳐 주셨는데, 그만 히스기야가 죽을병에 걸려 죽게 되자 또 통곡하며 기도하는 소리를 들으시고는 생명을 15년 연장해 주신다. 그 후 히스기야의 뒤를 이어 왕위를 계승한 므낫세는 여호와 보시기에 심히 악한 일을 저지르며 우상으로 유다를 범죄하게 했고, 그 아들 아몬도 부친이 섬기던 우상을 섬기다가 신복들의 반역으로 죽임을 당하고 그 아들 요시야가 대신 왕이 된다.

요시야, 말씀대로 종교 개혁(왕하 22-23장)

하나님은 약 300년 전에 대대적인 개혁을 단행할 인물이 요시야라고 하셨는데, 그 요시야가 드디어 왕이 되었다. 요시야는 여호와 보시기에 정직하게 행해서 그 조상 다윗의 모든 길로 행하고 좌우로 치우치지 않았다. 성전을 수리하다가 율법책을 발견하고 그 언약책의 모든 말씀을 읽어 무리의 귀에 들리게 한 요시야 왕이 마음과 성품을 다해 여호와에게 순종하고 언약의 말씀을 지키겠다고 하니 백성이 그 언약을 좇기로 화답했다.

성경으로 돌아오면 회복이 가능하다. 내 마음의 성전을 수리하고 건축해 가는 것은 말씀이 내 안에서 계속 움직여지면서 신앙생활의 거룩으로 나타난다. 율법책을 읽음으로 회개와 영적 부흥이 일어난 것처럼, 이 시대의 종교 개혁은 말씀을 기준으로 사는 새 계명이다. 종교 개혁은 성도가 말씀으로 돌아갈 때 일어난다. 말씀이 가슴에 박혀야 하며, 가슴에 박힌 말씀으로 믿음이 생기고, 그 믿음이 사랑으로 표현되어지는 새 계명으로 살아지게 하는 것이 이 시대의 진정한 종교 개혁이다. 성경 말씀을 읽다가 깨닫는 것이 종교 개혁이고 인생 개혁이다. 참성전이 수리되고 거룩함으로 성화되는 신앙의 종교 개혁은 말씀 안에서 이루어지고, 언약의 회복은 말씀 통독으로 시작된다. 하나님이 원하시는 종교 개혁은 예수 그리스도로 리폼(Reform)되는 것이다. 말씀은 성경 공부나 설교의 도구가 아니라 인생과 삶의 질을 개혁하는 것이다. 그러므로 교육 개혁, 사법제도 개혁, 의식 개혁은 종교 개혁이나 신앙 개혁으로 이루어질 수 있다. 예수 그리스도의 형상으로 리폼되면 예수 그리스도로 폼 잡게 되어, 말하는 폼으로 사랑하고 축복하는 말이 나오고, 생각하는 폼으로 하나님의 뜻을 생각하고, 행동하는 폼으로 새 계명을 실천하게 된다. 예수 그리스도로 폼 잡는 인생이 복된 인생이다.

폼
볼품없는 사람을 예수 품질로, 볼폼 없는 사람을 예수 폼으로 바꾸시는 그리스도가 임마누엘 된 성도는 그리스도의 형상이다.

개혁을 완성시키는 바벨론 포로(왕하 24-25장)

> "요시야와 같이 마음을 다하며 뜻을 다하며 힘을 다하여 모세의 모든 율법을 따라 여호와께로 돌이킨 왕은 요시야 전에도 없었고 후에도 그와 같은 자가 없었더라"(왕하 23:25).

하나님은 더럽혀진 성전과 하나님의 이름을 거룩하게 회복하기 위해 다윗의 길로 행하는 요시야 왕을 통해 개혁을 단행하시지만, 마음의 뿌리까지 개혁하기 위해서 북 왕국 이스라엘을 앗수르를 통해 멸망시키시고, 남 왕국 유다는 바벨론의 포로가 되게 하려는 뜻을 세우셨다. 그리고 예루살렘 성과 하나님의 이름과 마음이 있는 성전을 헐어 버릴 마음을 가지셨다.

하나님은 이사야서에서 "이는 하늘이 땅보다 높음같이 내 길은 너희의 길보다 높으며 내 생각은 너희의 생각보다 높음이니라"(사 55:9)고 말씀하신다. 도대체 하나님은 어떤 방법으로 이스라엘을 회복시키려고 하시는 것인지, 하나님은 상상을 초월할 정도로 완전한 회복을 준비하고 계신 것 같다. 하나님은 이스라엘 백성을 70년간 바벨론으로 보내시고 그곳에서 하나님을 마음에 품게 하는 교육을 계획하고 계신 것이다. 그리고 다시 돌아와서 성전을 재건하는 이주 대책을 세우시고 바벨론 느부갓네살 왕에게 공사 수주를 발주하신다. 바벨론의 느부갓네살 왕은 세 번에 걸쳐 남 유다를 침략해서 포로들을 잡아가고 예루살렘 성과 성전을 폐허로 만들어 버린다. 이제 70년 동안 어떻게 개혁을 완성하시는지 예루살렘에서 동시대에 사역한 예레미야와 바벨론에서 포로로 잡힌 평민들에게 사역한 에스겔, 왕국에서 사역한 다니엘을 통해 하나님의 마음을 더 깊이 알 수 있다.

열왕기하에 흐르는 복음은 하나님이 이스라엘을 회복시키시기 위해 요시야 같은 인물을 통해 종교 개혁을 단행하셨던 것처럼 성도의 완전한 개혁을 이루시는 분은 말씀이신 예수 그리스도시라는 것이다.

• 이스라엘의 역사 •

이스라엘은 바벨론 1차 포로(주전 605년) 이후 1948년 5월 14일 영국에 의해서 독립하고 UN에 가입하면서 약 2,500여 년 동안 나라 없는 서러움의 종지부를 찍는다.
남 왕국의 여호사밧(4대 왕)이 남북 평화조약으로 북 왕국의 아합과 이세벨의 딸 '아달랴'를 며느리로 삼게 되어 그가 여호람(5대 왕)의 아내가 된다. 바알 숭배자인 이세벨의 피를 이어받은 '아달랴'는 여호람에게서 난 자기 아들 아하시야(6대 왕)가 전쟁통에 죽게 되자 다윗의 혈통을 없애려고 쿠데타를 일으켜 왕의 씨를 진멸한다. 그러나 아하시야의 아들 요아스 왕자는 죽음 직전에 고모인 여호세바에 의해 구출되어 위기의 상황에서 하나님의 약속인 다윗의 왕위가 지켜진다(삼하 7:13-16). 북 왕국의 이세벨은 엘리야를 죽이려 하고, 그의 딸 아달랴는 남 왕국 유다에서 다윗의 씨를 말살하려고 한다(왕하 11장).
열왕기상 12장에서 분열 왕국이 시작되고, 북 왕국은 열왕기하 17장에서 먼저 멸망하게 된다. 이때까지의 성경은 거의 북 이스라엘에서 활동한 엘리야와 엘리사의 사역을 중심으로 기록된다. 열왕기하 18장에서 25장까지는 히스기야부터 시드기야까지 남 왕국의 역사만 등장한다. 이 기간에는 남 왕국 선지자들이 집중적으로 등장한다. 히스기야 왕 시대에 이사야와 미가 선지자가 활동하고, 종교 개혁자 요시야 왕 시대에는 나훔과 스바냐 그리고 하박국과 예레미야 선지자가 남 왕국 멸망 시기까지 활동한다. 특히 예레미야는 요시야 왕부터 마지막 왕인 시드기야 때까지 사역을 감당한다. 그들의 주된 사역은 인간의 죄로 인한 심판과 하나님의 은혜의 구원을 전하는 것이다.

남쪽 유다의 잔존 왕국(왕하 18-25장)은 멸망할 때까지 앗수르와 바벨론의 압제를 받아 왔다. 히스기야 이전부터 앗수르에게 지배를 받았다(12대 아하스부터 15대 아몬까지). 그리고 16대 요시야부터는 20대 시드기야까지 바벨론에게 지배를 받다가 예루살렘 성전은 파괴되고 멸망한다.

이스라엘 백성에게 성전은 참으로 중요한 의미가 있다. 그런데 그 성전이 파괴되고 만 것이다. 이스라엘은 예전에 시내 산에서 하나님으로부터 언약을 받고 그곳에서 성막을 만들게 된다. 그 성막은 하나님과 맺은 언약의 표증이다. 하나님이 당신의 백성을 통치하시는 상징으로 광야의 성막이 다윗과 솔로몬에 의해 예루살렘에 성전으로 세워진 것인데 이스라엘의 우상 숭배로 인해 성전이 파괴된 것이다.

그러나 무너진 예루살렘 성전은 포로 시대를 거치면서 다시 재건된다. 그리고 복음 시대에는 예수님이 성전을 청결하게 하시고, "너희가 이 성전을 헐라 내가 사흘 동안에 일으키리라"고 말씀하신다(요 2:19). 그것은 '하나님 나라'가 예수 그리스도의 몸 된 성전으로 새롭게 세워진다는 뜻이다. 또한 성전 파괴로 끝나는 열왕기가 성전 재건으로 이어지기 위해 역대기로 새로운 역사가 시작된다.

이스라엘은 우상 숭배로 멸망하지만, 하나님은 그 나라를 다시 세우신다.

아모스

아모스는 북 왕국의 13대 왕 여로보암 2세(주전 786-746년) 때 사역한 선지자다. 북 왕국 여로보암 2세가 통치하던 시대에는 정치적, 경제적으로 가장 화려한 번영을 누렸다. 그러나 백성은 종교적으로 하나님에게 제사를 드리면서도 우상을 숭배했고, 사회적으로 부정과 부패 그리고 살인과 간음 등이 만연했다. 특히 약자들을 괴롭히는 부자들은 사치와 향락이 극에 달하고 있었다. 이때 아모스 선지자는 이스라엘의 영적 타락에 대한 심판을 경고했다.

아모스 구조 잡기

- 주제 : 정의의 불타는 외침

서론(1:1-2)	**여호와가 발하시는 음성(하나님의 책망)**
본론(1:3-9:10)	**하나님의 심판** 1. 이스라엘과 주변국들에 대한 심판 예언(1:3-2:16) : 죄와 벌 - 다메섹, 수리아(1:3-5) : 잔인한 행위로 이스라엘을 괴롭힘(길르앗 압박) - 블레셋, 가사(1:6-8) : 이스라엘을 에돔에 노예로 팔아넘김 - 두로(1:9-10) : 다윗과 솔로몬이 두로 왕 히람과 맺은 평화 언약을 깸 - 에돔(1:11-12) : 많은 유대인을 칼로 죽임(긍휼을 버리고 분을 끝없이 품음) - 암몬(1:13-15) : 땅을 넓히기 위해 유대인 여자를 죽임(산모의 배를 가름) - 모압(2:1-3) : 죽은 자의 무덤을 모독함(에돔 왕의 뼈를 불살라 횟가루를 만듦) - 유다(2:4-5) : 율법 무시, 우상 숭배, 법도를 준행하지 않음 - 이스라엘(2:6-16) : 공의롭지 않고 가난한 자 학대, 겸손한 자의 길을 굽게 함 2. 이스라엘에 대한 설교(3:1-6:14) : 이스라엘의 타락과 하나님의 심판 - 첫 번째 설교(3:1-15) : 이스라엘의 현재 심판(이스라엘의 운명) - 두 번째 설교(4:1-13) : 이스라엘의 과거 심판(이스라엘의 타락) - 세 번째 설교(5:1-6:14) : 이스라엘의 미래 심판(이스라엘의 애가) 3. 심판에 대한 환상(7:1-9:10) - 메뚜기 떼(7:1-3) : 메뚜기 재앙에 대한 중보기도로 뜻을 돌이키심

	- 불(7:4-6) : 불이 큰 바다를 삼키는 징벌에 대한 중보기도로 뜻을 돌이키심 - 다림줄(7:7-17) : 다림줄로 시험해서 여로보암 2세의 왕조를 멸하심(포로로 잡혀감) - 여름 과일(8:1-14) : 북 왕국 상인들의 죄악으로 무서운 하늘의 징조가 나타남 - 문지방(9:1-10) : 외식적 종교 생활에 대한 죄로 성전 문지방을 함몰시켜 죽이심
결론(9:11-15)	**이스라엘의 회복** 다윗 왕조의 회복, 즉 메시아 왕국의 도래와 영원한 축복을 약속하는 결말은 역사적인 왕국이 아니라 구속사의 완성인 예수 그리스도를 통한 하나님 나라의 완성을 명시한다.

아모스 초점 잡기

아모스는 하나님 정의의 외침이다. 남 왕국 태생인 그는 베들레헴 인근 드고아 지역에서 뽕나무를 재배하던 사람으로, 북 왕국에서 사역한 특이한 선지자다. 유다에서 온 방문자 아모스는 매일 시장에서 발견되는 불의와 무자비한 비인간적 행위에 의해 충격을 받는다. 이들은 하나님에게 드리는 제사를 믿음과 별개의 것으로 여기고, 믿음 없는 상태에서 의식적인 제사만 반복적으로 드리고 있었다. 그들이 하나님을 이방 신과 별반 다르게 생각하지 않았기 때문이다. 그러기에 이스라엘은 하나님과 함께 바알을 섬기는 혼합주의 신앙이 되고 말았다.

당시는 북 왕국의 모든 시대 중에 가장 풍요로운 시기였지만 불의와 불법이 성행하고 타락이 극심한 시기이기도 했다. 신 한 켤레를 주면 궁핍한 자를 사고팔 수 있었다. 돈이면 안 되는 것이 없는 물질만능주의로, 돈이 모든 것을 가늠하는 척도가 되었다. 또한 자신을 구별해서 의롭게 살려는 나실인에게 억지로 술을 마시게 하고, 선지자에게는 예언을 못 하게 하는 영적으로도 타락한 시대였다. 아모스 선지자는 회개하고 돌이켜 하나님을 찾으면 살 수 있다고 외치고, 그래도 돌아오지 않으면 나라는 멸망하고 백성은 포로로 잡혀갈 것이라고 또 외친다.

> "보라 날이 이를지라 내가 기근을 땅에 보내리니 양식이 없어 주림이 아니며 물이 없어 갈함이 아니요 여호와의 말씀을 듣지 못한 기갈이라"(암 8:11).

현시대는 말씀의 홍수 속에 살고 있다. 홍수가 나면 먹을 물이 없다는 말처럼 형식적인 신앙생활을 하면 말씀의 기갈을 느끼게 된다. 이 시대는 아마도 아모스와 같은 시대인지도 모른다. 경제적으로는 풍요로운 시대를 살고 있지만, 영적으로는 기복주의에 사로잡혀 있는 것이다. 세상에서는 잘 먹고 잘사는 것을 기준으로 믿음의 척도를 구분하려고 한다. 그러나 믿음의 척도는 말씀으로 돌아가 그 말씀대로 살려는 것이어야 한다. 오직 정의를 물같이, 공의를 마르지 않는 강같이 흘리는 예수 그리스도가 십자가 위에서 새 언약의 의로 정의를 세우시고, 새 계명의 사랑으로 공법을 시행하신다. 그러므로 예수 그리스도는 죄인을 의인 만드는 정의와 우리를 하나님의 자녀가 되게 하는 공의시다.

• 아모스와 호세아의 비교 •

1. 아모스(주제: 정의) - 호세아(주제: 사랑)
2. 아모스(남 유다의 작은 마을 드고아 출신) - 호세아(북 이스라엘 출신)
3. 아모스(경제·사회적 부패 - 이웃과 올바르지 못한 관계 경고)
   - 아모스는 가난한 자들에 대한 특별한 관심 속에서 법과 정의에 대해 주목했다.
4. 호세아(신앙적 부패 - 하나님과 올바르지 못한 관계 경고)
   - 호세아는 이러한 부정에 의해 파생된 하나님과의 깨어진 관계성에 대해 관심을 가졌다.

호세아

호세아는 아모스와 동시대의 선지자로
하나님의 사랑을 자기 가정을 통해 보여 준다.

호세아 구조 잡기

- 주제 : 하나님의 불타는 사랑

서론(1:1-2)	**호세아의 결혼을 명하시는 하나님**
본론(1:3-13:16)	**호세아의 결혼생활로 하나님과 이스라엘 백성의 관계 묘사** 1. 호세아 선지자와 고멜의 결혼(1:3-3:5) - 배신한 이스라엘의 모형 고멜(1:3-9) : 호세아의 가족 - 하나님이 보신 미래의 전망(1:10-2:1) : 이스라엘의 회복에 대한 선언 - 징벌을 통한 회복(2:2-23) : 불신 이스라엘의 형벌과 회복 - 회복된 호세아의 결혼(3:1-5) : 호세아와 그의 부정한 아내 2. 하나님과 이스라엘의 영적 결혼(4:1-13:16) - 방탕한 이스라엘(4:1-6:3) : 이스라엘 범죄에 대한 심판과 회복 - 회개를 거부한 이스라엘(6:4-8:14) : 고의적인 언약 위반과 우상 숭배 - 이스라엘에 대한 징벌(9:1-10:15) : 임박한 확실한 형벌 - 하나님의 사랑과 심판(11:1-13:16) : 하나님의 사랑에도 범죄하는 이스라엘
결론(14:1-9)	**이스라엘의 회개와 축복**

호세아 초점 잡기

호세아서는 하나님의 사랑의 외침이다. 호세아는 아모스와 같은 시대의 선지자다. 그는 정의를 쓴 쑥으로 바꾸며 공의를 땅에 던지는 불의한 시대에 하나님의 사랑을 외친다. 이스라엘 백성이 저지른 불의와 불법은 하나님과의 사랑 관계를 점점 파괴시켰다. 경제적, 사회적 부패로 이웃과 올바르지 못한 관계는 결국 하나님과 올바르지 못한 신앙적 부패로 나타났다. 그래서 아모스가 사회적으로 부패한 모습을 고발했다면, 호세아는 그런 부패에 의해 파생된 하나님과의 깨어진 관계를 고발하고 있는 것이다. 여로보암 2세 시대의 평화는 번영을 가져왔다. 그런데 번영이 잉태해서 사치를 낳았고, 사치가 장성해서 방종을 낳게 되었다. 결국 물질적 풍요가 영적 빈곤을 만든 꼴이 되었다.

하나님과 언약의 백성인 이스라엘을 혼인 관계로 비유한다. 남편이 있음에도 다른 남자를 찾아가 부정을 저지른 고멜을 용서하고 사랑하는 호세아 선지자의 이야기와 언약을 통해 하나님이 남편임에도 다른 신을 찾아가 우상 숭배의 부정을 저지른 이스라엘을 용서하고 사랑하시는 하나님의 애절한 사랑 이야기가 호세아서의 주요 내용이다.

음란한 고멜과 결혼한 호세아의 가정사를 통해 고멜과 같은 이스라엘 백성을 호세아처럼 사랑하시는 하나님의 사랑 고백이 호세아서에서 울려 퍼지고 있다. 그럼에도 그의 백성이 하나님의 사랑을 알지도, 깨닫지도, 느낄 수도 없는 것은 음란한 마음이 그 속에 있기 때문이다(호 5:4). 음란한 마음으로 다른 사람의 사랑을 받아 간음해서 노예 신세로 전락한 자기 아내 고멜를 사랑한 호세아는 은 15개와 보리 한 호멜 반을 가지고 가서 그녀를 다시 사 온다. 이때 자기 소유를 자신의 돈으로 다시 사는 것을 구속(救贖)이라고 한다. 호세아는 '여호와는 구원이시다'라는 뜻으로 '예수'와 같은 이름이다. 하나님의 사랑은 예수 그리스도를 십자가에 팔아서 당신의 백성을 값 주고 사시는 구속의 사랑이다.

그러므로 호세아가 외치는 하나님의 사랑은 하나님의 자녀를 만드는 사랑이다. 이 진리를 깨닫지 못하는 백성은 패망하게 된다. 따라서 하나님이 원하시는 것은 종교적인 예배의식보다 새 계명인 사랑이다. 또한 기복주의로 드리는 헌금보다 복의 근원이 되신 하나님을 아는 것이다. 그들은 아담처럼 언약을 배반해서 불순종을 일삼지만 하나님은 새 언약의 그리스도를 통한 구속으로 여호와의 길로 행하게 하신다(호 14:9).

· 호세아와 요나의 비교 ·

1. 호세아(국내 선교) - 요나(해외 선교)
2. 호세아(북 이스라엘) - 요나(앗수르 니느웨)
3. 호세아가 북 이스라엘 백성에게 40년 후에 망한다고 해도 듣지 않았다.
4. 요나가 니느웨에서 40일 후에 망한다고 했더니 그들은 회개하고 돌아섰다.

요나

요나는 아모스, 호세아와 동시대에 사역했던 선지자이며,
니느웨에 파송된 최초의 해외 선교사다.

요나 구조 잡기

- 주제 : 원수에게 선포된 복음

서론(1:1-2)	**요나의 선교 사명(요나에게 사명을 주시는 하나님)**
본론(1:3-3:10)	**요나의 사명 감당으로 구원받은 니느웨 백성** 1. 요나의 불순종(1:3-17) - 3일간 큰 물고기 배 속에 감금된 요나(도망가는 요나) 2. 요나의 회개(2:1-10) - 구원은 여호와에게 있음을 고백하는 요나(기도하는 요나) 3. 요나의 순종(3:1-10) - 요나의 선교로 구원받은 니느웨 백성(선교하는 요나)
결론(4:1-11)	**요나의 분노와 하나님의 자비(교육받는 요나)** - 박 넝쿨 교육으로 요나를 깨우치시는 하나님

요나 초점 잡기

요나서는 하나님 선교의 외침으로 호세아의 사랑과 아모스의 정의가 어우러진 내용이다. 하나님의 정의는 열방을 심판하는 것이고, 그의 사랑은 열방을 구원하는 것이다. 요나와 동시대의 아모스 선지자가 외친 정의는 도덕적 타락으로 공의와

정직이 무너진 상태에서 가난한 자들의 복음이었다. 또한 호세아 선지자가 외친 사랑은 종교적 타락으로 음란한 우상을 섬기는 백성을 향한 구속의 복음이었다. 이렇게 도덕적, 종교적으로 타락한 이스라엘은 제사장 나라의 사명을 감당하지 못해서 열방에 하나님의 복음을 전하지 못하고 있었다. 제사장 나라로 세워진 이스라엘은 열방을 향한 하나님의 사랑을 전해야 했다. 그래서 하나님은 요나를 통해 제사장 나라의 선교 사명을 촉구하신다. 요나에게 니느웨로 가서 그들의 죄악을 지적하고 회개를 외치라고 명하신다.

요나의 표적

요나가 밤낮 사흘을 큰 물고기 배 속에서 지낸 일은(욘 1:17) 그리스도의 죽으심과 장사지냄과 부활하심의 예표로(마 12:39-41; 눅 11:29-32), 실제로 예수 그리스도의 사역 가운데 성취되었다. 하나님이 요나를 통해 니느웨를 구원하시듯 예수 그리스도를 보내시어 무덤에서 3일간 머물게 하다가(마 27:64) 부활하게 하시어 모든 이방인이 그를 믿음으로 구원을 얻게 할 것을 상징한다.

죄악이 관영한 시대일수록 선교사의 사명은 더욱 중요하다. 요나는 파송받은 니느웨로 가는 척하다가 다시스로 도망간다. 그가 도망을 가다가 큰 물고기 배 속에서 3일 동안 지낸 이야기는 꼭 동화와 같다. 그런데 예수 그리스도는 그 동화 같은 실제 사건이 앞으로 자신에게 나타날 표적이라고 말씀하신다(마 12:30-41). 주님은 이 땅에 선교사로 오신 것이다. 의인을 부르러 온 것이 아니라 죄인을 부르러 오신 것이다. 하나님의 선교는 죄인을 회개시켜 구원받게 하는 것이다. 그런데 요나는 자신의 선교로 니느웨 백성이 회개하고 구원을 받자 기뻐하지 않는다. 오히려 하나님의 자비하심에 분노한다.

우리는 요나의 분노를 통해 세상의 선교사인 성도가 이 땅에 사는 이유를 발견할 수 있다. 성도는 살든지 죽든지 그리스도를 존귀하게 해야 한다. 그래서 영혼을 구원하는 복음의 진보가 나타나고, 하나님의 자녀답게 사는 믿음의 진보가 나타나야 한다. 그런데 요나처럼 영적 우울증에 걸리면 영혼을 구원하는 사명을 망각하고 하나님의 자녀답게 살지도 못한다. 그러므로 예수 그리스도가 말씀하신 요나의 표적은 두 가지 의미가 있다. 하나는 큰 물고기 사건으로 예수 그리스도를 통한 구원의 복음을 의미한다. 또 하나는 박 넝쿨 사건으로 구원받은 성도는 성숙하게 자라 가야 한다는 교훈을 의미한다. 자기만 잘살고, 자기만 구원받아야 된다는 요나와 같은 부당한 분노는 없어야 한다.

• 니느웨 (Nineveh) •

'니느웨'란 명칭은 메소포타미아의 다산(多産)과 풍요를 상징하는 여신인 '이쉬타르'(Ishtar)에서 유래된 것이다. 이 도시는 오늘날의 이라크 지역인 티그리스 강에서 동쪽으로 약 0.8킬로미터 정도 떨어진 곳에 위치하고 있었다.

요나가 활동하던 당시만 해도 일개 성읍에 불과했던 이 도시는 주전 700년경 산헤립 왕(주전 705-681년)에 의해 앗수르의 수도가 되었다. 니느웨에 대한 성경의 최초 언급은 창세기에서 함의 자손인 니므롯이 앗수르로 나아가 니느웨를 건축했다고 한다(창 10:11-12). 이 성읍이 가장 번영했을 때의 크기는 어른이 12만 명으로, 전체 인구는 약 60만 명으로 추산한다(욘 4:11). 성읍 전체를 여행하려면 3일 길(약 96킬로미터)이 걸릴 정도의 넓이에 달했음이 점차적인 발굴 작업에 의해 입증되고 있다(욘 3:3).

니느웨는 주전 612년 신흥 바벨론 제국에 의해 멸망당한다. 바벨론의 역대기에 의하면 티그리스 강의 범람으로 인해 이 성읍은 단번에 황폐화 되었다고 전해진다(나 1:8). 니느웨에 대해 예언한 선지자는 요나와 나훔이 있다.

오바댜

오바댜서는 기록 연대가 불분명하다.
주전 9세기라고 인정되어 왔는데, 근자의 연구 결과에 따라
예루살렘이 함락되기 직전에 기록된 것으로 보는 견해가 더 지배적이다.
오바댜서는 에돔의 멸망을 선고한 책이다.

오바댜 구조 잡기

• 주제 : 역사 속에서 사라진 에돔

서론(1:1-9) : 에돔의 교만	에돔 족속이 받은 멸망 선고
본론(1:10-16) : 에돔의 범죄	심판을 피할 수 없는 에돔의 죄
결론(1:17-21) : 심판과 회복	에서의 심판과 야곱의 회복 선언

오바댜 초점 잡기

오바댜서는 구약성경 중 가장 짧은 책으로 에돔의 멸망을 예고하고 있다. 에돔 사람들은 에서의 후손이다. 그들은 하나님을 섬기지 않고 우상 숭배를 일삼으며 형제 야곱의 후손 이스라엘과 늘 적대 관계를 가졌다. 또한 형제의 나라인 예루살렘이 이방인의 침략으로 함락되는 것을 보고 기뻐했다. 오바댜서는 이런 에돔의 범죄에 대한 하나님의 심판과 이스라엘의 회복을 선포하고 있다.

에돔은 에서의 후손으로 세상 나라를 상징하고, 이스라엘은 야곱의 후손으로

하늘나라를 상징한다. 에돔의 결정적 죄는 교만이다. 하나님과 더불어 싸우려 했고, 자신들을 대적할 적이 없다고 생각했으며, 동맹국을 의지했다. 하나님이 원하시는 겸손은 철저한 순종이다. 현실적인 지위와 권력과 재물을 의지하면 결국 교만해지고 하나님보다 그것을 더 의지하므로 심판을 면하지 못한다. 신약에서 에돔(이두매)의 후손인 헤롯 대제가 예수 그리스도의 탄생 시에 죽이려고 한 것은 왕들의 싸움으로, 세상 나라의 왕이 하늘나라 왕에게 도전한 것으로 본다(마 2:16).

이스라엘과 에돔의 관계는 참으로 질긴 악연이다.

[족장 시대] 에돔 족속은 에서의 후손이다. 야곱이 외삼촌 라반의 집에서 돌아올 때, 에서는 원주민 호리 족속을 추방하고 그 땅을 점령한 상태였다(창 14:6, 36:20; 신 2:12, 22).

[광야 시대] 이스라엘 백성이 출애굽해서 가나안으로 가는 도중 에돔 영지인 왕의 대로로 통과할 것을 요청했으나 거절당한다. 모세는 형제인 에돔과 전쟁을 피하기 위해 다른 길을 선택하고(민 20:14) 에돔이 이스라엘의 총회에 들어오는 것을 허락한다(신 23:8).

[통일 왕국 시대] 사울은 에돔과 전쟁을 하고(삼상 14:47), 다윗은 에돔을 속국으로 치리했지만, 에돔은 또다시 솔로몬의 대적이 된다(왕상 11:14).

[분열 왕국 시대] 북 이스라엘 아합 왕이 죽은 후 모압 왕 메사의 반역이 있자 북이스라엘과 남 유다는 에돔과 연합국을 결성한다(왕하 3:4, 9). 그러나 에돔은 유다 5대 왕 여호람 때 배반한다(왕하 8:20). 유다 9대 왕 아마샤가 에돔 사람 1만 명을 죽인다(왕하 14:7). 유다 12대 왕 아하스 때 에돔이 유다를 공격하고 포로를 잡아간다(대하 28:17). 바벨론 침략으로 유다가 멸망(주전 586년)할 때 에돔이 기뻐한다(시 137:7).

[포로 시대] 유다 포로 후 에돔 사람은 유다 남부에 침입해서 이두매 지역 사람이 된다(막 3:8).

[중간사 마카비 시대] 요한 힐카누스가 이두매를 점령한다.

[중간사 로마 시대] 로마 정복 당시 이두매(에돔 사람) 안티파터가 유대 행정관으로 임명(주전 47년)되고 그 아들 헤롯 대왕이 유대의 왕이 된다(주전 37-4년).

[교회 시대] 주후 70년 로마 디도 장군에 의해 예루살렘이 멸망할 때 이두매(에돔 사람)도 역사 속에서 사라진다. 교만의 상징인 에돔이 사라지듯이 인간의 교만도 그리스도의 은혜로 인생 속에서 사라지고 그리스도의 겸손으로 살 것을 기대한다.

요엘

요엘서는 기록 연대가 불분명한데, 바벨론 포로 이후로 보는 견해가 있다.

요엘서는 성령 강림을 예언한 책이다.

요엘 구조 잡기

• 주제 : 역사 속에서 나타난 성령

서론(1:1-3)	**전무후무한 재앙**
본론(1:4-3:16)	**회개를 통한 회복과 메시아 구원과 성령 강림을 약속** 1. 메뚜기 재앙(1:4-12) - 하나님에게 드릴 성전 제사(소제와 전제)가 끊어진 재앙 2. 회개를 촉구(1:13-20) - 특별 금식을 선포하고 여호와에게 부르짖음 3. 여호와의 심판의 날(2:1-17) - 심판의 날을 예비해서 마음을 찢으며 회개하라 4. 여호와의 응답(2:18-32) - 메시아와 성령 강림을 약속하심 5. 열방에 대한 심판(3:1-16) - 하늘과 땅을 진동해서 열방의 죄악을 심판
결론(3:17-3:21)	**악인의 멸망과 이스라엘의 축복(여호와의 날의 양면성)**

요엘 초점 잡기

요엘서의 주된 배경은 메뚜기 떼의 습격과 극심한 가뭄으로 인한 재앙이다(욜 1:4, 10-12). 요엘은 이스라엘 백성에게 메뚜기의 재앙을 말하면서 밭이 황무하고 토지가 처량하며 곡식과 포도주가 떨어졌으니 슬피 울면서 회개하라고 촉구한다. 만일 회개하지 않으면 하나님의 심판의 날이 이렇게 임한다고 말한다. 그러나 온 백성이 회개하면 하나님이 축복의 은혜와 구원의 선물과 메시아의 임재와 그 후 교회 시대의 성령 강림 약속을 이루실 것이라 예언하고 있다(욜 2:23, 28).

성령 강림
오순절 성령 강림 사건(행 2:1-4)은 요엘의 예언이(욜 2:28-29) 성취된 것이다(행 2:16-21).

메뚜기 재앙과 가뭄으로 인한 성전 제사, 소제(곡식으로 드리는 제사)와 전제(술로 드리는 제사)의 중단은 하나님과의 영적 교제의 단절에서 비롯된 것을 암시한다. 그러므로 요엘서는 다른 예언서들과는 달리 이스라엘의 파멸을 분석하기보다는 치유에 관심을 갖고 회복되길 바라는 마음이다.

하나님과 백성의 관계가 회복되면 사람 그리고 땅도 치유되어 기쁨을 누린다(사 55:12-13). 하나님과 백성의 관계를 회복시키는 것은 오직 성령이시다. 성령이 임재하고 주인 되어 역사하시면 성도는 참자유를 누리게 된다. 구약에서 성령은 새 언약의 증표다. 재앙이 임하고 고난이 극심한 세상의 상황에서 하나님은 성령으로 구원을 약속하고 계시다. 누구든지 주의 이름을 부르는 자는 구원을 얻으리라(욜 2:32; 롬 10:13).

이사야

이사야 선지자는 남 왕국 13대 왕 히스기야(주전 716-687년) 때 사역했다.
이사야서는 예수 그리스도가 '거룩한 씨'로 올 것을 예언한 책이다.

이사야 구조 잡기

- 주제 : 거룩한 씨

서론(1-12장) : 하나님의 사랑	이사야의 소명과 메시아의 구원
본론(13-39장) : 구원의 하나님	임마누엘의 구원은 역사적 사건
결론(40-66장) : 아름다운 소식	극히 아름다운 일을 전하는 사명

※ 이사야의 소명과 메시아 구원(1-12장), 임마누엘의 구원은 역사적 사건(13-39장)
※ 예수(거룩)로 사는 사명(40-59장), 예수(거룩)로 사는 사명의 삶(60-66장)

소는 그 임자를 알고 나귀는 주인의 구유를 안다. 그러나 하나님이 자식으로 키우신 백성은 불순종하고 하나님을 알지도, 깨닫지도 못한다. "하늘이여 들으라 땅이여 귀를 기울이라"(사 1:2) 외치는 하나님의 심판은 하늘을 찌르고 땅을 진동시킨다. 하나님은 이사야를 선지자로 부르시고 죄 범한 나라와 우상을 섬기는 백성에게 심판과 임마누엘의 징조로 회복을 외치게 하신다(사 1-12장). 하나님은 열국의 통치자로 열국을 심판하신다(사 13-23장). 또한 우주적 종말이 올 것이니(사 24-27장) 이스라엘 남북 지도자는 정신 차리고(사 28-30장) 앗수르나 애굽 같은 세상을 의지하지 말고 하나님을 찾으라 하신다(사 31장). 그러면 의로운 왕이 통치하시고(사 32장), 하나님이 일어나시면(사 33장) 에돔은 철저히 망한다(사 34장).

그러나 하나님의 택하신 백성은 회복된다(사 35장). 이것은 히스기야 왕 때 침략한 앗수르의 정예병 18만 5천 명을 하루아침에 송장으로 만드신 역사적 사실이다(사 36-39장). 이로써 어떤 상황에서도 하나님만 의지하면 구원의 길이 있음을 알 수 있다. 그러므로 하나님이 극히 아름다운 일을 행하셨으니 새 일을 온 세계에 전해야 한다(사 40-66장). 그러면 열방이 구원의 새 노래를 부를 것이다. 아름다운 소식을 전하는 사명은 거룩한 예수 그리스도로 사는 것이며(사 40-59장) 그 메시아가 살아 주심으로 새 하늘과 새 땅으로 연결된다(사 60-66장).

이사야 초점 잡기

이사야는 남 왕국 히스기야(주전 716-687년)가 왕으로 있을 때 주로 사역한 선지자다. 그와 동시대에 사역한 선지자는 미가다. 두 선지자 모두 메시아에 대한 예언을 구체적으로 기록하고 있다. 이것으로 보아 그리스도의 초림은 더욱 분명해진다. 이사야는 '여호와는 구원이시다'라는 뜻이 있다. 그러므로 이사야서를 통해서는 특별히 그리스도를 통한 하나님의 구원을 살펴볼 수 있다.

신약성경의 로마서는 전반부(롬 1-11장)에 복음을 설명하고 후반부(롬 12-16장)에 복음으로 사는 내용을 다룬다. 복음의 핵심은 그리스도가 인간의 죄를 해결하시는 것이다. 그리고 죄를 해결받은 인간은 그리스도가 나타나는 삶을 사는 것이다. 이사야서는 로마서에서 말하는 복음의 구조로 전개된다. 이사야서는 이스라엘의 죄로부터 시작한다.

> "슬프다 범죄한 나라요 허물 진 백성이요 행악의 종자요 행위가 부패한 자식이로다 그들이 여호와를 버리며 이스라엘의 거룩하신 이를 만홀히 여겨 멀리하고 물러갔도다"(사 1:4).

그들의 죄는 우상으로 정리되고 우상의 죄는 멸망하게 된다(사 2:18). 그 멸망은 우주적 종말까지 연결된다(사 24-27장). 그런데 복음이신 그리스도가 거룩한 씨와 싹과 순으로 표현된 임마누엘로 구원을 이루신다. 여기까지가 이사야서의 전반부(사 1-39장)에 해당된다. 이 부분의 내용 중에 느닷없이 등장한 히스기야 사건(사 36-39장)은 무엇인가? 그것은 하나님이 선택하신 백성은 역사 속에서 반드시 구원하신다는 내용이다. 히스기야가 왕으로 재위할 당시 앗수르의 군사력은 막강했다. 앗수르의 침입으로 풍전등화의 상황에서 앗수르 군사 18만 5천 명이 하루아침에 송장이 된다. 그들이 어떻게 죽었는지 특별한 설명도 없다. 이 사건은 도저히 믿을 수 없는 사실이다. 이처럼 구원은 믿을 수 없는 사실로 얻는 것이다. 선택하신 백성이 불순종할지라도 하나님의 긍휼로 구원하신다는 내용이다(사 36-39장; 롬 9-11장).

이사야서의 후반부(사 40-66장)는 로마서의 후반부(롬 12-16장)에서 말하는 그리스도가 나타나는 산제사와 새 계명의 생활과 같다. 그것은 나는 죽고 그리스도가 사시는 것이다. 그리스도를 나타내는 생활은 극히 아름다운 일을 전하는 사명이다(사 40:9, 41:27, 52:7, 61:1; 롬 10:15). 하나님의 구원은 아름다운 소식, 좋은 소식, 거룩한 일로 설명된다. 이사야서는 창조의 결론이 구원을 통해 일어날 새 하늘과 새 땅에 초점을 맞추고 있다(사 45:8, 65:17, 66:22; 롬 8:19).

하나님의 거룩한 씨가 사람에게 임마누엘로 연합하면 하나님의 자녀로 출생한다. 이사야서는 하나님의 자녀를 출생시키기 위해 바람을 타고 날아오는 예수 꽃씨와 같다. 이사야서를 읽으면 거룩한 예수 꽃씨가 생명을 살리기 위해 날아다니는 것을 볼 수 있다. 거룩한 씨가 성령의 바람을 타고 우리 가운데 오시어 새 하늘과 새 땅을 바라보게 하며 아름다운 소식을 전하는 자로 살게 하실 것이니 일어나 빛을 발하라.

미가

미가는 이사야와 동시대에 사역했던 선지자로
그리스도의 탄생에 대해 예언한다.

미가 구조 잡기

• 주제 : 주와 같은 신이 어디 있는가?

서론(1:1)	**사마리아와 예루살렘에 관한 예언**
본론(1:2-7:13)	**미가 선지자의 설교** 1. 심판에 관한 설교(1:2-3:12) : 백성과 지도자에 대한 심판(죄와 심판) - 이스라엘에 대한 심판 선언(1:2-16) - 심판의 이유와 회복 예언(2:1-13) - 정치, 종교 지도자들의 심판(3:1-12) 2. 구원에 관한 설교(4:1-5:15) : 구원과 미래의 왕국(소망과 위로) - 미래의 왕국에 대한 약속(4:1-13) : 메시아 왕국에 대한 약속 - 미래의 왕에 대한 약속(5:1-15) : 예수 그리스도에 대한 약속 3. 경고에 관한 설교(6:1-7:6) : 하나님과 그분의 백성과의 쟁변(쟁변과 용서) - 하나님의 구원 역사와 심판의 당위성(6:1-16) - 이스라엘 회복의 약속(7:1-13)
결론(7:14-20)	**구원하시는 하나님을 찬양**

미가 초점 잡기

미가 선지자는 이사야 선지자와 동시대에 사역했다. 이사야가 주로 왕들을 대상으로 사역했다면, 미가는 주로 평민들을 대상으로 사역했다. 이사야가 궁중의 시인이라고 한다면 미가는 촌락의 시인이다. 미가는 왕, 지도자, 권력 계층, 부자들의 타락으로 백성의 고난이 심했던 사회를 향해 회개를 촉구하며, 귀족들의 부패와 탐욕으로부터 평범한 백성을 보호하고자 했다. 미가는 본질적으로 우상 숭배와 바알 숭배가 만연한 그들에게 '수도가 완전 파괴되고 성전은 허물어져 잡초가 나며 나라는 황폐하고 백성은 멀리 포로로 잡혀갈 것이나, 그 후에 이스라엘의 통치자가 나와 아브라함에게 하신 약속을 실현할 것'이라고 예언한다.

예언 성취
예수 그리스도가 베들레헴에서 탄생할 것을 예언한 대로 성취되었다(미 5:2-4; 마 2:5-6).

미가서의 핵심 단어는 정의, 자비, 겸손이다(미 6:8). 미가는 계속해서 하나님의 백성에게 그들의 모든 삶 속에서 정의를 드러내며, 다른 사람들에게 자비를 베풀고, 하나님 앞에서 겸손하라고 외친다. 도대체 하나님이 원하시는 정의와 자비, 겸손은 무엇인가? 그것은 주의 이름을 경외하는 완전한 하나님의 지혜다. 하나님은 애굽에서 종노릇하는 자들을 광야로 인도하셨다. 그런데 그들은 광야에서 본질적인 죄를 버리지 못하고 모압 지역에서 발람의 꾀에 빠져 우상 숭배와 음행을 저질렀다. 그럼에도 하나님은 그들을 가나안 땅으로 인도하셨다(미 6:4-5). 이런 큰 은혜에 보답하는 것은 송아지, 수천의 숫양, 수만 강의 기름을 바치는 것이 아니다. 그 무엇으로도 하나님을 기쁘시게 할 수 없다. 하나님의 요구는 공의로 법을 실천하고, 새 계명으로 사랑을 실천하고, 거룩한 마음으로 하나님과 동행하는 것이다(미 6:6-8).

그러므로 하나님이 구하시는 것은, 원수를 바라보며 묵상하지 말고, 구원의 하나님을 바라보며 그리스도가 겸손하게 멍에 메는 나귀를 타신 것처럼 자기를 부인하고 자기 십자가의 멍에를 메는 것이다. 결국 하나님이 요구하시는 것은 나에게 있는 어떤 부속물이 아니라 순종하는 나의 존재인 것이다. 미가가 예언한 그리스도가 오시면 세상을 숭배하는 죄인의 죄를 해결하고 하나님의 요구에 순종하는 백성이 되게 하신다. 세상에 이런 하나님은 어디에도 없다. 찾아보라. 주와 같은 신이 어디 있는가! 묵상하라. 주와 같은 신이 어디 있는가! 감탄하라. 주와 같은 신이 어디 있는가!

> "이스라엘이여 너는 행복한 사람이로다 여호와의 구원을 너같이 얻은 백성이 누구냐 그는 너를 돕는 방패시요 네 영광의 칼이시로다 네 대적이 네게 복종하리니 네가 그들의 높은 곳을 밟으리로다"(신 33:29).

나훔

나훔은 예레미야와 동시대에 사역했던 선지자로
니느웨의 멸망을 선고한다.

나훔 구조 잡기

- 주제 : 니느웨의 멸망

서론(1:1-8)	**하나님의 거룩하신 성품**
본론(1:9-3:7)	**니느웨에 대한 하나님의 심판** 1. 하나님 공의의 판단(1:9-15) - 니느웨의 멸망과 유다의 구원 2. 하나님 공의의 심판(2:1-13) - 완전히 폐허가 될 니느웨의 참상 3. 하나님 공의의 결정(3:1-7) - 열국을 대적하고 여호와의 대적이 된 니느웨
결론(3:8-19)	**피할 수 없는 멸망**

나훔 초점 잡기

나훔서는 요나서의 후편과 같은 책이다. 앞서 요나는 앗수르 제국의 수도인 니느웨의 멸망을 외쳤다. 그리고 약 100년이 지난 후, 나훔이 니느웨의 멸망을 예고한다. 요나의 선교에 의해 회개하고 구원받은 니느웨가 이제는 멸망을 피할 수 없게 된다. 성경 66권 중에 한 나라의 멸망을 다룬 책은 흔하지 않다. 에돔의 멸망을 다룬 책은 오바댜서다. 니느웨에 대한 책은 요나서와 나훔서다. 그러나 두 권의 책은 동일한 나라 앗수르에 대해 전혀 다른 결과를 기록하고 있다. 요나서는 하나님 선교의 외침으로 호세아의 사랑과 아모스의 정의가 어우러진 내용이다. 하나님의 정의는 열방을 심판하는 것이고, 그의 사랑은 열방을 구원하는 것이다. 요나서의 니느웨는 구원을 받고, 나훔서의 니느웨는 멸망하게 된다. 이것은 하나님의 사랑과 정의를 상징적으로 보여 준다.

하나님의 정의로운 성품은 죄인을 벌하시지만, 사랑의 성품은 죄인을 구원하신다(욘 4:2). 하나님은 니느웨를 멸망시키는 근거가 당신의 거룩하신 성품 때문이라고 나훔서를 통해서 말씀하신다(나 1:3). 하나님의 사랑과 정의의 대조적인 성품은 니느웨를 통해 잘 나타나고 있다. 하나님은 당신의 성품에서 증명하듯이, 죄를 많이 지은 자는 심판하고 상대적으로 죄가 적다고 용서하는 분이 아니시다. 신약 성경에는 예수님이 공생애로 사역하실 당시 실로암에서 망대가 무너져 그것에 깔려 열여덟 명이 죽은 사건이 나온다. 주님은 그때 죽은 사람들이 '예루살렘에 거한 모든 사람보다 죄가 더 있어서 죽은 것이 아니므로 너희도 회개하지 않으면 다 이와 같이 망할 것'이라고 말씀하셨다(눅 13:4-5). 이처럼 하나님의 심판과 용서는 죄의 경중에 달린 것이 아니다.

니느웨는 함의 자손이 앗수르에 세운 도시로 악독하기가 짝이 없는 악하고 음란한 세대의 상징이다(마 12:39). 이런 세상에서 예수 그리스도가 요나의 표적이고, 요나는 그리스도의 예표였다. 세상의 상징인 니느웨를 대상으로 요나는 십자가 복음의 사랑이고, 나훔은 십자가 복음의 심판이다. 그래서 구원받은 니느웨 백성과 멸망당하는 니느웨 백성을 요나서와 나훔서를 통해서 대조적으로 설명하는 것이다. 그러므로 하나님의 사랑을 받지 못한 백성(욥 1:18; 말 1:2-3)은 하나님의 대적자가 되어 하나님의 백성을 괴롭히지만 그들은 반드시 멸망당하게 된다(나 1:15).

나훔은 '여호와의 위로'라는 뜻이 있다. 그러므로 악하고 음란한 세상에서 환난과 고난 속에 사는 성도의 위로자는 나훔의 하나님이시다.

· 나훔과 요나의 비교 ·

* 니느웨 백성의 회개와 사악함에 대해 엄격하게 다스리신 하나님의 자비와 공의

1. 사역 : 요나(니느웨의 구원을 선포/회개) - 나훔(니느웨의 멸망을 선포/반역)
2. 성품 : 요나(하나님의 사랑과 긍휼/긍휼) - 나훔(하나님의 거룩하심과 정의로움/심판)
3. 선교사 : 요나(불순종) - 나훔(순종)
4. 선교지 : 요나(순종한 나라) - 나훔(불순종한 나라)

· 호세아, 요나, 나훔을 통해서 본 하나님의 사랑과 공의 ·

1. 호세아 : 하나님이 이스라엘에 대해 오랜 세월 참으신 후 심판을 선포하신다.
2. 요나 : 하나님의 마음을 이해 못하는 요나를 통해서라도 니느웨 성을 구원하셨다.
3. 나훔 : 하나님의 공의가 죄악으로 변한 니느웨를 심판하실 수밖에 없었다.

스바냐

스바냐는 예레미야와 동시대에 사역했던 선지자로
하나님의 우주적 심판을 예고한다.

스바냐 구조 잡기

- 주제 : 심판의 날에 숨김을 받아라!

서론(1:1-3)	**하나님의 심판 선언**
본론(1:4-3:13)	**여호와 심판의 날** 1. 유다와 예루살렘에 대한 심판(1:4-2:3) - 우상 숭배에 대한 심판 2. 열방에 대한 심판(2:4-15) - 동서남북 주변 국가의 범죄에 대한 심판 3. 심판과 회복(3:1-13) - 예루살렘과 열방의 심판과 회복
결론(3:14-20)	**구원의 하나님으로 인한 기쁨**

스바냐 초점 잡기

스바냐서는 주로 심판에 대해 예언하고 있다. 특별히 '여호와의 날'과 '남은 자' 사상을 강조한다. 여호와의 날에는 모든 사람 위에 하나님의 진노가 임해 멸절당하게 된다. 하나님의 진노가 임하는 '여호와의 날'은 희생의 날이며, 분노의 날과 환난, 고통의 날이다. 또한 황폐와 패망의 날이며, 캄캄하고 어두운 흑암의 날이다.

이날에 온 땅과 모든 거민은 멸절하게 된다.

하나님이 이토록 진노하시는 근본적인 이유는 무엇인가? 그것은 하나님에 대한 거짓 예배에 있다. 하나님이 택하신 백성은 하나님의 성소인 예루살렘에서 이방 신들을 섬기며 하나님을 저버렸다. 그들은 여호와가 복도 내리지 아니하시며 화도 내리지 아니하시리라는 불신앙에 빠져 있었고, 유다의 지도자들은 부패와 악정, 거짓을 거듭 자행하고 있었다. 그러므로 하나님은 악인에 대해 분노를 쏟으실 수밖에 없다.

한편 스바냐는 백성에게 진노의 날이 임박하기 전에 하나님이 숨겨 주시는 은혜를 얻기 위해 회개할 것을 권면하고 있다(습 2:3). 그러면 '여호와의 날'은 기쁨의 날이 될 것이라고 예언한다. 그것은 진노의 날에 하나님이 '남은 자'를 남겨 당신의 의로운 백성을 구원하시기 때문이다. 하나님은 우주적 종말의 날에 당신의 백성을 숨겨 놓고 진노 후에 불러내어 기쁨을 이기지 못하신다. 스바냐는 '여호와가 그를 감추셨다'라는 뜻이 있다. 그러므로 하나님은 그분의 백성을 진노와 분노의 날에 감추시고, 세상의 환난과 고통 중에 숨기시고, 인생의 두려움과 가난의 어려움 중에 숨기시고 잠잠히 사랑하시며, 칭찬과 명성을 얻게 하신다. 그런 하나님을 어찌 찬양하지 않을 수 있을까!

> "너의 하나님 여호와가 너의 가운데에 계시니 그는 구원을 베푸실 전능자이시라 그가 너로 말미암아 기쁨을 이기지 못하시며 너를 잠잠히 사랑하시며 너로 말미암아 즐거이 부르며 기뻐하시리라"(습 3:17).

하박국

하박국은 예레미야와 동시대에 사역했던 선지자로
구원의 하나님을 선포한다.

하박국 구조 잡기

• 주제 : 의인은 무엇으로 사는가?

서론(1:1-4)	**악행의 문제를 제기하는 하박국**
본론(1:5-2:20)	**문제를 해결받는 하박국** 1. 하나님의 응답(1:5-11) - 불의한 유다인을 갈대아인으로 심판하신다. 2. 하박국의 질문(1:12-2:1) - 왜 하나님은 악한 자를 사용하시는가? 3. 하나님의 응답(2:2-20) - 악인은 멸망하지만 의인은 믿음으로 산다.
결론(3:1-19)	**하나님을 찬양하는 하박국**

하박국 초점 잡기

하박국이 사역하던 시대에는 요시야의 대대적인 종교 개혁이 있었음에도 불구하고 유다의 죄악된 역사 흐름은 조금도 그 방향이 바뀌지 않았다. 백성은 종교적, 도덕적으로 타락하고 심지어는 왕(여호야김)까지도 여호와 보시기에 악을 행하는, 공의가 시행되지 못하던 시기였다. 그래서 스바냐의 예언은 초지일관 '심판'이었다. 끊임없는 유다의 죄악이 하나님의 심판을 선언하게 만들었다. 그런데 이때, 하박국은 악인들의 죄악상과 하나님의 침묵에 대해 하나님에게 의인의 고난과 악인의 형통이 불공평하다고 호소한다.

하박국서는 백성에게 하나님 말씀을 선포하는 다른 예언서와는 달리 신앙적인 문제를 가지고 하나님과 대화하며 그 속에서 하나님이 주시는 답변을 전하고 있다. 특히 악의 문제로 고통당하는 선지자가 하나님의 계시를 통해 문제를 해결받는 모습을 보여 주고 있다. 하나님은 악인이 세상에서 득세하고 승리하는 것 같지만 여전히 세상을 다스리고 주관하는 분은 하나님이심을 알게 하고, 의인은 믿음으로 살아야 되는 것을 설명하신다.

악인의 형통을 어떻게 이해할 수 있을까? 그들이 잘되는 것을 보면 실족하게 될까 겁난다. 그들은 죽는 때에도 고통이 없고, 그 힘이 건강하며, 타인과 같은 고난이나 재앙도 없다. 그러므로 그들은 교만을 목걸이처럼 걸고 다니고, 폭력을 옷처럼 온몸에 두르고 다니며, 배불러 눈 아래 보이는 게 없고, 탐욕이 마음의 소원보다 더 크다. 그들의 입은 마구 놀려 대어 하늘의 하나님을 대적하고 땅에 있는 사람들에게 악담을 한다. 보라, 이들이야말로 정말 못된 자들이 아닌가! 그런데도 이들은 언제나 편안한 생활을 하고, 늘어 가는 것은 재산뿐이다.

의인이 이런 악인의 형통을 보면서 '깨끗한 마음으로 살고 죄를 짓지 않는 것이 허사로다'라고 말한다면 주의 백성이라고 자처할 수 없을 것이다. 그러기에 의인은 함부로 불신앙의 말을 할 수가 없다. 물론 세상의 현실은 여전히 이해가 안 된다. 이해할 수 없는 의인의 질문에 하나님은 간단하게 정리해 주신다. 악인의 형통과 의인의 고난은 정한 때가 있으며, 악인은 교만으로 멸망하게 되고, 의인은 하나님을 의지하는 믿음으로 살게 될 것이라는 것이다(합 2:2-3).

악인이 의인보다 더 번영하고, 악인에게 의인이 핍박받는 이유는 무엇인가? 그것은 곧 "의인은 그의 믿음으로 말미암아 살리라"(합 2:4)는 것으로, 의인이 악인에게 괴롭힘을 당하는 것은 의인을 연단시키고 정화(淨化)시키기 위한 하나님의 섭리에 의한 것일 뿐, 궁극적으로 악인은 자신의 죄로 인해 멸망당하고, 의인은 그 믿음으로 하나님에게로부터 구원을 얻게 된다. 그러므로 악인이 의인을 에워싼 세상에서 의인의 사명은 믿음으로 사는 것이다. 이해할 수 없는 세상의 환경과 상황을 묵상하면 실족하게 되지만, 구원의 하나님을 보면 기뻐하게 된다. 스바냐서에서 하나님은 구원받을 당신의 백성을 기뻐하시고, 하박국서에서 의인은 구원의 하나님을 기뻐한다.

> "나는 여호와로 말미암아 즐거워하며 나의 구원의 하나님으로 말미암아 기뻐하리로다"(합 3:18).

구원의 하나님을 기뻐하는 의인의 믿음은 어떤 것인가? "의인은 그의 믿음으로 말미암아 살리라"(합 2:4)는 이신칭의(以信稱義)의 내용이 신약성경의 주요한 본문에(롬 1:17; 갈 3:11; 히 10:38) 기록되었으며, 16세기의 루터가 영향을 받아 종교 개혁을 이루는 근간이 되었다. 루터에게 나타난 믿음은 종교 개혁의 열매를 맺었다.

· 신약성경에서 인용하는 의인의 믿음은 어떤 것인가? ·

로마서에서 의인이 믿음으로 산다는 것은, 복음 안에 감추어 있던 그리스도가 처음부터 끝까지 믿음으로 살게 한다는 것이다.
갈라디아서에서 의인이 믿음으로 산다는 것은, 율법으로는 의롭게 되지 못하는 것처럼, 자기의 의로 사는 것이 아니고 하나님의 의로 사는 은혜를 말하는 것이다.
히브리서에서 의인이 믿음으로 산다는 것은, 악인이 득세하는 세상에서 의인이 실망하고 좌절해서 뒷걸음치는 것은 하나님을 기쁘시게 하는 믿음이 아니니, 악한 세상에서 오직 믿음으로 살라는 것이다. 성도가 믿음으로 살면 어떤 열매를 맺을 수 있을까?

예레미야

예레미야는 눈물의 선지자로
이스라엘 백성이 포로로 잡혀갈 때 하나님의 소망을 선포한다.

예레미야 구조 잡기

- 주제 : 사람들은 어떤 말을 듣는가?

서론(1-20장) : 유다의 죄악	심판의 당위성(렘 3:8, 5:1)
본론(21-45장) : 유다의 멸망	포로의 당위성(렘 15:4; 왕하 21:16, 24:3)
결론(46-52장) : 심판과 회복	회복의 당위성(렘 29:10-11)

※ 유다의 죄악(1-20장), 시드기야(여호아하스-여호야김-여호야긴-시드기야) 멸절 예언(21-24장), 1차 침입 여호야김 4년(25-27장), 시드기야 4년(28-31장), 시드기야 11년(32-35장), 2차 침입 여호야김 4년(36장), 3차 침입 시드기야(37-39장), 총독(그다랴) 살해 사건(40-41장), 애굽으로 피신한 불순종(42-44장), 바룩의 구원(45장), 열국의 심판(46-51장), 유다 회복(52장)

하나님 말씀을 듣지 않는 시대에 열방의 선지자(예레미야)로서 왕 같은 제사장(성도)으로 세워지면 그 목적을 감당해야 한다(렘 1장). 죄 된 세상에 대한 하나님의 심판은 인생으로 고생하며 근심하게 하심이 하나님의 본심이 아니라, 장래의 소망과 평안을 주시려는 것이다. 그러므로 구원을 주시는 하나님을 의지하고 성도의 사명을 다해야 한다(렘 20장). 이제 예레미야를 통해서 외치는 복음의 소리를 듣고 생명의 길과 사망의 길을 선택해야 한다.

그러나 여호아하스, 여호야김, 여호야긴, 시드기야 왕 모두가 생명의 길을 선택하지 않고 사망의 길을 선택한다(렘 21-24장). 결국 바벨론 느부갓네살의 1차 침입이 여호야김 4년에 시작해 2차와 3차에 걸쳐 침략해서 멸망에 이르게 된다. 하나님은 바벨론이 침략할 때마다 생명의 길을 제시하셔서 예레미야를 통해 여호야김과 시드기야에게 항복하고 섬기는 것이 살길이라고 전하셨다(렘 25-27장). 그러나 거짓 선지자들은 바벨론 왕을 섬기지 말라고 거짓 예언을 일삼았다(렘 28-31장). 그럼에도 불구하고 하나님은 그리스도를 통해서 영원한 유다의 회복을 약속하신다. 또한 불순종한 시드기야에게는 심판을, 순종한 레갑 족속에게는 복을 선언하신다(렘 32-35장). 여호야김이 왕으로 있을 때, 그는 하나님이 말씀하신 바벨론의 2차 침입을 무시하고 그 내용을 기록한 두루마리를 불태웠다(렘 36장). 시드기야가 왕으로 있을 때에도 애굽을 의지하고 하나님 말씀대로 바벨론에 항복하지 않다가 바벨론의 3차 침입으로 두 눈이 뽑히고 성은 함락된다. 그러나 구스인 에벳멜렉은 하나님을 신뢰함으로 구원받는다(렘 37-39장).

그 후 총독으로 세운 그다랴가 살해되는 사건으로 유다에 남아 있던 자들이 바벨론 왕을 두려워해서 애굽으로 피신하려 한다. 하나님이 머물러야 살 수 있다고 말씀하셔도 그들은 애굽으로 가는 불순종으로 멸망을 자초한다(렘 42-44장). 그러나 말씀을 기록한 바룩은 구원받는다(렘 45장). 또한 열국(애굽, 블레셋, 모압, 암몬, 에돔, 다메섹, 게달과 하솔, 엘람, 바벨론)은 심판(렘 46-51장)을 받지만 유다는 회복된다(렘 52장).

예레미야 초점 잡기

예레미야는 요시야 때부터 선지자 활동을 한다. 그는 백성이 바벨론 포로로 잡혀가는 모든 과정을 목도하고, 결국 나라가 멸망하고 성전까지 파괴되는 것을 보게 된다(주전 586년). 그럼에도 그는 3차 포로로 잡혀가지 않고 예루살렘에 머물면서 하나님의 뜻을 계속 전한 선지자다. 예레미야가 선지자로 활동하고 있던 당시에 유다 백성은 자신들이 듣고 싶은 소리를 전하는 선지자의 말만 들었다.

예레미야는 남 유다의 다섯 왕이 움직이는 역사 속에서 기록되고 있다. 다섯 명의 왕이 등극하고 폐위되고 포로로 잡혀가는 모든 상황에서도 예레미야는 여전히 하나님 말씀을 굳건하게 전한다. 아무도 예레미야 선지자의 말을 들어주지 않는 황폐한 영적 상황에서 1차 포로로 잡혀간 다니엘은 바벨론의 왕궁에서 사역을 하고, 2차 포로로 잡혀간 에스겔은 바벨론의 평민들이 사는 지역에서 사역을 하고, 이스라엘 백성이 3차 포로로 잡혀갈 때까지 예레미야는 예루살렘에서 사역을 했다.

예레미야 선지자는 요시야 13년부터 시드기야 11년까지 약 42년간 활동한다. 그가 사역하는 동안에 남 왕국의 16대 왕 요시야(주전 640-609년), 17대 왕 여호아하스(3개월), 애굽에서 임명한 18대 왕 여호야김(11년) 때 1차 포로(주전 605년), 바벨론에서 폐위한 19대 왕 여호야긴(3개월) 때 2차 포로(주전 597년), 바벨론에서 임명한 20대 왕 시드기야(11년) 때 3차 포로(주전 586년)로 예루살렘 성전은 무너지고 나라는 멸망한다.

마음의 상태는 말과 얼굴로 표현된다. 예수 믿는 사람의 표정은 어떤 모습이어야 할까? 우거지상을 하고 다니는 것이어야 할까, 아니면 실실 웃고 다녀도 충분한 이유가 있는 삶이어야 할까? 사람의 마음을 확 바꿀 수 있는 힘이 말씀이다. 하나님이 창조하신 생명은 세상에서 사랑하고 축복하며 살 때 진짜 창조의 행복이 들어와 하나님에게 영광이 된다. 타락으로 인해 생긴 사망을 해결하는 것이 예수 그리스도의 십자가 사건이고, 그 결과가 새 하늘과 새 땅이다. 성경의 모든 목적의 초점은 하나님의 영광에 맞추어져 있다. 그래서 하나님의 영광에서 빗나가면 죄가 된다. 죄의 문제는 믿음과 연결되어 있고, 하나님 말씀이 그 기준을 잡아 준다.

일반적으로 사람들은 행복에 기준을 두고 산다. 잘되는 것과 잘사는 것과 잘 먹는 것을 행복과 연결한다. 그렇게 세상에 기준을 두고 살다가 마지막이 되면 진짜 불행해지는 수가 있다. 그러나 성경을 읽으면서 하나님의 마음을 눈치만 채도 복된 길을 발견할 수 있다. 지금 이 시대는 눈이 있어도 보지 못하고, 귀가 있어도 듣지 못하고, 마음이 있어도 알지 못하는 시대다. 성경을 조금 공부해서 성경 박사가 되는 것보다 하나님의 영광으로 사는 것이 더 중요하다. 성도의 얼굴은 천국이어야 한다. 왜냐하면 참빛이 성도 안에 들어와 얼굴이 환해지고 기뻐서 입이 찢어지기 때문이다.

하나님은 예레미야를 통해 당신의 마음을 드러내신다. 하나님과 사람 사이에서 정해 놓은 것을 언약 또는 약속이라고 하는데, 하나님은 이스라엘과 언약을 세우셨다. '나는 너의 하나님이고 너는 내 백성이 될 것'이라고 정하신 것이다. 하나님은 이스라엘 백성을 쇠 풀무 애굽 땅에서 이끌어 내시던 날에 그들에게 명령하셨다.

> "너희는 내 목소리를 순종하고 나의 모든 명령을 따라 행하라 그리하면 너희는 내 백성이 되겠고 나는 너희의 하나님이 되리라"(렘 11:4).

하나님은 언약을 통해서 이스라엘 백성을 당신의 백성으로 만드시려고 하지만 그들은 도무지 백성이 되려고 하지 않았다. 그래서 이제는 새 언약을 세워서 백성의 마음속에서 하나님 섬기는 모습을 직접 시범으로 보이시고 백성의 마음을 다스리시겠다는 언약이다.

몇몇 사람이 함께 중국 음식점에서 짜장면을 먹은 적이 있다. 유치부 한 아이가 먹다가 남긴 음식을 한 살 더 많은 언니에게 주라고 했더니 아이는 안 준다고 한다. 이때 아이 엄마가 아이에게 남은 음식을 언니에게 주면 사탕과 껌을 준다고 약속하니까 곧바로 주는 모습을 보았다. 약속은 이처럼 효력을 발휘한다. 그래서 하나님은 사람과 약속을 하시는 것 같다. 물론 사람이 하나님의 약속을 지킨 적은 거의 없다. 그래서 하나님은 사람들이 약속을 지킬 수 있도록 사람의 마음에 들어가서 임마누엘로 살아 주시겠다고 말씀하신다.

> "보라 날이 이르리니 내가 이스라엘 집과 유다 집에 새 언약을 맺으리라"(렘 31:31).

하나님이 새 언약을 통해서 모든 것을 보장하고 책임지겠다고 하신다. 하나님이 책임지시겠다는 것이 새 언약이다. 이제 새로운 약속을 이행하면 된다. 성경은 가난한 자를 구제하면 하나님이 꾼 걸로 계산하고 갚아 주신다고 한다. 사람은 마음이 악해서 자신이 가진 지식, 물질 등을 잘 나누려 하지 않는다. 하나님은 사람의 마음이 이렇게 악한 줄을 알고 계신다. 하나님의 계명은 사람과의 약속이다. 그런데 사람들은 계명을 지키지 않는다. 결국 죄의 삯은 사망이라는 법 때문에 사람은 죽어야 한다. 하나님은 사람을 죽이려는 것이 아니라 살리는 것이 목적이기 때문에 새로운 언약을 통해서 하나님의 말씀대로 살 수 있는 마음으로 바꾸신다. 그 기준이 십자가이고 임마누엘의 비밀이다. 이 약속의 비밀을 모른 채 스스로 자기 인생을 책임지려 하면, 자신이 주인 되어 인생을 잘 살아 보려고 애를 써보아도 필경은 사망의 길로 간다.

> "땅이여 들으라 내가 이 백성에게 재앙을 내리리니 이것이 그들의 생각의 결과라 그들이 내 말을 듣지 아니하며 내 율법을 거절하였음이니라"(렘 6:19).

하나님의 길과 사람의 길이 다르기 때문에 생각의 결과도 다르다. 사람 생각의 결과는 사망이고, 하나님 생각의 결과는 생명이다. 하나님 생각의 결과는 어떤 것인가?

> "예루살렘아 네 마음의 악을 씻어 버리라 그리하면 구원을 얻으리라 네 악한 생각이 네 속에 얼마나 오래 머물겠느냐"(렘 4:14).

이것이 복음이다. 그리스도의 피로 씻겨 주신다. 사람은 절대 못 하지만 하나님이 해 주시므로 소망이 있다.

> "유다인과 예루살렘 주민들아 너희는 스스로 할례를 행하여 너희 마음 가죽을 베고 나 여호와께 속하라 그리하지 아니하면 너희 악행으로 말미암아 나의 분노가 불같이 일어나 사르리니 그것을 끌 자가 없으리라"(렘 4:4).

사람은 마음이 움직이는 곳에 속해 있다. 모든 민족은 할례를 받지 못했고 이스라엘은 마음에 할례를 받지 못했다(렘 9:26). 할례 받은 자와 못 받은 자가 다 멸망하게 된다. 그리스도로 인한 마음의 할례를 기준으로 설명한 것이다.

> "또한 그들이 마음에 하나님 두기를 싫어하매 하나님께서 그들을 그 상실한 마음대로 내버려 두사 합당하지 못한 일을 하게 하셨으니"(롬 1:28).

그래서 마음 정리가 필요한 것이다. 성경은 사람의 악한 생각이 마음에 있다고 말씀한다.

> "너희는 예루살렘 거리로 빨리 다니며 그 넓은 거리에서 찾아보고 알라 너희가 만일 정의를 행하며 진리를 구하는 자를 한 사람이라도 찾으면 내가 이 성읍을 용서하리라"(렘 5:1).

진리를 구하는 것이 여호와의 길이며, 그 사람이 하나님의 법을 아는 자다. 사람들은 자기가 가는 길도 모르는데 하나님의 길을 어찌 알 수 있을까? 도무지 알 수가 없다.

하나님이 창조하신 세상에서 바닷물은 왜 땅으로 올라오지 않는 것인가? 그것은 하나님이 바다의 경계를 정하셨기 때문이다(렘 5:21-24). 하나님 말씀에 대해 피조물은 순종한다. 이 약속을 자연과 정했기에 피조물인 자연은 순종한다. 그런데 피조물 중에 사람만 하나님의 약속을 배반한다(렘 5:23). 이들은 오래전부터 불순종하는 마음을 갖고 있다. 옛적에 아담이 선악과를 먹는 순간부터 불순종은 사람의 몸에서 살아나서 지금까지 왕 노릇 하고 있다.

하나님이 예레미야 선지자를 통해서 바벨론에 항복하고 포로로 잡혀가라고 하시면, 왜 바벨론을 섬겨야 하는지 항의하고, 또 하필이면 왜 이방인 갈대아 사람인가 항의한다. 하나님의 통치 방법이 마음에 들지 않는다고 항변한다. 원수를 사랑하라고 하시면, 왜 원수를 사랑해야 하는가 의문을 품는다. 예레미야와 동시대에 사역했던 하박국도 처음에는 하나님의 생각과 방법을 이해하지 못했다.

"여호와의 말씀이니라 너희를 향한 나의 생각을 내가 아나니 평안이요 재앙이 아니니라 너희에게 미래와 희망을 주는 것이니라"(렘 29:11).

이 말씀은 희망을 주는 생각이다. 예레미야 시대의 백성은 하나님의 생각을 잘 몰랐다. 그래도 하나님은 당신의 생각을 말씀하신다. 재앙이 아니라 평안이다. 다만 백성이 이해가 안 되는 것뿐이다.

하나님 말씀은 그분의 생각이기에 이해가 안 되어도 무시해서는 안 된다. 하나님에게 마음을 맞추고, 하나님의 마음을 품어야 한다.

"내가 여호와인 줄 아는 마음을 그들에게 주어서 그들이 전심으로 내게 돌아오게 하리니 그들은 내 백성이 되겠고 나는 그들의 하나님이 되리라"(렘 24:7).

여호와인 줄 아는 마음을 주어서 전심으로 하나님에게 돌아오게 하시는 방법은 마음의 할례를 베풀어서 하시겠다는 것이다. 사람 생각의 결과는 재앙이다. 그러나 하나님 생각의 결과는 생명과 평안과 희망이다. 사람 생각의 결과를 바꾸겠다는 것이 하나님 생각이다. 하나님 생각은 불순종하는 백성이 받는 재앙을 생명으로 바꾸어 사는 길을 열어 놓으시려는 것이다.

마음의 할례는 새 언약으로, 그리스도의 피로 세우는 십자가 언약이다(렘 31:31; 눅 22:20). 그러므로 그리스도가 하나님의 생각이며 하나님의 마음이다. 예수 그리스도가 십자가에서 죽으신 결과물이 새 하늘과 새 땅이다. 이 땅에서 새 하늘과 새 땅으로 인도하는 길은 새 언약이다.

하나님을 경외하는 것이 복이다. 그러므로 세상 최고의 복은 하나님을 경외하는 것이다. 사랑하고 축복하는 것이 하나님의 길이고 법이다. 무슨 일이든 일의 마침은 그리스도로 점을 찍어야 된다. 그리스도가 마침표가 되시기 때문이다. 하나님이 주시는 복이 진짜 복이다. 그리스도로 살고 죽는 것도 복이다. 그래서 일체의 비결을 가진 자는 복된 사람이다. 성도의 삶에서 사랑하고 축복하는 마음이 생기면 그리스도가 나타나는 축복의 삶이다.

"여호와의 진노는 그의 마음의 뜻한 바를 행하여 이루기까지는 돌이키지 아니하나니 너희가 끝날에 그것을 깨달으리라"(렘 30:24).

하나님 생각의 결과는 꼭 나타난다. 우리 앞에는 생명의 길과 사망의 길이 있다. 사람이 생각을 바꾸지 않으면 사망의 길로 간다. 하나님 말씀에 순종하지 않고 사람 생각대로 밀고 나가는 것이 사망의 길이다. 반면 마음을 바꾸는 것은 회심이다. 그래서 성경은 하나님의 마음과 사람의 마음이 만나는 심경이다. 성경에서 하나님의 마음을 느낄 수 있다면 예레미야서에서는 더 깊이 하나님의 마음을 느낄 수 있게 된다.

하나님은 환난의 세상에서 성도를 책임지겠다고 하신다. 그래도 하나님 말씀을 믿지 못하고, 선지자의 말을 듣지 않는다. 그런데 왜 못 믿는가? 손해 볼까 봐, 죽을까 봐 못 하는 것이다. 죽어도 말씀에 죽고, 속아도 말씀에 속아야 한다. 세상에 속는 것보다 백배 낫기 때문이다. 세상은 사망을 책임지지만, 말씀은 생명을 책임진다. 이스라엘 백성은 결국 참선지자인 예레미야의 말을 믿지 못하고 거짓 선지자의 말만 믿다가 자신들의 생각이 틀렸다는 것을 깨닫게 된다. 포로로 잡혀가면서!

분열 왕국 시대 핵심 정리

우상 숭배

1. 이스라엘의 분열 원인은 정치적으로 유다 지파의 주도권과 사회적으로 노동력 착취와 종교적으로 솔로몬의 범죄가 실로 크다.
2. 북 왕국은 벧엘과 단 지역에 금송아지를 세우고 남 유다와 비슷한 제사 의식을 행하지만 우상 숭배의 상징인 여로보암의 길로 끝없이 달려간 것이 멸망의 원인이다.
3. 하나님의 법도대로 하는 것처럼 비슷하게 행하는 종교 생활은 곧 우상 숭배와 같다. 경건의 모양은 있어도 경건의 능력은 없는 것이다. 우상 숭배에 대한 하나님의 심판은 아합과 엘리야를 통해 보여 주신다. 아합과 바알의 숭배자들은 비참한 최후를 맞이하고, 하나님을 섬기는 엘리야는 영광스럽게도 하늘로 올라간다. 예수 그리스도가 이 땅에 영광스런 재림을 하게 될 때에도 동일한 현상이 나타날 것이다.

능력 대결

1. 분열 왕국의 초점은 복잡한 숲과 나무를 보기보다는 길을 찾아야 한다. 열왕기에 등장하는 솔로몬은 통일 왕국의 종지부를 찍고 분열의 원인을 제공한다(왕상 1-11장).
2. 분열된 남북의 상황에서 열왕기의 이야기는 대부분이 북쪽의 내용이다(왕상 12-왕하 17장). 이런 북쪽의 내용을 다룬 열왕기상에서는 아합과 엘리야 이야기가 중심이다. 그리고 열왕기하의 상당 부분은 엘리사를 통한 하나님의 구원에 초점을 맞추고 있다. 그러므로 엘리야와 엘리사의 사역은 바알을 숭배하는 자들을 멸망시키시는 하나님의 심판이다. 특히 열왕기하 10장에는 아합 계열에서 바알을 섬기는 자들의 멸망을 극명하게 보여 준다.
3. 북 왕국은 앗수르에 멸망하고 남 유다만 남은 상태를 잔존 왕국 시대라고 한다. 이 기간에 히스기야와 요시야 왕이 종교 개혁을 일으켜 하나님의 마음을 시원하게 해 드린다. 그리고 그전에는 하나님의 선지자 엘리야가 바알의 추종자 아합과 그 세력들을 제거해서 하나님의 마음을 시원하게 해 드렸다. 이제는 이 시대를 살아가는 성도가 믿음 생활로 세상을 넉넉히 이겨서 하나님의 마음을 기쁘시게 해 드려야 한다.

진리 대결

1. 영적 싸움에서 진리 대결은 헛된 속임수의 모든 이론과 진리를 대적하는 교만을 무너뜨리는 하나님의 능력이다(고후 10:4-5). 세상의 철학과 헛된 속임수는 사람의 전통이며 진화론은 초등 학문이다(골 2:8). 이 싸움에서 이길 수 있는 것은 진리의 말씀뿐이다.
2. 인간이 타락하면 할수록 새로운 문화가 발생한다. 하나님을 인식하는 감각을 상실하고, 인간에 대한 존엄성이 무너지고, 자연을 다스리는 능력이 없어진다. 그로 인해 하나님을 섬기는 세계관에서 우상을 숭배하는 세계관으로 바뀌게 된다. 또한 도덕적인 감각이 상실되어 윤리와 도덕, 규범과 관습의 법이 무너진다. 그로 인해 형식적인 법의 테두리 안에서 가치 체계가 자신의 유익으로 바뀌면서 성적인 범죄가 난무하게 된다. 자연계의 변화 또한 극심해서 자연 환경에 적응하기 위한 의식주의 독특한 양식은 적자생존과 약육강식으로 바뀌게 된다.
3. 인간의 범죄에 대한 하나님의 은혜는 하나님을 알게 하는 지식이다(호 4:6, 6:3; 엡 1:17; 빌 3:8; 골 1:10). 또한 그리스도를 통한 총체적 회복이다. 창조의 회복으로 새 하늘과 새 땅, 새 예루살렘이 새롭게 창조된다. 또한 하나님과 사람과 자연을 대하는 인식이 회복된 존재로 도덕적인 능력이 회복되어 거룩을 경험하게 된다. 그리고 자연계의 질서 회복으로 이상적인 자연 환경이 된다. 총체적인 회복으로 천국의 문화를 경험할 수 있다.

분열 왕국 시대

북 이스라엘(열 지파)

연대(주전)		왕		선지자
930-909년	1	*여로보암(1세)		
909-908년	2	*나답		
908-886년	3	*바아사		
886-885년	4	*엘라		
885년	5	*시므리(7일, 자살)		
885-874년	6	*오므리	오므리 왕조	엘리야
874-853년	7	*아합(이세벨)		
853-852년	8	*아하시야		엘리사
852-841년	9	*요람(여호람)		
841-814년	10	*예후	예후 왕조	
814-798년	11	*여호아하스		
798-782년	12	*요아스		
782-753년	13	*여로보암(2세)		호세아 아모스 요나
753년	14	*스가랴(6개월)		
752년	15	*살룸(1개월)		
752-742년	16	*므나헴		
742-740년	17	*브가히야		
740-732년	18	*베가		
732-722년	19	*호세아		
722년		북 이스라엘 멸망 208년간 19명의 왕 앗수르 살만에셀 왕에게 멸망		

남 유다(다윗의 계보)

	왕		선지자	연대(주전)
1	르호보암			930-913년
2	아비야(아비얌)			913-910년
3	아사*			910-869년
4	여호사밧*			869-848년
5	여호람(아달랴)		오바댜 요엘	848-841년
6	아하시야			841년
7	아달랴 여왕 (다윗 계보 아님)			841-835년
8	요아스*			835-796년
9	아마샤*			796-767년
10	아사랴(웃시야)*		이사야 미가	767-740년
11	요담*	앗수르		740-732년
12	아하스			732-715년
13	히스기야*			715-686년
14	므낫세			686-642년
15	아몬			642-640년
16	요시야*	바벨론	예레미야 나훔 스바냐 하박국	640-609년
17	여호아하스			609년
18	여호야김			609-598년
19	여호야긴			598-597년
20	시드기야			597-586년
	남 유다 멸망			586년

· 북 이스라엘 왕 앞의 *는 악한 왕을 표시함
· 남 유다 왕 뒤의 *는 선한 왕을 표시함

▲ 분열 왕국 시대 왕의 계보

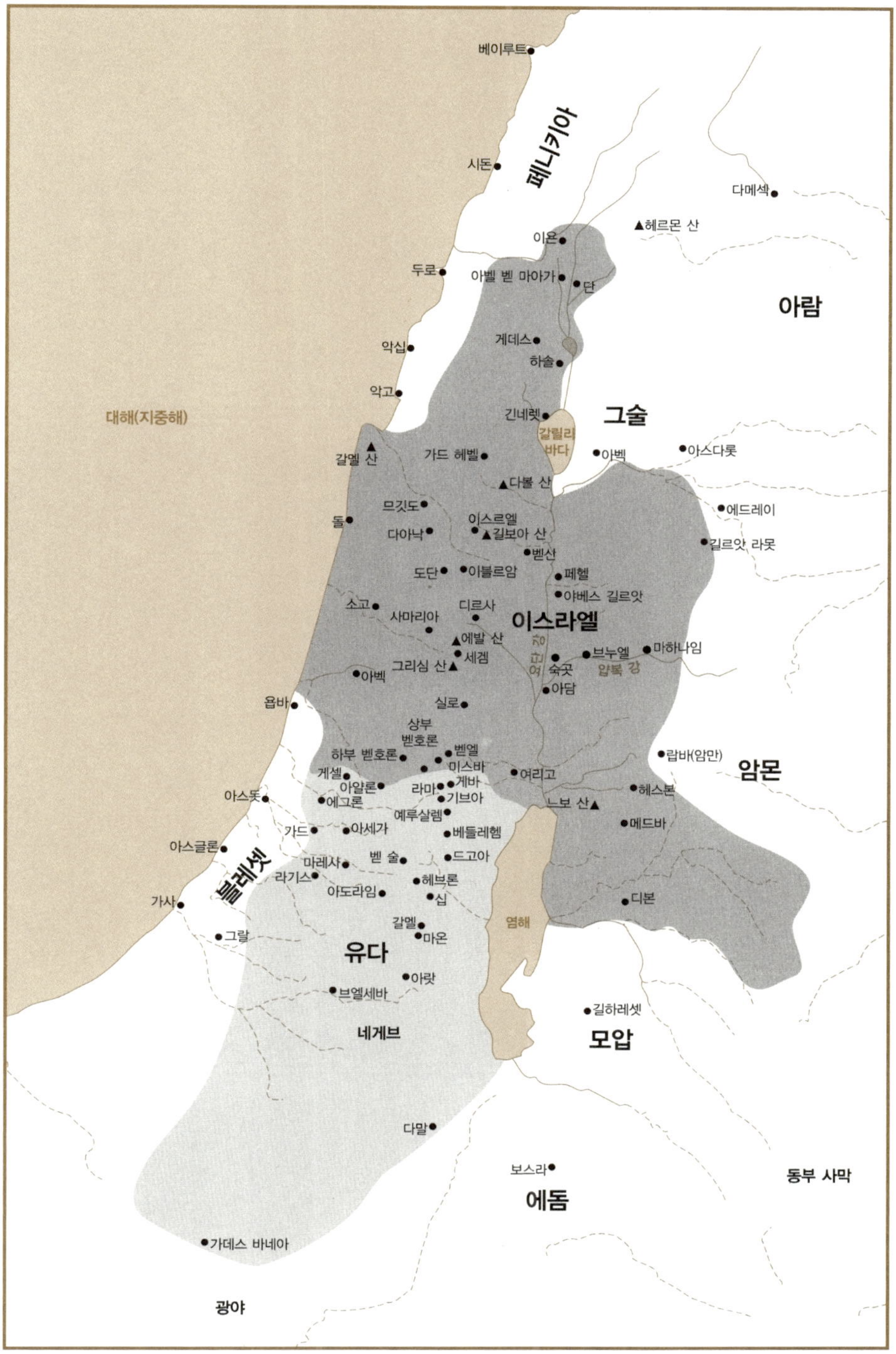

▲ 이스라엘 왕국과 유다 왕국

08

포로 시대

바벨론 70년

이스라엘의 왕정 시대는 바벨론에 포로가 되면서 막을 내리게 된다. 예레미야 선지자의 예언대로 70년의 포로 기간이 포로 시대가 된다. 이 시기에 1차 포로가 된 다니엘은 바벨론 왕국에서 하나님의 거룩을 나타내고, 2차 포로가 된 에스겔은 평민들이 있는 지역에서 하나님의 거룩을 선포한다. 3차 포로가 된 남 유다의 마지막 왕 시드기야는 두 눈이 뽑힌다. 남 유다가 멸망하기까지 예루살렘에 있었던 예레미야가 쓴 예레미야애가의 내용은 하나님의 본심이었다.

영원한 나라, 구별의 역사

포로 시대 소통하기

이스라엘 왕정 시대의 꽃을 피우던 통일 왕국 시대는 솔로몬 시대에 막을 내리고 남과 북으로 분열되어 분열 왕국 시대를 맞이한다. 분열된 북 왕국은 우상 숭배와 불순종으로 결국엔 심판을 받아 앗수르에 의해 주전 722년에 멸망당한다. 남 유다는 잔존 왕국 시대를 유지하다가 주전 586년에 바벨론에 의해 멸망당한다. 남 유다가 멸망당하는 과정에는 세 차례에 걸친 포로 이송이 있다.

초강대국 바벨론은 앗수르를 멸망시키고 애굽까지 참패를 시킨다. 애굽이 갈그미스 지역에서 바벨론과 전쟁을 하기 위해 올라가는 과정에서 남 유다의 요시야 왕이 나라를 방비하다가 주전 609년에 애굽의 군대에 의해 죽임을 당한다. 남 유다는 급히 여호아하스를 17대 왕으로 세운다. 전쟁을 마치고 돌아온 애굽의 바로느고는 왕위에 등극한 지 3개월밖에 안 된 여호아하스를 폐위시키고 18대 왕으로 여호야김을 세우게 된다. 그 후 주전 605년에 강대국의 패권 다툼으로 바벨론과 애굽이 갈그미스 지역에서 2차 전투를 벌이고 마침내 바벨론이 애굽을 이기게 된다. 이 시기에 바벨론은 남 유다의 여호야김과 다니엘을 1차 포로로 잡아간다. 바벨론에서 충성을 맹세하고 다시 돌아온 여호야김은 3년간 바벨론을 섬기다가 배반하게 된다. 결국 바벨론에 의해 주전 597년에 여호야김은 전쟁 통에 죽고, 급히 왕위에 등극한 19대 왕 여호야긴은 등극 3개월 만에 바벨론에 의해 폐위당하고 여호야긴과 에스겔이 2차 포로로 잡혀간다. 그리고 바벨론에 의해 시드기야가 20대 왕으로 등극한다. 바벨론을 조금 섬기다가 또 배반한 시드기야에 대한 보복으로 느부갓네살 왕은 주전 586년에 남 유다의 예루살렘 성을 함락시키고 성전을 파괴한다. 많은 백성이 3차 포로로 끌려가고 남 유다는 멸망당한다.

포로 시대의 목적

"고난당하기 전에는 내가 그릇 행하였더니 이제는 주의 말씀을 지키나이다 … 고난당한 것이 내게 유익이라 이로 말미암아 내가 주의 율례들을 배우게 되었나이다"(시 119:67, 71). 이스라엘 백성은 바벨론 포로 70년 동안 고난을 당하지만 고난을 통해 주의 법을 배우게 된다. 주의 법은 곧 하나님의 길이다(왕상 3:14). 하나님에게로 가는 길이 어떤 길인지 알게 하는 것이 포로 시대의 목적이다.

포로 시대 정통하기

성경 본문	열왕기하 24-25장, 역대상·하
성경 구조	역사적 족보(대상 1-9장), 역사적 다윗(대상 10-21장), 역사적 성전(대상 22-29장), 솔로몬 성전(대하 1-9장), 유다의 개혁(대하 10-35장), 유다의 재건(대하 36장) - 1차 포로, 주전 605년(왕하 24:1-7; 대하 36:5-8) : 다니엘(왕궁) - 2차 포로, 주전 597년(왕하 24:8-17; 대하 36:9-10) : 여호야김이 죽고, 여호야긴과 에스겔(평민) - 3차 포로, 주전 586년(왕하 24:18-25:30; 대하 36:11-20) : 두 눈 뽑힌 시드기야와 지도자
성경 연대	70년간(성전 파괴[주전 586년]-성전 재건[주전 516년]) 종교적 70년간(1차 포로[주전 605년]-1차 귀환[주전 536년]) 정치적

핵심 인물	다니엘
핵심 내용	뜨인 돌과 우상 타파, 불순종으로 포로가 되지만 남은 자를 구원

※ 포로 시대의 성경(3권) : 다니엘, 에스겔, 예레미야애가

포로 시대는 남 유다가 바벨론에 포로로 잡혀가서 우상을 타파하고 고난 가운데 신앙을 고백하던 시대다. 예루살렘의 무너진 성전을 회복하기 위해 말씀으로 준비된 사람들의 이야기가 주요 내용이다.

역대기는 사무엘서(역대상), 열왕기서(역대하)와 중복된 내용으로 포로기에 기록된다. 중복된 역대기의 내용을 요약하면 창조 시대부터 포로 귀환 시대까지 족보로 정리한 내용이 역대상 1-9장까지다. 다윗(대상 10-29장)과 솔로몬(대하 1-9장) 그리고 북 왕국의 이야기는 빼고 남 왕국(대하 10-36장)의 이야기만 기록한다. 포로 기간에 다니엘서(1차 포로 이후 기록)와 에스겔서(2차 포로 이후 기록) 그리고 예레미야애가(3차 포로 이후 기록)가 기록된다.

포로 시대 관통하기

1. 역사적 족보(대상 1-9장)

하나님 통치의 상징으로 광야의 성막이 다윗과 솔로몬에 의해 예루살렘에 성전으로 세워지게 되었는데, 남 유다가 바벨론에 의해 멸망함으로써 성전이 파괴된다. 무너진 예루살렘 성전은 포로 시대를 거치면서 재건되고, 복음 시대에 예수님이 성전을 청결하게 하신 사건과 예수님의 "너희가 이 성전을 헐라 내가 사흘 동안에 일으키리라"(요 2:19)는 말씀은 하나님이 통치하시는 '하나님 나라'는 결코 없어지지 않는다는 것이다.

성전 파괴로 이스라엘의 역사가 끝나는 열왕기서가 하나님의 통치를 회복하는 성전 재건으로 이어지기 위해서 역대기가 시작된 것이다. 열왕기에 이어 역대기가

기록된 목적은 구속사적으로 흐르는 하나님의 구원 역사를 보여 주기 위함이다.

이스라엘 역사는 열왕기하 끝에서 북 이스라엘과 남 유다의 멸망으로 종결되어야 하는데 계속해서 역대상·하와 에스라, 느헤미야, 에스더서가 기록된 것은 구속사적으로 성경이 흐르고 있음을 암시한다. 그 주요한 내용을 살펴보면, 역대기는 족보를 통해서 왕정 시대의 역사를 다윗 왕조 중심으로 기록하고 있다. 천지를 창조하신 목적은 사람을 하나님의 자녀 삼아 영원히 왕 노릇 하게 하시려는 것이다. 역대기의 족보는 다윗에 초점을 맞추고 있다. 아담에서 시작해 아브라함으로 이어지고, 유다는 며느리 다말에게서 베레스와 세라를 낳는데, 베레스에서 헤스론, 람, 아미나답, 나손, 살몬으로 이어지고, 살몬은 라합에게서 보아스를, 보아스는 룻에게서 오벳을, 오벳은 이새를, 이새는 다윗을 낳게 된다.

아담부터 시작하는 창조 시대를 거쳐서 아브라함과 이삭, 야곱의 아들 유다로 이어지는 족장 시대(유다와 다말)와 정복 시대(살몬과 라합), 사사 시대(보아스와 룻)가 왕국 시대(다윗)로 이어지고 있음을 볼 수 있다. 이 역사의 흐름을 통해서 구약 시대에도 신앙 고백으로 이방인의 구원이 있었음을 알 수 있다. 포로 시대(남은 자)에 에스라서로 연결해 주는 책이 역대기(대상 1-29장 : 다윗, 대하 1-9장 : 솔로몬, 대하 10-36장 : 남 유다)다. 역대기는 유다 왕국 계열로, 포로 시대(에스라, 느헤미야, 에스더-다니엘, 에스겔, 학개, 스가랴, 말라기)의 역사서와 예언서는 모두 유다 왕국 사람을 중심으로 기록해서 하나님 나라의 면모를 이어 가고 있는 것을 알 수 있다.

침묵 시대(말라기 이후 400년)의 신·구약 중간 시대에도 나라를 되찾고 하나님 나라의 문화(수전절)를 세우려고 싸웠다. 복음 시대(남은 자)에 주로 등장하는 신약 시대의 인물들은 포로 시대를 거친 유다 계열의 남은 자로, 신약성경에서 주도권을 갖고 사마리아(북 이스라엘)와 구별된다. 교회 시대는 정통성을 이어받은 아브라함과 다윗의 자손 예수 그리스도가 하나님 나라의 왕으로 이 땅에 오신다(눅 23:3, 38). 이 땅에 오신 예수 그리스도는 열두 명의 제자를 부르시고, 초대교회를 형성해서 교회의 사명을 주신다. 이 사명을 붙잡은 열방의 교회들이 새 계명인 사랑으로 온 인류를 구원하기 원하시는 하나님의 동역자로 세워져 새 언약의 일꾼으로 살아가는 시대인 것이다(고전 3:9; 고후 3:6).

이스라엘이 바벨론에 포로로 잡혀간 뒤, 또 다시 페르시아 시대로 바뀌었지만, 이스라엘은 여전히 페르시아 제국에 살고 있었다. 그들의 뿌리를 찾기 위해 에스라가 기록한 역대상은 하나의 족보로서 민족의 정체성을 표현하고 있다.

2. 역사적 다윗(대상 10-21장)

> "사울이 죽은 것은 여호와께 범죄하였기 때문이라 그가 여호와의 말씀을 지키지 아니하고 또 신접한 자에게 가르치기를 청하고 여호와께 묻지 아니하였으므로 여호와께서 그를 죽이시고 그 나라를 이새의 아들 다윗에게 넘겨주셨더라"(대상 10:13-14).

하나님은 예루살렘 성전이 무너진 후 포로로 잡혀간 백성의 완전한 개혁을 성취하고 하나님이 통치하시는 나라 이스라엘의 회복을 위해 다윗을 중심 인물로 초점을 맞추고 계시다. 하나님은 다윗 같은 사람이 하나님의 대리 통치자로 세상을 다스리기를 원하시어 역사 속에서 다윗을 모델 케이스로 등장시키신다. 성도는 왕 같은 제사장으로 하나님이 통치하시는 나라를 이 땅에 세우기 위해 다윗처럼 하나님의 마음을 품어야 한다. 역대기는 다윗에 초점을 맞추고 있고, 다윗은 하나님에게 초점을 맞추고 있음을 언약궤와 성전 건축에 마음을 쓰고 있는 것으로 잘 알 수 있다.

사무엘이 있을 때 엘리의 두 아들 홉니와 비느하스가 블레셋 전투에서 언약궤를 빼앗긴 사건이 있었다(삼상 4장). 블레셋 사람이 하나님의 궤를 빼앗아 에벤에셀에서부터 아스돗까지 가지고 와서 그들이 섬기는 다곤 신전에 있는 다곤의 곁에 두었다. 그런데 하나님이 언약궤로 인해서 우상으로 세워진 다곤을 무너뜨리시고 아스돗 사람에게 독종의 재앙을 내리신다. 놀란 블레셋 방백들은 언약궤를 가드로 옮겼지만 그곳에서도 하나님이 심히 큰 환난을 주시려고 독종이 나게 해서 사람들이 죽어 나가자 그들은 또다시 언약궤를 에그론으로 보내게 된다. 그리고 에그론 사람들은 블레셋 모든 방백을 모아 언약궤를 이스라엘로 돌려보내기로 결정한다(삼상 5장). 언약궤가 블레셋에 옮겨 온 지 7개월이 되었을 때 언약궤를 돌려보내면서 이 재앙이 정말 하나님이 내리신 것인지 아니면 우연히 생긴 것인지를 확인하기로 한다. 젖을 먹이는 암소 두 마리에게서 새끼 송아지를 떼어 놓고 수레를 메게 했다. 그 수레에 언약궤를 실은 뒤 암소가 이스라엘 땅 벧세메스 쪽으로 가면 하나님이 내리신 재앙이 맞는 것이었다. 어찌된 일인지 새끼 송아지를 떼어 놓을 때 울고불고하던 암소 두 마리가 언약궤가 실린 수레를 끌고 갈 때는 울면서도 새끼에게 돌아가지 않고 곧장 이스라엘 지경 벧세메스로 향했다(삼상 6장).

하나님이 벧세메스에서 이스라엘 지경 안에 들어온 언약궤를 존중하지 않는 70명을 죽게 하시자 벧세메스 사람들도 블레셋 사람들처럼 언약궤를 기럇여아림 지역으로 옮겨 보내어 언약궤는 그곳에 20년간 머무르게 된다(삼상 7장). 그 후 사울의 통치 40년이 지나고 다윗이 왕이 된 지 10여 년쯤 지났을 때 기럇여아림 지역의 아비나답의 집에 있는 언약궤를 가지고 오다가 웃사가 죽는 사고가 발생한다. 그러자 다윗 성으로 옮기지 않고 단 지파의 영역에 있는 레위족의 마을 가드에 사는 오벧에돔의 집에 두게 된다. 그 후 오벧에돔의 집에 3개월 동안 머무른 언약궤로 인해 오벧에돔의 집과 그 모든 소유에 복을 주셨다는 소식을 듣고 다윗은 이것을 바로 하나님이 진노를 거두시고 은혜를 베푸시는 징표로 보고 다윗 성으로 기쁘게 모셔 온다(삼하 6장).

하나님의 궤에 들어 있는 계명이 저주가 되는 사람과 민족이 있고, 하나님의 계명이 축복이 되는 사람이 있다. 다윗은 하나님 말씀을 기준으로 축복과 저주가 갈라진다는 것을 잘 알고 있는 왕으로, 하나님 언약의 말씀을 마음에 품고 귀하게 여기는 모습은 언약궤를 다윗 성에 옮겨 놓고 감사의 찬양과 기도를 올려 드리는 것을 보면 잘 알 수 있다. "너희는 그의 언약 곧 천대에 명령하신 말씀을 영원히 기억할지어다 이것은 아브라함에게 하신 언약이며 이삭에게 하신 맹세이며 이는 야곱에게 세우신 율례 곧 이스라엘에게 하신 영원한 언약이라"(대상 16:15-17)고 찬양하며 또 "온 땅이여 여호와께 노래하며 그의 구원을 날마다 선포할지어다 … 만국의 모든 신은 헛것이나 여호와께서는 하늘을 지으셨도다 … 하늘은 기뻐하고 땅은 즐거워하며 모든 나라 중에서는 이르기를 여호와께서 통치하신다 할지로

다"(대상 16:23, 26, 31) 하며 찬양한다. 참으로 통쾌한 감사 찬양이다. 역사 속에서 다윗은 하나님의 언약 말씀에 어찌할지 모르고 기뻐하는 그런 사람이었다.

사무엘상에서는 언약궤로 인해서 블레셋이 저주받는 내용을 자세히 말씀하고 있으며, 역대상에서는 언약궤로 인해서 오벧에돔이 복 받는 내용을 자세하게 말씀하고 있다. 또한 역대상은 기도를 통해서 야베스가 받은 복과 하나님 말씀인 언약궤를 통해서 받는 오벧에돔의 복을 대조적으로 보여 주면서 말씀과 기도가 움직이는 곳에 복이 있음을 볼 수 있게 했다.

다윗은 하나님의 언약궤를 3개월 동안 지킨 오벧에돔에게 은혜를 베풀어 자기가 사모하는 회막의 문지기로 삼고, 자신은 백향목 왕궁에 거하면서 언약궤가 천막에 있는 것을 마음 아파하며 성전을 건축할 깊은 마음을 드러낸다.

3. 역사적 성전(대상 22-29장)

> "주의 궁정에서의 한 날이 다른 곳에서의 천 날보다 나은즉 악인의 장막에 사는 것보다 내 하나님의 성전 문지기로 있는 것이 좋사오니"(시 84:10).

다윗이 하나님의 성전을 사모하고 그리워하는 모습이 시편 84편을 통해 깊게 드러나고 있다. 역사 속에서 다윗의 일대기는 사무엘하 24장으로 끝이 난다. 그런데 역대상에서는 역사 속에서 다윗의 일대기를 역대상 21장으로 끝을 맺고, 22-29장까지는 다윗이 품었던 성전 건축의 이야기를 장황하게 기술하고 있다. 솔로몬이 예루살렘에 세웠던 역사적인 성전은 하나님이 이미 다윗의 마음속에서 설계하시고 그의 생전에 성전을 건축할 준비를 마치게 하심으로써 다윗의 삶이 성전의 삶이었음을 감추지 못하게 하신다.

다윗은 하나님의 성전을 건축할 돌을 다듬게 해서 준비하고, 레위와 제사장들은 성전에서 각각 담당해야 할 일들을 맡게 되고, 오벧에돔과 그의 자손들은 다윗이 사모하는 성전 문지기 일을 하게 된다. 다윗은 성전 건축 준비를 마치고 솔로몬에게 "나는 여호와의 언약궤 곧 우리 하나님의 발판을 봉안할 성전을 건축할 마음이 있어서 건축할 재료를 준비하였으나"(대상 28:2) 모든 재료를 잘 사용해서 성전을 건축하되, 어떤 재료보다 중요한 온전한 마음과 기쁜 뜻으로 건축하고, 하나님을 아버지와 아들의 관계로 섬기라고 신신당부한다. 그리고 다윗은 하나님의 거룩하신 이름을 위해 성전을 건축하려고 미리 저축한 이 모든 것은 주의 손에서 온 것이니 다 주의 것이라고 하나님에게 감사의 기도를 드린다.

역사 속에서 성전은 이렇게 준비되고 세워진 것이다. 성전이 세워지기 전에 이미 다윗의 마음속에 세워졌던 것이다. 현실 세계에서 참현실의 하나님 나라인 성전을 마음에 품고 있었던 다윗의 마음처럼 성도의 마음속에 역사적 참성전이 세워진 것이다. 역사적으로 그리스도가 재림하시기 전에 이미 성도의 마음속에 임마누엘하시는 것이다.

역대상에 흐르는 복음은 역사 속에서 이스라엘의 뿌리와 정체성이 하나님이신 것처럼 역사적으로 성도의 뿌리와 정체성은 하나님의 아들 예수 그리스도시라는 것이다. 역사 속에서 성전은 이미 다윗의 마음에 세워진 것처럼, 역사적인 하나님 나라는 성도 안에서 이미 역사적 성전의 실체이신 예수 그리스도로 말미암아 세워진 것이다.

4. 솔로몬 성전(대하 1-9장)

> "솔로몬이 예루살렘 모리아 산에 여호와의 전 건축하기를 시작하니 그곳은 전에 여호와께서 그의 아버지 다윗에게 나타나신 곳이요 여부스 사람 오르난의 타작 마당에 다윗이 정한 곳이라"(대하 3:1).

하나님이 솔로몬 성전을 건축할 장소로 예루살렘 모리아 산을 정하신 것이 심상치 않다. 모리아 산은 일찍이 하나님이 아브라함의 믿음을 시험하기 위해서 독생자 이삭을 바치라고 명하신 장소다. 그런데 이삭은 예수 그리스도를 예표하는 것으로, 아브라함이 독생자 이삭을 모리아 산에서 번제로 드리려는 장면은 독생자 예수 그리스도의 십자가 장면을 연상하게 한다. 번제 나무를 이삭이 지고 가는 것이 예수 그리스도가 지신 십자가 나무와 같으며, 번제로 드릴 이삭 대신 수풀에 걸린 숫양으로 다시 살게 된 이삭은 예수 그리스도의 부활로 표현할 수 있다. 이삭이 아버지의 말씀에 죽기까지 순종하고, 독생자 예수 그리스도가 하나님 아버지의 말씀에 순종해서 십자가에 죽으신 것처럼, 성전으로 맺어진 하나님 아버지와 아들의 관계는 이러한 순종의 관계가 되어야 한다는 것을 보여 준다.

아브라함의 믿음을 시험하기 위해 지시하신 곳에서 천 년이 지난 후, 다윗이 터를 닦고 솔로몬이 그 위에 성전을 건축하게 된다. 그리고 또 천 년이 지난 후에 유다의 집과 맺었던 새 언약이 예수 그리스도의 십자가 언약으로 심비에 세워지는, 성령이 임마누엘하는 참성전이 건축되는 것이다.

예수 그리스도의 제자 베드로는 "주는 그리스도시요 살아 계신 하나님의 아들이시니이다"(마 16:16)라는 믿음의 신앙 고백으로 예수 그리스도에게 "바요나 시몬아 네가 복이 있도다 이를 네게 알게 한 이는 혈육이 아니요 하늘에 계신 내 아버지"(마 16:17)라는 칭찬을 받는다. 베드로의 반석 같은 믿음의 신앙 고백 위에 음부의 권세가 이기지 못하는 교회가 세워지기 때문에 복된 것이다.

교회가 세워지는 것이 참으로 복된 것처럼, 하나님의 영광이 머무시는 성전을 건축하는 것 또한 복된 것이다. 하나님은 솔로몬에게 천하 열왕보다 큰 특별한 지혜와 부요함을 주셔서 성전을 건축하기에 부족함이 없게 하셨다. 이러한 명예로운 소문을 듣고 스바 여왕이 찾아와서 솔로몬의 지혜와 그가 건축한 궁과 여호와의 전에 올라가는 층계를 보고 정신이 황홀해서 숨이 막힐 정도로 놀라움을 감추지 못하고 솔로몬과 함께 있는 신하들을 향해 "복되도다, 복되도다"라고 외친다. 지혜로운 솔로몬 옆에서 그 지혜를 들으니 얼마나 복된 일인지 모른다는 것이다.

그야말로 복의 근원이 될 정도로 위대한 솔로몬과 함께 성전을 건축하고 성전에서 하나님의 일을 하는 것은 참으로 복되지만, 하나님의 눈과 마음이 있는 성전을 기준으로 살지 않으면 헛된 것이다. 스바 여왕의 복되다는 소리를 들은 솔로몬은 인생을 논하는 전도서에서 세상에서 부귀영화를 누려도 하나님이 없으면 "헛되고 헛되며 헛되고 헛되니 모든 것이 헛되도다"(전 1:2)라고 말한다. 성전을 건축해도 성전으로 살지 않으면 헛된 것이며, 하나님 말씀을 기준으로 살지 않으면 인생은 다 헛된 것이다. 헛된 세상에서 복되게 사는 것은 창조주 하나님을 아버지로 섬기며 말씀을 기준 삼아 새 계명으로 사는 것이다. 또한 헛된 세상에서 복되게 사는 것은 솔로몬 성전으로 살지 않고 예수 그리스도 참성전으로 사는 것이다.

5. 유다의 개혁(대하 10-35장)

역대하의 내용은 남 왕국 유다 지파의 다윗 왕조 이야기가 주로 서술되고 있다. 영원한 왕권을 가지고 오시는 메시아를 바라보면서 민족 중흥의 비전을 제시하기 위한 것이다. 그렇기 때문에 역사 속에서 벌어진 상황적인 이야기보다는 중심이 되는 주제를 더 깊게 다루고, 상황이 벌어진 사건 속에 빠지기보다는 상황이 벌어진 사건의 의미를 더 중요하게 표현하며, 사건에 대한 역사적인 이해보다는 하나님과의 관계를 더 중요하게 서술하고 있다.

역대하에서는 솔로몬 이후 남과 북으로 분열된 상태에서 남 왕국 유다의 왕들을 통해 유다의 개혁 가능성을 설명하고 있다. 하나님이 보시기에 악한 왕이라도 하나님은 다시 회개해서 회복할 기회를 주신다. 그리고 왕이 잘못한 것이 있으면 책망하시면서도 전에 선한 일을 한 것이 있으면 위로의 말도 아끼지 않고 격려해 주신다.

역사 속에서 유다의 개혁이 하나님이 얼마나 바라시는 일인지, 개혁을 주도한 왕들을 차근차근 살펴볼 필요가 있다.

아사의 개혁(대하 14-16장)

아사의 개혁은 가까운 궁중에서부터 시작해서 그의 어머니가 우상을 숭배하자 이를 꾸짖고 태후의 위를 폐했다. 또한 아세라의 가증한 우상들을 찍어 불살랐으며, 열조의 모든 우상과 남색하는 자들을 그 땅에서 제거해 버렸다. 그는 일평생 여호와 앞에 온전히 행했으며, 이로 인해 하나님은 전쟁을 막아 주시고, 나라에 평안을 주셨다. 그는 하나님이 주신 평안에 감사하면서 나라를 견고하게 하기 위해 성곽을 만들며 성읍들을 건축했다. 그의 경건 운동으로 인해 이스라엘 중에 에브라임과 므낫세와 시므온 지파 중에서 많은 사람이 아사 왕에게로 돌아왔다. 그들은 예루살렘의 성회에 모여 온전한 번제를 드리고, 마음을 다하고 성품을 다해 열조의 하나님 여호와를 찾기로 언약했다.

여호사밧의 개혁(대하 17-20장)

여호사밧은 아사의 뒤를 이어 25년간 나라를 통치하면서 왕이 된 처음부터 부왕 아사가 시작한 개혁 운동을 이어 나갔다. 그는 경건한 인물로서 전심으로 여호와의 도를 행하려고 했다. 그는 산당과 아세라 목상을 제하고 또 부왕이 미처 계속하지 못한 '남색하는 자'를 쫓아내었다. 그는 레위 사람들과 제사장들을 뽑고 또 방백들을 뽑아 각 성읍을 순회하면서 백성에게 율법을 가르치게 했다.

요아스의 개혁(대하 23-24장)

여호야다 제사장의 반정으로 왕위에 오른 요아스는 여호와의 백성이 되어 바알들을 깨뜨리고 바알의 제사장 맛단을 죽였다. 여러 해 후에 이제 요아스 왕이 스스로 정책을 결정할 때가 되었을 때 그는 여호와의 성전을 수리할 계획을 세웠다. 왜냐하면 아달랴가 모든 성전을 파괴하고 성물들을 바알에게 드렸기 때문이다. 요아스는 여호야다에게 명해서 성전을 수리할 헌금을 모으게 했다. 그렇게 해서 성전이 완성되었으며, 모든 성물은 옛날같이 정돈이 되었다. 매일 드리는 번제도 회복되었으며, 전국에는 여호와를 섬기는 영적 부흥이 일어나게 되었다.

히스기야의 개혁(대하 29-32장)

부왕 아하스가 남긴 연약한 정권을 인계받은 히스기야 왕은 예루살렘에서 29년을 치리하면서 하나님을 전심으로 의지했고, 모세의 율법을 충실히 이행했다. 히스기야 왕은 위에 오르자 그의 부왕인 아하스가 폐쇄해 버렸던 성전의 문을 다시 열고 성전을 정결하게 하는 데 힘썼다.

그는 유다 왕국이 하나님 앞에 돌아온 것을 분명히 하기 위해 성전의 숙청이 끝난 후에 모세의 법을 따라 번제와 화목제의 큰 제사를 드렸으며, 유월절을 성대하게 지킬 것을 명했다. 북쪽 이스라엘 백성에게도 초청장을 보내어 예루살렘에서 함께 절기를 지키자고 했으며, 이때 온 이스라엘 사람은 매우 기뻐했고, 솔로몬 이후 이스라엘에게 처음으로 큰 기쁨이 있었다. 그들은 감격한 나머지 7일간 절기를 지키고 나서 또다시 7일간 절기를 지켰다. 히스기야 왕은 모든 산당을 훼파했을 뿐만 아니라, 모세 때부터 있었던 놋뱀까지도 부수고 그것을 '느후스단'(놋 조각)이라고 했다(왕하 18:4).

므낫세의 개혁(대하 33장)

므낫세는 열두 살 때 부왕 히스기야의 뒤를 이어 왕이 된 후 55년간 예루살렘을 통치한, 남북 이스라엘과 유다를 통틀어 가장 오랫동안 나라를 통치한 왕이다.

므낫세는 부왕이 헐어 버린 산당들을 다시 짓고 바알의 제단을 다시 세웠으며, 아세라 목상과 하늘의 일월성신을 숭배했다. 그리고 몰렉에게 아들을 번제로 드려 불 가운데로 지나게 했으며, 점을 치고 사술을 행할 뿐 아니라, 이를 반대하는 사람들을 죽이기까지 했다. 결국 그는 하나님의 징계를 받아 앗수르로 끌려가게 되었지만, 포로에서 돌아온 그는 하나님 앞에서 스스로 겸비해 기도했고, 모든 우상을 제거했으며, 여호와의 단을 중수하고 백성에게 여호와를 섬길 것을 지시하기도 했다.

열왕기를 주로 읽을 경우에는 므낫세가 개혁을 주도한 부분을 놓치기 쉽다. 열왕기에서는 남 유다 멸망의 주된 원인이 므낫세의 악행 때문이라고 기술하고 있기 때문이다. 물론 므낫세는 악한 왕이 틀림없다. 그러나 므낫세를 악한 왕으로 묘사하는 열왕기와는 다르게 역대기는 므낫세를 회개하고 선을 행하는 왕으로 기술했다. 이는 아무리 악한 사람이라도 회개하고 돌아올 수 있다는 것을 강조하는 것이며, 아울러 회개를 통한 유다의 재건에 초점을 맞추는 것이다.

요시야의 개혁(대하 34-35장)

요시야는 여덟 살의 어린 나이로 아몬 왕의 뒤를 이어 왕위에 올랐다. 그의 치리 기간 31년은 참으로 크게 부흥하고 발전하던 시기로, 유다 왕국 창건 이래 가장 행복했던 때였다.

요시야 왕은 예루살렘과 유다, 북방 여러 성에 이르기까지 모든 우상을 제거했다. 이것은 유다 왕국의 역사에 있어서 전무후무한 일이었는데, 이러한 개혁 운동은 성전을 수리하다가 발견한 율법책으로 인해 절정에 이르게 된다. 제사장 힐기야는 그 책을 서기관에게 주어 그것을 요시야 왕 앞에서 읽게 했으며, 이 율법책의 내용을 들은 요시야 왕은 그 자리에서 자기 옷을 찢으면서 회개했고, 그는 온 백성과 함께 여호와 앞에 언약을 세워 진정으로 하나님만을 섬기기로 서약을 했다.

요시야 왕의 개혁은 과거 히스기야 왕 때보다도 더 철저했다. 남방 유다에서는 솔로몬 왕 때부터 있었던 모든 우상과 산당들이 제거되었으며, 또한 북방 이스라엘에서도 여로보암 때 세웠던 모든 우상의 제단을 훼파해 버렸다. 그러나 우상의 제거와 함께 종교 개혁이 가장 절정을 이룬 것은 모세의 율법을 따라 온 백성이 함께 모여서 유월절을 지킨 때였다. 구약성경은 사사 시대 이후 요시야 왕 때처럼 이스라엘의 역사 중에서 유월절을 크게 지킨 적은 없었다고 기록한다.

요시야의 종교 개혁은 그 당시뿐 아니라 그 이후에도 이스라엘 백성의 생활과 사상에 지대한 영향을 끼쳤다. 요시야의 종교 개혁은 말씀과 언약에 대해 보다 더 진지한 태도를 가지게 했다.

6. 유다의 재건(대하 36장)

하나님은 요시야를 바벨론과 싸우러 갈그미스로 올라가는 애굽의 바로느고를 방비하다가 므깃도 전투에서 죽게 하신다. 요시야가 죽었을 때 온 백성이 슬퍼했고, 예레미야 선지자는 애가를 짓기까지 했다. 이스라엘의 모든 왕 중에서 가장 다윗과 닮고 하나님의 마음을 품은 요시야를 하나님은 왜 죽이신 것일까? 유다 열왕들의 점진적인 개혁과 요시야의 대대적인 개혁에도 불구하고 하나님은 백성이 하나님을 마음에 두지 않는 불순종의 뿌리까지 개혁할 수 없다는 것을 예레미야 선지자를 통해서 요시야 왕 때 말씀하였다.

"너는 배역한 이스라엘이 행한 바를 보았느냐 그가 모든 높은 산에 오르며 모든 푸른 나무 아래로 가서 거기서 행음하였도다 그가 이 모든 일들을 행한 후에 내가 말하기를 그가 내게로 돌아오리라 하였으나 아직도 내게로 돌아오지 아니하였고 그의 반역한 자매 유다는 그것을 보았느니라 내게 배역한 이스라엘이 간음을 행하였으므로 내가 그를 내쫓고 그에게 이혼서까지 주었으되 그의 반역한 자매 유다가 두려워하지 아니하고 자기도 가서 행음함을 내가 보았노라 그가 돌과 나무와 더불어 행음함을 가볍게 여기고 행음하여 이 땅을 더럽혔거늘 이 모든 일이 있어도 그의 반역한 자매 유다가 진심으로 내게 돌아오지 아니하고 거짓으로 할 뿐이니라 여호와의 말씀이니라"(렘 3:6-10).

결국 하나님은 최후의 방법으로 유다의 완전한 재건을 위해 하나님이 직접 개혁을 주도하실 것을 암시하신다. 유다를 바벨론 포로로 잡히게 하고 70년간 하나님이 직접 개혁을 주도하실 시간을 계획하신 후 유다를 멸망시키실 때 나타나는 재앙을 사랑하는 요시야에게는 보여 주지 않기 위해서 하나님은 "그러므로 보라 내가 너로 너의 조상들에게 돌아가 평안히 묘실로 들어가게 하리니 내가 이곳에 내리는 모든 재앙을 네 눈이 보지 못하리라 하셨느니라 하니 사자들이 왕에게 보고하니라"(왕하 22:20)고 하신 것이다.

하나님은 우상 숭배로 얼룩진 이스라엘을 회복하기 위해 개혁을 단행하시지만 완전한 개혁이 이루어지지 않자, 바벨론 포로로 잡혀가 70년 동안 성전 재건축 준비를 마치고 성전 재건을 통해 창조와 구원의 목적을 이루어 하나님의 통치가 임하는 하나님 나라를 세워 하나님만을 유일한 신으로 믿고 따르게 하시려는 것이다.

역대하에 흐르는 복음은 역사 속에서 흘러왔던 불완전하고 부분적으로 개혁되어진 것을 하나님이 예수 그리스도를 통해 마음속까지 완전한 개혁을 이루시겠다는 것이다.

• 포로 시대의 역사 재조명 •

• 주제 : 이스라엘의 역사는 어디에서부터 어디까지인가?

역대상(1-10장)	창세기부터 통일 왕국 시대 초기를 정리함
역대상(11-29장)	다윗과 성전 문화와 제사장 문화를 중심으로 기록함
역대하(1-9장)	솔로몬의 통치 역사를 기록함
역대하(10-36장)	유다 왕 스무 명의 통치 역사를 기록함

남북 전쟁 시기(대하 10-16장) - (1) 르호보암 17년 (2) 아비얌(아비야) 3년 (3) 아사 41년
남북 평화 시기(대하 17-27장) - (4) 여호사밧 25년 (5) 여호람 8년 (6) 아하시야 1년
(7) 아달랴 6년 (8) 요아스 40년 (9) 아마샤 29년
(10) 웃시야(아사랴) 52년 (11) 요담 16년
앗수르의 지배 시기(대하 28-33장) - (12) 아하스 16년 (13) 히스기야 29년
(14) 므낫세 55년 (15) 아몬 2년
바벨론의 지배 시기(대하 34-36장) - (16) 요시아 31년 (17) 여호아하스 3개월
(18) 여호야김 11년 (19) 여호야긴 3개월
(20) 시드기야 11년

이스라엘의 역사가 열왕기에 이어 역대기로 기록된 이유와 목적은 구속사적으로 흐르는 성경의 구원 역사 때문이다. 이스라엘 역사는 열왕기하 끝에서 북 이스라엘과 남 유다의 멸망으로 종결되어야 한다. 그런데 계속해서 역대상·하와 에스라, 느헤미야, 에스더서가 기록된 것은 성경이 하나님의 구원 역사로 흐르는 것을 암시하는 것이다.

역대기는 왕정 시대의 역사를 다윗 왕조를 중심으로 새롭게 기록하고 있다. 온 인류의 일반 역사(창 1-11장)와 하나님의 구원 역사가 이스라엘의 출발인 아브라함의 족장 시대에서 시작돼 유다와 다말 사건을 거치며 그 족보는 다윗에 초점을 맞추고 있다(창 38장). 유다는 다말(며느리)에게서 베레스와 세라를 낳고, 베레스는 헤스론을 낳고, 헤스론은 람을 낳고, 람은 아미나답을 낳고, 아미나답은 나손을 낳고, 나손은 살몬을 낳는다. 그리고 살몬은 가나안 여인 라합(수 2:1; 히 11:31)에게서 보아스를 낳는다. 보아스는 모압 여인 룻(룻 4:18-22)에게서 오벳을 낳고, 오벳은 이새를 낳고, 이새는 다윗을 낳는다.

역대기의 족보는 족장 시대(유다와 다말)와 정복 시대(살몬과 라합) 그리고 사사 시대(보아스와 룻)와 왕국 시대(다윗)로 이어지고 있다. 이런 역사의 흐름을 통해서 구약 시대

에도 신앙 고백으로 이방인의 구원이 있었음을 알 수 있다(다윗의 족보에 기록). 또한 역대기는 포로 시대(남은 자)의 에스라서로 연결해 주는 책이다.

역대기는 유다 왕국 계열의 역사다. 포로 시대의 역사서들(에스라, 느헤미야, 에스더)과 예언서들(다니엘, 에스겔, 학개, 스가랴, 말라기)은 모두 유다 왕국 사람을 중심으로 기록해서 하나님 나라의 면모를 이어 간다.

침묵 시대(말라기 이후 400년)의 신·구약 중간 시대에도 나라를 되찾고 하나님 나라의 문화(수전절)를 세우려고 싸운 것이다.

복음 시대(남은 자)의 신약 시대에 등장하는 인물들은 포로 시대를 거친 유다 계열의 남은 자로, 신약성경에서 주도권을 갖고 사마리아(북 이스라엘)와 구별된다. 교회 시대는 정통성을 이어받은 아브라함과 다윗의 자손 예수 그리스도가 하나님 나라의 왕으로 이 땅에 오신다.

이 땅에 오신 그리스도는 열두 명의 제자를 부르시고, 초대교회를 형성해서 교회의 사명을 주신다. 역대기는 이 사명을 붙잡은 열방의 교회들이 아가페 사랑으로 온 인류를 구원하기 원하시는 하나님의 동역자가 되어 새 언약의 일꾼으로 살아가는 시대로 연결된다(고전 3:9; 고후 3:6).

다니엘

다니엘서는 다니엘이 바벨론에
1차 포로로 잡혀가서 쓴 책이다.

다니엘 구조 잡기

• 주제 : 침묵 시대의 풀무 불과 사자 굴은 무엇을 의미하는가?

서론(1장)	포로 다니엘
본론(2-11장)	열왕의 시대
결론(13장)	종말적 세상

※ 역사 속의 바벨론(1-5장), 역사 속의 메대와 바사(6장), 환상 속의 바벨론(7-8장), 환상 속의 메대와 바사(9-12장)

다니엘 초점 잡기

"오직 은밀한 것을 나타내실 이는 하늘에 계신 하나님이시라 그가 느부갓네살 왕에게 후일에 될 일을 알게 하셨나이다 왕의 꿈 곧 왕이 침상에서 머리 속으로 받은 환상은 이러하니이다 왕이여 왕이 침상에서 장래 일을 생각하실 때에 은밀한 것을 나타내시는 이가 장래 일을 왕에게 알게 하셨사오며"(단 2:28-29).

다니엘서에서는 은밀한 것, 비밀한 것을 많이 말씀하고 계심을 볼 수 있다. 은밀한 것은 곧 하나님의 비밀로, 골로새서에서는 만세와 만대로부터 감추었던 것이라고 한다. 이제 그 하나님의 비밀을 알리고 드러내려고 한다. 하나님의 생각을 사람들의 생각 속에 집어넣어 알게 하시려는 것이다.

> "다니엘이 왕 앞에 대답하여 이르되 왕이 물으신 바 은밀한 것은 지혜자나 술객이나 박수나 점쟁이가 능히 왕께 보일 수 없으되"(단 2:27).

이 말씀은 하나님의 은밀한 것을 하나님이 아니고서는 맞힐 수가 없다는 것이다. 하나님의 비밀과 하나님의 은밀한 것은 뜨인 돌, 예수 그리스도시다. 아무도 맞히지 못한 것을 다니엘이 맞힌 것은 하나님이 알게 하셨기 때문이다.

다니엘 2장의 분위기는 '느부갓네살 왕이 앞으로 바벨론이라는 나라를 계속 강대국으로 그 위상을 지켜 갈 것인가?'의 중요한 문제를 안고 걱정하며 궁금해 한다. 한 나라의 정권이 바뀌는 전환점의 시기에는 다른 정권으로 바뀔 것에 대한 두려움이 있기 마련이다. 그때 정치적인 계산 속에서 나라의 상태에 대해 꿈을 꾸게 된다. 그 꿈의 내용을 다니엘 2장에서는 현실적인 사건으로, 다니엘 7장에서는 앞으로 나타날 사건으로 보여 준다.

창세기는 이미 지나간 사건이다. 모세는 창세기, 레위기, 민수기, 신명기를 통해서 지나가고 있는 사건과 함께 앞으로 다가올 사건까지도 같이 기록하고 있다. 다니엘서의 일부 내용은 지나가고 있고, 또 다른 부분은 앞으로 이루어질 내용이다.

대선지서 줄기의 흐름을 보면, 이사야서는 메시아를 설명하고, 예레미야서는 회개해서 받는 회복을 설명하고, 예레미야애가는 하나님의 본심을 설명하고, 에스겔서는 성령을 통해서 마른 뼈가 소생됨을 설명하고, 다니엘서는 열방 구원을 말하고 있다. 이스라엘만이 아니라 열방의 구원을 설명한다. 죄와 허물로 죽었던 죄인을 회복시키는 것이 곧 구원이다. 다니엘서는 구원의 결과를 설명한다. 구원받은 사람의 삶을 기록한 장이 다니엘 3장과 6장이다. 하나님이 불과 사자 굴에서 구원하시는 것을 보여 준다.

세상과 마귀는 우는 사자와 같이 삼킬 자를 찾아 믿는 자를 잡아 죽이려고 한다. 그래서 이 세상은 사자 굴과 같다. 예수 믿기 전에는 누구나 사자 같은 존재였지만 예수 믿고 나면 모두 양이 된다. 그런데 사자가 양 같은 다니엘을 감당하지 못한다. 그야말로 사자가 깜놀(깜짝 놀람)하는 상황이 벌어지게 된다. 세상이 감당하지 못하는 사람은 사자가 깜놀하고, 세상을 감당하지 못하는 사람은 사자를 보고 깜놀하게 되는 이야기다. 세상이 감당하지 못하는 사람은 세상의 불꽃이 사르지도 못하고, 불탄 냄새도 안 난다. 에스겔서의 마른 뼈가 살아나는 이야기를 눈으로 보는 듯한 느낌이다. 이 세상이 성도를 잡아먹고 불태우려 할 때 신앙 고백을 하면 절대로 침몰하지 않는다. 그 이유는 그리스도 때문이다. 사자 굴에 세 명이 들어갔는데 네 명이 보이는 것이다. 예수 안 믿는 사람의 눈에도 보이는 것이다. 불 속에서 타 죽지 않는 분이 불과 사자를 막고 계시는 것이다.

느부갓네살 신상

다니엘 7장에는 네 짐승 이야기가 나온다. "큰 짐승 넷이 바다에서 나왔는데 그 모양이 각각 다르더라 … 그 네 큰 짐승은 세상에 일어날 네 왕이라"(단 7:3, 17). 다니엘 2장에는 네 개의 나라가 나온다. 바벨론은 금이고, 페르시아는 은이고, 헬라는 동이고, 철은 로마 시대다. 이 역사는 현재 시점에서 이미 지나간 이야기다. 그러나 다니엘의 시점에서 2장의 내용이 이미 지나갔다면, 7장은 아직 지나가지 않은 이야기다.

> "내가 밤 환상 가운데에 그다음에 본 넷째 짐승은 무섭고 놀라우며 또 매우 강하며 또 쇠로 된 큰 이가 있어서 먹고 부서뜨리고 그 나머지를 발로 밟았으며 이 짐승은 전의 모든 짐승과 다르고 또 열 뿔이 있더라"(단 7:7).

여기서 열 뿔이 있는 네 번째 짐승은 네 왕 중에 네 번째 왕이다(단 7:17). 다니엘서가 기록될 당시에는 아직 로마가 오지 않은 때로 바벨론 전성기였다. 그런데 다니엘 7장에서는 성도들이 앞으로 다가올 하나님 종말의 역사를 어떻게 만나게 될 것인지를 미리 기록하고 있다.

> "이 여러 왕들의 시대에 하늘의 하나님이 한 나라를 세우시리니 이것은 영원히 망하지도 아니할 것이요 그 국권이 다른 백성에게로 돌아가지도 아니할 것이요 도리어 이 모든 나라를 쳐서 멸망시키고 영원히 설 것이라"(단 2:44).

하나님이 열왕의 때에 한 나라를 세우신다. 그 나라가 하나님이 세우시는 하나님 나라다. 그분의 계획대로 뜨인 돌이 날아와서 열왕을 날려 버린다(단 2:34). 세상 사는 동안 국제 정세가 돌아가는 이야기며, 하나님이 그 국제 정세를 경영하고 계신 것을 보여 주는 것이다.

하나님은 느부갓네살 왕을 7년 동안 사람에게서 쫓겨나 들짐승과 함께 거하며 소처럼 풀을 먹고 하늘 이슬에 젖게 하신다. 그때 비로소 하나님이 인간 나라를 다스리시며 당신의 뜻대로 그것을 누구에게든지 주실 수 있다는 것을 알게 된다(단 4:25). 하나님은 나라를 세우시고 당신의 뜻대로 그 나라를 주신다. 하나님의 백성은 나라를 얻고 영원히 누리게 된다(단 7:18). 하나님의 계획은 한 나라를 세우시고 그곳에서 성도를 영원히 살게 하시려는 것이다. 세상의 권세가 얼마나 센지 열뿔의 세력이 성도들과 싸워 이긴다(단 7:12; 계 13:7). 그러나 그리스도가 주시는 성도들의 인내가 있다. 때가 이르면 그리스도가 와서 성도에게 나라를 얻게 하신다(단 7:24-27).

다니엘 8-9장은 신·구약 중간사의 이야기를 미리 하고 있다. 열왕의 시대마다 성도가 받는 핍박이 풀무 불과 사자 굴의 상황이다. 이런 환경에서는 완전히 죽는 것이 형통하게 사는 지름길이다. 그리스도로 인해 죽고 사는 것이 바로 산제사다. 어느 날 요한계시록을 강의하는데, 한 성도가 '666' 안 받으면 어떻게 살 수 있는지를 질문했다. '666'을 안 받으면 생필품을 살 수 없어 결국 굶어 죽게 될 수도 있다. 마지막에는 죽음을 다 무서워한다. 그러나 죽음의 문제를 해결하는 분은 예수 그리스도시다. 죄와 사망을 이기고 사신 예수 그리스도의 인내가 성도의 믿음이 되어 환난을 이기는 힘이 된다.

다니엘의 세 친구인 사드락과 메삭, 아벳느고도 하나님만 섬기다가 불 속에 들어가게 된다. 일곱 배나 더 뜨거운 불로 죽이겠다는 느부갓네살 왕의 진노는 실로 엄청나다. 그러나 그들은 '그리 아니하실지라도'라는 신앙 고백으로 하나님에게 일곱 배나 영광을 올려 드리는 상황이 연출되었다. 강한 시험 속에서 하나님에 대한 믿음의 간증은 더욱 증폭된다. 다니엘 3장의 풀무 불 사건과 6장의 사자 굴 이야기는 동일한 것이다. 이런 세상의 환난 속에서 하나님은 성도를 보호하고 나라를 얻게 해서 그리스도와 함께 영원토록 왕 노릇 하게 하신다.

· 포로가 된 자유자 ·

인간은 자유 의지로 자유롭게 타락한다. 자유로운 타락의 범죄로 세상의 포로가 되어 하나님이 주시는 자유는 없어진다. 이스라엘 백성은 자유가 없어지는 자유로 자유롭게 살다가 포로가 된 것이다. 그리스도는 자유하게 하는 자유로 그리스도인을 자유하게 하신다. 세상의 포로에서 자유할 수 있는 길은 그리스도에게 포로가 되는 것뿐이다.

에스겔

에스겔서는 에스겔이 바벨론에
2차 포로로 잡혀가서 쓴 책이다.

에스겔 구조 잡기

- 주제 : 하나님의 재건축 이주 대책은 무엇인가?

서론(1-24장)	닥쳐올 심판
본론(25-39장)	열방의 심판과 이스라엘의 회복
결론(40-48장)	이스라엘의 회복을 새 예루살렘 성전으로 묘사

※ 닥쳐올 심판(1-24장), 열방(일곱 나라)의 심판(25-32장), 이스라엘의 회복(33-39장), 성전 구조(40-43장), 제사장직(44-45장), 성전 의식(46장), 거룩한 땅(47-48장)

예레미야가 예루살렘에서 사역을 하는 동안 에스겔은 포로로 잡힌 바벨론에서 사역을 한다. 이스라엘에 닥쳐올 임박한 심판은 하나님이 바벨론으로 임시 성소를 옮기심으로 확증된다. 하나님이 성소를 떠나신 것은 극심한 우상 숭배 때문이다(겔 8:6). 아무리 외쳐도 듣지 못하는 반역한 족속은(겔 12:2) 멸망하게 된다(겔 1-24장). 또한 반역한 족속과 놀아난 열국도 멸망한다(겔 25-32장). 그러나 하나님의 마음은 악인이 죽는 것을 기뻐하지 않으신다. 이것이 파수꾼을 세우신 하나님의 마음이다. 이미 포로로 잡힌 자들과 앞으로 포로로 잡힐 자들에 대한 하나님의 마음은 그들에게서 우상을 완전히 제거해서 정결하게 하는 것이다. 또한 포로지 바벨론에서 하나님의 이름을 거룩하게 드러내게 해서 더럽혀진 하나님의 이름을 회복하는 것이다. 하나님은 거룩한 이름을 회복하고 우상을 섬기던 백성의 마음을 정결하게 해서 예루살렘으로 돌아오게 하신다. 또한 범죄한 모든 처소에서 구원해서 정결하게 하시어 그들은 하나님의 백성이 되고 하나님은 그들의 하나님이 되신다(겔 33-39장). 그 회복의 증표가 성전의 회복이며 새 예루살렘의 모습이다(겔 40-48장).

에스겔 초점 잡기

바벨론에 2차 포로로 잡혀간 에스겔은 1차 포로로 먼저 잡혀가 왕국에서 생활한 다니엘과는 달리 평민들이 있는 곳에서 선지자 활동을 한다.

> "그런즉 너는 말하기를 주 여호와의 말씀에 내가 비록 그들을 멀리 이방인 가운데로 쫓아내어 여러 나라에 흩었으나 그들이 도달한 나라들에서 내가 잠깐 그들에게 성소가 되리라 하셨다 하고 너는 또 말하기를 주 여호와의 말씀에 내가 너희를 만민 가운데에서 모으며 너희를 흩은 여러 나라 가운데에서 모아 내고 이스라엘 땅을 너희에게 주리라 하셨다 하라"(겔 11:16-17).

구약 선지서의 전체적인 흐름은 심판과 회복을 말하고 있다. 에스겔서에서도 여전히 하나님의 심판과 회복이 나온다. 그럼 하나님은 왜 심판하시는가? 또한 어떻게 회복하시는가? 이 질문에 대한 해답은 하나다. 실제로 하나님과 백성의 관계에 있다. 백성을 포로 되게 한 심판은 백성을 아들로 대우하시는 훈련 프로그램이다. 또한 그들을 포로에서 돌아오게 하시려는 것은 하나님이 그들의 하나님이 되시려는 거룩 프로그램이다.

하나님이 이스라엘 백성을 바벨론에 옮겨 놓으신 것은 다시 돌아오게 할 임시방편의 재건축 이주 대책이다. 그것은 바벨론에 임시 성소를 두고 포로들을 정결하게 해 하나님의 거룩을 나타내어 다시 돌아오게 하시려는 것이다. 또한 예루살렘의 더럽혀진 성전을 허물고 새롭게 건축하시려는 것이다. 이것은 마치 예수님의 죽으심과 부활하심으로 건물 성전을 헐고 참성전인 사람 성전을 세우시는 방법이다.

이스라엘 백성을 종 되었던 애굽 땅에서 건져 내신 것은 "너희의 하나님이 되려고"라고 레위기에 기록하고 있다(레 22:33). 지금도 하나님은 당신의 백성을 세상에서 건져 내시는 방법은 동일하다. 그때나 지금이나 하나님이 "너희의 하나님이 되려고" 구원하신다. 그분이 사람을 하나님의 백성이 되게 하셨으므로 백성은 그분을 하나님 되시게 해야 마땅하다. 하나님은 "너희의 하나님이 되려고" 종 되었던 애굽에서 건져 내고 시내 산에서 언약을 체결하신다. 그리고 언약의 표증으로 성막을 세우신다. 그런데 백성이 그 언약을 지키지 않아 하나님이 심판하시게 된 것이다.

언약이 현실로

성전을 건축한 솔로몬에게 나타나신 하나님은 "나는 네가 건축한 이 성전을 거룩하게 구별하여 내 이름을 영원히 그곳에 두며 내 눈길과 내 마음이 항상 거기에 있으리니"(왕상 9:3)라고 말씀하시고, "만일 너희나 너희의 자손이 아주 돌아서서 나를 따르지 아니하며 내가 너희 앞에 둔 나의 계명과 법도를 지키지 아니하고 가서 다른 신을 섬겨 그것을 경배하면 내가 이스라엘을 내가 그들에게 준 땅에서 끊어 버릴 것이요 내 이름을 위하여 내가 거룩하게 구별한 이 성전이라도 내 앞에서 던져 버리리니 이스라엘은 모든 민족 가운데에서 속담거리와 이야깃거리가 될 것이며"(왕상 9:6-7)라고 말씀하신다. 이렇게 솔로몬에게 하셨던 언약이 약 350년 만에 현실로 드러난다. 예루살렘 성전에 우상이 득실거리는 모습과 우상이 마음에 가득한 백성의 모습을 보신 하나님은 언약대로 성소를 멀리 떠나시고 그들을 속담거리가 되게 하신다(겔 8:6, 14:8).

하나님의 언약을 어긴 백성의 심판은 당연하다. 에스겔이 포로로 잡혀갈 당시 바벨론은 여호야긴(남 유다 19대 왕)을 함께 잡아가고 시드기야를 대신 왕으로 세운다. 그리고 언약을 맺고 바벨론을 섬기게 한다. 그런데 시드기야는 애굽을 의지하고 바벨론 왕을 배반하게 된다. 애굽이 결코 도와주지 못하며, 언약의 맹세를 어기고 배반했기에 바벨론의 칼을 피하지 못한다(겔 17:15, 18). 그러므로 하나님과의 언약을 배반한 것은 말할 것도 없다. 지금도 하나님을 믿는다고 하면서 애굽 같은 세상을 의지하고 세속에 물들면 하나님의 백성을 아들로 대우하시는 징계를 피하지 못할 것이다(히 12:7).

하나님은 에스겔을 통해 끊임없이 언약을 어긴 이스라엘 백성에게 심판의 당위성을 자세하게 설명하고 심판하신다(겔 1-24장). 또한 하나님은 교만하고 강포한 열국의 심판도 반드시 행하신다(겔 25-32장). 그런데 하나님의 백성은 새 언약의 은혜로 회복시키신다(겔 33-39장). 그리고 그 증표로, 하나님 백성의 회복을 상징하는 성전을 보여 주신다(겔 40-48장).

하나님의 백성은 어떻게 회복되는가?

녹슨 가마와 같은 백성의 범죄는 음란한 행위로 더럽혀진 불순물이다. 이 불순물은 제거하려고 무진 애를 써도 벗겨지지 않고 불에서도 제거되지 않는다. 과연 우상을 품은 마음은 무엇으로도 벗겨지지 않는 것인가! 결국 하나님은 심판을 단행하고 그 예표로 에스겔 아내의 죽음을 예고하시며, 아내가 죽더라도 슬퍼하거나 눈물을 흘리지 말라고 명령하신다. 네 눈에 기뻐하는 것을 쳐서 빼앗으시겠다는 예표다. 이스라엘 백성이 지은 죄의 불순물을 제거하는 아픔이다. 하나님은 그 백성에게 칼을 겨누고 목을 치는 심판의 날을 예고하시기 위해서 에스겔의 아내를 죽게 하신다(겔 24:18). 하나님의 눈에 기뻐하는 백성을 심판하시면서 울 수도 없는 하나님의 사랑이다. 하나님이 겪으시는 일을 에스겔이 겪게 되고, 에스겔이 겪게 된 일을 백성이 당하게 된다. 그러므로 하나님의 슬픔이 에스겔에게 임하고, 에스겔의 슬픔이 백성에게 임하게 된다.

백성이 이러한 심판을 받을 수밖에 없는 죄를 지은 결정적 이유는 좋은 꼴을 먹이지 않았던 타락한 목자들에게 있다. 영적 좌우를 분별하지 못하고 들짐승의 밥이 된 것은 선한 목자가 없기 때문이다. 하나님은 삯꾼 목자가 판치는 목장을 인수해서 요한복음 10장에 나오는 선한 목자에게 인계하시겠다고 한다(겔 34:23; 요 10:10). 다시는 이단 사설과 세상 풍속과 세속에 물든 우상을 품지 않게 하시겠다는 하나님의 마음이다. 성경에서 예수 꼴을 먹고 선한 목자의 인도함을 받는 자들은 참된 목자의 양이다.

죄는 벗겨지지도 않고 없어지지도 않는다. 죽음의 심판으로 죄를 해결하는 내용이 에스겔 24장이다. 그럼 도대체 어떻게 회복시키신다는 말인가? 에스겔 24장에서 죽었던 생명이 에스겔 37장에서 생기를 통해 살아난다. 죄는 기절한 것이 아니고 완전히 죽은 것이다. 허물과 죄로 죽었던 마른 뼈들을 성령으로 살리신 것이다. 하나님은 성령을 통해 죽은 백성이 무덤을 열고 나오게 하신다. 또한 그들을 이스라엘 땅으로 들어가게 하신다. 이 일을 하나님이 직접 주관하신다. 백성의 우상 숭배로 인해 더럽혀진 성전과 하나님의 거룩한 이름을 회복하시기 위해 포로로 잡혀간 열국에서 하나님의 거룩함을 나타내신다.

회복의 주체는 하나님이시지만 사람의 할 일이 없는 것은 아니다. 하나님이 모든 것을 다 하시지만 백성은 이와 같이 자기들에게 이루어 주시기를 하나님에게 기도해야 한다(겔 36:37). 백성은 '자기 뜻을 이루기 위해 하나님에게 기도'하는 것이 아니다. 그것은 자기 욕망과 자기 영광이며 자기 우상이다. 그러므로 하나님의 영광을 위해 '하늘의 뜻을 내게 이루는 기도'가 백성이 할 일이다.

하나님은 세계 선교와 교회 부흥 그리고 당신의 백성을 하나님의 백성답게 하신다. 당신의 이름을 위해서 당신의 백성을 의의 길로 인도하신다. 종국적으로 하나님의 백성은 하나님과 관계가 회복된다. 그 회복의 표증으로 성전이 회복되는 것을 보여 주신다.

• 말씀 순대 •

하나님은 백성을 거룩하게 하시며, 그 백성이 거룩하게 살아서 하나님의 거룩을 나타내기 원하신다. 대선지서인 이사야서는 메시아를 설명하고, 예레미야서는 눈물의 회개를 말하고, 예레미야애가는 하나님의 본심을, 에스겔서는 성령을 통한 소생을, 다니엘서는 구원을 말한다. 그러므로 패역한 시대에는 파수꾼이 필요하다. 패역한 족속을 향한 하나님의 사랑이 하나님의 본심이다. 패역한 족속은 하나님 말씀을 듣지 않는 강퍅한 마음과 굳은 이마다. 이들은 바늘로 찔러도 피 한 방울 나지 않는다. 그래서 하나님은 에스겔을 금강석처럼 강하게 하신다. 죄인을 구원하기 원하시는 하나님은 말씀을 창자에 채우라고 하신다. 말씀의 포스(force)가 있는 성도는 말씀을 창자에 채우는 말씀 순대가 되어서 사람들을 살리는 먹을거리가 되어야 한다. 말씀이 창자에서 영혼을 살찌우는 살과 피가 되어 그리스도만 나타내는 거룩한 파수꾼이 필요한 시대다.

• 성전 회복 •

이스라엘 백성은 불순종과 우상 숭배의 죄악으로 바벨론에 포로로 잡혀가게 된다. 그러나 하나님이 주시는 새 언약의 은혜를 통해서 회복을 맛볼 수 있다. 에스겔이 환상 속에서 본 예루살렘 성전은 포로로 잡혀간 이스라엘 백성의 새로운 차원의 회복을 예고한다. 에스겔서를 통한 성전 회복의 예언은 세상의 포로 시대에 하나님의 통치가 그리스도를 통해서 펼쳐질 것을 표명한 것이다.

예레미야애가

예레미야애가는 바벨론 3차 포로 이후에
예레미야가 쓴 책이다.

예레미야애가 구조 잡기

- 주제 : 예레미야애가는 정말 슬픔의 노래인가?

서론(1장) : 슬프다	양식이 없어 굶주림으로 슬프다.
본론(2-4장) : 기쁘다	슬픔 중 주님의 본심으로 기쁘다.
결론(5장) : 새롭다	옛적 같게 하시는 은혜가 새롭다.

※ 황폐된 예루살렘 성(슬프다, 1장), 예루살렘 성의 참상(슬프다, 2장), 하나님의 본심을 찾는 선지자의 마음(기쁘다, 3장), 고난당한 예루살렘 백성(슬프다, 4장), 유다의 회복을 위한 기도(새롭다, 5장).

하나님의 본심(애 3:33)은 재앙이 아니라 평안과 미래와 희망이다(렘 29:11). 그러므로 양식이 없어 주리고(애 1장), 하나님이 진노하시는 날 피하거나 남은 자가 없을지라도(애 2장) 오히려 소망이 있는 것은 하나님의 마음이 재앙이 아니라 평안과 미래와 희망이기 때문이다(애 3장).

죄악으로 멸망한 예루살렘의 모습은 처참하다. 자비한 부녀가 자기 자녀를 삶아 식물로 먹는 비극적 현실이다. 이렇게 형벌을 마친 유다는 회복되지만 유다의 슬픔을 기쁨으로 삼았던 에돔은 처벌받게 된다(애 4장). 또한 주의 은혜로 주님에게 돌이킨 유다는 옛적같이 새로워진다(애 5장).

예레미야애가 초점 잡기

이스라엘은 바벨론에 의해 무참하게 짓밟히고 3차에 걸쳐 포로로 잡혀가는 비참한 상황에 직면하게 된다. 예레미야는 나라가 멸망하는 상황을 바라보면서 슬픔을 노래한다. 언약의 백성이 하나님과 맺은 언약을 배반하고 얻은 결과는 너무도 비통하다. 예루살렘의 거리는 시체가 굴러다니고 도시는 폐허로 변해 간다. 부모는 자식의 죽음을 기다렸다가 그 시체를 먹어야 할 정도로 비참한 생활을 한다. 그로 인해 고난과 슬픔이 가득 차 있지만, 어떤 시련이 닥쳐와도 굴하지 않겠다는 미래에 대한 확신과 하나님을 향한 굳은 믿음을 가지고 찬양의 노래로 예레미야애가는 마무리된다.

하나님의 본심은 언약의 백성을 죽이시려는 것이 아니다. 이스라엘 백성이 지은 불순종의 죄를 죽여야 살 수 있다는 진리를 설명하시려는 것이다. 언약을 배반한 죄는 반드시 죽여야만 하는 하나님의 성품 때문이다. 그러나 하나님은 첫 언약을 파기하고 새 언약으로 다시 살리겠다고 하신다. 예레미야를 통해 선언하신 새 언약을 에스겔서에서 마른 뼈가 살아나는 것을 통해 상징적으로 보여 주시고, 그 증표로 성전이 회복될 것도 함께 보여 주신다. 그러므로 하나님의 새 언약은 반드시 시행될 것이라는 소망이 생긴 것이다. 예레미야애가는 예루살렘 성의 무너짐과 동시에 죄로 인해 유다가 죽는 모습을 노래하고 있다.

그러나 마지막 그의 찬가는 새 언약의 소망과 그리스도를 통한 회복의 노래다. 그리스도인의 애가는 유다가 죽은 모습과 동일하게 성도가 죄로 인해 죽은 자화상의 노래다. 또한 그리스도인의 찬가는 유다가 그리스도의 긍휼로 회복되는 것처럼, 성도 안에서 그리스도가 성도를 새롭게 하시는 노래다. 그러므로 애가는 옛사람의 죽음이고, 찬가는 새사람의 구원이다.

슬프다(애 1장)

"슬프다 이 성이여 전에는 사람이 많더니 이제는 어찌 그리 적막하게 앉았는고"(애 1:1).

황폐한 예루살렘 성을 돌아보는 예레미야 마음의 첫마디가 '슬프다'로 시작한다. 백성은 생명을 소성시키려고 보물로 먹을 것을 바꾸어 양식을 구한다(애 1:11). 제사장들과 장로들은 소성시킬 양식을 구하다가 성 가운데서 기절한다(애 1:19). 이런 기가 막힌 상황에 눈물이 물같이 흐르는 예레미야 선지자의 심정은 바로 하나님의 마음이다(애 1:16).

이 시대도 생명을 위해 보물 같은 시간과 재능, 열정, 목숨을 다해 수고해서 먹을 것을 바꾸어 양식을 구한다. 지금도 지구 반대편과 우리 주변에는 굶주린 자들이 있다. 어찌 슬프지 아니할까! 그러나 기쁘다. 영생의 영적 양식인 예수 그리스도라는 보물이 있기 때문이다. 이 보물로 영원한 생명을 유지할 수 있기 때문이다.

기쁘다(애 2-4장)

예루살렘의 참상을 살펴본 예레미야의 심정은 '슬프다'로 시작한다(애 2:1). 또한 멸망한 예루살렘 성 안에서 고통당한 백성에 대한 심정도 역시 '슬프다'로 시작한다(애 4:1). 그러나 가장 중심에 있는 3장은 '슬프다'로 시작하지 않는다. 예레미야애가는 히브리어 알파벳 22개를 사용한 시적 운율로 기록되어 있다. 예레미야애가의 다섯 장은 다섯 편의 시와 같다. 각 장은 22절로 되어 있지만 3장은 66절로 되어 있다. 그것은 알파벳의 각 글자가 세 절씩 반복되었기 때문이다.

또한 중요한 의미가 포함되어 있다. 사람은 외모를 보고, 하나님은 중심을 보신다. 하나님의 중심은 성경에 있고, 예레미야애가의 중심은 3장에 있다. 그리고 3장의 중심은 33절이다. 중심을 보시는 하나님이 가장 중심이 되는 장과 가장 중심이 되는 절에 그 마음의 중심을 기록하셨다.

"주께서 인생으로 고생하게 하시며 근심하게 하심은 본심이 아니시로다"(애 3:33).

하나님의 본심은 재앙이 아니고 평안이며 미래와 희망을 주시려는 것이다(렘 29:11). 예레미야서에서 하나님은 극심한 진노를 발하시어 바벨론 포로로 잡히게 하신 심중의 생각을 포로지에 편지를 보내면서 밝히셨다. 하나님의 생각을 사람이 어떻게 알 수 있을까? 성경을 통해서 하나님의 마음을 알 수 있다. 그러므로 하나님의 마음을 눈치챈 사람은 하나님의 구원을 바라고 기다림이 좋은 것이다(애 3:26).

예루살렘을 진노하신 날에 피하거나 남은 자가 없어 슬프지만(애 2:1, 22) 그래도 기쁘다. 그것은 하나님의 본심이 인자와 긍휼로, 진멸시키지 않으시기 때문이다(애 3:22). 또한 순금 같은 백성이 질항아리같이 되어 슬프지만(애 4:1-2), 이 또한 기쁘다. 이는 질그릇에 담긴 보배, 그리스도로 회복될 것이기 때문이다.

"우리가 이 보배를 질그릇에 가졌으니 이는 심히 큰 능력은 하나님께 있고 우리에게 있지 아니함을 알게 하려 함이라"(고후 4:7).

그러나 형제의 고난을 기뻐한 에돔은 형벌을 받게 될 것이다. 그러므로 형제의 고난을 함께하며 앞으로 나타날 영광을 기뻐해야 할 것이다.

새롭다(애 5장)

결국 하나님은 우리의 기도를 들어주실 것이다. 백성을 위해서 기도하지도 말고(렘 7:16, 11:14, 15:1) 복을 구하지도 말라고(렘 14:11) 하셨던 그분은 부르짖고 외치면 응답하시겠다고 말씀하신다(렘 29:12).

그 하나님의 본심을 눈치챈 예레미야는 회개의 기도와 자비, 긍휼에 호소하는 기도를 드린다. 주님이 돌이키시면 주님에게 돌아가 옛적같이 새롭게 될 것이다. 그래서 예레미야애가는 찬가다. 주님이 돌이키시면 그리스도 안에서 새로운 피조물이 되기 때문이다.

"그런즉 누구든지 그리스도 안에 있으면 새로운 피조물이라 이전 것은 지나갔으니 보라 새것이 되었도다"(고후 5:17).

· 새 로 운 삶 ·

유다 백성은 영적 타락의 결과로 육적 포로가 되었으나, 그 고통 속에서 신앙적 성숙을 이룬다. 세상에 사는 성도들도 세상에 포로로 갇혀 살지만, 진리의 말씀으로 다니엘의 꿈과 에스겔의 환상처럼 비전과 사명으로 살아야 한다. 또한 새 언약의 비밀로 사랑하고 축복하며 살아야 한다.

포로 시대 핵심 정리

바벨론 포로

1. 북 이스라엘이 앗수르에 멸망(주전 722년)하고 남 유다만 남게 된다. 그리고 남 유다는 바벨론에 멸망(주전 586년)하게 된다. 제1차 갈그미스 전투(주전 609년)에서 바벨론의 나보폴라살과 애굽의 바로느고의 싸움에 므깃도에서 요시야 왕이 전사한다. 고래 싸움에 새우 등 터진 꼴이다. 그 후, 국민이 세운 여호아하스를 바로가 폐위하고 여호야김을 왕으로 세운다.
2. 제2차 갈그미스 전투(주전 605년)에서 애굽을 이긴 느부갓네살 왕이 1차 포로로 다니엘을 잡아간다. 바벨론을 잠깐 섬기다가 반역한 여호야김은 전쟁 통에 죽고, 이어 왕이 된 여호야긴을 바벨론이 폐위시키고(주전 597년) 시드기야를 왕으로 세운다. 그리고 2차 포로로 에스겔을 잡아간다.
3. 바벨론을 배반한 시드기야는 두 눈이 뽑히고 3차 포로로 잡혀가며 유다는 주전 586년에 멸망한다. 애굽의 400년 종살이에서 해방되는 것이 출애굽이다. 이제 바벨론에서 70년 포로 기간을 마치면 본토로 귀환하는 것은 제2의 출애굽이라고 할 수 있다. 세상 바벨론에서 성도의 70년 인생 기간은 하나님에게 영광 돌리는 기회다. 요셉의 꿈인 출애굽과 다니엘의 꿈인 바벨론에서의 귀환이 성도의 꿈이 되어 죄에서 해방되고, 세상에서 천국으로 귀환할 것이다.

영원한 나라

1. 다니엘의 꿈 해몽(단 2:34, 44-45)은 하나님 나라의 상징인 뜨인 돌에 부서진 세상 나라의 금신상이다.
2. 금신상의 모습은 네 개 나라의 큰 형태로 구분된다. (1) 머리의 정금은 바벨론의 느부갓네살 왕이다(주전 605년). (2) 가슴과 팔의 은은 바사 제국이다(주전 539년). (3) 배와 넓적다리의 놋은 헬라 제국이다(주전 331년). (4) 종아리의 철은 로마 제국이다(주전 63년). 그리고 철과 진흙으로 혼합된 발은 각 나라로 독립된 시대다.
3. 다니엘의 꿈과 에스겔의 환상은 비전과 사명을 제시한다. 영원한 나라의 주인공인 예수와 함께 성도가 영원토록 왕 노릇 하는 모습을 포로 시대에 보여 주는 소망이다.

구별의 역사

1. 사명을 망각하는 불순종으로 심판과 회복을 포로생활에서 구별하신다. 북 이스라엘은 완전히 멸망했다. 남 유다는 남은 자를 구별해서 회복시키시려는 것이다.
2. 하나님은 천국과 지옥을 구별하듯이, 셋 계열과 가인 계열을 족보로 구별하시고, 아브라함과 이방인으로 구별하시고, 이삭과 이스마엘을 구별하시고, 야곱과 에서를 구별하시고, 이스라엘의 열두 지파에서 유다 지파를 구별하시고, 신자와 불신자를 구별하시고, 착하고 충성된 종과 악하고 게으른 종을 구별하신다.
3. 하나님과 교제하는 다니엘은 하루에 세 번 기도했다(단 6:10). 하나님은 우리가 기도할 때 총명과 지혜를 주신다(단 9:20-23). 그러나 기도의 테크닉과 내용보다 기도하고자 하는 자세에 더 관심이 있으시다. 내 뜻을 이루는 기도가 아니라 하나님의 뜻을 이루는 기도가 되어야 한다(주기도문). 어떤 문제가 생겨도 사명으로 기도하고 하나님 말씀과 기도로 거룩해지고 구별되어야 한다.

▲ 포로 시대 유배 경로

09
포로 귀환 시대

재건 운동

하나님의 본심은 인생에 있어서 고생과 근심이 아니라 평안과 미래와 희망이다. 70년 동안 바벨론 포로 기간을 마치고 예루살렘에 돌아온 유다 백성에게 희망은 완전한 성전 재건이었다. 그래서 1차 귀환의 목적은 성전을 재건하는 것이고, 2차 귀환의 목적은 율법의 재건이었다. 그리고 3차 귀환의 목적은 성벽을 재건하는 일이었다. 특히 느헤미야가 방해 세력에도 불구하고 52일 만에 성벽을 재건한 것은 무너진 거룩을 재건한 영적 회복이다.

유다 공동체, 말씀 통독 연구

포로 귀환 시대 소통하기

주전 722년에 북 이스라엘을 멸망시킨 강대국 앗수르가 주전 612년경에 새로운 강대국 바벨론(이라크)에 의해 멸망당한다. 엄청난 강국이었던 바벨론은 약 100년이 못 되어 또 새로운 강대국 메대와 바사(이란)에 의해 멸망당하고 만다. 이런 열강들의 틈바구니 속에서 바벨론에 1, 2, 3차에 걸쳐서 포로로 잡혀간 이스라엘 백성은 바사 제국의 고레스 왕에 의해 1, 2, 3차에 걸쳐서 귀환하게 된다. 그래서 포로 귀환 시대는 예레미야 선지자의 예언대로 약 70년의 포로생활을 마치고 바사 왕 고레스의 칙령에(대하 36:22-23; 스 1:1-4) 의해 유다 백성이 3차에 걸쳐서 스스로의 결정에 따라 본토로 귀환하는 시대다.

제1차 귀환은 주전 538년에 고레스 왕이 예루살렘의 성전 재건을 허락해서 총독 스룹바벨과 대제사장 여호수아의 인솔로 돌아온다. 약 5만 명이 예루살렘으로 돌아와서 성전을 재건한다. 그 후 약 80년이 지나서 아닥사스다 왕(아닥사스다 7년)의 허락을 받아 학사 에스라에 의해서 주전 458년에 제2차로 귀환해 율법 재건이 이루어진다. 그 후 약 13년(아닥사스다 20년)이 지나서 총독 느헤미야의 인솔로 제3차 귀환(주전 444년)이 이루어지고, 예루살렘의 성벽을 재건한다.

포로 귀환 시대의 목적

율법에 정통한 학사 에스라는 포로 시대를 기점으로 이스라엘의 역사를 재조명한다. 에스라는 페르시아에서 태어난 포로 이민 2세대 이후 세대다. 그는 모세오경을 연구해서 율법에 능한 학사(學士)이며 제사장이다. 하나님은 셋 계열의 아브라함을 부르시고, 모세를 통해서 약속을 이루시고, 다윗을 통해 하나님의 통치하심을 보여 주시고, 포로 시대의 에스라를 통해 하나님 나라의 역사를 다시 쓰고 계시다. 포로 귀환의 내용은 외적으로 성전 재건이지만, 내적으로는 하나님의 통치를 받는 영적 재건이다.

구약의 에스라는 모세의 율법에 익숙한 학사다. 신약의 에스라는 율법에 정통한 사도 바울이다. 현시대의 에스라는 세상의 포로들을 귀환시키는 말씀의 진리와 사랑과 축복에 정통한 성도다.

포로 시대의 귀환은 거룩을 향한 순례자의 길이며, 세상 포로에서의 귀환은 거룩을 향한 새 계명과 산제사의 길이다. 포로 귀환 시대에 흐르는 복음은 하나님이 세상에 포로 된 영혼을 구원하시는 것이다. 또한 참성전 건축을 통해 천국 본향으로 귀환시키는 일을 성도와 함께하신다.

구약의 에스라처럼, 율법에 정통한 사도 바울은 생명을 걸 만한 가치를 발견하고 복음 교육과 민족 구원을 위해 세계 선교를 했다(롬 9:1-3, 10:1, 11:25-27). 그러므로 하나님 역사의 주인공은 복음을 전하는 자들이다. 이 시대의 그리스도인은 하나님 말씀으로 세상의 포로를 귀환시키는 일을 해야 한다. 성도는 이 시대의 에스라로 하나님 나라의 역사를 새 창조, 새 계명, 세계 선교로 다시 써야 한다.

포로 귀환 시대 정통하기

성경 본문	에스라, 느헤미야
성경 구조	성전 재건(스 1-6장), 율법 재건(스 7-10장), 성벽 재건(느 1-13장) - 1차 귀환, 주전 538년(스 1-6장) : 총독 스룹바벨, 대제사장 여호수아와 약 5만 명 - 2차 귀환, 주전 458년(스 7-10장) : 학사 에스라와 약 2천 명 - 3차 귀환, 주전 444년(느 1-13장) : 총독 느헤미야와 소수
성경 연대	약 130년간(고레스[주전 538년]-말라기[주전 404년])
핵심 인물	에스라
핵심 내용	성경 통독으로 성전과 성벽과 율법의 재건, 하나님 나라의 회복 운동

※ 포로 귀환 시대의 성경(4권) : 에스더, 학개, 스가랴, 말라기

포로 귀환 시대는 바사 제국의 황제 고레스의 명령을 통해 하나님이 예레미야에게 하신 약속을 성취하시는 것을 3차에 걸쳐 보여 주시던 시대다. 포로 귀환한 자들을 통해 성전과 성벽, 율법을 재건하기 위해 말씀을 통독하고 교육시키는 이야기가 주요 내용이다.

바벨론 포로에서 3차에 걸쳐 귀환한 이스라엘 백성 중 에스라가 단연 돋보인다. 무엇보다도 그는 말씀과 기도로 이스라엘을 재건했기 때문이다. 그가 행한 성경 통독 집회는 민족 부흥회가 되었다. 에스라는 하나님이 신명기 말씀을 통해서 모세에게 명하신 성경 통독을 실천했다(신 31:9-13). 이 일은 여호수아 때부터 에스라 때까지 시행된 적이 없었다(수 8:34-35; 느 8:17-18). 에스라를 통해 정복 시대 이후에 끊어진 성경 통독이 포로 귀환 시대에 다시 재현된 것이다. 이제는 현시대의 교회가 성경 통독을 또다시 재현해서 새로운 부흥을 맞이해야 한다.

포로 귀환 시대 관통하기

1. 성전 재건, 1차 포로 귀환(스 1-6장)

귀환의 목적(스 1-2장)

유다 백성이 70년 포로 생활을 마치고 본토로 귀환하는 목적은 무너진 성전을 재건하는 것이다. 바벨론을 점령한 바사 제국은 포로 귀환 정책을 실시한다(스 1:1-2). 그동안 포로 생활을 하던 유다 백성은 본토로 돌아갈 기회가 생겼지만 돌아가는 게 그리 쉬운 일은 아니다(렘 29:4-6).

고향을 떠나 약 1,500킬로미터 떨어진 먼 나라에서 살아온 지 어언 70년이다. 터를 닦고 살아온 안락한 삶의 터전을 등지고 생명의 위협을 느끼며 험난한 길을 떠나 황무지로 변해 버린 본토의 열악한 환경으로 돌아간다는 것은 목숨을 걸 만한 가치를 발견하지 않고는 결정할 수 없는 일이다. 세상의 부귀영화를 포기할 만한 영원한 영광의 가치를 발견해야 한다. 생명을 걸 만한 사명을 발견하지 않고는 쉽게 결정할 수 없는 일이다. 포로지에서 돌아온 유다 백성은 성전 재건하는 일에 생명을 걸 만한 가치를 발견한다. 생명을 걸 만한 가치는 생명에 있다. 양식 아닌 것을 위해서 은을 달아 주며, 배부르게 못할 것을 위해서 수고하는 사람들은 생명을 걸 만한 가치를 세상의 썩을 것에 두고, 먹고 죽을 세상에서 목숨을 다해 산다(사 55:2).

세상에 파송된 선교사들은 더 잘살기 위해 선교지로 떠나는 것이 아니다. 잘 다니던 직장을 그만두고 안락한 집을 팔며 정든 고향을 떠나 언어와 문화, 생활이 낯선 땅으로 가는 것은 분명 세상의 부귀영화를 포기할 만한 가치를 발견했기 때문이다. 세상에서 생명을 걸 만한 가치는 하나님 나라를 위해 참성전을 건축하는 일이다. 참성전을 건축하는 것은 하나님의 통치가 임하는 하나님 나라와 그분의 의를 세우는 일이다. 이 땅에 태어난 사람은 생명을 걸 만한 가치를 찾아야 한다. 생명이 아닌 것에 생명을 걸면 안 된다. 생명의 목적이 하나님인 것을 발견한 사람이 그리스도인이다.

성전의 재건(스 3-6장)

다윗이 꿈꿨던 성전을 솔로몬이 완성했지만 하나님은 예전에 솔로몬에게 '나는 네가 건축한 이 성전을 거룩하게 구별해서 내 이름을 영원히 그곳에 두며 내 눈길과 내 마음이 항상 거기에 있으리니 만일 하나님을 마음에 두지 않고 우상을 숭배하면 이스라엘을 끊어 버려 포로로 잡히게 하고 내가 거룩하게 구별한 이 성전을 던져 버려 폐허가 되게 해 모든 사람에게 속담거리와 이야깃거리가 되게 할 것'이라고 말씀하셨다(왕상 9:3-9). 그런데 솔로몬을 시작으로 이스라엘 전역에 번진 우상 숭배로 인해 성전은 약 400년 만에 파괴되고 말았다. 다윗이 꿈꿨던 성전과 하나님이 세우시고 싶었던 성전은 우상이 우글거리는 솔로몬 성전이 아니었다. 하나님은 우상을 제거하기 위해 성전이 부서지는 뼈아픈 슬픔을 감내하시면서 포로들과 함께 바벨론의 임시 성소로 옮기신다. 그리고 70년 동안 신앙 훈련을 마치고 돌아온 귀환자들에게 하나님 임재와 통치의 상징인 성전을 재건하게 하신다. 세상에 포로로 잡힌 인생은 마음 안에 우글거리는 세상의 욕심 때문이다.

바벨론 포로 문화와 세상의 우상 문화권 속에서 유다 민족의 정체성을 회복할 수 있는 것은, 하나님이 선택하신 백성에게 임재한 성전이다. 세상의 포로 상태에서 하나님 자녀의 정체성을 회복할 수 있는 것은 참성전 재건이다. 성전 재건은 포로 생활에서 정체성을 회복하고 하나님의 문화권으로 들어가는 것이다. 또한 성전 재건은 건물 재건이 아니라 하나님 백성의 존재 가치가 회복되는 것이다. 그러므로 포로에서 돌아온 귀환자들이 무너진 성전을 재건하는 것은 생명을 재건하는 것과도 같다. 그래서 그들은 생명을 걸 만한 가치를 성전 재건에 두고 귀환한다.

그런데 성전 재건을 방해하는 세력에 의해서 최소 16년 이상이나 성전 재건 사업이 중단된다. 그때나 지금이나 세상의 유혹과 사탄의 방해는 여전해서 성도가 참성전으로 건축되어 선한 일에 열심을 내는 하나님의 친 백성이 되는 것을 막으려 한다. 그러나 하나님은 학개와 스가랴 선지자를 보내셔서 성전 재건을 독려해 성전 재건을 이루어 나가신다.

이렇듯 하나님은 지금도 이 세상에 그리스도의 말씀을 보내시어 사람을 참성전으로 건축되게 하신다. 성전은 하늘의 본을 떠서 만든 모형이다. 지금의 현실 세상에 새 하늘과 새 땅이 오면 현실이 모형이 되는 것과 같다. 참현실의 눈을 가져야 한다. 참현실은 믿음의 눈에만 보인다. 성경이 보이면 믿음이 생긴다. 이제 성전이 재건되듯, 참성전으로 건축되면 말씀과 기도로 거룩해지는 영적 재건이 필요하게 된다.

• 해방과 자유의 목적 •

고레스의 칙령에(대하 36:22-23; 스 1:1-4) 의해 귀환이 허락된 유다 백성은 3차에 걸쳐서 예루살렘으로 귀환한다. 그들은 돌아와서 성전과 신앙과 예루살렘을 재건한다. 예전에 이스라엘 백성이 출애굽할 당시 애굽의 왕 바로의 역할이 자유를 힘들게 하는 것이었다면, 바벨론에 포로로 잡힌 이스라엘 백성을 본토로 다시 돌려보내는 고레스는 참으로 은혜로운 하나님의 감동이며 섭리다. 이렇게 해방의 기쁨과 자유를 얻게 된 것은 목적이 있기 때문이다. 바로 성전을 재건하는 일이다.

성전 재건은 사마리아인의 방해로 약 16년간 공사가 중단되었지만, 학개와 스가랴의 도움으로 주전 520년에 다시 시작해 만 4년 만인 주전 516년에 완공된다. 학개 선지자는 성전 건축이 중단되자(사마리아인으로 중단됐지만 유다인들도 동조) 성전 건축 재개를 촉구하는 네 편의 설교를 한다. 스가랴 선지자는 성전 재건 촉구(슥 1-6장)와 메시아의 초림(슥 9-11장)과 재림(슥 12-14장)에 대해서 예언한다.

성전은 재건되었지만 아직 에스라가 돌아오지 않은 상태에서 바사 제국(페르시아)에서는 에스더 사건이 벌어지게 된다. 아마도 에스라는 유다인으로 이 사건을 경험했을 것이다. 1차 귀환과 2차 귀환 사이에는 약 80년의 공백 기간이 있다. 이때 바사 제국에서 에스더의 부림절 사건이 발생하게 된다. 에스더의 부림절 사건은 성전 재건이 완성된 이후 40여 년이 지나서 벌어진 일이다.

이스라엘 백성은 포로지에서 귀환한 해방의 기쁨으로 성전 재건의 목적을 이루었고, 포로지에 남아 있던 백성은 에스더의 부림절 사건으로 대적의 손에서 자유를 맛보았다. 그러므로 이 땅의 성도들도 죄에서 해방된 기쁨을 가지고 성령의 검, 하나님 말씀으로 마귀를 대적하면 세상을 이기는 자유를 맛볼 수 있다. 세상의 포로지에서 성도는 그리스도가 주시는 자유로 인해 세상에 매이지 않고 살 수 있다.

2. 율법 재건, 2차 포로 귀환(스 7-10장)

성전 건축의 목적은 하나님이 임재하시는 성전에서 율법을 기준으로 살게 하시려는 것이다. 하나님의 율법에 완전한 학사이며 제사장인 에스라는 이것을 잘 알고 있었다. 그래서 여호와의 율법을 연구해 준행하며 율례와 규례를 이스라엘에게 가르치기로 결심한다. 1차 귀환자들이 성전을 건축하기 위해 생명을 걸었던 것처럼, 에스라는 율법을 모르는 백성에게 하나님 말씀을 가르치기 위해 목숨을 걸고 페르시아에서 약 4개월이나 걸리는 예루살렘에 도착한다(스 7:9). 에스라가 도착한 예루살렘의 현지 상황은, 성전을 건축하고도 율법의 기준 없이 무엇이 옳고 그른지 잘 몰라 이방 신을 섬기는 이방 여인과 결혼하며 살고 있었다.

예전에 솔로몬이 이방 여인과의 결혼으로 인한 우상 숭배로 나라가 분열된 적이 있다. 그럼에도 계속되는 우상 숭배로 인해 성전은 파괴되고 먼 이국땅에서 70년간 포로 생활을 하게 된 뼈저린 역사를 잘 알고 있는 에스라는 유다 백성이 포로 귀환 후에 또 솔로몬의 범죄(느 13:26)를 재현하고 있는 것을 통분이 여기지 않을 수 없었다. 에스라는 너무도 기가 막혀 마음을 찢는 비통한 마음으로 성전 앞에서 회개의 기도를 드린다. 그러자 많은 백성이 심히 통곡하며 하나님과 언약을 맺은 율법대로 살기로 결의해 이방 아내와 자식들을 돌려보내기로 결심하고 실행에 옮기게 된다. 그러므로 포로 귀환의 목적은 무너진 성전만 재건하는 것이 아니라, 하나님의 거룩하신 뜻도 같이 세우는 것이다. 이런 거룩한 뜻은 말씀의 회복에서 온다(신 31:9-13; 수 8:34-35; 왕하 23:21-23; 스 7:10; 느 8:17). 자기의 옛 사람, 옛 성품이 살아 있으면 본연의 의무를 못 하게 된다. 그러나 말씀이 들어오면 욕심을 정리할 수 있다. 내 안에 욕심, 탐심이 있으므로 말씀을 집어넣어야 더러운 것이 나가는 것이다. 어두울 때는 책망할 것이 아니라 빛을 집어넣어야 한다.

· 교회 공동체 ·

학사 에스라의 귀향은 영적 황무지인 예루살렘에 영적인 꽃을 피우기에 충분하다. 이스라엘은 멸망 이후 70년 동안 황폐한 상태였다. 포로 귀환 후 성전은 재건되었지만 율법에 능한 지도자가 없어서 백성은 말씀으로 교육되지 못했다. 에스라는 성전 재건 후 60년이 지나서 등장한다. 포로 시대의 열악한 환경에서도 모세의 율법을 연구하며 순종한 에스라는 광야 시대의 모세, 정복 시대의 여호수아, 사사 시대의 사무엘 같은 사람이다.

북 왕국은 앗수르에 의해 피가 섞인 혼혈인이 된다. 남 유다는 정통성을 이어 가기 위해 예루살렘에 있는 유다인들의 혼혈을 방지하려고 이방인과 결혼한 사람들의 아내를 돌려보낸다. 역사가들은 유다인들의 민족 의식이 에스라 때부터 확고히 섰을 것이라는 견해를 갖고 있다. 또한 포로기에 형성된 유대인들의 공동체 생활이 '유대교'로 불리게 된다. 유대교는 성전이 파괴되고 포로로 잡혀가게 되어 성전에서 제사를 지낼 수 없게 되자 회당을 세우고, 율법을 지키고, 하나님을 섬기면서 생기게 된 공동체다. 유대교의 유대인들은 바벨론 포로 이후부터 우상 숭배에서 떠나고 율법을 철저히 지킨다.

오늘날 교회 공동체도 영적 재건으로 예수 그리스도로 인해 얻은 구원의 복음과 십자가의 은혜와 사랑을 철저히 지켜야 한다.

관통 QT

성벽 재건은 거룩 회복 운동이다. 구별된 나의 삶의 기준은 무엇인가?

42일 느 1-13장

3. 성벽 재건, 3차 포로 귀환(느 1-13장)

재건의 목적(느 1-2장)

포로지에서 1차로 귀환한 자들이 스룹바벨과 함께 20년 만에 성전을 재건한다. 성전을 재건하고 60년이 지난 후에 2차로 귀환한 에스라가 백성의 영적인 재건을 담당하고 있다. 그렇지만 이스라엘은 여전히 지도자가 부족하고 황무해서 예루살렘

성이 허물어지고 성문이 불타 버려도 누구 하나 돌보는 사람이 없다. 성벽이 없는 예루살렘 성은 어둡고 황폐해서 귀환한 이스라엘 백성이 살기에는 적합하지 않았다.

느헤미야가 성벽을 재건하기 위해 귀환한 때는 바야흐로 아닥사스다 왕 20년, 에스라가 귀환하고 13년쯤 지났을 때다. 느헤미야는 페르시아 제국에서 최고위직의 관리로 있으면서 조국 예루살렘의 황폐한 소식을 접하고 예루살렘의 성벽을 재건하기 위해 왕의 허락을 받아 목숨을 걸고 예루살렘으로 향하게 된다. 느헤미야가 목숨을 걸고 성벽을 재건하려는 것은 여기저기 흩어져 살고 있는 유다 백성을 예루살렘 성 안으로 모아 성전 중심 생활을 하게 하고, 다른 이방인들과 섞이지 않게 울타리로 구별해서 이스라엘의 역사와 전통을 재건하려는 것이다.

성벽의 울타리가 없어 예루살렘 주변에 흩어져 살고 있었던 유다 백성은 하나님의 백성으로 구별된 삶을 살지 못했다. 그들은 이방인과 섞여서 살았기에 대부분의 자녀가 이방인의 말은 하면서도 유다 방언은 못해서 말과 문화를 잃어버렸다. 그러므로 이스라엘을 재건하기 위해서 성벽 재건은 아주 중요했다.

성벽의 재건(느 3-6장)

느헤미야가 성벽을 재건하러 오기 90여 년 전부터 성전 건축 방해와 함께 성벽을 재건하는 것도 방해를 받아 왔다. 페르시아 왕인 고레스가 성전을 재건하라고 명령하고 50여 년이 지난 아하수에로 왕 원년에도 성벽 공사를 방해했고, 그로부터 20년이 지난 아닥사스다 왕 때에도 성벽 공사가 방해를 받았다(스 4:6-23). 그로부터 또 20년 후에 성벽을 재건하러 3차로 귀환한 느헤미야는 성벽 공사를 중단시켰던 아닥사스다 왕의 신복이 되어 왕의 허락을 받아 내는 청렴결백한 지도자였으며, 이스라엘의 재건을 갈망하는 기도의 사람이었다.

이스라엘의 재건을 방해하는 세력들은 성벽 공사를 방해하면서 그나마 남아 있는 성벽을 허물고 성문을 불에 태우는 일을 일삼았다. 그들은 페르시아에서 왕의 허락을 받고 성벽을 재건하러 느헤미야가 왔다는 소식을 듣고 심히 근심한다. 예루살렘 성이 중수되어 허물어진 곳이 다시 세워지기 시작하자 심히 분노해서 유다 백성이 건축하는 성벽은 여우가 올라가도 곧 무너질 것이라며 비웃는다.

느헤미야가 성벽 재건을 마쳤으나 아직 성문을 달지 못한 상태다. 이때 주도적으로 성벽 공사를 방해하던 산발랏과 도비야와 게셈이 느헤미야를 살해하려고 음모를 꾸미다 실패한다. 그러자 그들은 스마야에게 뇌물을 주고 거짓 예언을 하게 해서 제사장 외에는 들어갈 수 없는 성전 외소에 들어가게 해 죄를 짓게 만들려 하지만 이마저도 실패로 돌아가고 만다.

이처럼 이스라엘을 재건하기 위해 세우는 성벽 재건은 목숨을 건 사투였다. 성벽 재건을 방해하려고 성을 건축하는 자들을 죽이려는 무리 때문에 성벽을 건축하는 사람들은 한 손에는 전투 병기를, 다른 한 손에는 건축 도구를 들고 싸우면서 일해야 했다. 그 결과 52일 만에 성벽을 재건하는 데 성공한다.

성벽 재건을 위해 목숨을 걸고 싸웠던 느헤미야처럼 성도 안에 무너진 참성전의 성벽이 있다면 영적 전쟁으로 세상의 유혹과 싸우면서 기도와 말씀으로 세워야 될 것이다. 참성전에 무너진 성벽이 있으면 세상과 구별되지 않는다. 또한 세상 문화가 밀물처럼 밀려와서 참성전인 하나님의 백성이 세상과 구별된 삶을 살지 못한다. 그러므로 세상의 유혹을 이기기 위해서는 육신적인 생활과 더불어 영적인 생활이 균형 있게 움직여야 한다.

성도의 삶의 현장에서 기도와 말씀이 균형 있게 세워지면 거룩한 하나님 백성의 삶을 살 수 있다. 이스라엘 백성에게 이러한 균형이 필요하다는 것을 누구보다 잘 아는 에스라는 성전을 재건한 이후 기도 부흥을 일으켰던 것처럼 성벽을 재건한 느헤미야와 함께 말씀 부흥을 일으킬 준비를 한다.

종교 개혁(느 7-13장)

아프리카에서 노예로 끌려와 자유를 찾은 한 흑인의 이야기를 그린 감동적인 휴먼 드라마 〈뿌리〉(Roots, 1977)의 주인공 '쿤타킨테'처럼 에스라는 바벨론에서 태어난 포로 이민 2세대 이후의 인물로, 자기 민족의 뿌리를 찾기 위해 성경을 연구해서 모세의 율법에 익숙한 학사가 된다. 하나님은 에스라가 성경을 통해 이스라엘의 역사와 민족의 뿌리, 정체성을 찾게 하신다. 또한 이스라엘의 하나님은 창조의 하나님이시고 하나님을 섬기는 언약 백성의 정체성은 하나님 말씀인 율법을 준수해야 하는 것을 알게 하신다.

이스라엘 백성은 여호수아가 죽은 이후 영적으로 어두운 사사 시대를 거쳐 우상 숭배를 일삼던 왕정 시대에 멸망해서 바벨론 포로로 잡혀간 포로 시대와 포로 귀환 시대에 이르기까지 약 천 년 동안 말씀을 잊고 산다(느 8:17). 이처럼 율법에 능통한 지도자가 없었던 포로 시절에 하나님은 에스라를 준비하고 계셨던 것이다. 그러므로 에스라가 귀환한 궁극적 목적은 이스라엘 백성에게 율법을 가르쳐서 말씀 부흥 운동이 일어나는 영적 재건이다. 에스라는 신명기 31장에서 말씀하신 여호수아 이후 사사 시대부터 끊어진 율법 낭독을 초막절 절기에 다시 낭독하기 시작한다. 율법의 말씀을 듣고 에스라에게 강론을 들은 백성은 크게 기뻐한다. 초막절 절기가 끝나고 난 후 하루 금식을 하면서 3시간은 말통(말씀 통독)을 하고, 3시간은 죄를 자복하고 하나님에게 기도하며 경배한다. 드디어 말씀 부흥 운동이 일어나고 이스라엘 백성은 율법을 준수해 말씀대로 살겠다는 새로운 언약으로 다짐하게 된다.

하나님 말씀을 읽고 진리를 발견한 사람은 그 말씀대로 다시 시작하게 되어 있다. 자기의 옛 사람, 옛 성품이 살아 있어서 참성전의 삶으로 살지 못하는 자들에게도 말씀이 들어오면 욕심과 탐심이 나가게 된다. 어두운 세상에서 어둠을 책망하기보다는 빛을 집어넣어야 한다. 때로 사람이 형편없어 보여도 말씀에 붙어 있으면 말씀으로 평가된다. 말씀이 성도 안에서 역사하기만 하면 기도하지 말라고 해도 기도하고, 전도하지 말라고 해도 전도하게 되어 있다. 왜냐하면 생명이신 말씀이 들어갔으므로 생명 값으로 살게 하기 때문이다. 제일 많이 팔리고 제일 안 읽는 성경을 읽는다는 것은 참으로 귀하고 행복한 일이다.

에스라의 말씀 부흥 운동에 힘입어 느헤미야도 제사장의 직분을 더럽히고 레위 사람에 대한 언약을 어긴 자들에 대해 개혁을 단행하게 된다. 대제사장 엘리아십이 이스라엘 재건의 방해 세력과 친하게 지내면서 도비야에게 성전의 방을 내준 것을 알고 느헤미야가 도비야의 세간을 방 밖으로 내어 던져 버린다(느 13:5, 8). 또한 엘리아십의 손자 요야다의 아들 하나가 산발랏의 사위가 되자 그를 쫓아 버린다(느 13:28). 살아 있고 운동력 있는 하나님 말씀은 사람 속에 있는 원망과 불평 그리고 죄와 타협하고 우상 숭배하는 내부의 적과 부패의 근원을 적출하는 능력이 있다.

• 성전과 성벽의 균형 •

균형 잡힌 성도의 신앙생활은 영육의 균형과 기도와 말씀의 균형이다. 육체적 활동(스 1-6장)으로는 스룹바벨의 성전 건축과 느헤미야의 성벽 건축이 있다(느 1-6장). 영적인 활동(스 7-10장)으로는 에스라의 기도를 통한 부흥과 말씀에 의한 부흥이 있다(느 7-10장).

성전은 있는데 성벽이 없으면 통제가 안 된다. 또한 구별도 안 된다. 하나님 나라는 구별된 역사다. 성벽은 일종의 교리라고 말할 수 있다. 구속사적으로는 예수 그리스도 안에서 말씀으로 통치받는 것을 의미한다. 하나님의 은혜로 구원받은 성도는 참성전으로 세상과 구별된 거룩한 성벽이 균형 있게 세워져야 한다.

에스더

에스더서는 포로 시대 바사 제국 수산 성에서 벌어진 역전의 승리다.

에스더 구조 잡기

- 주제 : 인생 역전

서론(1-2장)	와스디와 에스더
본론(3-8장)	하만과 모르드개
결론(9-10장)	부림절 축제

에스더서는 1차 귀환과 2차 귀환 사이에 벌어진 사건을 기록하고 있다. 페르시아 아하수에로 왕의 통치 시절의 이야기로 왕후가 된 에스더와 모르드개가 민족을 위기로부터 구출하는 내용이다.

(1장) 와스디 왕후가 폐위되어 (2장) 에스더가 왕후가 되고, 모르드개는 왕의 목숨을 구한 공을 세운다. (3장) 모르드개에 대한 하만의 감정이 유다 민족을 말살하려는 조서로 반포되어 민족으로 확산되자 (4장) 왕후가 된 것이 이때를 위함이라는 모르드개의 말에 에스더는 3일 금식과 "죽으면 죽으리이다"라는 신앙 고백을 한다.

(5장) 에스더의 왕과 하만을 위한 잔치, 하만의 음모, (6장) 모르드개의 공적이 드

러난다. (7장) 에스더의 왕과 하만을 위한 잔치와 하만의 죽음은 음모에 대한 결과로 나타난다. (8장) 모르드개의 (총리) 등용과 대적과 싸우라는 조서가 반포되고, 많은 본토인이 유다인이 된다. (9장) 유다인이 대적을 이기고 승리한 부림절과 (10장) 존귀함을 받는 모르드개의 위상이 나타난다.

성경은 구약과 신약의 책으로 언약을 다루고 있다. 성경은 언약의 핵심인 예수 그리스도의 역전 복음을 설명하고 있다. 특히 에스더서는 그 역전의 모습을 극적으로 묘사하고 있다. 와스디의 폐위로 에스더가 왕후가 되고, 모르드개를 죽이려고 했던 하만이 대신 죽고 모르드개는 하만의 지위를 차지한다. 유다 민족을 죽이려고 제비를 뽑은 부림의 날에 하만 민족이 죽었다. 그날을 기념하기 위한 날이 부림절이다.

에스더 초점 잡기

성경에는 여인의 이름으로 된 책이 두 권 있다. 사사 시대의 별책부록과 같은 룻기는 이스라엘 땅에서의 이방 여인의 이야기고, 포로 귀환 시대의 별책부록과 같은 에스더서는 이방 땅에서의 이스라엘 여인의 이야기다. 룻기는 영적으로 죽어 있는 사사 시대에 소망의 빛을 비추고, 에스더서는 죽음의 포로 시대에 기사회생(起死回生)해서 죽은 목숨이 살아나는 역전 드라마를 연출시킨다.

역전은 질 것 같은데 이기고, 죽을 것 같은데 사는 것이다. 에스더서는 예루살렘에 성전이 재건되고 에스라가 2차로 귀환하기 20년 전에 페르시아 수도 수산 성에서 있었던 전설 같은 실화다. 바벨론에 포로로 잡혀간 유다 백성은 바벨론이 페르시아의 왕 고레스에 의해 멸망당하게 되면서 또다시 페르시아의 포로 신세가 되었다. 에스더는 포로지에서 태어나서 그곳에서 살고 있었다. 그러던 어느 날, 그 나라의 왕 아하수에로의 왕비 와스디가 폐위를 당하면서 에스더에게 왕비가 될 수 있는 기회가 찾아왔다. 그렇게 에스더는 페르시아의 왕비가 되었지만 그녀의 민족은 여전히 포로 상태였다. 이런 역사 속에서 총리 하만이 포로로 잡혀온 소수 민족 유다 백성을 모두 멸절시킬 계획을 수립하고 진행시키고 있었다. 하만의 계략에 의해 유다 백성이 전멸당할 상황에서 에스더를 통한 유다의 역전이 없었다면 20년 후 에스라의 귀환도 없었고, 예루살렘의 재건도 없었을 것이다. 그러므로 하나님이 당신의 말씀을 이루시기 위해 상황을 역전시키신 것이다.

페르시아 땅에서 모르드개와 하만의 만남은 숙명적인 만남이었다. 이들의 만남은 에서 후손과 야곱 후손의 숙명이었다. 이스라엘의 출애굽 당시에 아말렉과 대대로 싸우시겠다는 하나님의 싸움은 모세의 광야 시대를 거쳐서 왕정 시대의 사울 왕과 포로 귀환 시대의 에스더까지 천 년의 싸움이다. 하만에게 무릎을 꿇지 않는 모르드개의 기개가 세상에 무릎을 꿇지 않아야 되는 성도의 모습을 보여 주는 것 같다. 그런데 모르드개의 이런 모습은 결국 유다 민족 전체가 죽을 위기로 다가왔다. 위기가 기회라고 했던가! 하나님을 의지하는 모르드개의 비장한 태도는 에스더에게 "죽으면 죽으리이다"라는 신앙 고백을 받아 낸다. 에스더의 "죽으면 죽으리이다"라는 결단의 결과는 하만의 계략에서 유다 민족을 구원하고 슬픔이 변해서 기쁨이 되는 부림절이 되었다.

부림절은 슬픔이 변해서 기쁨이 된 날을 기념하는 절기다. 성도가 이 땅에 살면서 어려운 위기를 당할 때가 있다. 성도의 위기는 하나님의 영광을 나타낼 기회가 된다. 하나님은 당신의 백성에게 다가오는 슬픔과 애통을 기쁨과 감사로 바뀌게 하시기 때문이다. 그러므로 성도의 인생을 역전시키는 하나님은 믿을 만한 분이시다. 성도의 인생 역전은 하나님 말씀 안에 이미 기록되어 있다.

부림절

부림절은 '제비뽑기'라는 뜻의 히브리어 '부르'라는 말에서 유래된 것이다. 하만이 '부르'를 통해 유다 민족을 멸하려는 날을 12월 13일로 정했으나(에 3:7) 오히려 그날에 유다 민족이 하만의 민족을 멸하게 된 사실을 기념하면서부터 부림절이 유래되었다.

"내가 진실로 진실로 너희에게 이르노니 내 말을 듣고 또 나 보내신 이를 믿는 자는 영생을 얻었고 심판에 이르지 아니하나니 사망에서 생명으로 옮겼느니라"(요 5:24).

• 천 년 전쟁 •

1. 아말렉은 에서의 후손이다(창 36:12).
2. 이스라엘 백성이 출애굽(주전 1446년경)한 시기에 여호수아가 아말렉과 전쟁을 한다(출 17:9).
3. 약 500년이 지난 주전 1050년경 사울 왕이 아말렉의 아각 왕과 전쟁을 한다(삼상 15장).
4. 또 500년이 지난 주전 480년경 에스더가 아각 사람 하만과 전쟁을 한다(에 1-10). 사울 왕이 완전히 멸하지 못한 아말렉의 씨가 아각 사람 하만과 모르드개의 전투로 이어진다. 페르시아 아하수에로 왕의 왕후 와스디가 폐위당하면서 유다인 에스더가 왕후로 등극하고 하만과 모르드개의 대결은 민족 전체로 번진다.

• 성도의 영적 전쟁 •

1. 현실 상황

위기의 상황과 불확실한 상황에서 용기 있는 행동으로 인생을 역전하라. 기초적인 믿음은 있지만 불확실한 상황 속에 살기에 하나님의 인도하심을 믿으면서 날마다의 삶을 결정해야 한다. 현실이 가슴 아프게 할지라도 하나님의 주권과 섭리를 믿는다.

2. 영적 상황

창조주 하나님을 믿고, 죽은 자를 다시 살리시는 예수님을 믿고, 천국의 꼭지점에서 산다. 여호수아가 광야에서 아말렉과 싸운 전투가 사울과 에스더를 거쳐서 오늘날 성도의 전투가 되었다(고전 15:57).

학개

학개는 1차 귀환한 스룹바벨을 도와
성전 건축을 독려한 선지자다.

학개 구조 잡기

• 주제 : 축제의 삶

서론(1:1-2)	**학개에게 임한 성전 재건 명령**
본론(1:3-2:19)	**성전 건축 추진** 1. 성전 재건 명령에 순종한 백성(1:3-15) 2. 성전 건축에 대한 격려(2:1-9) 3. 성전 건축 전의 부정(不淨)과 건축 후의 축복(2:10-19)
결론(2:20-23)	**메시아 회복의 약속**

학개 초점 잡기

바벨론 포로 생활이 끝나고 고국으로 돌아온 유다 사람들은 성전 재건을 시작했으나 사마리아 사람들의 방해로 곧 중단되고 말았다. 또한 유다인들도 저마다 먹고살기 위해 생업에만 매달렸고, 형편이 나아진 뒤에도 자기가 살 집을 치장하기에 바쁠 뿐 성전은 아직 지을 때가 아니라는 핑계로 방치해 두었다. 이러한 유다 사람들에게 학개는 성전을 지어야 하나님의 은혜와 복이 임한다고 말하며, 새 성전에는 하나님의 영광이 가득하고 '모든 나라의 보배'이신 메시아가 영원한 왕국의 소망이라고 말한다(학 2:7). 학개 선지자의 외침은 성전 재건 외에도 예수 그리스도의 임재, 장차 세워질 여호와의 나라, 불의한 자들을 향한 여호와의 심판 그리고 하나님에게 다시 나아오는 백성의 축복에 대한 예언이 있다.

이스라엘 백성이 하나님과 그의 성전에 우선권을 둘 때 그들이 받는 보상은 복이다. 그것은 학개의 설교를 통해서 잘 알 수 있다. 학개의 첫 번째 설교(학 1:1-11)는 성전을 폐허 상태로 내버려 둔 백성들의 무관심을 책망했다. 이 책망으로 24일이 지난 후에 스룹바벨 지휘로 성전 재건이 시작되었다. 의식주의 문제로 성전 재건을 미룬 것은 우선순위의 문제다. "너희는 먼저 그의 나라와 그의 의를 구하라"(마 6:33)는 말씀처럼 사명을 감당해야 한다. 성전 재건의 사명은 자신에게 하나님의 나라와 의가 세워지는 복이다. 성도 자신이 바로 하나님 나라가 임하는 성전이기 때문이다(고후 6:16).

두 번째 설교(학 2:1-9)는 백성 가운데 일부가 현재 재건되는 성전이 웅장한 솔로몬 성전에 비해 너무 초라한 것이 아니냐 생각하므로 학개는 지금 짓고 있는 성전이 어떤 점에서 더 큰 영광을 가지는지 그들에게 밝혀 준다. 비록 외형은 초라하게 재건되지만 영광이 더 큰 것은 보배이신 예수 그리스도의 영광이 채워지기 때문이다. 솔로몬 성전은 건물 성전을 의미하고, 새로 재건되는 성전은 그리스도가 임마누엘하시는 사람 성전을 의미한다.

학개서에서 말하는 성전의 의미는 귀환 당시 목표였던 성전 건축에 있지만, 그 내면에는 장차 오실 그리스도를 맞이하기 위한 의미가 더 크다. 그러므로 초라한 인생이 예수 그리스도로 채워지면 영광스러운 질그릇이 된다(고후 4:6-7).

세 번째 설교(학 2:10-19)는 겉보기로만 애써 수고하는 그들의 잘못을 지적한다. 이스라엘의 제사법은 하나님에게 제사를 드리는 자가 부정하면 그가 드리는 예물도 부정한 것으로 본다. 그런데 현재 성전을 재건하는 백성의 상태가 이렇게 부정하다. 이스라엘 백성의 형식적인 예배 의식과 성전 재건에 대한 태만을 지적한 것이다. 이처럼 경건의 모양은 있으나 경건의 내용이 없는 종교 의식은 재앙이 끊이지 않는 것으로 나타난다. 그러나 형식적인 종교 행위의 잘못을 회개하고 하나님을 진실로 경외하면 그날로 복이 임한다. 곡식 창고가 넘치는 복은 말씀이 넘치는 복이다. 말씀이신 예수 그리스도가 복 자체이시기 때문이다(엡 1:3).

네 번째 설교(학 2:20-23)는 하나님 나라 백성의 대표자 스룹바벨에게 주신 말씀이다. 여호와는 스룹바벨을 인장(印章)으로 삼으사 장차 메시아가 오실 사실에 대한 보증으로 삼으셨다. 이 말씀은 그리스도의 재림 때 있을 열방에 대한 심판과 긴밀히 연결되어 있다. 세상 종말의 때 만국은 진동할 것이며 부서질 것이다. 그러나 성령으로 인침받아 참성전으로 재건된 성도들은 진동하는 세상 나라에서 진동하지 않을 나라, 천국으로 이동하게 된다(히 12:28).

학개는 '축제'라는 뜻이 있다. 성전 건축은 축제다. 성전이 재건되듯이, 한 생명이 참성전으로 거듭나면 하늘에서 잔치가 벌어진다. 그러므로 성전으로 건축되어진 삶은 축제의 삶이다.

스가랴

스가랴는 1차 귀환한 스룹바벨을 도와
성전 건축을 독려한 선지자다.

스가랴 구조 잡기

- 주제 : 하나님의 통치가 임하는 참성전 건축

서론(1:1-6)	회개의 요청
본론(1:7-13:9)	**환상, 금식, 메시아에 대한 예언** 1. 여덟 가지 환상(1:7-6:15) : 스가랴가 본 환상 - 4말 탄 자의 순찰(1:7-17) : 70년 포로 진노에서 긍휼을 베풀고 성전 건축 - 4뿔과 4대장장이(1:18-21) : 유다와 이스라엘을 핍박한 열국을 심판 - 측량줄 잡은 자(2:1-13) : 측량할 수 없을 정도로 큰 예루살렘의 크기는 하나님 - 여호수아의 성별(3:1-10) : 죄인을 성결하게 하시고 메시아 왕국의 약속 - 순금 등잔대와 두 감람나무(4:1-14) : 하나님의 신으로 성전 재건 성취 - 날아가는 두루마리(5:1-4) : 도둑, 거짓 맹세자에게 임하는 저주 - 에바(바구니) 속의 여자(5:5-11) : 죄인의 거하는 집(지옥) - 4병거(전차)(6:1-8) : 동서남북의 대적을 물리치고 이스라엘 구원 - 환상에 대한 상징적 행동(6:9-15) : 여호수아에게 씌운 면류관(왕으로 오실 메시아) 2. 네 가지 설교(7:1-8:23) : 금식 문제와 예루살렘의 회복에 대한 약속 - 금식보다 나은 순종(7:1-7) : 벧엘 사람의 금식 질문에 대해 위선을 책망 - 포로로 잡혀간 이유(7:8-14) : 과거의 불순종으로 포로로 잡혀간 것 - 예루살렘 회복 약속(8:1-17) : 언약 회복으로 저주가 축복으로 전환 - 회복된 예루살렘의 영광(8:18-23) : 비탄의 금식이 희락의 절기로 전환 3. 메시아의 초림과 재림(9:1-13:9) - 주변국의 심판(9:1-8) : 이스라엘 압제자에 대한 하나님의 심판 - 메시아의 도래(9:9-10:12) : 메시아의 초림과 메시아 왕국의 축복 - 메시아의 고난(11:1-17) : 선한 목자와 악한 목자

본론(1:7-13:9)	- 메시아를 통한 구원(12:1-13:9) : 메시아를 통해 이스라엘을 구원하시는 하나님
결론(14:1-21)	**메시아의 통치 : 메시아로 인해 구원받은 여호와의 성별된 백성이 만인 제사장으로 예배**

스가랴 초점 잡기

스가랴서는 '구약의 묵시록'이라고 불릴 정도로 환상과 상징 그리고 종말에 대한 예언이 풍부하다. 또한 그리스도에 대한 예언이 많아 신약성경에서 자주 인용되기도 한다. 스가랴서를 크게 두 부분으로 나누어 살펴보면, 전반부(슥 1-8장)는 스가랴가 여러 곳을 다니면서 하나님이 보여 주신 환상을 전한다. 그 환상적인 내용은 성전이 완성되면 예루살렘이 다시 옛 영광을 찾게 되고, 하나님의 백성이 정결하게 된다는 것이다. 후반부(슥 9-14장)는 그리스도가 완성된 성전에 와서 임재하시는 모습을 보여 주고 하나님을 믿는 자들은 구원받게 될 것을 약속한다.

스가랴는 학개와 함께 성전 재건을 외친 선지자다. 특별히 스가랴는 학개가 말하는 성전 재건이 어떻게 세워질 것인지 자세하게 설명하고 있다. 성전은 예수 그리스도를 상징하기에 성전 재건을 통해 그리스도를 설명하려는 것이다. 그래서인지 스가랴서는 성경 중에서 가장 그리스도 중심적이다. 스가랴는 그리스도가 이 땅에 오실 것을 예언한다. 그리스도가 겸손하게 나귀를 타고(슥 9:9), 은 30냥에 팔려 체포되어(슥 11:12-13), 창에 찔려서(슥 12:10) 흘린 피로 죄와 더러움을 씻는 복음으로 참성전을 건축한다(슥 13:1). 학개는 나무로 성전을 건축하라고 말한다(학 1:8). 그러나 스가랴는 '성전 재건은 힘으로 되지 아니하며 능으로 되지 아니하고 그리스도를 통해서 이루어진다'고 말한다(슥 3:8, 4:6, 6:12). 그리스도를 통해서 세워지는 성전 재건의 의미는 새로운 이스라엘의 역사가 눈으로 보이는 외형적 성전이 아니라 눈에 보이지 않는 마음의 변화를 일으키는 성전이라는 데 있다(슥 1:3). 형식적인 하나님의 백성이 아니라 진정한 하나님의 백성이 되게 한다(슥 8:8, 13:9).

스가랴는 '하나님이 기억하신다'는 뜻이 있다. 빌라도 앞에 서신 그리스도, 이제는 그리스도 앞에 빌라도가 서게 될 것이다. 그때 빌라도가 복음의 진리 앞에 머뭇거리면서 손만 씻고 가 버린 것을 주님은 기억하고 계신다. 그리스도를 별 볼 일 없고 형편없다고 생각한 것을 기억하신다. 그분이 너무 초라하게 오셨기 때문일 것이다. 하나님 능력의 말씀대로 사는 것을 시시하게 생각한 자들도 기억하실 것이다. 그리스도를 이해하는 방식과 그분을 대하는 태도 자체와 말씀을 시시하게 생각하는 것들도 기억하실 것이다. 그분은 포로 기간 70년 동안의 일을 기억하고 계셨다(슥 7:5). 하나님은 모든 것을 다 기억하신다. 그러나 그리스도의 피로 인해 참성전으로 세워진 성도의 죄는 기억하지 않으신다.

그러므로 성도는 하나님의 은혜를 생각하며 그분의 사랑하는 자로 기억되면 좋겠다. 입으로만 외치는 종교인이 아니라, 마음으로부터 솟구쳐 올라오는 구별된 삶을 사는 참성전이 되어야 한다.

· 스가랴서에서 나타난 그리스도 ·

1. 그리스도의 인성(슥 6:12) 초림(눅 2:11)

"말하여 이르기를 만군의 여호와께서 이같이 말씀하시되 보라 싹이라 이름하는 사람이 자기 곳에서 돋아나서 여호와의 전을 건축하리라"(슥 6:12).
"네 앞에 앉은 네 동료들은 내 말을 들을 것이니라"(슥 3:8).
"만군의 여호와께서 말씀하시되 이는 힘으로 되지 아니하며 능력으로 되지 아니하고 오직 나의 영으로 되느니라"(슥 4:6).
"그날에 여호와의 싹이 아름답고 영화로울 것이요"(사 4:2).

이새의 줄기인 다윗 왕가의 계열이 마치 한 그루의 나무처럼 잘려 끊어질 것이다. 그러나 그 그루터기(사 6:13)에서 새순(한 가지, 그리스도)이 하나 돋아 오를 것이다. 옛 뿌리에서 새싹이 하나 돋아날 것이다(사 11:1).

"그날에 이새의 뿌리에서 한 싹이 나서 만민의 기치로 설 것이요 열방이 그에게로 돌아오리니 그가 거한 곳이 영화로우리라"(사 11:10).
"너희는 내게로 돌아오라 만군의 여호와의 말이니라 그리하면 내가 너희에게로 돌아가리라 만군의 여호와의 말이니라"(슥 1:3).

그런데 돌아오지 않는다. 그리스도가 너무 볼품이 없기 때문이다.

"보라 내 종이 형통하리니 받들어 높이 들려서 지극히 존귀하게 되리라"(사 52:13).
"그는 주 앞에서 자라나기를 연한 순 같고 마른 땅에서 나온 뿌리 같아서 고운 모양도 없고 풍채도 없은즉 우리가 보기에 흠모할 만한 아름다운 것이 없도다"(사 53:2).

예수 믿는 것이 너무 초라하고 형편없어 보인다. 그런데 악한 길과 악한 행실은 너무 화려하고 좋아 보인다(슥 1:4). 그래서 그분의 말씀을 듣지 않고 귀를 기울이지 않는다. 선한 길과 선한 행실은 고난이고 겸손한 순종이기 때문이다.

2. 그리스도의 겸손(슥 9:9; 마 21:5)

"시온의 딸아 크게 기뻐할지어다 예루살렘의 딸아 즐거이 부를지어다 보라 네 왕이 네게 임하시나니 그는 공의로우며 구원을 베푸시며 겸손하여서 나귀를 타시나니 나귀의 작은 것 곧 나귀 새끼니라"(슥 9:9, 마 21:5 참조).

주님에게 돌아오지 않는 인간의 교만함을 알고도 여전히 겸손하신 주님은 나귀를 타고 유월절 어린 양으로 인간의 죄를 짊어지고 죽음을 준비하신다.
세상에 오실 때 정치적 메시아가 아닌 멍에 메는 메시아로 오셨기에 그분은 화려하지 않고 초라하다. 그의 계명은 무겁지 않다(요일 5:3).

"수고하고 무거운 짐 진 자들아 다 내게로 오라 내가 너희를 쉬게 하리라 나는 마음이 온유하고 겸손하니 나의 멍에를 메고 내게 배우라 그리하면 너희 마음이 쉼을 얻으리니 이는 내 멍에는 쉽고 내 짐은 가벼움이라 하시니라"(마 11:28-30).

3. 그리스도의 체포(슥 11:12; 마 26:15)

"그때에 열둘 중의 하나인 가룟 유다라 하는 자가 대제사장들에게 가서 말하되 내가 예수를 너희에게 넘겨 주리니 얼마나 주려느냐 하니 그들이 은 삼십을 달아 주거늘"(마 26:14-15, 슥 11:12-13 참조).

주님을 팔고 받은 은 삼십의 고가(품삯, 보상)는 보배로운 가치(준가)다. 주님의 값어치는 생명의 가치가 충분하다. 죄의 노예가 된 인간을 구원하시기 위해 지불된 죄의 값이다(호 3:2).

4. 그리스도의 신성(슥 12:8)

"그날에 여호와가 예루살렘 주민을 보호하리니 그중에 약한 자가 그날에는 다윗 같겠고 다윗의 족속은 하나님 같고 무리 앞에 있는 여호와의 사자 같을 것이라"(슥 12:8).

여호와의 사자는 이스라엘 백성의 앞길을 인도해 주신 그리스도시다.

5. 그리스도의 처형(슥 12:10; 요 19:34, 37; 계 1:7)

"그들이 그 찌른 바 그를 바라보고"(슥 12:10).

찔렀다는 것은 결국 십자가 처형으로 몰고 간, 예수님을 메시아로 인정하지 않은 이스라엘의 역사적 배반을 말한다. 하지만 이 구절은 다음세대의 유대인들이 예수님을 메시아로 받아들일 것을 예언한다. 예수님이 재림하실 때, 이스라엘의 남은 자들은 십자가에 달리셨던 주님을 인정하게 되고 믿음으로 주님에게 돌아올 것이다. 스가랴는 모든 삶에서 그리스도가 중심이 되는 진리를 이야기하고 있다. 예수님이 모든 것의 중심에 계셔야 한다. 그리스도 중심의 삶을 살아야 한다. "목자를 치면 양이 흩어지려니와"(슥 13:7)라는 말은 예수님이 체포되고 모든 제자가 흩어져 달아나는 상황으로 이는 신약에서 이루어졌다.

6. 그리스도의 재림(슥 14:4-5; 눅 21:27; 계 1:7)

"그때에 사람들이 인자가 구름을 타고 능력과 큰 영광으로 오는 것을 보리라"(눅 21:27).

"볼지어다 그가 구름을 타고 오시리라 각 사람의 눈이 그를 보겠고 그를 찌른 자들도 볼 것이요 땅에 있는 모든 족속이 그로 말미암아 애곡하리니 그러하리라 아멘"(계 1:7).

7. 그리스도의 통치(슥 14:9)

"여호와께서 천하의 왕이 되시리니 그날에는 여호와께서 홀로 한 분이실 것이요"(슥 14:9).

우리의 마음은 누구의 통치를 받는가? 통치자가 두 명이면 통치가 안 된다. 나와 주님 둘 중에 누가 진짜 통치자인가? 도둑은 내 것을 훔쳐간다. 돈과 물건을 가져간다. 수고하고 벌어서 산 것이라 너무 아깝고 억울하다. 그런데 마음과 생각과 시간과 평강의 기쁨과 감사를 뺏길 때가 있지만 그리 아깝게 생각하지는 않는다. 이것이 생각을 뺏긴 것이다. 주님이 기뻐하시지 않는 삶의 시간을 보내고도 아까워하지 않는다. 악한 길에서 악한 행위를 한 것을 아까워하지 않는다. 그리스도의 통치를 받는 참성전은 그분의 말씀을 놓칠 때마다 안타까워할 것이다. 말씀을 읽는 자에게 그분의 통치는 시작된 것이다.

말라기

느헤미야와 동시대의 말라기 선지자는
3차 포로 귀환을 배경으로 영적, 도덕적 각성을 촉구한다.
또한 그는 메시아 왕국을 고대하는 백성에게
'엘리야와 그리스도의 출현'을 예고한 선지자다(말 4:5-6).

말라기 구조 잡기

• 주제 : 성전 건축의 목적은 어디에 있는가?

서론(1:1-5)	**이스라엘을 향한 하나님의 사랑**
본론(1:6-3:15)	**이스라엘 범죄에 대한 하나님의 진노** 1. 제사장들에 대한 책망(1:6-2:9) - 직무 유기와 잘못된 율법 교육 2. 백성에 대한 책망(2:10-3:15) - 이방 신의 딸과 결혼해서 교육 실패
결론(3:16-4:6)	**악인의 심판과 의인의 축복(회복의 기회)**

말라기 초점 잡기

포로 귀환 후 유대인들은 에스라의 말씀 개혁과 느헤미야의 종교 개혁으로 안정된 신앙생활을 하고 있었다. 그런데 성전 재건(주전 516년) 이후, 100여 년을 살아가면서 가시적이고 즉각적으로 임할 것 같았던 하나님 나라가 늦어지자 그들은 하나님의 법도에서 떠난다. 이렇게 범죄하는 백성에게 하나님은 구약의 마지막 선지자, 하나님의 사자 말라기를 보내신다. 말라기는 장차 임할 메시아의 나라가 예비되어 있으니 하나님과 언약한 백성으로서 율법을 준수하라고 촉구한다. 또한 침체의 늪에 빠져 있는 하나님과의 관계에서도 회복되기를 호소한다.

이 당시 이스라엘은 정치적으로 바사 제국 아닥사스다 1세(주전 464-423년)의 지배 아래 과중한 세금과 사회적으로는 논밭의 가뭄의 피해를 입고 포도원은 병충해, 특히 메뚜기가 휩쓸어 민족 전체가 어려움을 겪으며(말 3:11), 종교적으로는 이스라엘 백성이 바벨론 포로에서 귀환해서 하나님이 주셨던 약속의 말씀이 곧 성취될 것으로 믿었다(학 2:1-9). 그러나 약속은 실현되지 않았고 여전히 비참한 상태 속에 있게 되자 백성은 하나님에 대해 무관심해지고(말 2:17, 3:14-15), 영적 지도자인 제사장들도 이러한 사회적, 종교적 분위기에 영향을 받아 제사 임무를 소홀히 했다(말 1:7, 10, 13). 또한 성스러운 율법의 규례들을 무시해 아무 제물이나 하나님에게 바치고(말 1:8), 백성은 도덕적, 윤리적으로 타락해서 이방 여인들과 잡혼(雜婚)함으로 하나님 나라 백성으로서의 순결을 잃어버리고 말았다(말 2:11). 이처럼 말라기 당시의 이스라엘은 영적으로 무감각하고, 사회적으로는 옳고 그름의 판단이 흐려진 혼돈과 암흑의 상황이었다.

이스라엘 백성은 출애굽 당시 광야에서 성

하나님의 사자

말라기는 '하나님의 사자'라는 뜻이 있다. 그 이름처럼 구약의 마지막 하나님의 전달자 역할을 했다. 언약의 사자를 상징하는 그리스도와 그 길을 예비하는 엘리야가 나타날 것을 말라기는 예언하고 있다(말 3:1, 4:5).
침묵 시대를 지나서 신약 시대에 엘리야의 성정을 가진 세례(침례) 요한과 언약의 사자를 상징하는 새 언약의 그리스도가 탄생해 말라기의 예언이 성취되었다(눅 1:17, 2:11).

십일조

십일조는 소득의 십분의 일을 말한다. 구약 시대의 십일조는 이스라엘 백성에게 부과된 의무로 충성과 순종의 표시였는데(신 14:22), 신약 시대에서도 폐지되지 않았다(마 23:23). 구약 시대의 축복은 주로 물질적 복을 의미하고, 신약 시대의 축복은 주로 영적인 복을 의미한다.
오늘날 성도는 하나님의 청지기로서 하나님이 주신 물질을 선용하며 온전한 십일조를 드릴 때 위로부터 주시는 하나님의 복을 풍성하게 누리게 된다(말 3:10).

막을 짓고 하나님에게 제사를 드렸다. 그 후에는 솔로몬 성전에서 제사를 드렸다. 우상 숭배로 나라가 멸망하면서 솔로몬 성전은 파괴되었지만, 말라기 선지자 시대에는 성전이 다시 재건되어 그곳에서 제사를 드리는 상황이다. 이처럼 성전 건축의 목적은 제사에 있다는 것을 알 수 있다. 그렇다. 성전을 건축하는 목적은 예배(제사)에 있고, 그 예배는 헌신의 마음이다. 그런데 이 당시 백성은 마음을 드리지 않고, 제단에 더러운 떡이나 병든 동물을 제물로 드리는 형식적인 예배와 하나님에게 드려야 할 십일조와 헌물은 드리지 않았다. 그래서 하나님은 형식적인 예배가 아닌 참예배를 받으시려고 학개와 스가랴를 통해서 다시 세워진 성전의 의미가 그리스도의 영광으로 채워지는 참성전의 모형임을 알리셨던 것이다. 예전에는 성전에서 예배를 드렸다면 이제는 그리스도로 채워진 성전이 예배를 드리는 것이다. 성전에서 드렸던 예배의 형식처럼 하나님의 성전인 성도가 자신을 하나님에게 드리는 예배를 말한다. 그러므로 참성전인 성도가 제물로 드려지는 것을 하나님은 언제나 기뻐 받으신다. 그 예배를 로마서에서는 산제사라고 정의한다.

"그러므로 형제들아 내가 하나님의 모든 자비하심으로 너희를 권하노니 너희 몸을 하나님이 기뻐하시는 거룩한 산 제물로 드리라 이는 너희가 드릴 영적 예배니라"(롬 12:1).

• 꼬박꼬박 말대답하는 백성 •

1. 주님이 어떻게 우리를 사랑하셨나이까(말 1:2)?

"여호와께서 이르시되 내가 너희를 사랑하였노라 하나 너희는 이르기를 주께서 어떻게 우리를 사랑하셨나이까 하는도다 나 여호와가 말하노라 에서는 야곱의 형이 아니냐 그러나 내가 야곱을 사랑하였고."

2. 우리가 어떻게 주님의 이름을 멸시했나이까(말 1:6)?

"내 이름을 멸시하는 제사장들아 나 만군의 여호와가 너희에게 이르기를 아들은 그 아버지를, 종은 그 주인을 공경하나니 내가 아버지일진대 나를 공경함이 어디 있느냐 내가 주인일진대 나를 두려워함이 어디 있느냐 하나 너희는 이르기를 우리가 어떻게 주의 이름을 멸시하였나이까 하는도다."

3. 우리가 어떻게 주님을 더럽게 했나이까(말 1:7)?

"너희가 더러운 떡을 나의 제단에 드리고도 말하기를 우리가 어떻게 주를 더럽게 하였나이까 하는도다 이는 너희가 여호와의 식탁은 경멸히 여길 것이라 말하기 때문이라."

4. 어찜이니까(말 2:14)?

"너희는 이르기를 어찌 됨이니이까 하는도다 이는 너와 네가 어려서 맞이한 아내 사이에 여호와께서 증인이 되시기 때문이라 그는 네 짝이요 너와 서약한 아내로되 네가 그에게 거짓을 행하였도다."

5. 우리가 어떻게 여호와를 괴로우시게 했나이까(말 2:17)?

"너희가 말로 여호와를 괴롭게 하고도 이르기를 우리가 어떻게 여호와를 괴롭혀 드렸나이까 하는도다 이는 너희가 말하기를 모든 악을 행하는 자는 여호와의 눈에 좋게 보이며 그에게 기쁨이 된다 하며 또 말하기를 정의의 하나님이 어디 계시냐 함이니라."

6. 우리가 어떻게 해야 돌아가리이까(말 3:7)?

"만군의 여호와가 이르노라 너희 조상들의 날로부터 너희가 나의 규례를 떠나 지키지 아니하였도다 그런즉 내게로 돌아오라 그리하면 나도 너희에게로 돌아가리라 하였더니 너희가 이르기를 우리가 어떻게 하여야 돌아가리이까 하는도다."

7. 우리가 어떻게 주의 것을 도둑질하였나이까(말 3:8)?

"사람이 어찌 하나님의 것을 도둑질하겠느냐 그러나 너희는 나의 것을 도둑질하고도 말하기를 우리가 어떻게 주의 것을 도둑질하였나이까 하는도다 이는 곧 십일조와 봉헌물이라."

8. 우리가 무슨 말로 주님을 대적했나이까(말 3:13)?

"여호와가 이르노라 너희가 완악한 말로 나를 대적하고도 이르기를 우리가 무슨 말로 주를 대적하였나이까 하는도다."

재건 운동

1. 성전 재건은 하나님 나라의 회복과 하나님의 임재다. 학개와 스가랴의 외침과 말라기를 통해 예배의 모습을 엿볼 수 있다.
2. 성벽 재건에서 성벽은 일종의 교리, 조직신학과 같다. 세상과 구별되어 말씀으로 통치받는 거룩한 백성은 참성전이다.
3. 영적 재건은 성도의 균형 잡힌 신앙생활이다. 영과 육의 균형 감각으로 기도와 말씀을 균형 있게 유지하는 생활이 필요하다. 포로 귀환 시대의 (1) 기도 부흥회(스 7-10장)는 잡혼과 통혼의 회개 운동으로 실제적 회복이 실천되었다. (2) 말씀 부흥회(느 7-10장)는 율법을 교육해서 민족의식을 고취해 유대교로 발전했다. (3) 에스더서의 부림절은 성전을 재건하고 40년 후에 바사 제국에서 일어난 역전의 사건이다. 에스라 6장과 7장 사이에 일어난 구원 사건이다.

유대 공동체

1. 율법에 능통한 학사 에스라는 모세오경과 포로 시대의 성경을 마스터한 학자다. 그는 새로운 논문을 발표한 박사 이상의 실력을 갖춘 지도자다.
2. 포로기에 기록된 역대기는 포로 귀환 세대의 제자 훈련 지침서와 같은 책이다. 창조 시대부터 포로 귀환 시대를 족보로 잘 정리해 준다. 역사적 족보(대상 1-9장)와 역사적 이스라엘 민족 중흥의 모델 다윗(대상 10-29장)과 다윗의 아들 솔로몬(대하 1-9장)과 남유다의 왕들을 기록하고 있다(대하 10-36장).
3. 에스라는 유다의 재건 공동체를 세운 신학자다. 역대상·하와 에스라, 느헤미야서를 통해 그의 신학을 엿볼 수 있다. 그는 (1) 포로 귀환자들의 뿌리를 아담에 두고 있다. (2) 포로 귀환자들의 존재 근원을 창조에 두고 있다. 이로써 유대 민족의 하나님은 창조의 하나님이라는 신학을 정립한다. (3) 유대 민족의 정체성을 확립한다. 한국의 동포들이 전쟁 통에 끌려간 중국의 조선족과 러시아의 고려인처럼 유대인들이 포로지에서 태어난 소수민족의 정체성을 세웠다. 유대인은 누구며, 어떤 존재로, 어떤 삶을 살아야 할지를 세워 나갔다. 이처럼 천국에 본토를 두고 있는 세상에 사는 성도들의 정

체성 또한 확립해야 한다. 예수의 품질로 열방을 축복하고 선교하는 정체성이 확립되어야 한다.

말씀 통독 연구

1. 하나님 말씀에 능한 제자로 말씀을 후대에 계승해야 한다. (1) 모세는 광야 40년 동안 하늘의 만나를 전했다. (2) 사무엘은 사사 시대 끝물에 20년 동안 전국을 순회(벧엘, 길갈, 미스바, 라마)하며 말씀을 전했다. (3) 에스라는 포로 시대 70년간 말씀으로 재건 공동체를 세웠다. (4) 신약의 예수 그리스도는 3년 동안 제자들을 세워 제자 공동체가 열방을 구원하는 교회 공동체로 계승되었다.
2. 병원의 의사는 의학 지식에, 법원의 판사는 법학 지식에, 교회의 목사와 성도는 성경 지식에 뛰어나야 한다. 성도는 진리의 말씀(딤후 2:15)으로 무장해서 말씀 전문가로 정확한 처방을 내릴 수 있어야 한다. 또한 믿음의 말씀(롬 10:17)이 믿어지고, 생명의 말씀(빌 2:16)에 살아나고, 능력의 말씀(히 4:12)으로 살아야 한다.
3. 포로 시대에 에스라의 말씀 사역이 영적인 종교 개혁을 일으킨 것처럼, 공적인 말씀 통독 엔진을 가동해서 구원받은 존재 의의와 하나님의 뜻을 깊이 발견해야 한다.

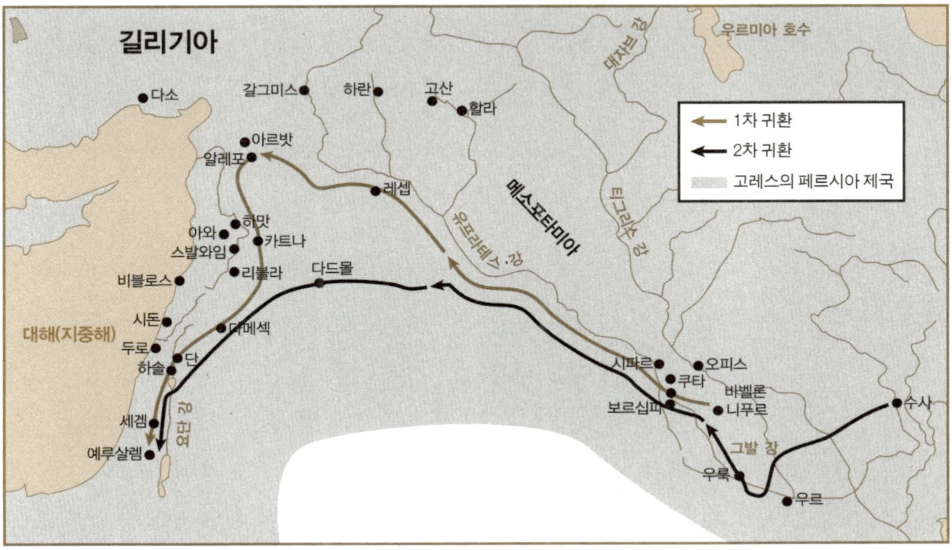

▲ 포로 귀환 시대의 귀환 경로

10

침묵 시대

디아스포라

구약성경의 마지막 책인 말라기서를 끝으로 예수 그리스도가 이 땅에 탄생하시기까지의 기간을 침묵 시대라 하며, 신·구약 중간사라고도 한다. 기록된 성경의 내용은 없지만 바벨론에서 귀환한 유다 백성은 열강들의 틈새 속에서 계속 압제당하게 된다. 그리고 바벨론을 멸망시킨 페르시아의 압제에서 세계 패권을 잡은 헬라의 통치를 받다가 혜성처럼 나타난 로마의 속국이 된다. 이런 암울한 시기에 예수 그리스도는 당신의 백성을 구원하실 준비를 마친다.

회당과 율법, 하나님의 열심

침묵 시대 소통하기

침묵 시대는 구약의 말라기서를 끝으로 신약의 마태복음에 이르기까지 성경에 기록되지 않은 기간에 의미를 부여한 것이다. 일반적으로 학자들은 말라기 선지자 이후부터 말라기서에서 예언한 엘리야의 모습으로 출현한 세례(침례) 요한까지의 기간을 '신·구약 중간 시대'라고 부른다. 이 시기에 기록된 성경은 없지만, 다니엘서에 미리 보여 준 내용이 있다.

바벨론의 느부갓네살 왕이 꿈으로 꾼 금신상의 모습이다(단 2장). 꿈에 나온 금신상은 바벨론을 비롯한 바사 그리고 헬라와 로마의 모습이다. 다니엘은 바벨론이 바사 제국 고레스에게 멸망하기 얼마 전에 환상을 보게 된다(단 7장). 그 환상의 내용 또한 금신상과 비슷한 내용이다. 큰 짐승 넷이 등장한다. 네 개의 큰 짐승은 네 명의 왕이다. 좀 더 자세하게 숫양과 숫염소로 설명한다. 하나님이 다니엘에게 보여 주신 숫양은 곧 메대와 바사의 왕들이고, 숫염소는 곧 헬라의 왕이다(단 8:20-21). 말라기 당시 강대국으로 막강한 힘을 발휘하던 바사 제국(페르시아, 이란)은 헬라의 알렉산더와의 전쟁에서 패함으로 헬라가 새로운 강국으로 세상에 등장하게 된다. 그런데 헬라의 큰 뿔인 알렉산더 대왕의 뿔이 꺾이게 되자 그 나라 가운데서 네 나라가 일어나게 된다(단 8:22). 다니엘서에 기록된 말씀처럼, 알렉산더의 갑작스러운 죽음으로 헬라 제국은 네 지역으로 분할된다.

바벨론 포로 시대에 살았던 유대인들은 70년의 포로 기간(주전 605-538년)을 마치는 시점에 바벨론을 멸망시킨 페르시아 제국의 고레스에 의해 예루살렘에 성전을 재건하고 정착하기 시작한다. 이때부터 페르시아가 세계 역사를 주도하는 약 200년간(주전 539-331년) 유대인들도 그들의 통치하에 있게 된다. 세계 역사의 변동에 따라 유대 민족은 페르시아를 멸망시키고 세계의 강대국으로 부상한 헬라 제국의 속국이 되고 만다. 헬라의 알렉산더 대왕의 영향을 받은 시기는 약 30년(주전 331-301년)이다.

헬라 제국이 네 지역으로 분할 통치되면서 유대 지역(팔레스타인)은 이집트(애굽) 지역을 통치하는 프톨레마이오스 왕조에 의해 약 100년간 지배를 받는다(주전 301-201년). 그 후 주전 198년 수리아 지역을 통치하고 있던 셀레우코스 왕조의 지배를 받게 된다(주전 200-167년). 셀레우코스의 지배를 받던 도중에 예루살렘 성전이 더럽혀진 사건을 계기로 주전 167년 마카비 혁명이 일어난다. 그래서 유대는 약 100년간(주전 166-63년) 독립 국가의 자유를 누리게 된다. 그 후 권력 분쟁을 계기로 당시의 강대국 로마의 간섭을 받게 된 유대 민족은 예수 그리스도가 탄생할 때까지 로마에 의해 세워진 이두매(에돔) 사람 헤롯 왕가의 통치를 받게 된다(주전 63-4년).

침묵 시대의 목적

침묵 시대의 목적은 그리스도의 초림으로 하나님이 친히 일하신다. 하나님은 흩어진 유대인들의 '회당 제도'로 선교의 거점을 확보하신다. 그리고 헬라 문화의 영향으로 헬라어로 기록된 성경과 '언어 통일'로 성경을 교육한다. 또한 로마 제국의 '도로 건설'로 그리스도의 초림을 준비하는 것이다. "주 예수여, 어서 오시옵소서! 아멘."

침묵 시대 정통하기

성경 본문	다니엘 7-12장
성경 구조	침묵 시대에 강대국에 의해 유대 민족이 지배당한 시기 - 페르시아(주전 539-331년), 헬라(그리스, 주전 331-167년), 하스몬 왕조(주전 166-63년), 로마(주전 63-4년)
성경 연대	400년간(주전 404-4년, 예수 탄생)
핵심 인물	유다 마카비
핵심 내용	유다의 독립과 하나님의 일하심, 메시아 대망과 예수 그리스도의 초림 준비 과정

침묵 시대는 말라기 선지자 이후 세례(침례) 요한이 등장하기까지 말씀의 이상이 없던 시대다. 침묵 시대에도 국제 정세를 주관하고 열방을 통치하시는 하나님의 일하심이 있었다. 바벨론 포로 이후 세계 초강대국에 의해 유대 민족이 지배당한 시기와 기간은 바벨론 70년(주전 605-539년), 페르시아 200년(주전 539-331년), 헬라의 알렉산더 대왕 30년(주전 331-301년), 이집트의 프톨레마이오스 왕조 100년(주전 301-201년), 수리아의 셀레우코스 왕조 34년(주전 200-167년), 유다 독립 100년(주전 166-63년), 로마 60년(로마 점령, 주전 63-4년 예수 탄생)이다. 약 400년 동안 열강들의 지배 속에서 혜성같이 등장한 마카비가 있다. 그는 맛다디아의 셋째 아들 유다로 마카비(쇠망치)라는 별명을 갖고 있었다. 그는 유다의 독립을 이끌어 내는 데 큰 공을 세운 인물이다.

침묵 시대 관통하기

1. 페르시아(주전 539-331년)

바벨론의 포로로 살던 유대인들은 페르시아의 왕 고레스가 바벨론을 멸망시키면서 바벨론 포로에서 귀환하게 되는 역사적 상황이 발생한다. 열방의 국제 정세는 실로 하나님의 구원 역사를 중심으로 움직이는 것을 성경을 조금만 알아도 분명히 느낄 수 있다. 고레스로부터 시작된 페르시아의 역사는 약 200년간 세계 역사를 주도하게 된다.

페르시아의 역사 속에서 성경에 나오는 주된 인물은 주전 539년에 대제국을 건설해서 포로들에게 해방령을 내린 고레스(주전 539-530년)를 비롯해서, 포로 귀환 시대에 성전 재건을 위해 제1차로 귀환(주전 538년)한 총독 스룹바벨과 대제사장 여호수아와 함께 사역하던 학개와 스가랴 선지자와, 성전 재건을 할 수 있도록 조서를 내린 다리오 1세(주전 522-486년)가 에스라서에 등장한다. 다리오 왕은 유럽의 다뉴브 강까지 가서 헬라와 싸웠는데 마라톤 전투(주전 490년)에서 어이없이 패하고 만다. 그리고 에스더를 왕후로 맞이한 아하수에로(주전 485-465년) 왕이 살라미스 해전(주전 480년)에 패하면서 페르시아는 쇠퇴의 길로 접어든다.

이런 상황이 연출되는 동안 왕권은 아닥사스다(주전 465-424년)에게 이어지고, 이 시기에 제2차로 귀환(주전 458년)한 에스라와 제3차로 귀환(주전 444년)한 느헤미야가 있다. 이 당시 팔레스타인 지역은 수리아 총독의 감독 아래 지배를 받고 있었다. 아닥사스다의 재임 기간 동안 구약성경의 말라기(주전 430년) 선지자까지의 이야기는 막을 내린다. 그 이후 왕권이 다리오 2세, 아닥사스다 2세, (성경에는 등장하지 않는 무네몬 3세, 요커스, 암세스를 거쳐) 다리오 3세까지 이어진 제국은 주전 331년 마지막 왕인 다리오 3세(주전 336-331년)가 가우가멜라 전투에서 헬라의 알렉산더에게 패배하게 됨으로 약 200년간 누려 온 세계 역사의 주도권을 헬라에게 넘겨주게 된다.

성경에 주로 등장하는 페르시아의 왕은 고레스, 다리오, 아하수에로, 아닥사스다이다. 페르시아 시대에 나오는 성경의 주요 내용은 3차에 걸친 예루살렘으로의 포로 귀환이다. 이때 기록된 성경은 성전 재건을 위한 에스라, 학개, 스가랴서와 성벽 재건을 위해 기록된 느헤미야서가 있다. 또한 마지막까지 선지자로 활동한 말라기가 있다. 페르시아에서 기록된 에스더서 또한 빼놓을 수 없을 것이다.

이스라엘은 바벨론 포로로 인해 나라가 공중분해 된다. 그로 인해 과거에 있었던 나라의 조직은 없어졌지만 포로지에서 70년 동안 생긴 포로 공동체가 예루살렘으로 귀환해서 새로운 유대 공동체가 된다. 페르시아 제국 말기에는 이 유대 공동체에게 자체 화폐로 내국세를 징수하는 권한을 허용한 것 같다. 또한 제사장들은 페르시아 제국의 총독으로서 행정관 역할도 하게 된다. 유대 공동체는 그 당시 공용어인 아람어를 쓰고, 간혹 헬라 문화도 접촉할 기회가 있었다.

2. 헬라(그리스, 주전 331-167년)

헬라의 알렉산더 대왕(주전 331-323년)

페르시아가 헬라의 알렉산더 대왕에 의해 멸망하고 새로운 초강대국 헬라 제국이 세상에 드러난다. 이를 계기로 페르시아 수산 성에 있던 유대인들과 팔레스타인 지역의 예루살렘으로 귀환해서 살고 있던 유대 민족은 또다시 헬라의 지배를 받게 된다.

여러 도시 국가의 형태를 가진 헬라는 소크라테스와 플라톤 그리고 아리스토텔레스의 철학 정신을 기반으로 헬라 문화를 형성하고 있었다. 혜성처럼 나타난 마케도니아 지방에서 필립 왕이 헬라를 통합시키지만 암살당하고 만다. 필립 왕이 죽자 아들 알렉산더가 20세(주전 336년)의 젊은 나이에 왕위를 계승한다. 그는 어린 시절부터 철학자 아리스토텔레스에게 교육을 받았다. 알렉산더는 헬라 철학의 배경을 가지고 세계를 그 영향력 아래 두고 싶었다. 이런 원대한 꿈을 가지고 젊은 나이에 어마어마하게 넓은 지역을 정복한 대제국의 대왕이 된다.

알렉산더는 4만 명의 군사로 약 10-15만 명의 페르시아 다리오 3세의 군대를 이수스 전투(주전 333년)에서 승리로 이끌게 된다. 이 전투 이후 많은 페르시아의 지방들이 알렉산더에게 항복했고, 그 후 계속된 전투로 인해 페르시아는 멸망하게 된다. 알렉산더는 이 기세를 몰아 남쪽 지역의 예루살렘을 비롯해서 이집트(애굽)까지 정복하고 자기 이름으로 알렉산드리아라는 도시를 세우기도 한다(주전 331년). 그 후 계속 진군해서 동쪽 지역 인도까지 정복할 계획으로 인도의 인더스 강 유역까지 가게 되었지만 여러 가지 사정으로 회군한다(주전 326년). 그 후 갑작스러운 질병이 발병해서 33세의 나이로 죽게 된다(주전 323년). 후계자도 세울 수 없을 정도의 갑작스러운 죽음으로 인해 제국은 사분오열(四分五裂)되어 네 명의 장군들이 분할 통치하게 된다.

카산드로스가 마케도니아와 그리스 지역, 리시마코스가 동북부에 있는 트리

키아 지역, 프톨레마이오스가 이집트와 팔레스타인 지역, 안티고노스가 중앙아시아와 바벨론 지역을 다스리게 된다. 그중에서 안티고노스가 가장 욕심이 많았다. 결국 나머지 세 명의 장군이 안티고노스를 권좌에서 밀어낸다. 프톨레마이오스를 돕던 부하 셀레우코스가 시리아와 바벨론을 차지하고 왕조를 세운다. 이렇게 다시 재편된 네 명의 장군은 더 많은 땅을 차지하기 위해 전쟁을 계속한다. 그러나 이 지역들은 나중에 로마에 의해 멸망당하게 된다.

프톨레마이오스 왕조(주전 301-201년)

알렉산더의 죽음(주전 323년) 이후 약 20년 동안 왕위 계승을 노리는 치열한 암투가 계속되다가 결국 헬라 제국은 네 개의 지역으로 분할 통치된다. 유대 민족은 프톨레마이오스가 지배하는 이집트(애굽)의 속국이 되어 약 100년간 프톨레마이오스 왕조의 지배를 받게 된다. 프톨레마이오스는 알렉산드리아를 수도로 삼고 대도시로 성장시킨다. 유대인들은 여러 강대국의 지배 아래 오랫동안 여러 지역에 흩어져 살게 된다. 알렉산드리아에 살고 있던 유대인들의 요청에 의해 프톨레마이오스 2세가 72명의 랍비를 불러 히브리어로 된 구약성경을 번역하게 했다. 처음에는 주전 3세기 중엽에 '모세 오경'(율법서)이 번역되었고, 그 뒤 약 100년 사이에 현재의 정경(正經) 거의 전부가 번역되어 나왔다. 성경 연구에는 물론, 언어학상으로도 중요한 자료다.

말라기서에서 예언한 메시아의 초림이 침묵 시대에 준비되는 모습을 그려 볼 수 있다. 하나님은 초강대국을 통해서 언어를 통일하시고 당시의 공용어였던 헬라어로 성경까지 완벽하게 준비하신 것이다.

> "알렉산드리아에서 난 아볼로라 하는 유대인이 에베소에 이르니 이 사람은 언변이 좋고 성경에 능통한 자라"(행 18:24).

신약성경에서는 아볼로가 성경에 능한 자라고 말씀한다. 이처럼 이미 전 세계에 예수 그리스도의 복음을 전파할 준비가 된 것이다.

셀레우코스 왕조(주전 200-167년)

헬라 제국이 네 지역으로 분할 통치되면서 팔레스타인 유대 지역을 중심으로 남쪽(이집트) 지역을 장악한 프톨레마이오스와 북쪽(바벨론) 지역을 장악한 셀레우코스 왕조의 두 나라가 팔레스타인 지역을 서로 자기 통치 지역으로 편입시키려고 싸운다. 처음에는 프톨레마이오스 왕조가 지배하게 된다. 그 후 셀레우코스 왕조의 안티오쿠스 3세가 수차례의 전쟁 끝에 파네아스 전투(주전 198년)에서 프톨레마이오스의 이집트 군대를 제압하고 팔레스타인 지역을 차지하게 된다. 이로 인해 애굽의 유대인과 팔레스타인의 유대인이 분리된다. 서로 다른 통치 구조에서 유대교의 전통을 유지하는 상황이 된 것이다.

셀레우코스 왕조의 안티오쿠스 3세는 처음에 팔레스타인 지역의 유대인들에게 우호적으로 대했다. 그래서인지 안티오쿠스의 이름을 딴 '안디옥'이란 도시가 많이 건설되기도 했다. 또한 유대 민족에게 헬라 문화가 깊이 침투되는 기회였지만 신실한 유대인들은 하나님을 더욱 섬겼다. 그런데 이런 상황은 지속되지 않았다. 이탈리아 반도의 로마라는 신흥 강대국의 세력이 점점 커지면서 셀레우코스 왕조의 세력은 점점 약화되기 시작한다. 결국 로마와의 전쟁에서 패배하고 전쟁 배상금을 지급해야 할 상황까지 된다. 이렇게 상황이 악화되자 팔레스타인 지역도 상황은 더욱 어려워지게 된다. 세금을 더 많이 내야 하고, 성전의 보물까지 탈취당하게 된다. 게다가 안티오쿠스 3세가 죽게 되자 안티오쿠스 4세(에피파네스)가 왕위를 물려받아 더 극심한 탄압이 시작된다.

실로 종교적 탄압은 무지막지했다. 할례를 금지하고, 안식일을 지키지 못하게 하고, 성전에서 제사도 드리지 못하게 했다. 성전에서 돼지를 죽여 그 피로 성전을 더럽히기까지 했으며, 종교적으로 헬라의 신을 섬기게 하고, 심지어 자신을 자칭 '제우스 신'이라고 신격화했다. 이러한 종교적 탄압은 유대인으로 하여금 반란을 일으키게 하는 계기가 되었다. 어둠이 짙을수록 아침이 가까워 오는 것이다. 침묵 시대는 점점 어둡고 종교적 탄압은 극에 달했지만, 유대의 정치적, 종교적 독립은 눈앞에 오고 있었다.

· 다니엘서가 보여 주는 침묵 시대 ·

다니엘 11장은 신·구약 중간에 있는 침묵 시대를 미리 보여 주고 있다. 페르시아의 세 왕은 페르시아 왕들 중에서 막강한 권세를 가진 왕들을 말한다. 그들은 성경에 주요하게 등장하는 다리오 1세와 아하수에로, 아닥사스다 왕일 것이다.

넷째는 페르시아의 마지막 왕인 다리오 3세가 헬라국을 치게 된다(단 11:2). 헬라의 알렉산더 왕이 일어나지만 헬라 제국은 네 개의 나라로 나뉜다(단 11:3-4). 네 개로 나뉜 나라 중에 팔레스타인 지역을 중심으로 남방은 이집트를 장악한 프톨레마이오스 왕조, 북방은 바벨론 지역을 장악한 셀레우코스 왕조다. 두 왕조는 화친을 맺고 프톨레마이오스 2세의 딸을 안티오쿠스 2세에게 정략 결혼을 시키지만, 안티오쿠스 전처가 왕과 왕비를 모두 독살하자(단 11:5-6) 프톨레마이오스 3세가 자기 여동생의 죽음에 대한 보복으로 셀레우코스 왕조를 정벌해서 대승을 거둔다. 그 후 북방이 남방에 보복을 하지만 별 전과가 없었다(단 11:7-9).

북방의 안티오쿠스 3세(주전 223-187년)가 왕위를 이어받고 전쟁을 준비해서 남방을 치게 된다. 스스로 교만해서 완전한 정복은 이루지 못하고 본국으로 귀환해 다시 전쟁을 준비하고 남방을 침략해서 팔레스타인 지역을 손에 넣게 된다. 이때부터 유대 민족은 셀레우코스 왕조의 안티오쿠스 3세의 지배를 받게 된다(단 11:10-16). 안티오쿠스 3세는 세력이 한참 약화된 프톨레마이오스 5세에게 화친 조약을 맺고 자기 딸 클레오파트라를 그의 아내로 결혼시킨다. 프톨레마이오스 왕조를 무너뜨리는 정략적 결혼이었는데 안티오쿠스 3세의 계획은 무익하게 된다(단 11:17). 클레오파트라는 아버지를 배신한 후 로마와 화친을 맺고 북방을 치게 되었는데, 이때부터 셀레우코스 왕조는 위기가 다가오기 시작했고, 안티오쿠스 3세는 그 위기감에 죽게 된다(단 11:18-19). 그 뒤를 셀레우코스 4세가 이어 가지만 그는 신하에게 암살당한다(단 11:20).

드디어 팔레스타인 지역의 유대인을 극심히 박해한 안티오쿠스 4세 에피파네스가 왕권을 얻게 된다(단 11:21-24). 그는 남방 이집트를 일시적으로 정복했지만 완전한 정복을 이루지 못하고 많은 재물만 가지고 본국으로 돌아간다. 그 후 다시 정벌을 하려고 했지만 이집트에 도착한 로마의 배들로 인해 그냥 돌아간다(단 11:25-30). 안티오쿠스 4세가 본국으로 돌아가는 길에 팔레스타인 지역의 유대인들에게 행한 죄는 엄청난 종교적 탄압이었다. 성소를 더럽히고, 매일 드리는 제사를 폐하고, 미운 물건(제우스 동상)을 세우고, 유대인들을 종교적으로 헬라화 하려 했다(단 11:31).

이런 엄청난 탄압에 유대의 독립은 예고된 것이다. 맛다디아 제사장을 중심으로 한 그 아들들의 저항으로 유대 민족이 굳게 뭉쳐 유다는 약 100년간 독립하게 된다(단 11:32-35).

3. 하스몬 왕조, 유대의 독립(주전 166-63년)

일명 마카비 혁명이라고 부르는 유대 독립 시기는 셀레우코스 왕조의 안티오쿠스 4세(에피파네스) 통치 때다. 그의 종교적 탄압이 거세질수록 유대인들도 대항하기 시작했다. 주전 167년 유대의 작은 시골 마을에서 오랫동안 제사장 일을 하던 맛다디아는 이 탄압에 반대해서 다섯 명의 아들(요한, 시몬, 유다, 엘르아살, 요나단)을 앞세워 게릴라 전쟁을 하게 된다. 점점 많은 사람이 동조해서 작은 군대를 이루게 된다. 저항군의 지휘는 맛다디아의 셋째 아들 유다가 맡는다. 그는 마카비(쇠망치)라는 별명을 갖고 있었다. 마카비의 천재적인 지략으로 투쟁해서 마침내 독립을 하게 된다. 그리고 제일 먼저 이방 제사와 돼지 피로 더럽혀진 예루살렘 성전을 청결하게 한다(주전 165년). 성전 예배를 회복한 것을 기념해서 수전절(요 10:22)로 지킨다. 수전절은 히브리어로 '봉헌'을 뜻하는 '하누카'라고 부른다. 마카비의 후계자들이 계속해서 독립된 유대인들을 다스리게 되면서 하스몬 왕조를 세운다. 이때부터 하스몬 왕조는 약 100년 동안 독립된 정치를 한다. 이제 독립된 국가 수반을 가지고 마음껏 성전에서 예배를 드릴 수 있는 자유를 갖게 된 것이다. 왕권을 가지고 있는 시기였지만 대제사장 제도가 한층 강화된 시기이기도 하다.

신약 시대에 대제사장이 최고의 권력을 누리는 배경이 이때부터 형성되었다. 이런 최고의 권력이 변질되면서 로마의 지배를 받게 될 때는 정치적인 뇌물로 대제사장직을 사기도 했다. 신앙이 종교 행위와 종교 생활로 전락되는 모습을 종교 지도자가 모델로 보여 주고 있다. 이들은 성전에서 돈을 받고 백성이 제사에 바칠 제물을 팔아 부귀영화를 누렸다. 예수님은 이런 종교 지도자들에게 뜨거운 맛을 보여 주시려고 성전에서 장사하는 자들을 내쫓고 성전을 정화한 사건이 신약성경에 등장한다(요 2:13-16).

유대 독립 시기에는 자유롭게 성전에서 예배를 드릴 수 있었다. 그럼에도 불구하고 오랫동안 헬라 문화가 침투해 들어왔기에 헬라 문화 사상을 받아들이는 세력이 생기게 되었다. 솔로몬 시대 제사장이었던 사독의 후예들인 '사두개인'들이 헬라 문화를 지지했다. 반면에 헬라 문화에 저항하며 목숨을 걸고 율법을 지키려는 '하시딤'의 후예들 중에 '바리새인'들이 있다. 또한 현실을 도피해서 광야로 가 집단 생활을 하는 극단적인 경건주의자들인 '엣세네파'가 있다.

이때부터 사두개파와 바리새파로 양분되어 정치적으로 권력 다툼을 하다가 로마 군대가 개입할 빌미를 주어 폼페이 장군이 예루살렘을 점령하게 된다(주전 63년). 이들은 신약 시대에도 서로 대립 관계가 지속된다. 물과 기름 같은 그들의 관계는 신학적으로도 차이가 있다. 사두개파는 부와 권력을 추구하는 세속적인 당파로 육체의 부활이 없고, 천사도 없고, 영도 없다고 한다(마 22:23; 행 23:8). 반면 부활과 천사가 있다고 믿는 바리새파는 '분리되다, 구별되다'는 의미를 갖고 있는 것처럼 거룩하게 생활하려고 율법을 철저히 지켰다. 실제로 백성에게 인정받기는 했지만 너무 율법에 치우쳐서 형식주의자가 되었다. 신약 시대에는 예수 그리스도에게 꾸중을 많이 듣기도 했지만, 이들은 율법을 연구하고 계승하려는 노력으로 오늘날까지도 유대교의 핵심 세력으로 자리를 잡았다. 그러나 사두개파는 유대인의 반란을 진압하러 온 로마의 디도 장군에 의해 주후 70년 예루살렘이 공격받아 함락될 때 함께 사라진다.

· 통곡의 벽 ·

예루살렘은 주후 70년 4월에 포위되어 5개월 만에 함락된다. 예수님은 성전을 '아버지의 집'이라고 부르며 애정을 품으셨지만, 장차 성전의 자리에 돌멩이 하나 남지 않게 되리라고 예언하셨다. 그 예언은 주후 70년에 실현되었다. 유대인들이 로마의 지배에 항거해 반란을 일으키자 화가 난 로마가 성전을 파괴하고 단 한 군데 벽만 남겨 놓았다. 그것이 지금도 예루살렘에 남아 있는 서쪽 벽, 즉 통곡의 벽이다.

4. 로마(주전 63-4년)

유대 민족은 페르시아의 지배를 약 200년간 받으면서 구약의 말라기서까지의 시대도 함께 지나간다. 성경이 기록되지 않은 본격적인 침묵 시대에는 헬라 제국의 영향을 받게 된다. 약 100년간 독립 시기를 거치지만 헬라 문화의 영향은 지대하다. 헬라 문화의 영향 속에서 히브리어로 된 구약성경이 당시 공용어인 헬라어로 번역되기도 한다. 이제 "모든 길은 로마로 통한다"는 말처럼 로마가 등장하는 시대가 왔다. 흔히 그리스(헬라)를 철학에 의한 지배, 유대인을 신에 의한 지배 그리고 로마인을 법에 의한 지배라고 말한다. 그만큼 로마인은 모든 것을 규격화하고 제도화하기를 좋아했다. 로마가 세계를 지배하면서 건설한 도로는 군사적 목적 때문이다. 로마 제국이 세계를 지배하는 시대에는 모든 지역에 국경이 없었기에 잘 건설된 도로를 통해 여행하기 쉬운 상태다. 침묵 시대에 전 세계를 빠르게 복음화 할 도로가 건설된 것이다. 물론 각 나라에 흩어진 유대인들이 각 지역에 세운 회당 제도를 통해 복음을 전할 거점도 확보되었다.

이탈리아 반도의 작은 도시 국가였던 로마는 주전 8세기경에 나라가 형성되어 주전 270년경 이탈리아 반도를 통일하고 주전 146년 헬라를 정복한다. 폼페이 장군을 통해 주전 64년 수리아 지역을 점령하고, 그 이듬해(주전 63년) 유대를 합병한 "로마는 하루아침에 이루어지지 않았다". 유대 하스몬 왕조는 그리스의 지배하에 있던 시기에 마카비 혁명으로 어렵사리 독립 국가가 되었지만, 사두개파와 바리새파의 파벌과 권력 분쟁으로 나라가 풍전등화였던 시기에 로마는 세계를 손아귀에 넣고 있었던 것이다. 유대는 이때부터 시작해서 주전 4년 예수 그리스도가 탄생하는 신약 시대에도 로마 제국의 지배하에 있게 된다.

로마 제국은 한 사람이 권력을 갖는 것이 아닌 여러 명의 원로원 의원에 의해 공화정이라는 정치 제도를 가지고 있었다. 그런데 줄리어스 가이사(카이사르, 시저)가 등장하면서 원로원을 누르고 '삼두정치'의 시발점이 된다. 가이사를 비롯한 폼페이, 크라수스는 원로원을 장악하고 삼두정치를 시작한다. 삼두정치 또한 얼마 가지 않아 가이사가 장악해서 1차 삼두정치가 허망하게 끝난다. 그런데 가이사가 충신 브루투스에게 암살당하고 만다(주전 44년). 가이사의 죽음으로 2차 삼두정치(옥타비아누스, 안토니우스, 레피두스)가 시작되지만, 가이사의 부하 안토니우스와 가이사의 양아들 옥타비아누스의 권력 다툼이 일어나면서 삼두정치가 허망하게 막을 내린다. 가이사의 양아들 옥타비아누스가 악티움 해전(주전 31년)에서 안토니우스를 이기고 황제가 된다. 그는 로마 원로원에서 아우구스투스(아구스도 : 숭고한 사람이란 칭호)의 호칭을 받게 된다. 그러므로 옥타비아누스는 예수 그리스도의 탄생 시기에 황제 자리에 있게 된 것이다(눅 2:1).

주전 63년에 폼페이가 유대를 정복할 때, 예루살렘 동남쪽에 있는 이두매(에돔 지역) 총독 안티파터(주전 78년에 사망한 에돔 왕 안티파스의 아들, 대헤롯의 아버지)는 폼페이를 도와준다. 마카비 하스몬 왕조 힐카누스(Hyrcanus) 2세는 폼페이에 항복 선언 후 조공을 바치기로 한다. 폼페이는 안티파터가 자신을 도와준 대가로 그를 유대 지역 집정관으로 다스리게 한다. 폼페이를 제거한 줄리어스 가이사가 통치할 당시에 가이사는 마카비 가문의 힐카누스 2세를 한 지역의 총독 정도로 임명하고 안티파터를 사실상 유대의 행정관으로 임명한다. 안티파터는 작은 아들 헤롯(대헤롯)을 갈릴리 총독으로 임명한다(주전 37년). 대헤롯은 예수 그리스도의 탄생 당시의 왕이다. 그는 어렵게 얻은 왕권을 유지하기 위해 유대인의 왕으로 나신 예수를 죽이려고 유아 살해 명령을 내렸지만 그해에 헤롯 자신이 죽게 된다(주전 4년).

• 역사적 침묵 시대와 개인적 침묵 시대 •

역사를 주관하시고 만드시고 교훈하시는 하나님이 역사의 중심이 되신다. 인류를 위한 구속 역사는 전 세계를 복음화하시려는 하나님의 계획이다. 헤롯 왕 때 예수님이 유대 베들레헴에서 태어나신다(마 2:1).

헤롯 대왕은 주전 20년에 헤롯 성전을 시작하고 완공하지 못한 채 주전 4년에 죽는다. 예수 그리스도가 공생애를 시작하시면서 46년 동안 지은 헤롯 성전을 헐면 3일 만에 다시 세우겠다고 하신다(요 2:19). 복음 시대를 준비하는 역사적인 침묵 시대는 건물 성전을 무너뜨리고 사람 성전을 세우는 시기다. 개인적인 침묵 시대는 우상으로 가득한 세상 문화를 깨뜨리고, 죄의 어둠을 걷어 내어 복음 시대가 열리게 하는 시간이다. 그러므로 하나님이 나에게 하실 일은 어두운 시대를 제거하는 것이고, 하나님이 나를 통해서 하실 일은 의의 빛으로 가득한 복음 시대를 여는 것이다. 내가 하고 싶은 일만을 하기보다는 하나님이 나를 통해서 하시는 일을 해야 한다.

인간의 침묵은 할 말 없음이다. 여전히 죄를 짓고 있기 때문이다. 하나님의 침묵은 진리의 외침이다. 죄를 해결하기 위해 그리스도를 준비하고 계시기 때문이다. 어떤 자는 죄를 짓기 위해 준비하고 실행하고 완성하는데, 누구는 죄를 뒤집어쓰고 허다한 죄를 덮는 사랑을 완성하신다. 인간이 세운 죄의 바벨탑을 허무는 회개가 참된 진리를 세우는 터를 닦는 준비다. 그 위에 하나님의 의가 세워지면 생명탑이 되어 사랑과 축복이 채워지게 될 것이다. 인간이 허물어야 될 것은 무엇이고, 하나님이 세우시는 것은 무엇인가? 하나님은 인간의 죄를 허물고 하나님의 의를 세우기 위해 침묵으로 그리스도를 준비하셨다.
구약의 침묵 시대에 하나님은 흩어진 유대인들의 '회당 제도'로 선교 거점을 확보하시고, 헬라 문화의 영향으로 헬라어로 기록된 성경과 '언어 통일'로 성경을 교육하며, 로마 제국의 '도로 건설'로 그리스도의 초림을 준비하셨다. 지금은 요한계시록 이후 신약의 침묵 시대라고 말할 수 있다. 신약의 침묵 시대에도 하나님은 그리스도의 재림을 준비하신다. 전 세계에 분포된 교회를 선교 거점으로 확보하셔서, 강대국의 영향으로 공용어가 된 영어로 기록된 성경으로 말씀을 교육할 수 있도록, 지구촌이 비행기로 일일생활권이 되면서 땅끝까지 복음을 전파할 수 있게 되어 그리스도의 재림은 준비되고 있다.

"이 천국 복음이 모든 민족에게 증언되기 위하여 온 세상에 전파되리니 그제야 끝이 오리라"(마 24:14).

• 침묵 시대의 주요 개념 •

1. 헤롯 왕조

헤롯(Herod)은 '영웅의 아들'이란 뜻이다. 팔레스타인과 그 인접 지역을 통치한 왕조의 왕들이다.

헤롯 대왕(주전 37-4년) : 예수님 탄생 당시 헤롯 왕(마 2:1)
헤롯 대왕은 자신이 차지하고 있는 왕의 자리를 유지하려고 유대인의 왕으로 오신 예수 그리스도의 탄생을 눈치채고 생후 두 살 아래의 유아를 전부 살해하라는 명령을 내리지만 그해에 자기가 죽고 만다. 그의 아들은 헤롯 아켈라오, 헤롯 안디바, 헤롯 빌립이 있다.

헤롯 아켈라오(주전 4-주후 6년) : 헤롯 안디바의 동생으로 폭군(마 2:22)
아켈라오는 유다, 사마리아, 이두매(에돔 지역)의 분봉 왕이 됨으로 절반을 차지하고 다스렸다. 그는 마태복음 2장 22절에 한 번 거명된 인물로 애굽(이집트)에 피신했던 예수님의 가족들이 유대 지역으로 가지 않고 갈릴리로 올라가 살게 된 배경이 된다. 아켈라오는 가이사 아구스도의 유화 정책을 따르지 않고 야만적으로 독재 정치를 하다가 폭동이 일어났는데, 이때 로마가 개입해서 '유대 예루살렘' 지역만 분봉 왕이 다스리지 않고 로마 직영으로 총독을 파견하게 되었다. 유대 지역의 로마 총독은 코포니우스(1대), 마르쿠스 얌비블루스(2대), 아니우스 루푸스(3대), 발레리우스 그라투스(4대), 5대 본디오 빌라도(주후 26-36년)다. 빌라도는 예수 그리스도 당시의 총독이고, 벨릭스와 베스도 총독은 바울 당시의 총독이다.

헤롯 안디바(주전 4-주후 39년) : 예수님 공생애 때 헤롯 왕(눅 3:1)

헤롯 안디바는 헤롯 대왕의 아들로 예수님의 고향 갈릴리와 베레아(요단 동편)를 다스렸다. 그래서 예수 그리스도의 공생애 사역 때 나오는 헤롯 왕은 헤롯 안디바를 말하는 것이다. 그는 이복 동생 빌립(분봉 왕 헤롯 빌립이 아님)의 아내 헤로디아와 결혼한 헤롯 왕이며, 예수 그리스도를 심문한 헤롯이다(눅 23:8). 그는 세례(침례) 요한을 죽이기도 했다(마 14:11).

헤롯 빌립 1세(주전 4-주후 34년) : 헤로디아의 딸 살로메와 결혼(막 6:17)

빌립은 갈릴리 북동부 지역(이두래)을 다스렸다. '가이사랴 빌립보'는 빌립이 세운 북쪽의 헐몬 산자락에 있는 휴양 도시로 로마 황제 가이사를 기리기 위해 지은 도시다. 예수님이 "사람들이 나를 누구라고 하느냐?" 물으시던 곳이 이곳이었다. 빌립의 아버지 대헤롯이 지중해 연안 해변에 '가이사랴'라는 도시를 먼저 세웠는데, 그곳에서 사도 바울이 로마로 재판받으러 가기 전에 2년 동안 억류된다.

헤롯 아그립바 1세와 2세 : 예수님 승천 이후 사도행전에 나타난 다른 헤롯 왕

헤롯 아그립바 1세는 헤롯 대왕의 손자, 헤롯 안디바의 조카로 유대와 사마리아를 통치했다. 그는 야고보를 칼로 죽이고, 베드로를 옥에 가두고, 벌레에게 먹혀 죽은 헤롯 왕(행 12:2-3)이다. 그 뒤를 이어 헤롯 아그립바 2세가 주후 55년경에 갈릴리, 데가볼리, 베레아 지역을 다스리는 분봉 왕으로 주후 100년경까지 다스리는 헤롯 왕조의 마지막 왕이다. 아그립바 2세가 유대 지역 총독이었던 벨릭스 후임으로 베스도가 부임하자 축하하기 위해 가이사랴에 와서 바울을 만났다(행 26:1).

2. 정치적 세력

열심당

열심당은 로마를 상대로 투쟁하던 자들로 이들은 '셀롯인', '가나나인' 등으로 불리기도 했다. 예수 그리스도의 제자 중에는 셀롯인 시몬(눅 6:15)이라는 열심당원도 있었다. 역사학자 요세푸스는 그들을 '강도, 산적'으로 명명했다. 열심당은 종교적 당파가 아니라 열성적 민족주의 집단이다. 이들은 '마카비' 혁명에 기원을 둔 반로마주의자로, 종교 지도자들이나 기득권 세력에게도 적대감을 가지고 있으며, 언제나 칼을 품고 토라(모세 율법)에 대해서는 목숨을 걸고 헌신한 무리들이다.

헤롯당

헤롯당은 에돔 사람 헤롯 왕조를 지지하던 자들로 구성되었다. 특히 헤롯 안디바를 추종하던 세력이다. 이들은 정치적으로 타협주의자요, 실리주의자들이었다. 헤롯당과 바리새파는 보통 적대적인 관계였지만 그리스도를 공동의 적으로 삼고 함께 연합하기도 했다(막 3:6, 12:13).

산헤드린 공의회(유대인 최고 자치 의결 기관)

유대 공동체에서 가장 높은 '정치 기관'으로 대제사장(의장), 서기관, 바리새파인, 사회의 지도급 인사 71명(의장 포함)으로 구성되어 있다. 공식적인 주권은 로마, 헤롯 왕에게 있지만 산헤드린 공의회는 사법, 입법, 행정적 기능을 가지고 어느 정도 자치적으로 정치를 했다.

"빌라도가 이르되 너희가 그를 데려다가 너희 법대로 재판하라 유대인들이 이르되 우리에게는 사람을 죽이는 권한이 없나이다"(요 18:31)라는 말은 당시 유대인들이 사형을 집행할 수 있는 권한이 없었기 때문이다. 산헤드린 공의회는 구약 시대부터 시작해서 주후 70년까지 지속되었던 유대인의 최고 의결 기관이다.

대제사장(유대인 공동체 대표)

유대 공동체는 신앙 공동체로 과거 에스라 이래로 대제사장이 지도자가 된 것이다. 아론 계열의 레위인이 대제사장이 되어야 함에도 자격 없는 사람들이 뇌물을 주고 '대제사장직'을 샀다(예수님 당시 '안나스'). 그렇게 외면으로는 종교적 모습을 보이고 내면으로는 정치적 속내를 드러내어 로마나 헤롯에 붙어서 이익을 추구했다. 특히 성전에서는 제물을 팔아서 돈을 버는 장사까지 했다.

3. 종교적 세력

서기관

서기관들은 고등 교육을 받은 자들로서 율법을 해석하고 가르치는 일을 했다. 외국에 흩어진 유대인들은 마땅히 예배할 장소가 없어서 율법을 배우기 위해 모인 곳을 회당이라 불렀다. 그곳이 유대인의 정체성을 갖게 하는 교육 기관이다. 회당은 외국뿐만 아니라 제사장 겸 학사였던 에스라를 통해서 본국에도 세워지게 되었다. 에스라 이후 세월이 지나면서 율법을 쉽게 풀어 주는 사람이 필요해서 서기관, 율법교사, 랍비가 생겨나게 된 것이다. 모세 시대에 기록된 모세오경이 포로 시대 후기에는 어떻게 적용해야 되는지 '해석'의 문제가 생기게 되자, 서기관이나 율법사들을 통해서 구체적으로 삶에 적용하는 일들이 시작되었다.

사두개파

사두개파는 다윗과 솔로몬의 시대에 대제사장이었던 사독이라는 이름에서 비롯되었다. 사두개파는 바리새파보다 숫자는 적었지만 부유했고, 정치적 권력을 소유하고 있었다. 그들은 제사장적 귀족 집으로 세속적인 당파였다. 신학적으로는 육체의 부활이나 천사를 믿지 않았다(마 22:23; 행 23:8).

바리새파

바리새파는 '분리되다, 구별되다'는 뜻을 가지고 있다. 바리새인들은 스스로를 거룩하게 생각하며 의식상 부정한 것을 엄격히 구별하고, 정결 의식과 먹는 법, 안식일 계명 등을 엄격하게 지켰다. 실제로 백성에게 인정받는 자들이었다. 그들은 평민 중심이었고, 경건주의자들이었다. 특히 부활에 대한 신학적 견해는 사두개파와 정반대였다.

엣세네파

엣세네파는 일명 '쿰란 공동체'로 불렸다. 그들은 광야에 은둔하는 수도사적 성격을 가진 자들이다. 세례(침례) 요한을 엣세네파의 일원으로 추정하기도 한다. 성경에는 기록이 없지만 그들이 거주하던 동굴에서 발견된 '사해사본'은 구약성경의 정확성을 증명하는 아주 중요한 증거 자료로 공헌한 것으로 유명하다.

침묵 시대 핵심 정리

디아스포라

1. 이스라엘은 바벨론(주전 605-539년) 포로 때부터 디아스포라(흩어진 유대인)가 되어 약 70년을 보내고 또 바사 제국(주전 539-331년)에 의해 약 200년을 보낸다.
2. 헬라 제국이 세상을 지배(주전 331-167년)할 때도 약 160년 동안 알렉산더(주전 331-301년)와 프톨레마이오스 왕조(주전 301-201년)와 셀레우코스(주전 200-167년)의 지배를 받으면서 여기저기 흩어져 살았다.
3. 셀레우코스의 종교 탄압으로 인해 유대에서 마카비 혁명이 일어나 유대의 독립 시대가 약 100년간(주전 166-63년) 이어졌다. 그러다 또다시 로마 제국에 의해 지배(주전 63-4년)를 당하면서 침묵 시대는 더 많은 지역에서 유대인들이 흩어져 살게 되었다.

회당과 율법

1. 침묵 시대에 여러 나라에 흩어져 살았던 유대인들은 회당 중심의 생활을 하게 된다. 이들의 정체성은 율법이다.
2. 침묵 시대에는 정치적(산헤드린 공의회, 대제사장) 당파와 종교적(사두개파, 바리새파, 엣세네파) 당파가 있다. 사두개파는 권력을 등에 업고 정치를 했고, 바리새파는 민중의 지지를 받았다.
3. 바리새파는 율법(지식적, 도덕적, 행위 구원)을 통해서 구원을 받는다고 생각한다. 그러나 성경은 하나님의 은혜로 말미암는 믿음으로 구원을 받고, 율법은 구원받은 백성의 삶이라고 말한다.

하나님의 열심

1. 침묵 시대에 하나님은 언어를 통일(헬라어 성경)하시고, 행정을 통일(도로 건설)하시고, 선교의 거점(회당 제도)으로 영적인 준비를 완료하셨다.
2. 하나님의 일하심은 하나님의 열심으로 성도 안에서 예수의 에너지를 충전시키신다(골 1:29). 성도는 자신이 주도하는 자기 열심이 아닌 하나님의 열심으로 일한다(롬 10:2). 하나님이 주도하시는 하나님의 의는 임마누엘의 그리스도가 역사하시는 것을 말한다.

3. 침묵 시대의 성도 생활은 주님에게 하듯 충성하고, 주님이 하시듯 주님의 방법으로 생활한다. 성도가 하나님의 일하심에 동참하는 것은 말씀과 기도에 올인하는 믿음 생활이다.

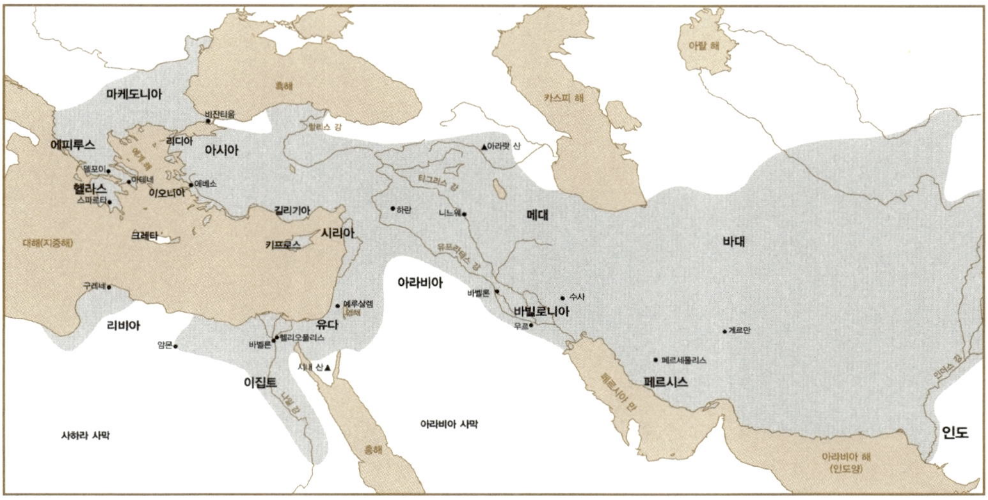

▲ 헬라 제국

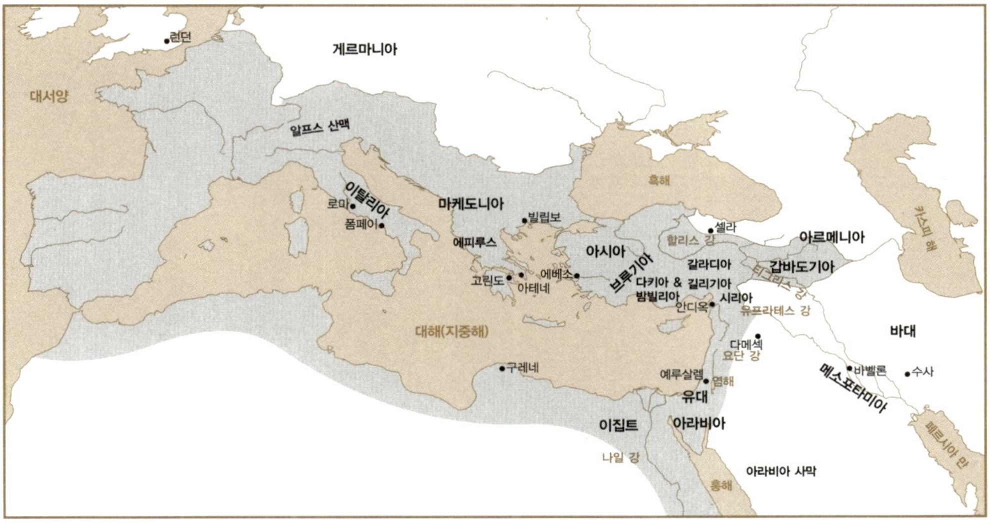

▲ 로마 제국

11

복음 시대

예수 그리스도

구약의 창세기에서 아브라함에게 약속하신 씨가 바로 예수 그리스도시다. 그 하나님의 약속이 아브라함을 시작으로 다윗을 거쳐 이 땅에 오시게 되는 역사적 순간이 바로 복음 시대다. 이 시기에 예수 그리스도는 공생애 3년을 통해 열두 제자를 모집해서 훈련시키신다. 그리고 이 땅에 오신 궁극적인 목적을 이루기 위해 십자가에서 죽으시고 3일 만에 부활하시어 40일간 머물다가 승천하시고 다시 재림할 것을 약속하신다. 이 약속을 믿는 자에게 복음 시대는 열린다.

십자가 부활, 하나님의 영광

복음 시대 소통하기

예수 그리스도의 탄생과 성장은 메시아의 구원 사역을 준비하는 기간이며, 말씀이 육신이 되어 오신 하나님이 인간과 똑같은 삶을 살아가신 시간이다. 그리스도의 공생애 사역 3년은 병든 자, 귀신 들린 자, 가난한 자에게 회복을 선포하시고, 잃어버린 영혼을 구원하시는 시간이다. 그리스도의 수난인 십자가의 죽으심과 부활은 사람을 고통스럽게 만드는 죄와 죽음의 권세를 깨뜨리고 구원을 완성한 사건이다.

이사야서는 거룩한 씨의 징조를 예언했다. 그 징조는 처녀가 아들을 낳는 것이다. 결혼도 안 한 처녀가 아기를 낳을 수는 없기 때문이다. 그러나 임마누엘 하나님이 함께하시면 하나님의 자녀가 출생하는 것을 보여 주는 전형적 모습이다. 이로써 하나님의 자녀 출생이 어떤 경로를 통해서 일어나는지를 알 수 있게 되었다.

하나님 말씀의 씨가 떨어지면 그 말씀이 능력을 발휘한다. 영원하신 하나님 말씀이 있는 자는 영원히 사는 것이다. 풀은 마르고 꽃은 시드나 말씀은 영원하기 때문이다. 구약의 침묵 시대가 깨지고 영원 시대를 알리는 복음 시대의 징조가 바로 예수 그리스도시다.

2012년 연말에 호주에서 연락이 왔다. 호주의 후배 선교사가 교통사고로 뇌사 상태가 됐는데, 3일이 경과해도 가망이 없으면 산소 호흡기를 제거해야 한다고 했다. 호주 병원에서는 이미 가망이 없다고 보았다. 그런데 그가 살아나기 시작했다. 한 달이 지난 후 한국에 전화해서 안부를 묻기도 했다. 옆에서 지켜본 이들은 그가 퇴원해도 될 것 같다고 말했다. 그는 다 죽었다가 한 달 만에 살아나서 산제사의 삶을 경험했다. 이처럼 하나님의 은혜는 침묵을 깨고 다시 살아나게 하신다.

우리도 더 이상 침묵하면 안 된다. 하나님의 자녀로 출생된 것이 큰 기쁨이기 때문이다. 예수 믿은 것이 얼마나 큰 기쁨이 되는지 사람들은 잘 모르는 것 같다. 성경만 기쁘다고 하는 것 같다. 성경은 온 세상에 미칠 기쁜 소식이라고 말씀한다. 성경의 기쁜 소식이 우리에게도 기쁜 소식이 되어야 한다. 무엇이 진짜 기쁜 소식인지 잘 모르는 사람들은 하기 어려운 취직을 하고, 월급이 오르고, 진급하면 온 세상에 미칠 기쁜 소식이 된다. 이것은 말씀이 없고, 은혜가 없는 개인적 침묵 시대다. 그러나 하나님은 이런 침묵에서 언젠가 깨어나게 하신다.

복음 시대의 목적

예수 그리스도의 복음 시대가 오기 전까지는 침묵 시대다. 이 침묵은 어떻게 깨지는가? 복음 시대에 사가랴에게 나타난 벙어리 이상과 마리아에게 나타난 임마누엘 징조는 구약의 역사적 400년 침묵 시대를 깨는 상황이다.

기도는 자기 뜻만 구하고, 말씀은 듣고 싶은 것만 듣고, 진리의 소리에 "아멘" 하지 못하는 것은 영혼의 침묵 시대다. 그리스도의 말씀은 헛된 인생을 깨고, 그리스도의 빈 무덤은 죽음을 묻어 버리고, 그분의 부활은 사망을 사망시키고 영혼의 침묵을 깬다.

영적인 식물인간, 혼수 상태에서 깨어나야 한다. 개인적인 침묵 시대의 암흑은 복음으로 깨지고, 영혼의 침묵 시대는 복음의 빛으로 새롭게 살아난다.

복음 시대 정통하기

성경 본문	누가복음
성경 구조	그리스도의 준비(눅 1-4장), 그리스도의 사역(눅 5-21장), 그리스도의 수난(눅 22-24장)
성경 연대	33년간(주전 4-주후 30년)
핵심 인물	예수 그리스도와 열두 사도
핵심 내용	천국 복음 전파, 약속의 씨에서 예수 그리스도 탄생

※ 복음 시대의 성경(3권) : 마태복음, 마가복음, 요한복음

복음 시대는 구약에서 끊임없이 약속한 메시아가 성취된 예수 시대다. 예수 그리스도가 역사 속에서 실제로 33년 동안 생활하시는 이야기가 주요 내용이다. 예수 그리스도의 탄생으로 역사적 침묵 시대는 깨졌다. 이제 빛의 시대가 온 것이다. 그 빛의 원천이신 예수 그리스도는 개인적인 침묵 시대와 같은 죄의 어두운 인생들을 깨우는 동역자로 제자들을 부르신다.

복음 시대 관통하기

1. 그리스도의 준비(눅 1-4장) - 사역 준비

구약성경 말라기서에서 예언한 대로 엘리야의 성정을 가진 세례(침례) 요한이 예수 그리스도 탄생 6개월 전에 출생한다(눅 1:17). 그리고 그다음에 약속된 언약의 사자(말 3:1), 그리스도가 탄생하신다. 예수 그리스도의 탄생은 말씀이 육신이 된 사건으로 영광스러운 하늘의 보좌에서 가장 비천한 땅으로 내려오신 것이다.

누가는 구약의 말씀대로 사실에 근거해서 기록한다. 마리아에게 구약의 말씀대로 성취된(눅 1:38) 소식은 세상의 좋은 소식이 아닌 하늘의 좋은 소식이다(눅 2:10). 예수 그리스도는 구약의 말씀대로 좋은 소식으로 오셨고, 하나님에게로부터 온 족보로 하나님의 아들임이 확증되고(눅 3:38), 광야에서 마귀에게 시험을 받아 하나님의 아들이심을 영적 세계에도 알리셨다(눅 4:1-2). 이로써 사역의 준비는 완벽하게 끝이 났다. 예수 그리스도는 약속의 자손인 이스라엘의 회복뿐만 아니라 인류를 회복시키기 위해 오신 것이다.

> "좋은 소식을 전하며 평화를 공포하며 복된 좋은 소식을 가져오며 구원을 공포하며 시온을 향하여 이르기를 네 하나님이 통치하신다 하는 자의 산을 넘는 발이 어찌 그리 아름다운가"(사 52:7).

예수 그리스도의 탄생은 좋은 소식이다. 좋은 소식을 공포하고 산을 넘으면서 전하는 발은 아름답다. 복된 좋은 소식은 결국 복이 된다. 성경은 무엇을 복된 좋은 소식이라고 하는가? 이사야 53장은 예수 그리스도를 통해서 우리의 허물과 죄를 용서받고 평화를 누리는 복이라고 말한다. 범죄자를 위해서 그리스도가 엄청난 고난을 당하신다. 말은 쉬워도 현상은 엄청난 고난이다. 이 고난은 죄의 결과로 죄인이 당해야 할 심판이다. 그런데 그리스도가 대신 당하신 것이 바로 복된 소식이다.

사람의 지혜로 십자가의 도는 미련하다고 말한다. 그러나 하나님은 당신이 가장 지혜자라고 말씀하신다. 하나님의 지혜를 어떻게 이해할 수 있을까? 왜 죄를 그런 방법으로 없애는 걸까? 왜 십자가에 달려 죽어야 할까? 왜 꼭 이런 방법이어야 될까? 죄의 삯은 사망이기에 사망이 얼마나 고통스럽고 힘든 것인지를 설명하는 것이 십자가에서 죽으신 사건이다. 우리 무리의 죄가 얼마나 큰지가 드러나는 것이다. 사망이 굉장히 무거운 것임을 확인할 수 있고, 죄가 그렇게 무서운 것이라는 것을 알게 된다. 자신이 얼마나 큰 죄인이라는 것을 알면 알수록 대속(구원)의 소식은 더욱 좋은 소식이다.

예수 그리스도가 십자가에서 죽으신 과정이 처참할수록 죄인이 느끼는 감동은 더 복되고 귀한 것이 된다. 그것을 느끼면 느낄수록 은혜가 된다. 이런 복된 소식이 어떤 사람은 미련한 방법이라고 안 믿고, 어떤 사람은 감동으로 확 믿어지는 사람도 있다. 그리스도가 자신을 위해 죽으셨다는 죽음의 깊이가 너무 커서 안 믿는 경우도 있다. 사형에 해당하는 죄를 진 적이 없다고 생각하기 때문이다. 예수 믿지 않는 것이 무슨 큰 죄라고 사형을 언도하는가(요 16:9). 죄인인 사람은 창조주 하나님이 그리스도라는 것을 잘 모른다. 몰라도 너무 모른다.

사람의 죄 때문에 예수 그리스도가 죽으신 것을 느끼지 못하는 사람은 여전히 세상의 선악과를 먹고 있다. 그러나 어떤 사람은 똑같은 말을 듣고도 눈물, 콧물을 흘린다. 이것이 하나님의 지혜다. 이 지혜를 느끼는 사람에게는 엄청나게 좋은 소식이다. 그는 복된 소식의 값어치를 느낀다. 지혜는 하나님이 주시는 믿음을 통해서 깨닫게 된다. 또한 하나님의 은혜를 통해서 지식이 정리된다. 은혜가 깊어질수록 하나님 말씀이 정확하게 이해된다.

성경은 무조건 믿으라는 것이 아니기 때문에 하나님이 설명하고 믿을 수 있는 은혜를 베푸신다. 2천 년 전에 아브라함에게 약속하신 씨가 바로 예수의 씨다. 수

태하지 못하는 마리아에게 성령으로 그 씨가 들어가 잉태해서 하나님의 아들이 출생한 것이다. 사람의 지혜로는 깨달을 수 없고 믿을 수도 없는 사건이 분명하다. 그러나 하나님의 지혜가 임하면 깨닫고 믿게 된다. 그리스도가 깨닫게 하시기 때문이다. 사람이 머리를 써서 깨닫는 것이 아니라 그리스도가 깨닫게 하는 주체시다. 성경은 머리로 깨닫는 것이 아니다. 출발의 원리가 하나님에게 있기 때문에 하나님이 말씀을 열어 주시면 더 깊게 말씀을 느낄 수가 있다. 이것은 은사와 은혜의 다양성 때문이다.

좋은 소식은 그리스도가 야곱의 집에서 왕 노릇 하듯이 그리스도가 사람에게 임마누엘로 왕 노릇 하신다는 것이다. 그리스도가 사람에게 왕 노릇 하시는 복음이 얼마나 복된 소식인지 생각해 보라. 그리스도가 주인으로 들어오시겠다고 하는데 사람들은 주인의 자리를 빼앗기지 않으려고 얼마나 애쓰고 살아왔는지 모른다. 마리아에게도 자기 생각이 있다. 그럼에도 불구하고 말씀대로 이루어지기를 구했다. 그리스도가 자신에게 주인 노릇 해 주시기를 바라는 자에게는 좋은 소식이 이미 복이다.

예수 그리스도는 아담의 선악과 문제를 해결하기 위해서 오신 것이다. 그는 창세기의 살인 사건, 홍수 사건, 바벨 사건이 발생한 것을 회복시키신다. 그리스도는 죄인을 위해 대신 죽으시고, 물에서 빠져 죽어야 할 자들을 구원하기 위한 구원의 방주가 되신다. 또한 그분은 세상의 바벨탑을 허물고 하늘의 생명탑을 세우신 분이다.

예수 그리스도는 창조 시대를 영원 시대로 연결하는 새 창조의 새 언약이시다. 그리고 그분은 족장 시대의 아브라함에게 약속한 언약을 광야 시대에 유월절 어린 양으로 성취하시고, 하늘의 만나로 영원한 구원의 양식, 시내 산의 옛 언약 증표인 성막을 십자가의 새 언약으로 완성시키는 참성전이시다. 또한 그는 정복 시대에 사람의 죄와 허물과 죄인의 불순종을 정복하고 순종하게 하시는 분이다. 그는 사사 시대의 죄의 악순환 주기를 깨고 말씀이 왕 노릇 하는 의의 주기로 사랑하고 축복하는 삶의 원동력이시다. 왕정 시대의 모델이 되는 다윗의 길은 "내가 곧 길이요 진리요 생명"이신 예수 그리스도의 길이다. 포로 시대는 죄를 포로 잡고 의를 귀환시키는 놀라운 그리스도의 사역이다. 침묵 시대는 세상의 짙은 어둠을 뚫고 참빛으로 그리스도가 오시는 역사적 통로다. 이 역사적 통로를 타고 복음 시대에 우리 가운데 오신 그리스도는 성령을 통해 개인적 영혼의 침묵 시대를 뚫고 왕으로 좌정하시는 분이다. 성령이 역사하시는 교회 시대는 그리스도가 전 우주의 목회자가 되어 양들을 돌보는 교회의 머리가 되신다.

• 증 인 의 삶 •

천국 복음을 전하는 제자의 삶은 그리스도를 증거하는 증인의 삶이다. 그리스도를 증거하는 분은 성령님이시다. 그러므로 그분의 충만한 은혜가 있어야 증인의 삶을 살 수 있다. 성경 통독을 통해 성령이 깨닫게 하신 말씀으로 그리스도를 증거할 수 있다(눅 24:44-49). 또한 사도행전에 나타난 성령 충만한 은혜로 삶의 현장에서 그리스도를 증거할 수 있다(행 1:8).

44일 눅 5-9장

관통 QT

그리스도의 희생으로 죄에서 해방된 나는 죄에 대해서 어떻게 살아야 하는가?

2. 그리스도의 사역(눅 5-21장) - 치유와 교육과 천국 복음 선포

갈릴리 중심 사역(눅 5-9장)

예수님의 갈릴리 지역의 주된 사역은 제자들을 부르시고, 각종 질병을 치료하시고, 진리를 교육시키시고, 천국 복음을 전파하시는 것이다. 성경에서 말하는 그리스도의 사역은 무엇인가? "여호와께서 내게 기름을 부으사 가난한 자에게 아름다운 소식을 전하게 하려 하심이라 나를 보내사 마음이 상한 자를 고치며 포로된 자에게 자유를, 갇힌 자에게 놓임을 선포하며 여호와의 은혜의 해와 우리 하나님의 보복의 날을 선포하여 모든 슬픈 자를 위로"하는 것이다(사 61:1-2, 눅 4:18, 7:22 참조).

이것이 예수 그리스도의 핵심 사역이다.

주님은 의인을 부르러 온 것이 아니고 죄인을 불러 회개시키러 왔다고 말씀하신다(눅 5:32). 이 말씀은 본격적인 그리스도의 사역을 알리는 것이다. 구약에서 약속하신, 오실 예수 그리스도가 오신 목적은 죄인을 불러 회개시키려는 것이다. 그는 죄인을 의인 만들려고 죄인이 있는 곳으로 오셨다. 주님이 고기 잡고 있는 베드로에게 찾아가시자 베드로는 자신이 죄인임을 고백한다.

"주여 나를 떠나소서 나는 죄인이로소이다 하니"(눅 5:8).

사람이 성경을 통해서 자신이 죄인임을 알게 되면 죄를 해결할 수 있는 기회를 얻게 된다. 나는 오랫동안 성경을 꽤 많이 읽었다. 전에는 성경을 읽으면서 분석하려고 했다. 그러나 성경은 분석당하지 않는다. 오히려 성경이 나를 조명하고 분석해서 내가 얼마나 큰 죄인인지를 보여 준다. 자신이 교만한 것을 아는 것이 겸손의 시작이다. 성경을 통해서 예수 그리스도를 만나 자신이 죄인임을 안다면 그것은 큰 은혜다. 바울은 하나님의 신실한 종임에도 불구하고 자신이 '죄인 중의 괴수'라고 간증한 것을 볼 수 있다. 사람에게 가장 중요한 것은 죄를 해결하는 것이다. 그 중요함을 인식해야 한다. 예수 그리스도는 육신의 질병뿐만 아니라 죄를 사해 주시는 하늘의 권세도 가지고 계신 분이다(눅 5:23-24).

관통 QT
나에게 말씀은 입술에 있는가, 마음에 있는가?

45일 눅 10-17장

유대 중심 사역(눅 10-21장)

예수님의 유대 지역 사역도 갈릴리 사역과 별반 다르지 않다. 그러나 유대 지역의 사역은 예루살렘에서 주로 생활하는 종교 지도자들에 대한 사역이 추가된다. 그들은 지식의 열쇠를 가지고 천국 문을 사람들 앞에서 닫으며 자신뿐 아니라 들어가려는 자들도 막는다. 또한 그들은 교인 하나를 얻기 위해 바다와 육지를 두루 다니다가 생기면 자신들보다 배나 더 지옥 자식이 되게 한다(마 23:13-15; 눅 11:52). 그리스도는 이들의 외식하는 모습을 적나라하게 드러내는 사역도 하신다. 그리스도가 사람들의 죄를 드러내시면 어떤 자들은 그분을 죽이려고 달려들기도 하고, 어떤 자들은 회개하고 그리스도를 좇아가기도 한다.

삯꾼 목자와 같은 종교 지도자(서기관, 바리새인, 율법사)들의 손과 입에서 자신의 양들을 건져 내겠다는 에스겔의 예언처럼 신약의 복음 시대에 그 약속이 그리스도를 통해서 이루어진다.

> "주 여호와께서 이같이 말씀하시되 내가 목자들을 대적하여 내 양 떼를 그들의 손에서 찾으리니 목자들이 양을 먹이지 못할 뿐 아니라 그들이 다시는 자기도 먹이지 못할지라 내가 내 양을 그들의 입에서 건져내어서 다시는 그 먹이가 되지 아니하게 하리라"(겔 34:10).

> "그 잃어버린 자를 내가 찾으며 쫓기는 자를 내가 돌아오게 하며 상한 자를 내가 싸매 주며 병든 자를 내가 강하게 하려니와 살진 자와 강한 자는 내가 없애고 정의대로 그것들을 먹이리라"(겔 34:16).

예수 그리스도는 잃어버린 영혼을 구원하기 위해 죄인을 불러 회개시키는 것을 세 가지 비유를 들어 설명하신다(눅 15장). 첫째는 잃은 양의 비유로, 창조주가 잃어버린 피조물을 찾는 것이다. 죄인을 찾는 것은 잃어버린 영혼을 찾는 것이다. 창조한 것에 대한 목적한 바를 회복시키시겠다는 뜻이다. 둘째는 잃은 드라크마의 비유로, 동전을 되찾는 것은 원래대로 회복시키는 것이며 하나님이 사람의 눈높이에 맞춰서 설명하시는 것이다. 셋째는 탕자의 비유로, 집나간 둘째 아들을 향한 아버지의 마음이 드러난다. 잃어버렸다가 다시 얻는 것은 실로 마땅한 일이다. 몸이 떠난 둘째 아들과 마음이 떠난 큰아들을 돌아오게 하는 아버지의 마음은 진실로 사랑이다.

하늘 아버지의 마음을 품은 아들 예수 그리스도가 죽음으로 아버지의 사랑을 증명하신다. 진실로 하늘 아버지는 아들 예수 그리스도를 십자가에 매달아서 잃어버린 자기 백성을 찾으신다. 누가복음 15장에 나오는 세 가지 비유의 설명은 누가복음 19장에서 실제 인물이 등장해 실물 교육이 된다. 예수님은 삭개오를 통해 인자가 온 것은 잃어버린 자를 찾아 구원하기 위함이라는 것을 실제로 보여 주신다. 누가복음 1-4장은 그리스도가 하나님의 아들이심을 증명하고, 누가복음 5장은 그리스도가 오신 분명한 목적을 알리고, 누가복음 15장에서는 먼저 비유로 설명하고, 누가복음 19장에서는 실제 현장을 보여 주고 있다.

관통 QT
잃어버린 나를 찾아 주신 아버지의 큰 사랑을 얼마만큼 깨닫고 있는가?

46일 눅 18-24장

하늘 아버지와 아들 그리스도의 마음은 늘 죄인을 구원하는 데 있다(눅 19:7). 성령이 성도 안에 들어와 임마누엘로 계시면 그 안에는 아버지의 마음이 있는 것이다. 사람은 원수를 사랑하는 것이 잘 안 된다. 닭에게 독수리처럼 하늘을 날아보라 요구한다고 날 수 있는 것이 아니다. 그러나 만약 닭이 독수리로 변하면 가능하다. 존재가 바뀌면 할 수 있게 된다. 사람이 하나님의 자녀가 되면 할 수 있는 존재가 되는 것이다.

> "이를 위하여 나도 내 속에서 능력으로 역사하시는 이의 역사를 따라 힘을 다하여 수고하노라"(골 1:29).

이와 같은 바울의 고백처럼 성령이 역사하시는 그리스도의 에너지로 일하는 것이다. 그러므로 성령의 힘으로 할 수 있게 된다. 우리가 믿는 것을 성경은 정확하고 논리적으로 설명하고 있다. 사랑할 수 있는 믿음을 주시는 하나님의 은혜가 전적으로 필요하다. 하나님이 나를 통해서 하실 일을 믿으면 원수도 용서할 수 있는 예수 에너지가 생긴다.

세리와 바리새인의 차이는 자신이 죄인이라는 고백에 있다. 들보와 티의 기준은 간단하다. 말씀을 보지 않으면 남의 티가 보이기 쉽고, 자신의 들보는 보이지 않는다. 성경 말씀을 읽으면 성령의 은혜로 자신의 들보가 보이고, 자신이 죄인임을 알게 된다. 자신이 죄인임을 알지도 못하는 것이 가장 큰 들보다. 베드로는 바닷가에서 성경의 본질이신 예수 그리스도의 실체를 보았기에 자신이 죄인임을 고백한 것이다. 하나님을 만나고도 사랑하고 축복하는 것이 안 되면 그것이 바로 들보다. 또한 용서가 안 되면 늘 고정관념에서 상대방의 티를 들추어 내게 된다.

누가 의롭다 하심을 받았는가? 일만 달란트 비유와 같이 큰 것을 면제받아 큰 사랑을 아는 사람은 용서할 수 있다. 세리 삭개오 역시 자신이 죄인임을 깨달았기에 아브라함의 자손에 속한 것이다. 자신이 죄인임을 깨닫고 고백하면, 내주하신 성령님이 사람을 용서하고 사랑하고 축복할 수 있는 힘을 공급해 주신다. 성경 말씀을 통해서 잃어버린 나를 찾아야 한다. 또한 자신의 존재 가치를 발견해야 한다. 세상에서 돈과 학벌 그리고 자식을 위해 살다가 잃어버린 자신의 존재를 찾아야 한다. 용서하고 사랑할 수 있는 자기 존재를 자신 안에 임마누엘하신 그리스도를 통해서 찾아야 한다. 성도의 무너진 거룩을 회복시키는 것이 아버지의 마음이다. 잃어버린 나를 찾는 아버지의 큰 사랑을 깨닫는 만큼 사람을 사랑하고 세상을 축복할 수 있다. 또한 사랑을 느끼는 만큼 섬김의 깊이도 달라진다.

3. 그리스도의 수난(눅 22-24장) - 영원한 생명과 영원한 사명

예수님은 당신이 당할 수난을 공생애 기간 동안 제자들에게 반복적으로 교육시키셨다. 예수 그리스도는 공생애 마지막 유월절에 세상 죄를 지고 가는 어린 양으로 죽게 된다. 출애굽기에서는 어린 양이 죽어 이스라엘의 유월절 명절이 되었다. 그리고 유월절 명절에 예수 그리스도가 십자가에서 죽어 부활절 명절이 된다. 우리의 죄는 이렇게 용서받은 것이다. 그럼에도 성령의 도우심이 없으면 말씀을 믿지 못해 말씀대로 살 수 없는 개인적 침묵 시대에 빠지게 된다. 누가복음 24장은 예수님이 부활하신 이야기다. 눈은 어둡고, 마음은 더디 믿는다. 엠마오의 두 제자는 예수 그리스도를 보고도 알아보지 못한다. 마음에 더디 믿는 자들은 눈이 밝아져야만 볼 수 있게 된다. 부활의 그리스도가 제자들에게 나타났는데 기뻐하면서도 오히려 믿지 못하고 기이하게 여기는 것이 너무 놀랍다(눅 24:41).

예수 그리스도를 메시아로 믿을 수 없는 영적 침묵 시대는 어떻게 깨질 수 있는가? 말씀이 믿어질 때 깨진다. 그러므로 개인적인 침묵 시대 역시 말씀이 믿어질 때 깨진다. 그리스도는 연약한 자의 마음을 열어 깨닫게 하신다(눅 24:45). 사람을 통해서 영광받으실 징조다. 복음은 증인의 삶을 요구한다. 성도는 하나님이 어떤 분이신지 드러내는 삶을 살아야 한다. 역사적인 침묵 시대는 끝났다. 이제 개인적인 침묵 시대도 끝내야 한다.

예수 그리스도의 십자가 죽음은 하나님의 뜻을 이루기 위해 죄인의 죗값을 그리스도가 대신 죽음으로 지불하신 것이다. 예수 그리스도를 죽이려는 정치적 재판은 예수 그리스도를 유대인의 왕으로 인정한 것이 되었다. 사실 그분은 인류의 왕인 만왕의 왕으로 이 땅에 오셨다. 왕이 오신 목적은 백성을 살리기 위한 것이다. 그러므로 예수 그리스도를 만나 반드시 구원받아야 한다.

예수 그리스도의 부활 생명은 새사람의 탄생을 알리는 첫 열매다. 주님의 부활은 영, 혼, 육의 완전한 부활로, 벽을 통과하고 생선을 드시면서 완전한 육체를 입증하셨다. 부활 후 40일 동안 여덟 번 나타나셨지만 그것은 자신을 배반하고 죽인 자들을 복수하기 위한 것이 아니었다. 죄의 삯인 사망을 사망시키고 하늘의 복음을 알리시기 위해서다. 그리스도는 사망을 이기는 부활의 주님이시다. 우리는 부활의 주님을 체험하고 새 생명으로 태어나야 한다.

예수 그리스도의 승천은 제한적인 공간의 시간을 떠나서 영원으로 옮긴 것이다. 예수님은 부활 후 40일간의 사역을 마치시고 제자들에게 증인의 삶을 살 것과 보혜사 성령이 오시기까지 예루살렘에 머물 것을 당부하신 후 제자들이 보는 가운데 하늘로 승천하셨다. 예수 그리스도의 승천은 그 당시 그 땅의 사람들에게는

'이별'이었지만, 지금은 이 땅의 모든 인류에게 '만남'이 되었다. 성령을 통해 만나고, 남은 사역과 위탁한 교회를 통해서 만나며, 임마누엘로 영원히 만나게 된다. 예수 그리스도의 승천은 승천하신 모습대로 다시 오실 때까지 우리에게 주어진 제한적 시간을 영원한 나라에서 영원한 상받는 기회로 잘 사용해야 한다.

"너희 가운데서 하늘로 올려지신 이 예수는 하늘로 가심을 본 그대로 오시리라 하였느니라"(행 1:11).

• 4복음서 요약 •

마태복음 - 천국 복음(유대인, 왕으로 오심 - 족보)
- 제자의 삶(마 28:19) : 모든 민족을 제자 삼아라.

마가복음 - 제자 복음(로마인, 종으로 오심)
- 선포의 삶(막 16:15) : 만민에게 복음 전파하라.

누가복음 - 나라 복음(헬라인, 사람의 아들 - 족보)
- 증인의 삶(눅 24:48) : 모든 일에 증인 되어라.

요한복음 - 예수 복음(모든 자, 하나님 아들)
- 목회의 삶(요 21:17) : 사랑으로 내 양을 먹이라.

신약성경의 4복음서는 예수 그리스도의 생애를 통한 구원 역사의 기록이다. 또한 4복음서는 그리스도가 사람들과 함께 사셨던 이야기로 특별한 주제가 있다.
마태복음의 주제는 천국이며, 유대인의 왕으로 오신 그리스도는 족보를 통해서 왕권이 증명된다. 그리스도를 통해 천국 백성이 된 자들은 모든 족속으로 그리스도의 제자를 삼는 제자의 삶을 살게 된다.
마가복음의 주제는 제자이며, 로마인들에게 종으로 오신 그리스도의 모습이다. 그리스도를 통해 제자가 된 자들은 만민에게 복음을 전파하는 선포의 삶을 산다.
누가복음의 주제는 하나님 나라이며, 헬라인에게 사람의 아들로 오신 그리스도의 모습이 족보를 통해 증명된다. 그리스도가 증거하시는 복음을 통해 증인이 된 자들은 그리스도를 증거하는 증인의 삶을 산다.
요한복음의 주제는 영원한 생명의 예수 복음으로 모든 자에게 당신이 하나님의 아들이심을 증거한다. 그의 증거로 영생을 얻게 된 자들이 주님의 양들을 사랑하고 축복하게 된다.

마태복음

마태복음은 왕으로 이 땅에 오신 예수님이 전한
천국 복음이다.

마태복음 구조 잡기

- 주제 : 천국의 복음

서론(1-9장) : 천국 복음	예수 그리스도의 세계, 회개하라 천국이 가까웠다.
본론(10-25장) : 천국 교육	예수 재림의 촉진제, 성도는 세상살이가 천국살이다.
결론(26-28장) : 천국 완성	성도는 새 창조의 동역자다.

천국 복음(마 1-9장)은 그리스도의 탄생(마 1-4장)과 말씀(마 5-7장), 능력(마 8-9장)을 보여 주고 있다. 또한 천국 교육(마 10-25장)은 천국에 대한 교육(마 10-13장)을 비유로 설명하고, 천국 백성의 대신관계(마 14-17장)와 대인관계(마 18장) 그리고 가치 기준(마 19-22장)과 심판 종말(마 23-25장)에 대한 대비책을 설명하고 있다. 천국 백성은 천국을 기준으로 대신관계(불경건, 우상 숭배)는 경건에 이르기를 연습하고, 대인관계(불의, 성적 타락)는 하나님 나라와 의를 구하는 삶이다.

또한 그들의 가치 기준은 대신관계에서 기준이 설정되어 대인관계는 사랑하고 축복하며 말세에 대한 대비책으로 깨어 있어야 한다. 천국 완성(마 26-28장)은 모든 족속으로 제자를 삼기 위해 그리스도의 탄생과 사역과 죽으심과 부활하심과 재림하실 것을 온 세계에 천국 복음으로 전할 때 그제야 끝이 오게 된다(마 24:14).

마태복음 초점 잡기

마태복음의 주제가 되는 천국의 목적은 하나님이 창조하신 세상에서 예수 그리스도의 세계를 만들어 낸다. 천국의 목적을 이루는 것은 천국 복음이다. 천국 복음은 그리스도로 인해 하나님의 형상을 회복한 자녀가 하나님 나라와 그의 의를 구하는 내용이다. 천지창조는 사람을 겨냥한 것이고, 사람 창조는 하나님을 경외하며 왕권을 가지고 오시는 그리스도와 함께 천국에서 세세토록 왕 노릇 하려는 것이다(계 5:10, 20:6, 22:5). 그런데 사람이 천국 복음을 듣고도 믿지 못하면 사망이 왕 노릇 한다. 그러나 왕권을 가지고 오시는 그리스도를 믿고 따르면 생명이 왕 노릇 하게 된다(롬 5:17).

마태는 천국에 입국할 수 있는 방법을 잘 설명하고 있다. 먼저 천국에 입국하려면 비자를 발급받아야 한다. 천국 비자는 예수 그리스도시고(마 1-4장), 천국 비자를 받으려면 예수 그리스도를 믿는 믿음이 있어야 한다(마 5:20). 이렇게 믿음을 통해서 천국 시민이 되면 이 땅에 살면서도 천국의 법이 적용된다. 천국의 법은 사람들의 잘못을 용서하고, 그들을 사랑하는 새 계명이다(마 5-7, 18장). 땅에서 하늘의 법대로 사는 것이 쉽지 않아서 마태복음에서는 좁은 문, 생명의 길이라고 표현한다(마 7:13-14). 문이 좁고 협착한 생명의 길로 들어간 자들은 반석 위에 집을 짓는 것과 같아서 세상의 비바람이 불어도 무너지지 않는다. 그러나 그 길로 가는 것이 힘들어 넓은 길을 선호하는 자들은 모래 위에 집을 짓는 것과 같아서 세상의 환난이 오면 금방 무너지게 된다고 경고한다. 그 결과는 양과 염소의 비유처럼 천국과 지옥으로 분리된 것을 극명하게 보여 준다(마 25장).

이렇게 천국과 지옥이 확정된 상태에서 천국 백성은 세상을 나그네와 행인으로 여행하는 동안 이 땅에 뿌리를 내리고 잘 먹고 잘사는 것이 목적이 아니라, 천국과 지옥의 확정된 미래를 설명하고 영혼까지 구원하는 일을 하게 된다. 예수 그리스도가 먼저 질병과 죄 사함의 천국 복음을 전해서 시범을 보이시고, 제자들을 불러서 그들에게도 그 일을 맡기신다(마 9:35). 천국 복음을 전해야 되는 제자들에게는 천국에 대해 좀 더 자세히 설명하신다(마 10-25장). 그리고 예수 그리스도는 천국을 완성하기 위해서 구약의 말씀대로 피로 세운 새 언약을 십자가의 죽음을 통해서 성취하신다(마 26-28장).

"이 천국 복음이 모든 민족에게 증언되기 위하여 온 세상에 전파되리니 그제야 끝이 오리라"(마 24:14).

마가복음

마가복음은 종으로 이 땅에 오신 예수님이 전한 사람 낚는 복음이다.

마가복음 구조 잡기

- 주제 : 제자의 복음

서론(1장) : 제자 모집	사람 낚는 어부를 모집한다.
본론(2-13장) : 제자 훈련	권세, 초점, 믿음을 교육한다.
결론(14-16장) : 제자 완성	사람 낚는 어부를 완성한다.

예수 그리스도는 사람을 낚는 어부를 모집하고 그들을 제자로 훈련시키신다. 그들에게 창조주의 권세 교육(막 2-6장), 제자 사역 초점 교육(막 7-10장), 제자들의 내세 교육(막 11-13장)을 훈련하신다. 예수 그리스도는 사역의 출발(막 1-6장)에서 자신의 권세를 제자에게 이양하는 방법을 설명하시고, 사역 과정(막 7-10장)에서 사역 초점과 사용 방법을 설명하시고, 사역 결과(막 11-16장)에서 내세의 결과를 설명하신다.

마가복음 초점 잡기

마가복음의 주제가 되는 제자의 목적은 하나님이 사람을 그리스도의 제자로 삼아 임마누엘로 함께 살면서 예수 그리스도를 증거하고 만민에게 복음을 전파하게 하시는 것이다. 이것은 예수 제자로 훈련시켜서 사람을 낚는 어부로 살게 하시려는 내용이다. 그러므로 제자의 목적은 세상에서 하늘의 복음을 전파하는 세계 선교다. 세계 선교는 인생 목적의 최고치다. 그러므로 하나님이 정해 주신 인생의 목적은 세월이 지나도 변하지 않는다. 태어나면서 죽을 때까지 하나님이 정해 주신 최고치의 최상급은 사람을 낚는 어부의 사명이다. 하나님은 세상에서 고기를 잡아먹고 사는 어부들을 불러서 사람을 낚는 어부의 신분으로 바꾸고 그 신분으로 살게 하신다. 그래서 제자는 그리스도의 권세를 가지고 공부도 하고, 직장도 다니지만, 초점과 기준은 세상이 아니라 하늘의 기준으로 산다. 또한 사람을 낚는 어부는 땅끝까지 복음을 전파하는 삶을 살게 된다.

사람을 낚는 어부가 된다는 것은 참으로 신기하고 놀라운 일이다(막 1장). 그런데 예수 그리스도가 사람을 낚는 어부가 되게 해 주시겠다고 한다. 그리스도는 사람을 낚는 어부가 되게 하시려고 예수 제자로 훈련시켜서 천국 복음을 전파하게 하신다. 예수님의 제자 훈련은 3단계로 진행된다. 먼저 모집된 제자들에게 인간 세계와 자연 세계 그리고 영적 세계와 물질 세계를 지배하는 예수 그리스도의 권세를 교육하신다(막 2-6장). 또한 하나님의 계명과 하나님의 일 그리고 권능으로 임하는 하나님 나라와 그 나라의 문화에 대해 설명하고, 그 사명을 감당해야 할 제자들에게 사역의 초점에 대해 교육하신다(막 7-10장). 그리고 죄인을 용서하는 창조주의 권세를 전수하시고, 그 권세로 땅에서 하늘에 속한 자의 삶을 살면서 내세의 소망을 갖도록 교육하신다(막 11-13장). 마지막으로 그리스도는 사람을 낚는 방법이 어떤 것인지 직접 보여 주시기 위해 자신이 사람을 낚는 미끼가 되어 십자가에서 미끼로 달려 죽으신다(막 14-16장).

어부가 쓰는 미끼는 주로 지렁이와 떡밥이다. 반면 사람을 낚는 어부가 쓰는 미끼는 하나님 말씀과 그리스도의 십자가다. 그런데 물고기가 떡밥을 먹다 잡히면 죽게 되지만, 사람이 그리스도의 떡밥을 먹다 잡히면 영원히 살게 된다. 마태복음의 천국 복음을 통해 예수의 제자가 되고, 마가복음을 통해 잘 훈련된 제자는 온 천하를 다니면서 그리스도의 미끼를 던지며 복음을 전파한다. 제자들이 복음을 전파할 때마다 주님이 함께 역사하사 표적으로 말씀을 증거하신다(막 16:20).

요한복음

요한복음은 하나님의 아들로 이 땅에 오신 예수님이 전한 영생 복음이다.

요한복음 구조 잡기

- 주제 : 영생의 복음

서론(1-3장) : 영생의 기준	그리스도가 세상에 오신 목적은 영생, 구원
본론(4-17장) : 영생의 내용	궁극적 목적의 영생과 궁극적 방법의 사랑
결론(18-21장) : 영생의 결론	새 계명의 실천 현장과 새 계명의 위임식

※ 예수 그리스도는 영생의 말씀을 제시하고(요 1-3장), 그 말씀을 인증하고(요 4-12장), 그 말씀을 확립하고(요 13-17장), 그 말씀을 입증하신다(요 18-21장).

요한복음 초점 잡기

요한복음의 주제가 되는 영생의 목적은 사람이 세상에서 예수 그리스도를 구주로 믿게 해서 자기 생명으로 살지 않고 예수 생명으로 살게 하는 것이다. 이것은 육으로 태어난 세상의 기준으로 살지 않고 영으로 태어난 하늘의 기준으로 살게 하는 내용이다. 하늘의 기준은 예수 그리스도시다. 전에는 자기 영광을 위해서 살았지만 이제는 새 계명인 사랑으로 살게 된다. 그러므로 사람이 세상에 사는 것은 예수 그리스도를 믿고 영생을 얻을 수 있는 기회고, 예수 생명으로 살아 볼 수 있는 기회다.

요한복음의 구조는 크게 두 부분으로 구분할 수 있다. 먼저 전반부는 예수 그리스도가 하나님 아버지의 보냄을 받고 하늘의 이야기를 가지고 오신 내용이다(요 1-12장). 그리고 후반부는 예수 그리스도가 하늘 아버지에게로 돌아가는 여정의 이야기다(요 13-21장). 전반부에 해당되는 하늘의 이야기는 예수 그리스도의 공생애 3년의 내용이다. 나머지 후반부의 내용은 며칠 동안의 짧은 기간에 남기신 유언 같은 말씀이다. 사도 요한이 요한복음을 기록한 목적은 예수 그리스도가 하나님의 아들이심을 믿게 해서 영원한 생명을 얻게 하려는 것이다(요 20:31). 그래서 앞부분에서 믿음으로 구원받는 영생의 기준을 보여 준다(요 1-3장). 또한 그분이 하나님의 아들이심을 믿게 하는 목적이 영생이라는 것을 장별로 설명한다(요 4-12장). 그리고 그 영생을 얻는 방법을 사랑이라고 설명한다(요 13-17장). 예수 그리스도는 그 사랑을 십자가 위에서 실천하고 제자에게 그 사랑을 위임하신다(요 18-21장).

예수 그리스도는 천국 복음으로 제자들을 부르시어 사람을 낚는 어부가 되게 하신다. 세상에서 정치가들이나 사업가들이 사람들을 자기 사람으로 만들기 위해서 던지는 미끼는 철학적 이론과 사상 또는 물질이다. 가끔 교회에서도 신학적 이론과 사상적 학문 또는 물질적 부요의 축복 선포 그리고 권력과 명예를 방불케 하는 직분을 미끼로 교인을 붙잡기도 한다. 하나님은 사람을 낚는 어부를 모집하시고 사람의 영혼을 낚을 때 무엇을 미끼로 사용하실까? 신학적 이론이나 사상적 학문 또는 물질이 아닌 생명을 아낌없이 주시는 그분의 사랑이다. 그래서 그분은 영혼을 낚는 미끼로 예수 그리스도를 낚싯바늘에 꿰듯이 십자가에 매달아 낚싯대를 물에 던지듯 하늘에서 땅으로 세상에 아낌없이 던지셨다. 이 미끼를 마음으로 믿고 입으로 덥석 무는 사람들은 영생을 얻게 되는 것이다.

어느 날 주님이 오병이어의 기적을 일으키신 물고기 두 마리와 떡 다섯 개를 미끼로 5천 명이 넘는 사람을 모으셨다. 그리고 그들의 영혼을 건지기 위해 당신이 진짜 하늘에서 내려온 떡(밥)이라고 말씀하시며 하늘의 미끼(예수)를 먹어야 살 수 있다고 말씀하셨다. 그런데 수많은 사람이 모두 떠나고 열두 제자만 남았을 때 주님이 "너희도 가려느냐?" 말씀하시니 시몬 베드로가 "주여 영생의 말씀이 주께 있사오니 우리가 누구에게로 가오리이까"(요 6:68)라고 대답한다.

영생의 미끼와 세상에서 잘 먹고 잘사는 미끼는 다르다. 우리는 예수를 믿어도 세상에서 실패하면 안 된다고 생각하는 그리스도인들을 양산하는 시대에 살고 있는 것 같다. 나는 수십 년을 목회하면서 세상의 기준으로 볼 때 변변한 실적 하나 없었다. 목회하는 동안 교회를 떠난 사람들도 있었고, 한결같이 가르쳐도 제자훈련은 잘 안 되고, 교회의 운영도 미미하기 짝이 없고, 세상적으로 내세울 것이 없는 성도들과 교회 재정도 넉넉하지 않았다. 남들이 볼 때 분명 성공적인 내용은 없지만 영혼을 낚는 어부의 미끼가 뭔지를 알기에 주님 안에서 기뻐하고 있다. 세상의 미끼에 관심 없어 세상에서 실패한 것처럼 보일지라도 하늘의 미끼에 관심 있어 천국에서 성공한 사람으로 보이길 소망한다. 예수 그리스도가 사람을 낚기 위한 하나님의 미끼였다면, 성도는 또 다른 사람을 낚기 위한 그리스도의 미끼일 것이다. 따라서 예수 그리스도를 먹어야 산다.

예수 그리스도

1. 예수 그리스도는 B.C.와 A.D. 역사의 전환점이며, 육적 이스라엘에서 영적 이스라엘의 전환점이다.
2. 로마 제국 6세기 중엽에 예수 그리스도가 세계 역사의 중심축이 되었다. 역사는 왕의 스토리이기 때문이다. 그러므로 예수 그리스도는 인류 역사의 왕이시다. 세계 인류가 흘러온 역사를 보편적인 기록으로 남기기 위해 예수 그리스도의 출생을 기준으로 결정하게 된 것이다.
3. 예수 그리스도의 공생애 사역은 3년 동안 유월절 명절을 기준으로 살펴볼 수 있다. 갈릴리 가나 혼인 잔치에서 기적을 일으키시고 유월절 명절을 지키기 위해 예루살렘으로 이동하신다. 첫 번째 유월절(요 2:13)에 성전 청결 작업과 니고데모의 영적 상담 그리고 수가 성 여인을 만나신다. 두 번째 유월절(요 5:1)에 베데스다에서 38년 된 병자를 고치고 순회 사역을 하신다. 세 번째 유월절 이후에 갈릴리(요 6:4) 지역에서 오병이어의 기적과 예루살렘에서 초막절(요 7장, 10월), 수전절(요 10장, 12월)을 지키고, 약 3개월간 요단 동편 베레아 지역을 순회하신다. 네 번째 유월절(요 12:1)은 십자가에서 처형당하시기 일주일 전이다. 베레아에서 베다니를 거쳐 예루살렘에 입성하신다.

십자가 부활

1. 에덴에서 선악과로 시작된 영적 전쟁은 십자가의 죽음과 부활 사건으로 최절정에 달한다. 에덴동산의 선악과는 첫 번째 아담의 불순종으로 사망이 왕 노릇 하는 죄인의 모습이다(롬 5:17, 19).
2. 마지막 아담이신 예수 그리스도는 살려 주는 영으로 십자가 나무에서 생명이 왕 노릇 하는 순종의 모습이다(롬 5:17). 유대인의 왕 예수 그리스도는 십자가에서 죽으셨다.
3. 예수 그리스도는 죄의 결과인 죽음에서 부활하심으로, 죽음의 문제를 해결한 영원한 생명의 근원이시다. 십자가의 승리로 구약 그림자의 실체가 예수 그리스도임을 증명하신다. 또한 그는 죄를 심판하지만 의로 구원해서 사람의 죽음을 해결하신다. 십자가 사건의 죽음과 부활은 사람을 구원할 핵심 복음으로 영원한 생명을 갖게 하는 구체적

인 사건이다.

하나님의 영광

1. 하나님은 사람을 구원하시고, 구원받은 성도는 하나님의 영광을 드러내는 것이 성경의 초점이다. 세상의 능력 대결에서 하나님에게 영광 돌리는 방법은 왕 노릇이다(고전 4:8, 12-13). 저주하면 축복하고, 핍박하면 인내하고, 비방하면 친절하게 대하는 것이다.
2. 세상의 진리 대결에서 하나님에게 영광 돌리는 방법은 순종이다. 철학과 헛된 속임수와 모든 이론 및 진화론과 진리를 대적하는 교만을 파하는 힘은 믿음에서 오는 순종뿐이다(고후 10:4-5).
3. 세상의 생활 대결에서 하나님에게 영광을 돌리는 것은 무슨 일을 하든지 주님에게 하듯 하는 것이다(엡 6:7). 먹든지 마시든지 주님이 하신 것처럼 하는 것이다. 하나님의 영광은 부활의 그리스도가 나타나는 것이다. 삶이 예배고, 예배가 삶이다. 그리스도가 삶의 질을 높이고, 삶의 품질을 상승시키신다. 삶의 품질을 느끼는 질감은 용서하고 사랑하고 축복할 때 느끼는 촉감이다. 그리스도는 은혜와 진리의 촉각이기 때문이시다.

복음 시대 핵심 정리

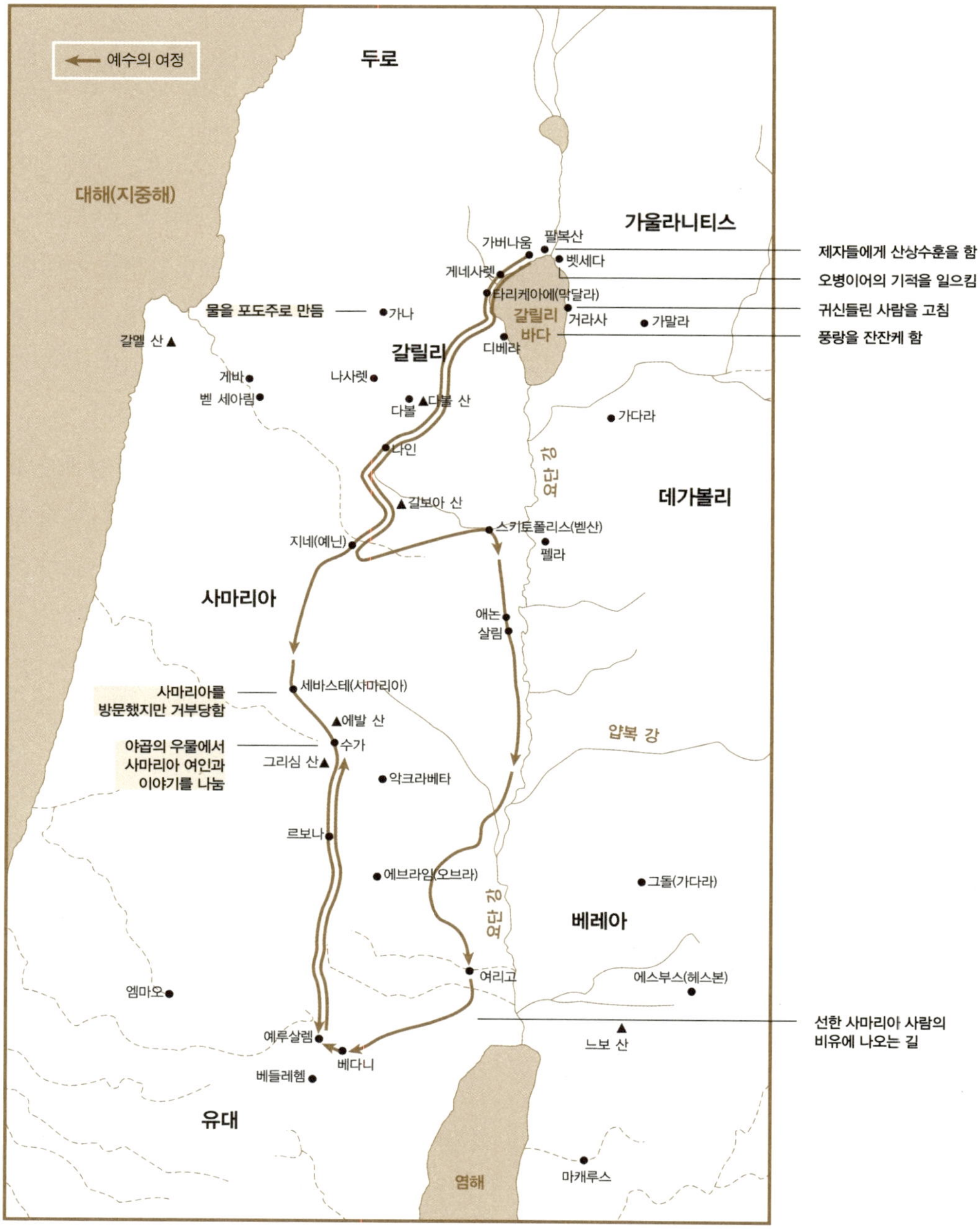

▲ 갈릴리에서 유대까지 예수님의 여정

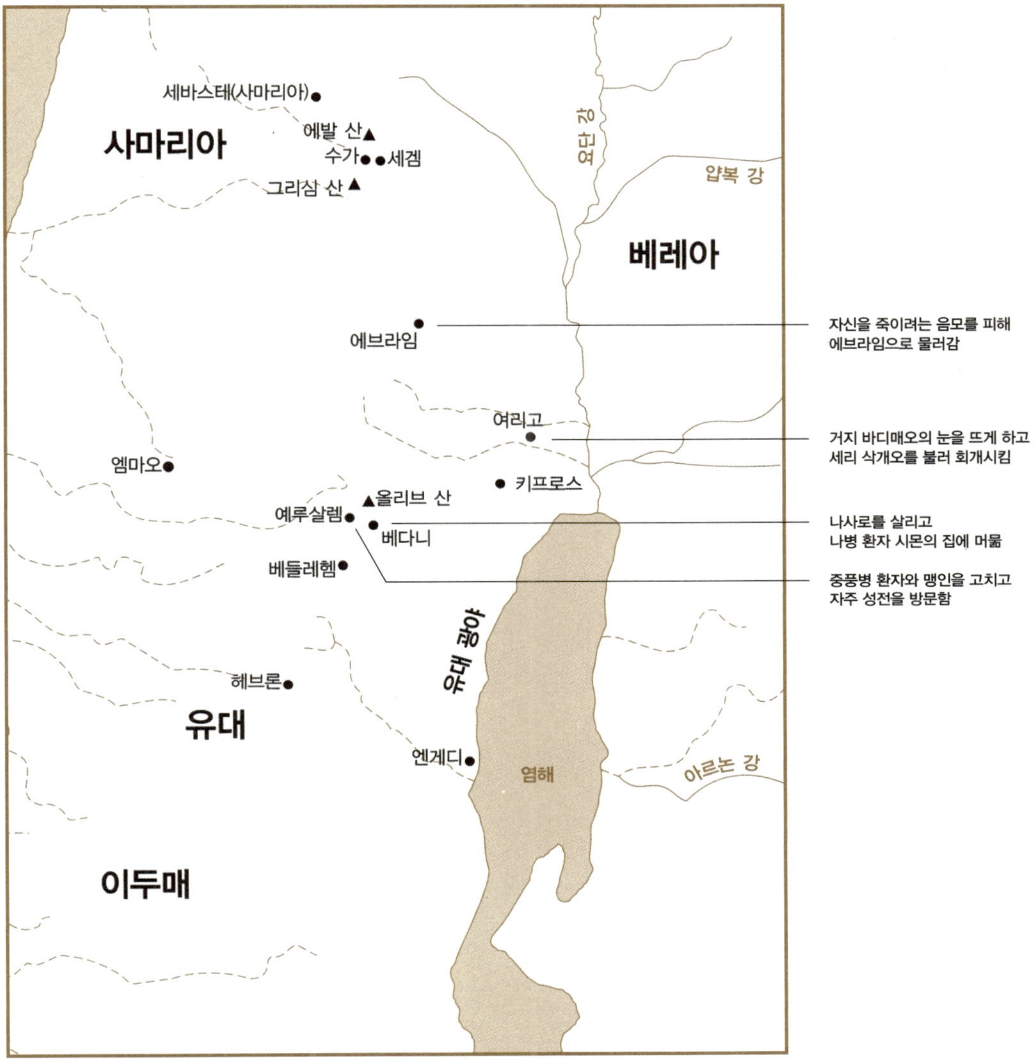

▲ 예수님의 유대와 예루살렘에서의 사역

12

교회 시대

영적 이스라엘

예수 그리스도가 승천하시고 열흘이 지나 오순절 성령이 강림하시면서 교회가 태동하게 된다. 성령 강림으로 시작된 교회는 성령이 역사하시지 않으면 교회다운 교회가 될 수 없고, 성도다운 성도가 될 수 없다. 교회 시대는 성령 시대다. 그래서 성령이 역사하시면 어떤 현상이 나타나는지 사도행전은 그 모습을 적나라하게 보여 준다. 사도행전에 나타난 성령의 사역은 예수 그리스도를 증언하는 것이다. 예루살렘으로 시작해서 땅끝까지가 증인의 활동 범위다.

구원 공동체,
세계 축도 선교

교회 시대 소통하기

초대교회 시대부터 교회는 문제도 많았으며, 때로는 수준 이하의 작태도 많았다. 물론 지금도 그러한 부분이 간혹 있다. 우리는 이처럼 암울한 교회 시대를 살고 있다. 그럼에도 교회가 이 세상에 필요한 것은 그리스도의 남은 사역을 교회에서 맡았기 때문이다. 성령 강림으로 시작된 교회는 성령의 역사로만 교회의 구실을 제대로 할 수가 있다. 또한 교회의 목적인 세계 선교도 성령이 아니면 감당할 수 없다.

교회 시대는 복음을 땅끝까지 증거해야 할 위대한 사명을 위임받아 교회의 태동, 사역, 목적을 역사적으로 보여 준다. 예수 그리스도가 승천하신 후 성령 강림으로 시작된 교회는 사도들의 적극적인 전도 활동으로 본격화 된다. 예루살렘을 중심으로 사역이 펼쳐지자 유대인들의 핍박도 더욱 거세진다. 급기야 성령 충만한 일곱 집사 중에 스데반이 순교한다. 이 사건을 계기로 예루살렘 중심적인 유대인 전도 사역에서 사마리아와 이방인에게까지 복음이 전해진다.

이런 와중에 극심한 핍박자였던 사울(사도 바울)이 예수 그리스도를 만나 복음의 증인으로 회심하는 놀라운 일이 생긴다. 회심한 바울의 선교 여행으로 이방 지역과 땅끝까지 선교할 수 있는 발판이 마련되었다. 예루살렘과 사도 중심적인 사역에서 전 세계적으로 지역이 확대되고 모든 성도가 선교 사역에 동참할 수 있는 길이 열렸다.

교회 시대의 목적

성령은 마가의 다락방에서 성령을 고대하며 기도하던 120명의 제자들에게 오순절에 임하신다. 성령의 권능을 받은 사도들이 각지에서 모여든 유대인들에게 복음을 전파할 때 3천 명이 회개하는 대역사를 통해 교회가 태동한다. 사도들의 사역으로 교회 공동체는 급성장해서 일곱 집사를 세우는 조직으로 발전한다. 교회는 성령 공동체, 능력 공동체, 증인 공동체로 사귐과 나눔의 사랑 공동체다. 새로운 생명의 탄생은 교회의 탄생으로 교회의 사명을 감당해야 한다.

교회 시대 정통하기

성경 본문	사도행전
성경 구조	교회의 태동(행 1-3장), 교회의 사역(행 4-12장), 교회의 목적(행 13-28장)
성경 연대	70년간(예수님 승천[주후 30년]-초기 기독교[주후 100년])
핵심 인물	사도 바울과 성도
핵심 내용	세계 선교, 하나님 나라

※ 교회 시대의 성경(21권) : 로마서-유다서
(1) 바울 제1차 선교 여행(1권) : 갈라디아서
(2) 바울 제2차 선교 여행(2권) : 데살로니가전서, 데살로니가후서
(3) 바울 제3차 선교 여행(3권) : 고린도전서, 고린도후서, 로마서
(4) 바울 제4차 옥중서신(4권) : 에베소서, 빌립보서, 골로새서, 빌레몬서

(5) 바울 제5차 목회서신(3권) : 디모데전서, 디모데후서, 디도서
(6) 공동서신(8권) : 히브리서, 야고보서, 베드로전서, 베드로후서, 요한1, 2, 3서, 유다서

교회 시대는 성령이 역사하시는 시대다. 예수 그리스도의 승천 이후 오순절 성령의 역사로 초대교회가 탄생한다. 성령이 어떻게 사람에게 역사하시는지 보여 주는 이야기가 주요 내용이다.

초대교회는 성령을 통한 교회 사역이 유대인을 대상으로 한 제자들의 사역에서 사도 바울을 통해 이방인의 사역으로 확대된다. 그리고 지금은 하나님 나라와 그 의를 세우기 위해 성도들을 통해 전 세계로 교회 사역이 확대되고 있다.

47일 행 1-6장

관통 QT
나에게 성령은 얼마만큼 역사하시는가?

교회 시대 관통하기

1. 교회의 태동(행 1-3장) - 성령 강림

교회의 태동은 성령을 통해서 시작된다. 누가복음에서 설명한 복음이 사도행전에서 성령으로 표현되면서 교회는 그 모습을 드러내기 시작한다. 사도행전은 복음이 있는 사람에게 나타나는 성령의 사역을 기록하고 있다. 성령의 구체적인 사역은 예수의 부활을 증거하는 것이다. 요엘서에서 약속한 성령이 오심으로 예수의 부활을 증거하는 사역은 구체화 된다.

성령의 사역은 크게 두 가지로 나타난다. 먼저, 성령이 외적으로 나타나는 형태다. 성령으로 인해 방언과 예언 그리고 환상과 꿈은 하나님의 큰일을 증거하는 일을 한다. 하나님의 큰일은 창조의 목적 되는 일이기도 하다. 그 일을 통해 베드로가 전한 구원의 복음으로 3천 명이나 회심하게 된다. 그리고 성령이 내적으로

나타나는 형태는 성도에게 임마누엘하신 성령의 모습이다. 성령의 내적인 목적은 성령 충만한 은혜로 새 계명을 실천하는 하나님의 성품을 갖는 것이다. 내적으로 성령이 충만한 상태가 되면 성령의 인도를 받아 바나바처럼 사람을 살리는 일을 하고, 내적으로 사탄이 가득한 상태가 되면 사탄의 인도를 받아 아나니아와 삽비라처럼 멸망하게 된다.

사도행전 3장에는 베드로가 앉은뱅이를 일으킨 사건이 기록되어 있다. 이 사건보다 더 중요한 초점은 은사적인 능력을 주목하기보다 은사를 주신 부활의 주님을 주목해야 한다는 것이다(행 3:13, 25-26, 갈 3:16 참조). 부활의 주님은 이사야서에서 예언한 '거룩한 씨'로 성령을 통해 성도의 마음에 들어온 '하나님의 씨'다(사 6:13; 요일 3:9). 성령을 통해 교회가 태동한 목적은 복의 씨인 예수 그리스도를 증거해서 복을 받게 하려는 것이다.

• 요한복음에서 설명하는 성령 •

교회를 태동시킨 성령이 강림해서 충만한 은혜를 주시는 이유는 무엇인가? 성령 충만한 은혜가 없으면 교회 사역을 잘 감당할 수 없기 때문이다. 성령이 하시는 사역은 예수 그리스도를 증거하는 사역이다. 이 사역의 주체가 성령이기 때문이다. 그래서 예수 그리스도는 제자들에게 "위로부터 능력으로 입혀질 때까지 이 성에 머물라"고 말씀하셨다(눅 24:49).

예수 그리스도는 부활 후 40일간의 사역을 마치고 승천하셨다. 그리고 열흘 후에 오순절 성령 강림이 일어났다. 예수 그리스도가 약속한 성령을 부어 주셨기에 방언, 예언 등이 나타난 것이다. 예수 그리스도는 성령에 대해 요한복음에서 이미 설명하셨다. "그날에는 내가 아버지 안에, 너희가 내 안에, 내가 너희 안에 있는 것을 너희가 알리라"(요 14:20).

그리스도의 계명을 지키는 것을 사랑이라고 한다. 그런데 사람들은 쉽게 사랑하지 못한다. 성령이 하시는 일이기 때문이다. 성령이 계명을 지킬 수 있게 하신다. 예수 그리스도를 증거하는 성령의 일은 계명을 지키게 하면서 나타나기 때문이다(요 14:21; 행 1:8). 주님은 서로 사랑하라고 말씀하는데 사람들은 원수를 사랑할 수가 없다. 복음을 가지고 살아야 하는데 믿음으로 살아지지 않는다. 그래서 성령을 기대하고 성령이 올 때까지 기다리라고 하신 것이다. 성령이 임하시면 권능을 받고 증인의 일을 할 수 있기 때문이다.

성령이 하시는 일(요 16:7-13)을 통해 교회가 태동한다(행 1-3장). 성령의 주된 사역으로 죄와 세상에서 자유하게 된다(행 4-12장). 성령의 사역은 땅끝까지 진행된다(행 13-28장). 성령의 지식적인 정의는 요한복음에서 내리고 실제적인 사례는 사도행전에서 나타난다. 세상의 환난은 육신적 고난과 정신적 고난으로 나타난다. 사탄이 생각을 지배하면 마음속에서 하나님을 부인하고 그리스도를 대적하게 된다. 마귀가 가룟 유다의 마음에 예수를 팔려는 생각을 넣었다(요 13:2). 성령이 아니면 세상적이고 정욕적이고 마귀적인 생각들을 대적할 수가 없다. 사탄은 사람의 몸속에 들어와서 생각의 영역 속에서 움직인다. 그렇게 마음에 사탄이 가득한 아나니아와 삽비라는 성령을 속이게 된다(행 5:3).

그러나 성령은 진리와 생명의 길로 인도하신다. 성령은 죄에 대해, 의에 대해, 심판에 대해 세상을 책망하신다(요 16:8). 하나님이 청문회를 하시는 것과 같다. 어떤 사람이 총리나 장관이 되기 위해서 청문회를 하게 되면 많은 재산이 어떻게 많아졌는지에 대한 설명이 필요하다. 그런데 어디서 났는지를 제대로 설명하지 못하면 문제가 생긴다. 뇌물이나 불법으로 쌓은 재산이 되기 때문이다. 세상의 청문회는 죄인의 죄를 드러내고 벌을 받게 한다. 그러나 하나님의 청문회는 용서하기 위해 죄를 드러내는 것이다.

모든 사람은 죄인이다. 성령은 죄에 대해 책망하신다. 성령이 임하시면 예수 믿지 않는 죄인이 회개하고 주님에게로 돌아오는 기적이 일어난다. 성령은 죄를 드러내고 회개하게 해서 의롭게 만드는 일을 하신다. 의에 대해서는 예수 그리스도를 믿는 것만이 의롭게 된다는 것을 성령을 통해서 알게 된다.

사람의 생각은 육신을 지배하고, 영은 생각을 지배한다. 내 생각을 성령이 지배하지 않으시면 육신적인 삶을 살게 된다. 사람이 술의 지배를 받으면 술에 충만하게 된다. 그러므로 악령의 지배를 받으면 사탄이 충만하고, 성령의 지배를 받으면 성령이 충만한 것이다. 사탄과 성령은 눈에 보이지 않지만 분명 역사한다. 성령 충만은 술에 취한 효력보다 훨씬 강력한 역사를 일으킨다.

허상의 세상에서 실상은 성령이시다(요 16:7). 믿음은 바라는 것들의 실상이라고 히브리서는 말씀한다. 그러므로 성령을 통해서 믿음이 오는 것을 알 수 있다. 하나님은 눈에 보이는 허상의 세상을 창조하셨다. 그런데 세상은 계속 변질되고 있다. 창조의 변질은 세속에 빠져서 자신이 생각하는 그림자를 좇아서 사는 것이다. 사람이 변질되면 죄인의 변화는 실상이신 예수 그리스도의 말씀을 좇는 것이다. 최고의 변화는 마음에서부터 말씀을 좇는 것이다. 변질된 세상에서 실상을 보는 눈은 말씀이다. 보이는 세상은 가시적 눈을 가지고 보지만, 실상은 말씀을 가지고 본다. 하나님 말씀이 하나님의 생각이다. 성령의 역사는 최고의 변화를 갖는 사람에게 나타나는 현상이다. 성령은 변질된 세상에서 성도의 세속화를 막고 거룩하게 하는 일을 하신다. 성령이 역사하시면 죄인이 회개하고 돌아오게 된다. 죄인은 스스로 회개가 안 된다. 죄인은 회개할 힘조차 없기 때문이다. 세상의 상담이 인생의 문제를 부분적으로 해결한다면 성령의 역사는 영혼의 문제까지 해결한다. 죄를 드러내고 회개시키고 구원시키고 의롭게 하신다. 성령은 인생을 질적으로 아름답게 하고, 삶의 질을 높여 준다.

2. 교회의 사역(행 4-12장) - 성령 역사

성령 충만한 사람에게 나타나는 현상 중에는 세상과 충돌하는 모습을 볼 수 있다. 내주하신 성령이 충만하게 역사하시면 세상과 충돌할 수밖에 없다. 그러나 그런 상황 속에서도 자유하게 되는 놀라운 현상이 나타난다. 사도행전 4-12장까지는 폭발적인 성령의 역사를 살펴볼 수 있다.

사도들이 본격적인 사역으로 복음을 전하다가 공회의 대제사장과 그 문중들에게 심문을 받는다(행 4장). 그야말로 복음을 전하다가 어려운 환경을 만난 것이다. 그들은 예수의 이름으로 전하는 것을 막는 세력들에게 위협을 당한다. 위협적인 상황에서 베드로와 요한은 그들에게 '하나님 앞에서 너희 말 듣는 것이 하나님의 말씀 듣는 것보다 옳은가 판단하라'고 담대히 말한다(행 4:19). 예전 같으면 제자들은 종교 지도자들과 사람들의 말을 두려워했을 것이다. 그런데 성령이 충만한 상태에서는 사람들의 죽이겠다는 말에도 기죽지 않고 자유한 모습을 볼 수 있다.

사도들은 계속 복음을 전하다가 옥에도 갇힌다(행 5장). 공회의 대제사장들이 말로 해서 안 되니까 감옥에 가두고 겁박한다. 그러나 성령이 충만한 사람들은 감옥에서도 자유하게 된다. 보통 사람들은 감옥에 가게 되면 빨리 빼내 달라고 편지 쓰기 바쁘다. 바울은 복음을 전하다가 감옥에 매이게 되어도 옥문이 열리도록 기도하기보다는 전도의 문이 열리도록 기도를 부탁했다(골 4:3). 전도의 문, 복음의 문이 열리면 감옥의 문은 자동문이 된다. 사도들이 갇혀 있는 감옥에 주의 사자가 밤에 나타나서 옥문을 열어 준다. 철통 같은 경비를 서고 있는 옥졸들에게 들키지 않고 옥문도 다시 든든히 잠가 놓으면서 사도들만 자유롭게 감옥에서 빼낸다. 복음을 외치는 하나님 말씀은 생명의 말씀이기에 그 외치는 말씀을 가둘 수가 없다.

성령이 하시는 일은 사람의 말에서도 감옥에서도 자유하게 한다.

예루살렘교회는 성령 충만한 사람 일곱 명을 안수해서 집사로 세운다(행 6장). 성령이 충만한 사람은 세상에서도 자유하다. 이들은 먹고살기 힘들고 바쁜 세상에서 구제하고 돌보는 일까지 한다. 사도행전에는 이렇게 성령 충만한 사람과 성령 충만한 안디옥교회(행 11장)가 나온다. 성령 충만한 교회는 선교하기에 담대한 교회고, 성령 충만한 사람은 복음 전하기에 담대하다. 스데반은 담대하게 복음을 전하다가 누명을 쓰고 공회에 잡힌다. 그리고 복음을 전하다가 순교한다(행 7장).

48일 행 7-12장

관통 QT

성령의 역사는 순교와 핍박의 역사인가? 나는 산제사로 살 수 있는가?

스데반처럼 성령 충만한 자는 죽음에서도 자유하게 된다. 이제는 사도들보다 성령 충만한 사람들이 주로 등장한다. 사람들은 직분을 귀하게 여기지만 사도행전에서의 초점은 성령 충만이다. 성령 충만한 것이 직분보다 더 중요하다는 것을 알려 준다. 성령이 충만한 스데반은 역사를 관통하고, 진리를 관통하며, 하늘을 관통하는 눈을 가지고 복음을 전하다가 순교하게 된다. 이처럼 성령 충만한 자는 세상도 관통할 수 있다. 성령 충만한 자는 세상과 죽음에 매이지 않는다.

스데반에 이어 성령 충만한 빌립이 등장한다(행 8장). 그러나 스데반, 빌립 모두 주인공이 아니다. 성령이 주인공이시다. 성령이 충만한 사람은 순교할 수도 있고, 어떤 지역에서도 자유할 수 있다. 하나님의 지역적인 선교 전략은 빌립을 통해서도 잘 나타난다. 사마리아에서 복음을 전하는 빌립에게 주의 성령은 광야로 가게 해서 에디오피아 여왕 간다게의 국고를 맡은 내시에게 복음을 전하게 하신다. 또한 또 다른 지역에서도 복음을 전하도록 주의 성령은 빌립을 빠르게 다른 지역으로 이동시키신다. 성령의 사람은 지역에서도 자유하게 된다. 그러므로 선교 장소는 어떤 특정한 지역이 아니다. 성령의 인도함을 받으면 한 지역에서 자유롭게 다른 지역으로 이동하게 된다. 사람과 지역에 초점을 맞추지 말고 성령에게 맞추면 지역 선교는 쉽고 가볍다.

스데반의 죽음을 마땅히 여기던 사울(사도 바울)이 회개하는 놀라운 역사가 일어난다(행 9장). 사울의 헬라식 이름은 바울이다. 바울은 믿는 사람들을 핍박하러 다메섹으로 가는 길에 예수 그리스도를 만나 회심하게 된다. 스데반이 돌에 맞아 순교당할 때부터 예루살렘교회에 큰 핍박이 일어나기 시작했다. 그러나 성령의 역사는 핍박자도 자유하게 한다. 성령 충만으로 살면 핍박자도 사도로 만들게 되는 역사가 일어난다. 성령으로 자유한 자에게는 사람을 변화시키는 힘이 있기 때문이다. 원수에게 자유할 수 있는 것이 곧 성령의 충만함이다. 핍박자를 사랑하고 축복하면 사도(선교사, 목사, 성도) 만드는 프로그램이 돌아간다. 이 프로그램을 통해서 핍박자, 훼방자, 포행자였던 사울이 사도 바울이 되는 것이다.

사도행전의 고넬료 사건은 역사적으로 중요한 내용이다(행 10장). 사도행전의 저자인 누가는 선교 역사의 중요한 획을 선명하게 보여 준다. 이처럼 고넬료 사건은 사도 바울을 이방인의 사도로 등장시키는 데 중요한 사안으로 기록된 것이다. 그리스도를 증거하는 선교 사역은 유대인에게만 국한된 것이 아니다. 선교는 열방을 향한 것이다. 그러므로 고넬료 사건은 바울을 이방인의 사역자로 전환시킨 계기가 된다. 베드로가 이방인 고넬료에게 복음을 전한 사건이 없었다면 바울의 이방인 사역이 열리지 않았을 것이다. 그러므로 고넬료에게 복음을 전하게 한 것은 성령의 인도하심이 분명하다. 성령은 바울을 이방인의 큰 그릇으로 예비하시고 그 사역의 길도 성령이 열어 놓으셨다. 또한 성령의 사역은 이스라엘을 정복한 로마 군대의 백부장 고넬료를 말씀으로 정복한 사건으로 볼 수도 있다. 성령의 역사는 핍박자를 사도로 변화시키고, 정복자를 말씀으로 정복하는 놀라운 일이다. 성령 충만은 정복자를 축복하는 자유가 흐른다. 그러므로 정복자에게 자유하면 정복자를 복음으로 정복할 수 있다.

베드로는 고넬료 사건으로 하나님이 이방인에게도 성령을 부어 주시는 사건의 경위를 예루살렘교회에 보고한다(행 11장). 이것으로 이방인에게도 복음을 자유롭게 전할 수 있다는 공식적인 선언이 되었다. 이미 스데반 순교 이후에 일어난 핍박으로 흩어진 자들이 안디옥 지역에 가서 복음을 전하므로 안디옥교회가 세워진다. 안디옥교회는 성령의 역사로 지역 교회에 매이지 않고 자유롭게 선교하는 교회가 된다. 성령이 교회를 세운 목적은 성도를 그리스도인이 되게 해서 세계 선교하려는 것이다. 성령이 충만한 교회는 선교하는 교회로서 믿음으로 사는 그리스도인을 만들어 낸다. 그리스도인은 그리스도에게 소유된 자라는 의미가 있다. 그리스도인은 믿음으로 살기 때문에 세상이 감당하지 못한다. 그런데 지금도 그런 교회와 그리스도인이 있는가?

주의 제자 야고보를 칼로 죽인 헤롯(아그립바 1세)이 베드로를 감옥에 가둔다(행 12장). 베드로는 앞서 공회의 감옥에 갇힌 적이 있었다. 그때처럼 주의 사자가 이번에도 감옥 문을 열고 옥에서 빼내신다. 다른 사도들도 예전에 옥에 갇힌 경험과 주의 사자의 도움으로 탈출한 경험이 있었다. 그래서 베드로를 주의 성령이 빼내 줄 것을 알고 있었다. 그럼에도 교회의 성도들과 함께 한 곳(마가의 다락방)에 모여 베드로를 위해 기도한다. 현시대의 교회도 세상 감옥에 갇혀 사는 사람들을 빼내어 구출하기 위해 기도해야 한다. 하나님이 베드로를 감옥에서 빼내시듯이 당신의 백성을 세상 감옥에서 구출하실 것이지만, 교회도 말씀과 기도로 이 세상에 갇혀 있는 사람들을 교회로 불러들이는 선교적 사명을 감당해야 한다. 성령은 세상 감옥에 갇힌 사람들을 자유하게 하는 일을 교회를 통해서 행하신다.

• 자유하게 하는 성령 •

성령은 성도들을 사람에게서 자유(행 4장), 감옥에서 자유(행 5장), 세상에서 자유(행 6장), 사망에서 자유(행 7장), 지역에서 자유(행 8장), 핍박에서 자유(행 9장), 정복자에게서 자유(행 10장), 지역 교회에서 자유(행 11장), 세상 감옥에서 자유(행 12장)하게 하신다. 성도가 세상에서 겪는 핍박은(행 8:1) 하나님의 뜻(행 1:8)을 이루는 계획이다. 그러므로 환난과 핍박 중에도 성도는 신앙을 지켜야 한다(찬송가 336장).

3. 교회의 목적(행 13-28장) - 세계 선교

사도행전의 성령 역사는 땅끝까지 예수 그리스도를 증거하는 복음 전파로 세계 선교의 확산이다.

바울의 제1차 선교 여행(행 13-15장), 갈라디아 지역(주후 46-48년)

선교사는 성령에 의해서 세워진다. 성령이 주체가 되어 안디옥교회에서 바울과 바나바를 선교사로 세운다. 제1차 선교 여행에서 바울의 사역은 복의 씨인 예수 그리스도를 믿으라는 복음의 이야기다. 교회가 성령의 감동으로 성령 충만한 사람을 세우니까 선교사가 되어 성령이 증거하는 일을 한다. 성령은 선교 사역을 통해 이방인들에게 믿음의 문을 열어 준다. 성령은 예수 부활의 이야기를 전하고 증인의 삶을 살게 한다.

바울과 바나바는 안디옥교회의 파송을 받아 구브로 섬을 지나 지금의 터키 북부 지역인 갈라디아 지방에 가서 약 2년간 복음을 전하고 안디옥에 도착한다. 바울 일행은 이방인 구원에 관련해 유대인 성도들과의 율법 준수와 할례에 대한 논쟁을 계기로 소집된 예루살렘 공의회에 참석한다(행 15장).

예수 그리스도의 형제 야고보가 총회장으로 있는 예루살렘 총회에서 이방인 고넬료에게 복음을 전한 경험이 있는 베드로의 간증을 토

바울과 바나바

안디옥교회에서 파송한 바울의 선교 팀은 바나바 그리고 마가다(행 15:36-37). 선교 현장에서 나타나는 선교사의 특징은 다양하다. 바울이 일 중심이라면 바나바는 사람 중심적이다. 마가 요한은 바울의 일행과 동행해서 선교 현장인 버가에 이르자 예루살렘으로 돌아간다(행 13:13). 선교 여행에서 마가 요한이 중간에 돌아간 것보다 더 중요한 것은 복의 씨인 예수 그리스도를 증거하는 것이다. 사람과 지역을 보면서도 그리스도를 보는 초점을 놓치지 말아야 한다.

대로 이방인에게 율법을 강요하지 말고 예수를 믿도록 하자는 결정을 내린다. 존 스토트의 견해에 의하면 바울은 제1차 선교 여행 후 갈라디아서를 쓴다. 갈라디아서에서는 구원이 오직 믿음의 문제지 할례와 모세의 율법을 지키는 문제가 아님을 다루고 있다. 그리스도 예수 안에서 할례나 무할례는 효력이 없고 사랑으로 역사하는 믿음뿐이다. 할례나 무할례는 아무것도 아니고 오직 새로 지으심을 받은 자뿐이다(갈 5:6, 6:15).

바울이 제1차와 제2차 선교 기간에 쓴 책

데살로니가전·후서는 바울이 제2차 선교 여행 때 고린도에서 기록한 책이다. 바울은 제1차 선교 여행을 통해서 기록한 갈라디아서에서 율법과 복음에 대해 잘 설명해 주었다. 그리고 제2차 선교 여행 때 기록한 데살로니가전·후서에서는 예수 그리스도의 재림에 대해 설명하고 있다.

바울의 제2차 선교 여행(행 16장-18:22), 고린도 지역(주후 49-52년)

바울은 예루살렘 종교회의 결과에 힘을 얻어 제2차 선교 여행을 떠난다. 성경은 계속해서 성령의 중요성을 말한다. 아무리 선교사가 선교지를 결정하려 해도 성령이 허락하지 않으시면 갈 수가 없다. 선교는 사람이 주도권을 갖는 것이 아니라는 것을 교육시키고 있다. 예수의 부활을 증거하는 증인은 성령이 증인 되게 해야 될 수 있기 때문이다. 선교사가 증인으로 살겠다고 증인으로 살 수 있는 것이 아니라 성령이 증인 되게 할 때 참증인이 된다는 것이다.

바울과 바나바는 제1차 선교 여행 때 중간에 돌아간 마가 요한의 문제로 심하게 다투고 서로 다른 지역으로 선교 여행을 떠난다. 바나바와 마가는 배를 타고 구브로로 가고, 바울은 실라와 함께 제2차 선교 여행을 떠나(수리아-길리기아-더베-루스드라-이고니온) 루스드라와 이고니온에서 칭찬을 받는 디모데를 만나 동행한다. 아시아로 가려던 것을 성령이 막아서 계획을 변경해 유럽 지역으로 옮기게 될 때 드로아에서 누가가 동행한다(행 16:10).

바울은 이들과 함께 드로아에서(네압볼리-빌립보) 마게도냐 첫 성, 빌립보에 도착해서 루디아를 개종시키고 귀신 들린 여종을 치유시킨 일로 감옥에 갇힌다. 그런데 주의 성령이 예전에 감옥에 갇힌 사도들처럼 홀연히 빼내 주지 않으신다. 성령의 역사는 예수 그리스도가 증거되는 것이 목적이기 때문이다. 그래서 바울은 빌립보 감옥의 문이 열렸지만 탈출하지 않는다. 그로 인해 간수가 구원받는 사건이 발생한다. "주 예수를 믿으라 그리하면 너와 네 집이 구원을 얻으리라"는 말씀이 그래서 나오게 되었다. 이 사건으로 인해 간수의 가족이 모두 구원받고 빌립보교회가 세워지는 초석이 되었다(행 16장).

바울은 다시 데살로니가와 베뢰아를 거쳐 아덴(아테네)에 도착한다(행 17장). 바울의 선교 여행은 여전히 성경의 뜻을 풀어서 그리스도를 증거하는 일이다. 특히 베뢰아 사람은 데살로니가 사람보다 성경을 더 잘 배웠다. 바울은 아덴을 떠나 고린도에 도착해서 브리스길라와 아굴라를 만난다(행 18장). 고린도 지역에서 1년 6개월간 머물면서 예수 그리스도가 곧 재림하실 것만 믿고 일도 안 하고 돌아다니는 데살로니가 교인들을 위해 바울은 데살로니가전·후서를 쓴다. 그리고 제2차 선교 여행을 마치고 파송 교회가 있는 수리아 안디옥으로 떠나는 길에 브리스길라와 아굴라를 데리고 간다. 그들을 에베소에 남겨 두고(행 18:19), 바울은 배를 타고 가이사랴에 상륙해서 수리아 안디옥 파송 교회로 돌아간다(행 18:22).

바울이 1, 2, 3차에 쓴 성경의 연결점

바울이 1, 2, 3차에 걸친 선교 여행을 통해서 기록한 서신들은 나름대로 연결점이 있다.
먼저 제1차 선교 여행 후 기록한 갈라디아서를 통해서 율법과 복음을 잘 정리해 구원의 진리를 확고하게 한다.
그다음으로 제2차 선교 여행 때 기록한 데살로니가전·후서는 구원을 받은 자들이 천국의 소망을 갖고 세상에 살 때 어떻게 살아야 하는지 분명한 종말적 신앙을 제시한다.
그리고 제3차 선교 여행 때 기록한 고린도전·후서와 로마서는 예수 그리스도의 복음으로 인해 죄 문제를 해결하고 하나님의 자녀 된 자들이 예수 그리스도의 강림이 다가오는 말세를 살아가면서 만나게 될 고난과 불미스러운 사건들을 해결할 수 있도록 해답을 알려 준다.

바울의 제3차 선교 여행(행 18:23-21:16), 에베소 지역(주후 53-57년)

바울은 제2차 선교 여행을 마치고 안디옥으로 돌아가는 길에 고린도에서 만난 브리스길라와 아굴라를 3차 선교지로 정한 에베소에 머물게 한다(행 18:19). 바울의 제3차 선교 여행의 주 사역지는 소아시아 지역의 에베소가 된다. 바울은 두란노 서원에서 2년 동안 날마다 하나님 나라에 대해서 강론한다. 말씀을 강론하는 곳마다 성령이 역사하시고, 성령이 주체가 되어 마음과 질병을 고치는 역사가 일어난다. 바울은 에베소에 3년 동안 머무는데, 그때 고린도전서를 쓴다(행 19:10; 고전 16:8). 그 이후 에베소에서 소동이 일어나자 마게도냐로 이동해서 그곳에 머무는 동안 고린도후서를 쓰게 된다(행 20:1; 고후 7:5). 마게도냐를 지나 고린도에서 3개월 동안 겨울을 보내면서 제3차 선교를 마감하고 다음 계획으로 로마교회의 도움을 받아 서바나(스페인)에 갈 마음으로 로마서를 쓴다(행 20:3; 롬 15:23).

사도행전 19장 21절에 보면 "로마도 보아야 하리라"는 계획이 있었는데, 바울은 죄수의 몸으로 가게 된다. 바울은 로마에 가기 전에 겐그리아에 있는 뵈뵈를 통해 로마서를 전달한다(롬 16:1).

그 후 바울은 드로아와 밀레도에서 사역을 마친 후 목숨의 위험을 알면서도 예루살렘으로 갈 것을 결정하고 두로를 지나 가이사랴에 도착해서 빌립의 집에 잠시 기거하게 된다. 마침 그때 유대에서 온 아가보가 바울이 예루살렘에 가면 체포될 것이라고 예언하지만 바울은 성령의 인도함을 받아 굳은 결심으로 예루살렘으로 떠난다. 성령이 미리 예고한 대로 바울은 예루살렘에서 체포된다(행 21:33). 바울은 귀한 사역자였지만 바울의 계획대로 되는 일은 없었다. 선교의 역사는 성령의 역사이기 때문이다. 바울은 오로지 성령의 인도하심을 따라 순종한 것뿐이다.

바울은 선교 여행을 순교로 마무리할 것 같은 예감이 든다. 그는 자기의 달려갈 길과 하나님 은혜의 복음을 증거하는 일이 사명이라는 마음을 가지고 죽을 각오를 한다(행 20:24). 바울이 예루살렘에 가면 잡힌다는 것을 알게 된 동역자들은 예루살렘에 올라가지 말라고 한다. 보통 이런 경우면 누구든 예루살렘으로 가지 않을 것이다. 그런데 바울은 죽으면 죽으리라 고백한다(행 21:13). 이 고백은 사도행전에 나타난 성령으로 인한 자유다(행 4-12장). 바울은 예전에 스데반이 죽음에서 자유한 것을 보았다. 바울도 예수를 믿고 사망에서 자유할 수 있는 길을 발견한 것이다. "나는 죽었고, 예수 사셨네!"라는 신앙 고백처럼 바울에게는 자신의 뜻은 죽고 하나님의 뜻만 살아 있었다.

바울이 예루살렘에 도착해서 결례 의식을 행하려고 성전에 들어갔다가 나올 때 헬라인을 데리고 성전에 들어갔다는 오해로 유대인들 사이에서 소동이 일어났다. 소동하는 원인을 찾기 위해 이 당시 치안을 맡은 로마의 천부장이 군사를 보내어 바울을 잡아서 원인을 살피게 한다. 그런데 오해보다 더 중요한 것은 바울이 잡혔다는 것이다. 성령이 바울을 잡히게 했기에 잡힌 것이다. 오해를 푸는 것보다 더 중요한 것은 오해를 통해서도 성령이 역사하신다는 것이다. 그는 왜 잡힌 것인가? 바울은 이렇게 체포되어 가는 곳마다 복음을 전하게 된다. 이것은 죄인이 체포된 것이 아니라 증인이 체포되었기 때문이다. 로마에 의해 체포된 증인은 철저한 보호를 받으며 그리스도의 부활을 증거하게 되는 엄청난 환대를 받는다.

관통 QT
세상의 환난은 나를 어디에서 어떤 사람이 되게 하려는 것인가?

50일 행 22-28장

바울의 제4차 선교 여행(행 21:17-28장), **로마행**(주후 58-62년)

제3차 선교 여행 이후 바울이 잡힌 사건을 통해 훨씬 중요한 사역이 전개된다. 바울은 천부장에게 체포되면서 로마로 가기 전까지 복음을 전하는 기회가 제공된다(행 21:40). 그래서 사도행전 22-26장에는 바울이 간증하고 복음을 전하는 역전의 사건이 나온다.

천부장에게 잡힌 바울은 천부장의 보호 아래 간증으로 백성에게 복음을 전한다(행 22장). 그리고 이어서 공회의 영적인 지도자들에게 복음을 전하는 상황이 전개된다(행 23장). 대부분 사두개인과 바리새인으로 구성된 공회에서 부활에 대해 설명하자 부활 신학이 다른 두 분파가 서로 분쟁하게 된다. 이 일로 유대인이 40명의 조직원을 동원해서 비밀리에 바울에 대한 암살 계획을 세우게 된다. 암살 계획을 미리 알게 된 천부장은 백부장 둘을 불러서 바울을 로마 총독이 있는 가이사랴로 보내게 된다. 오해로 잡힌 바울은 유대인의 암살 계획 덕분에 총독에게 복음을 전할 기회를 얻게 된다. 우리에게 벌어지는 환난을 성령이 역사하는 기준으로 보면 결코 나쁜 일은 아니다.

가이사랴에 도착한 바울은 총독 벨릭스 앞에서 의인과 악인의 부활을 말하게 된다(행 24장). 그리고 부활의 소망과 구원의 소망을 설명한다. 벨릭스는 바울이 죄가 없음을 알면서도 바울에게 돈을 받을 명목과 유대인의 환심을 사려고 자신의 임기가 마치는 2년 동안이나 감옥에서 풀어 주지 않는다. 이제는 벨릭스의 후임이 되어 총독으로 부임한 베스도에게도 복음을 전할 기회가 온 것이다(행 25장). 2년 동안이나 바울을 죽이려고 기회를 엿보던 유대인들은 베스도가 새로 부임한 것을 기회로 바울의 소환을 요청하고 그가 오는 길목에서 바울을 죽이려는 2차 암살 계획을 세운다. 이 일은 바울이 로마로 가는 계기가 된다.

이처럼 환난 가운데서도 성령은 복음 증거하는 일을 행하신다. 세상에서 복음은 환난을 통해서 더 급속하게 퍼진다. 바울은 죽음의 고비를 겪으며 로마로 가는 경로를 그린다. 환난이 극심할수록 하나님의 영광을 드러낼 수 있는 배경이 된다. 성령의 물줄기는 이처럼 엉뚱한 곳에서 터지기도 한다.

베스도 총독의 부임으로 인사차 들른 아그립바 왕이 소문으로만 듣던 바울을 만나게 된다(행 26장). 바울은 이때를 기회로 죽은 자의 부활을 증거한다. 바울은 사도행전 22장에서 이미 전한 자신의 간증을 아그립바 왕에게 좀 더 구체적으로 전한다. 진리에 눈뜨는 것이 어둠의 권세에서 벗어나는 길이다. 그렇게 복음을 전해도 어둠의 눈은 쉽게 뜨이지 않는 것 같다.

바울은 제3차 선교 여행을 마치고 사도행전 21장에서 천부장에게 잡혀서 22장에 백성, 23장에 공회의 종교 지도자, 24장에 벨릭스 총독, 25장에 베스도 총독, 26장에서 아그립바 왕에게 복음을 전하고 로마로 가다가 유라굴로 광풍을 만난다(행 27장). 그의 인생은 환난의 연속이지만 또한 역전의 연속이다. 태풍을 만나 멜리데 섬에 3개월 머물면서 보블리오 추장의 아버지 병을 고침으로 예수의 복음을 전하게 된다(행 28장).

유라굴로 광풍 때문에 섬 전체를 복음화시키는 상황이 발생한다. 바울 한 사람을 통해 276명을 바다에서 살리고 멜리데 섬을 복음화 하는 것은 바울이 한 것이 아니라 성령이 역사하시는 하나님의 작품이다. 복음은 276명을 3개월 동안 멜리데 섬에 풍족히 거하게 했다. 성도가 세상의 바다에 살면 유라굴로 같은 환난의 태풍이 불어온다. 그러나 하나님의 광풍은 사람을 죽이려고 일으키시는 것이 아니라, 멜리데 섬을 구원하신 것처럼 생명을 구원하시기 위한 것이다. 가난과 질병과 고난을 하나님이 잘되게 하려고 주시는 은혜로 정리하면 복음은 효력을 발생한다.

수년 전, 30여 명의 선교사와 뉴질랜드에 가서 성경을 읽은 적이 있다. 3개월 체류하면서 한 달 반은 남 섬에서 성경을 읽고, 나머지 한 달 반은 북 섬에서 읽었다. 모두 왕복 비행기 표만 가지고 온지라 먹고 자는 문제가 장난이 아니었다. 다행히도 남 섬에서는 그럭저럭 성경 읽기 프로그램을 잘 마치고 북 섬으로 이동했다. 그곳에서는 좋은 장소에서 생활할 수 있게 되어 참 좋았다. 그런데 체류 경비가 7천 달러 정도 나왔다. 어떻게 감당할 수 없는 상황이었다. 그러던 중 하나님의 은혜로 뉴질랜드에서 만난 분이 경비를 모두 내 주셨다. 그분이 말씀에 은혜를 받았던 것이다. 하나님의 은혜가 임하면 섬에서 30명이 3개월 동안 살 수 있다는 것을 경험했다. 세상의 환경도 하나님만 의지하게 만드는 성령의 역사다.

바울은 드디어 로마에 도착하게 된다. 로마에서는 세상 환경에 의해 복음을 전하게 되는 것을 볼 수 있다. 바울은 로마에서 2년 동안 가택 연금을 당한다(행 28:30). 이때 옥중서신(에베소서, 빌립보서, 골로새서, 빌레몬서)을 쓴다. 그리고 잠깐 풀려난 후에 목회서신(디모데전·후서, 디도서)을 쓴다. 특히 디모데후서는 네로 황제의 극심한 박해로 인해 주후 67년경 순교하기 직전에 쓴 것이다. 성령이 역사하시면 감옥에 갇혀서도, 순교하기 직전에도 옥중서신과 후임 목회자를 위한 목회서신을 쓰게 된다.

바울의 옥중서신

옥중서신은 바울이 주후 60-62년경 로마에 가택 연금을 당한 상태에서 기록한 책으로 각각의 특성이 있다.

에베소서는 구원과 교회를 다룬다. 교회와 구원은 그리스도를 통해 형성되기에 그리스도를 알아야 한다.

골로새서를 통해서는 그리스도를 배우고 정리할 수 있다.

빌립보서는 구원받은 성도들이 어떤 상황에서 어떻게 살아야 하는지 그 현상을 다룬다.

빌레몬서는 성도의 삶의 결론으로 오네시모를 용서하는 것을 말한다.

우리도 성령의 사람이 되면 성령의 인도함을 받은 바울처럼 살 수 있다. 우리의 여정은 성령의 사람으로 나그네처럼 사는 인생이다. 삶의 여정이 복잡하고 환난이 극심해도 결국은 성령으로 인해 자유자로 살게 된다. 성령으로 자유한 자는 새 계명으로 사는 진리가 영광스럽게도 복음으로 농축되어 땅끝까지 세계 선교하게 된다. 자신이 죄인임을 고백하면 그는 죄에서 자유하게 된다. 그리스도를 주님이라고 고백하면 그는 죽음에서 자유하게 된다. 행복하지 않아도 감사하다고 고백하면 그는 세상의 현실에서 자유하게 된다. 신앙 고백은 자유자의 외침이기 때문이다. 성령으로 사는 자는 모두 다 죄에서 해방된 신앙의 독립군이다.

· 누가 누구를 체포하는가? ·

바울은 복음을 전하다가 체포당한다. 로마로 이송되는 도중 바다에서 만난 유라굴로 광풍은 환난이었지만 멜리데 섬은 선교하는 사역으로 전환되었다. 바울의 체포는 로마를 복음화 하는 사역이 되었고, 로마에 의한 예수 그리스도의 체포는 인류를 구원하는 사역이 되었다. 예수의 복음에 체포당한 자가 있고, 세속에 체포당한 자가 있다. 당신은 누구에게 체포당했는가? 복음에 체포당했는가, 세속에 체포당했는가?

바울의 제5차 선교 여행, 아시아 지역(주후 63-68년)

바울은 제3차 선교 여행을 마치고 체포당해 4차 선교지인 로마에서 2년 동안(주후 60-62년) 가택 연금을 당한다. 이때 옥중서신을 쓴다. 그리고 로마 감옥에서 풀려난 후에 마게도냐 지역에 있는 빌립보에서 디모데전서와 디도서를 쓴다. 그리고 그는 수년 후에 다시 체포되어 로마 감옥에서 주후 67-68년 사이에 디모데후서를 쓰고 순교한다. 이 세 권의 편지는 지역 교회의 목회자에게 쓴 것으로 목회서신이라고 부른다.

• 목회서신 •

목회서신은 바울이 디모데와 디도의 목회를 돕기 위해 기록한 책이다. 바울이 목회서신을 쓸 당시에 디모데는 에베소 지역 교회에서 목회하고 있었고(딤전 1:3), 디도는 그레데 섬 지역 교회에서 목회하고 있었다(딛 1:5). 디모데후서는 재차 감옥에 투옥된 상태에서 쓴 마지막 편지로 순교를 직감한 표현이 나온다(딤후 4:6-8). 바울은 죽음 직전까지 고난을 받으면서도 세상의 어떤 권세에 매이지 않고 하나님 말씀을 끝까지 전했다.

갈라디아서

갈라디아서는 바울이 제1차 선교 여행 후에 기록한 책으로
자유자의 선포다.

갈라디아서 구조 잡기

- 주제 : 자유 복음

서론(1장) : 예수 자유의 복음	그리스도의 복음이다.
본론(2-3장) : 예수 자유의 진리	예수 복음의 진리다.
결론(4-6장) : 예수 자유의 생활	예수 진리의 자유다.

하나님이 악한 세상에 매여 있는 자기 백성을 구원하기 위해 그리스도를 십자가에서 희생시키신 것은 우리를 하나님의 자녀가 되게 해서 믿음으로 살게 하려는 것이다. 하나님의 자녀가 복음 안에서 자유자의 삶을 살면 믿음으로 표현된 그의 모습은 그리스도의 형상이 된다. 또한 믿음으로 표현된 그의 사랑은 열매를 거둔다. 그리고 믿음으로 표현된 그의 자랑으로 새 생명을 출산한다.

갈라디아서 초점 잡기

과거 봉건 시대의 하녀는 아침 6시에 일어나 일해야 한다. 게으름을 피우다가는 매질 또는 추방을 당할 수 있다. 그런데 주인이 하녀를 사랑해서 그녀가 주인의 아

내가 되면 새로운 존재가 되어 아침 10시에 일어나도 된다. 그러나 주인의 엄청난 사랑을 깨달으면 새벽 5시에도 일어날 은혜가 생긴다. 자유자는 노예가 하지 못했던 희생과 헌신을 한다. 율법이 아닌 은혜 아래서 사는 자유자만이 할 수 있는 일이다.

이렇게 복음은 자유를 선물로 준다. 갈라디아 지역 교회의 교인들은 이런 자유를 믿음을 통해서 받았음에도 불구하고 모세의 법대로 할례를 받지 않으면 능히 구원을 얻지 못한다는 유대주의자들의 말을 듣고 어리석게도 자유를 누리지 못하고 율법에 매이게 되었다(갈 3:1-5).

사람이 율법의 행위로 구원받는 것이 아니라 오직 하나님이 주시는 믿음의 은혜로 받는 것이니, 그 구원의 자유를 빼앗기지 말라고 신신당부하는 편지가 갈라디아서다. 누구나 처음에는 그리스도의 복음을 듣고 그 복음의 진리를 믿어서 의롭게 된다. 그다음에는 믿음으로 사는 것과 율법으로 사는 것의 차이에서 혼동한다. 그 당시 갈라디아교회나 현시대의 교회나 마찬가지 문제다. 오로지 예수 그리스도를 믿음으로 구원이 발생한다. 율법은 그 예수 그리스도를 믿으라고 안내하고 그 길로 인도하는 역할을 한다(갈 3:15-24).

갈라디아서는 짧지만 율법과 복음을 명쾌하게 설명한다. 율법은 복음을 겨냥하고 있다. 율법의 방향성이 그리스도이기 때문이다. 율법의 요구는 예수 그리스도를 믿으라는 것이다. 그래서 율법은 '믿음으로 말미암아 의롭게' 하려고 선생이 되어 복음으로 안내하고 있다. 그 복음이 믿어지면 말씀이 믿어지고, 그 복음으로 인해 자유하게 된다. 그래서 바울은 자기가 자유하다고 말한다. 그러므로 믿음으로 세상에서 자유한 자는 "나는 죽었고, 예수 사셨네!"라고 고백하게 되고, 그런 자에게 나타나는 세 가지 현상을 갈라디아서에서 미리 만나 볼 수 있다.

먼저 믿음으로 표현된 모습은 왜곡된 지식이 아닌 진리의 지식으로, 세상의 지식과 율법에서 자유해서 그리스도의 형상을 이룬다(갈 4장). 또한 믿음으로 표현된 사랑은 육체의 열매가 아닌 성령의 열매로, 육체와 욕심에서 자유해서 사랑의 열매를 거둔다(갈 5장). 그리고 믿음으로 표현된 자랑은 세상의 자랑이 아닌 십자가의 자랑으로, 세상과 사망에 자유해서 새 생명을 누린다(갈 6장).

율법은 현재의 결과가 미래를 결정한다. 노력한 대가가 미래의 결과를 낳는데, 죄를 짓지 않는 것이 최선이나 결과는 사망이다. 그러나 복음은 미래의 결과가 현재를 지배한다. 복음은 예수 그리스도가 성취하신 미래의 결과를 믿고 현재를 살게 한다. 성도는 미래의 결과를 현재 살아 내는 것이다. 이것이 갈라디아서의 복음이다.

데살로니가전서

데살로니가전서는 바울이 제2차 선교 여행 때
고린도에서 기록한 책이며, 예수 그리스도의 재림에 대한 내용으로
성도들의 거룩한 삶을 다루고 있다.

데살로니가전서 구조 잡기

- 주제 : 하나님을 기쁘시게 하는 복음

서론(1장) : 하나님의 복음	복음은 모든 믿는 자의 본이 되게 한다.
본론(2-4장) : 하나님의 거룩	거룩은 하나님을 기쁘시게 하는 뜻이다.
결론(5장) : 하나님의 보호	그리스도의 강림 때까지 흠 없게 보전된다.

바울이 전한 복음은 모든 믿는 자의 본이 되고 하나님을 기쁘시게 하려는 것이다. 그 복음은 하나님을 기쁘시게 하는 삶을 살도록 그리스도 안에서 하나님의 뜻을 이룬다. 하나님의 뜻은 그리스도의 사역이고 성도의 생활이다. 그리스도가 강림하실 때까지 세상의 소욕을 버리고, 형제를 사랑하고 축복하며 깨어 있는 것이 성도의 마땅한 생활이다. 하나님이 이런 생활을 할 수 있도록 보호하신다.

데살로니가전서 초점 잡기

바울은 제2차 선교 여행으로 유럽 지역의 빌립보를 지나 데살로니가에서 3주간

머무른다(행 17:2). 한 달도 안 되는 기간에 큰 부흥이 일어났다. 그곳에 강력한 복음의 역사가 일어나자 유대인들의 핍박이 이어졌고, 바울 일행은 베뢰아로 피신한다. 그들은 그곳에서도 복음을 잘 전했다. 그런데 데살로니가 지역에서 폭동을 일으킨 주역들이 쫓아와서 또 핍박을 한다. 바울은 위기를 느껴 디모데와 실라만 남겨 두고 아덴으로 먼저 이동한다. 아덴에 도착한 바울은 철학자들과 논쟁하듯 복음을 전하면서도 데살로니가교회가 걱정되어 몇 번이나 방문하기를 시도했지만 뜻대로 되지 않았다. 그러던 중 실라와 디모데가 아덴에 있는 바울과 만나게 된다. 바울은 디모데를 데살로니가교회로 보내 그들을 격려하게 한다. 그 후 바울은 아덴에서 고린도 지역으로 이동한 상태에서도 데살로니가에서 돌아온 디모데에게 현지 사정을 전해 듣고 그들의 믿음과 사랑을 격려하며 재림에 대한 문제에 도움을 주기 위해 편지를 쓰는데 그것이 데살로니가전서다.

데살로니가 교인들은 예수 그리스도의 재림에 관심이 많았다. 바울은 그들의 관심을 잘 정리해 주고 있다. 데살로니가 교인들은 앞으로 다가올 진노에서 건짐받으려고 하늘에서 내려오시는 그리스도의 강림을 기다리고 있었다(살전 1장). 주의 재림을 기다리는 자들의 자세는 어떠해야 하는가? 하나님을 기쁘시게 하는 복음으로 구원받은 자들은 하나님의 값어치대로 살아야 한다(살전 2장). 그럼 하나님의 값어치대로 사는 것은 어떤 것인가? 그것은 그리스도가 강림하실 때 하나님 앞에서 거룩하고 흠이 없는 것이다. 이것이 하나님을 기쁘시게 하는 것이고, 하나님의 값어치대로 사는 것이며, 이것이 구원하신 목적이다(살전 3장). 현실적으로 어떻게 하나님을 기쁘시게 할 수 있는가? 그것은 세상과 짝하는 음란을 버리고 부르심에 합당한 거룩한 생활을 하는 것이다. 거룩한 생활은 형제를 사랑하고, 자기 손으로 일해서 그리스도인이 아닌 사람들에게도 존경을 받고, 다른 사람에게 신세를 지지 않고 베풀며 사는 것이다(살전 4장). 이런 거룩을 유지하는 방법은 무엇인가? 성도에게 구원을 얻게 하신 그리스도가 임마누엘 주인으로 살아 주시면 된다. 그러면 항상 기뻐하고, 쉬지 않고 기도하며, 범사에 감사하는 하나님의 뜻이 그리스도 예수 안에서 이루어지게 된다(살전 5장).

하나님이 강림하실 때까지 성도는 거룩을 유지해야 한다. 그것이 하나님의 뜻이기 때문이다. 환난과 핍박이 있는 환경에서 그리스도의 강림을 기대하고 소망하는 것은 좋지만, 하나님이 기뻐하시는 거룩한 생활이 무너지면 안 된다. 또한 열광적으로 그리스도의 강림을 고대하면서 생활을 돌보는 일손을 놓아서도 안 된다. 그러므로 거룩하게 사는 자는 이런 고백을 하게 될 것이다. "나는 죽었고, 예수 사셨네!" 나의 뜻은 죽고 하나님의 뜻이 살아서 하나님을 기쁘시게 하는 외침이다.

하나님이 원하시는 거룩은 사람다운 사람이나 괜찮은 사람으로 사는 것이 아니다. 하나님의 자녀다운 사람으로 살기를 원하신다. 그것은 나의 가장 깨끗한 것도 하나님의 거룩에 도달할 수 없기 때문이다. 그래서 예수 그리스도로 사는 것을 취하고, 예수 그리스도로 살지 못한 것은 버려야 한다. 내 지식의 기준으로 판단하고 사는 것 자체가 악하기 때문이다. 악은 모든 모양이라도 버리게 하시는 분이 부르셨으니 그분이 또한 이루실 것이다(살전 5:24).

데살로니가후서

데살로니가후서는 바울이 제2차 선교 여행 때
고린도에서 기록한 책으로, 주의 날을 바라보는 성도들에게
그리스도의 인내로 환난을 이기라고 권면한다.

데살로니가후서 구조 잡기

- 주제 : 환난을 이기는 그리스도의 인내

서론(1장) : 호적법	복음으로 중생한 자들은 천국에 호적 된다.
본론(2장) : 시민법	천국 시민은 합법적으로 영광을 얻는다.
결론(3장) : 포상법	충성은 그리스도의 인내로 형제를 사랑하는 상이다.

성도를 환난 받게 하는 자는 환난으로 갚으시고, 환난당하는 성도는 안식으로 갚으신다. 성도가 중생해서 천국에 호적이 올라간 것은 세상의 환난 속에서도 하나님 나라에 합당한 자로 살게 하시려는 것이다. 또한 그 나라의 시민이 된 것은 그리스도의 영광된 삶을 살게 하시려는 것이다. 그리고 천국 시민은 선을 행하는 충성된 일꾼으로 원수를 사랑하고 축복하게 하시려는 것이다.

데살로니가후서 초점 잡기

데살로니가교회에는 바울의 첫 번째 편지를 받고 주의 강림이 임박했다고 오해하

거나 또는 주의 날이 이르렀다는 뜬소문이나, 직통 계시 같은 환상을 보았다거나, 거짓 가르침이나, 혹은 바울에게서 그런 편지를 받았다고 꾸미는 소리에 현혹되어 일도 안 하고 빈둥거리며 문제만 일으키는 사람들이 있었다. 바울은 이런 데살로니가교회의 소식을 듣고 두 번째 편지를 쓰게 된다. 두 번째 편지는 앞으로 오실 주님의 심판이 있을 것이지만, 두려워하거나 동요하거나 힘들어하지 말고 그리스도의 인내로 부지런히 선을 행하라는 내용이다. 그리스도의 재림은 하나님을 크게 대적하는 불법의 사람, 멸망의 아들이 나타나기 전에는 일어나지 않는다. 그러나 그리스도의 재림이 가까울수록 노아의 때와 같은 현상이 나타난다. 사람들은 도둑같이 임하는 주의 날이 임박해도 먹고, 마시고, 장가들고, 시집가느라고 눈치챌 수가 없다. 노아의 때와 같은 시대에 주의 날이 밤에 도둑같이 임할지라도 세상에 빠지지 않고, 세상을 본받지 않고 말씀과 은혜에 깨어 있는 빛의 아들, 낮의 아들에게는 주의 날이 도둑같이 임하지 않는다(살전 5:2-9; 마 24:37-44). 그러므로 하나님의 부르심에 합당한 자는 말에나 일에나 하나님 나라의 값어치대로 자신을 깨끗하게 해야 한다. 때마다 일마다 평강 주시는 그리스도를 바라보면서!

> "평강의 주께서 친히 때마다 일마다 너희에게 평강을 주시고 주께서 너희 모든 사람과 함께하시기를 원하노라"(살후 3:16).

고린도전서

고린도전서는 바울이 제3차 선교 여행 때 에베소에서 기록한 책으로, 교회에 발생한 문제에 해답을 제시한다.

고린도전서 구조 잡기

- 주제 : 그리스도는 문제의 해법

서론(1-4장) : 교회의 분쟁	일만 스승과 한 아비
본론(5-14장) : 교회의 문제	경계의 거울과 본의 거울
결론(15-16장) : 교회의 회복	부활 신앙으로 살려 주는 영

교회의 분쟁은 교회의 실체이신 그리스도를 붙잡지 않고 그림자인 일만 스승(인본주의)을 좇다가 생긴 것이다(고전 1-4장). 분쟁이 생기면 또 다른 문제도 생긴다. 광야 같은 세상에 초점을 잡고 사는 인본주의적(사람이 기준) 삶은 음행과 송사, 혼인, 우상의 제물과 주를 시험한다(고전 5-9장). 그리스도에게 초점을 잡고 사는 신본주의적(말씀이 기준) 삶은 경계의 거울로 사는 저희 다수와 같지 않으며, 본의 거울로 사는 저희 소수의 삶으로, 자신을 머리에 두지 않고 그리스도를 머리에 두는 삶이며, 신령한 은사를 가지고 자기의 의를 드러내지 않고 공동체의 유익을 위해 사용하며, 가장 큰 은사인 아가페 사랑으로 교회의 몸을 세운다(고전 10-14장). 교회의 분쟁과 문제에 빠진 자들을 십자가의 도와 아가페로 해결하고, 날마다 죽는 부활

신앙과 살려 주는 영으로 살아 하나님의 마음을 시원하게 한다(고전 15-16장).

고린도전서 초점 잡기

알렉산드리아 출신의 아볼로가 에베소에 머물고 있던 브리스길라와 아굴라를 만나 하나님의 도를 배운다. 이것이 계기가 되어 아볼로는 고린도교회의 사역자로 가게 된다(행 19:1). 그 사이 바울은 파송 교회 안디옥을 출발해서 제3차 선교지인 에베소로 가는 동안 먼저 갈라디아와 브루기아 지역을 거친다. 에베소 지역에서 3년간 머물며 회당에서 3개월 그리고 두란노 서원에서 2년 동안 강론한다(행 19:8-10). 바울이 이렇게 에베소에서 사역을 하고 있는데 글로에의 집 사람들을 통해 고린도교회에 분쟁이 있다는 소식(고전 1:11)을 듣는다. 그리고 고린도교회를 대표하는 스데바나와 브드나도와 아가이고가 찾아와서 교회의 여러 가지 문제에 대해 논의하고 바울에게 해답을 얻기 원한다. 그래서 바울은 그 문제의 해답으로 고린도전서를 쓰게 된다.

그런데 바울이 고린도전서를 쓰기 전에 먼저 쓴 편지가 있었던 것 같다. 이 편지는 유실되어 지금은 전해지지 않지만, 바울이 고린도전서를 쓰면서 약간 언급한 내용이 있다(고전 5:9-11). 그것은 음행하는 자들이나 탐욕으로 빚어지는 사기나 도둑질, 우상 숭배 등에 대한 내용이다. 이 편지를 읽은 고린도 교인들에게 큰 변화는 나타나지 않고 교회는 혼란만 가중된다. 이런 문제들을 적극적으로 해결하기 위한 방안으로 고린도교회의 대표들이 바울을 방문하게 된다.

이러한 상황에서 쓰인 고린도전서의 초점은 문제의 심각성보다 문제를 해결할 수 있는 말씀에 있다. 바울은 고린도교회의 문제를 해결하기 위해 예전 광야 시대 조상들에 대한 실제적 사례를 통해서 문제의 해결자가 그리스도이심을 역설하고 있다(고전 10:1-4). 고린도교회와 광야 교회의 진단서를 보면 문제의 병명이 같다. 고린도교회는 음행, 송사, 혼인, 우상, 시험이고, 광야 교회는 우상, 간음, 시험, 원망이다. 그럼 해결책은 무엇인가? 광야 같은 세상에서 고린도교회와 광야 교회와 같은 시험이 닥칠 때 피할 길은 오직 예수 그리스도뿐이시다. 교회의 머리 되신 그리스도를 붙잡지 않으면 분쟁에 휩싸이게 된다(고전 1-4장).

그렇게 분쟁이 생기면서 또 다른 문제들이 발생한다. 인본주의적 종교 생활로 성적으로 문란하고, 법정 다툼이 생기는 사기와 도박을 일삼고, 가정이 형성되는 혼인의 목적이 빗나가고, 종교적 지식을 갖고 형제를 실족하게 하고, 주를 시험하기도 한다(고전 5-9장). 이런 문제의 시험은 세상에 살면 누구나 겪을 수 있다. 그러나 세상에서 겪는 시험은 광야 교회에서 저희의 소수(여호수아, 갈렙)가 시범을 보여준 것처럼 빠져나오는 길이 있다. 그것은 자기 생각으로 사는 것이 아니라 그리스도를 머리에 두는 삶으로, 하나님이 주신 은사를 교회 공동체를 섬기기 위해 헌신하며, 예수 그리스도의 사랑이 나타나는 아가페 사랑으로 교회의 지체들을 돌보는 것이다(고전 10-14장). 이것은 "나는 죽었고, 예수 사셨네!" 하는 신앙 고백의 열매다. 이런 고백의 열매로 교회 안의 분쟁과 교회 밖의 문제에 휘말린 자들을 회복시키고, 예수 그리스도의 부활을 기대하는 마음을 품고 그리스도의 은혜 안에 살면서 하나님의 마음을 속 시원하게 해 드린다(고전 15-16장). 고린도전서는 교회 문제의 질병은 새 계명으로 치료되고 회복된다고 말씀한다.

교회의 분쟁은 같은 말, 같은 마음, 같은 뜻이 없어서 생긴 것인데 그것은 사람마다 다른 기준을 갖고 있기 때문이다. 그러나 십자가의 메시지는 사람에게 동일한 기준을 제시한다. 이것이 지혜고 능력이다. 교회의 모든 문제를 해결하는 방법도 내가 죽고 예수가 사시는 왕 노릇으로 충분한 능력이다. 그러므로 십자가의 도가 분쟁을 해결하는 비밀이고, 문제를 해결하는 능력이며, 본의 거울로 사는 지혜다.

고린도후서

고린도후서는 바울이 제3차 선교 여행 때
마게도냐에서 기록한 책으로, 교회의 문제에서 해답을 찾은 성도에게
새 언약의 일꾼으로 사는 모습을 제시한다.

고린도후서 구조 잡기

- 주제 : 새 언약의 일꾼

서론(1장) : 새 언약 일꾼의 고난	사형 선고는 위로자로 세우는 방법
본론(2-6장) : 새 언약 일꾼의 존재	돌비가 아닌 심비에 새겨진 존재
결론(7-13장) : 새 언약 일꾼의 사역	견고한 진을 파하는 예수의 강력

바울의 선교 여행은 심한 고난을 받아 살 소망까지 끊어지고 마음에 사형 선고를 받았다. 하지만 하나님은 사망에서 건지시고 하나님만 의뢰하게 하셨다. 또한 세상 환난에서 고통당하는 자들에게 위로자가 되게 하셨다(고후 1장). 하나님의 위로자는 그리스도의 향기로 사탄을 이기고, 심비에 새겨진 그리스도의 편지로 죄인에게 자유의 소망을 주고, 그리스도의 형상을 나타내고, 그리스도 대사의 직책을 감당하고, 하나님의 일꾼으로 은혜의 구원을 선포한다(고후 2-6장). 하나님의 일꾼은 없어질 재료를 통해 영광의 중한 것을 받는 데 있어 쓰임 받는다. 진리를 전해서 구원의 회개와 없어질 물질로 성도를 섬기게 하고, 물질보다 더 중요한 육신의

지식, 재능, 열정으로 헌신해서 하나님의 영광을 나타낸다. 육체의 연약함과 궁핍, 핍박, 곤란도 그리스도의 능력이 나타날 기회다(고후 7-13장).

고린도후서 초점 잡기

바울은 에베소에서 3년 목회하는 동안 고린도교회에 유실된 첫 번째 편지를 써 보내고 난 후에 그 교회에서 바울의 사도권을 의심하는 심각한 소문을 듣게 된다. 바울은 문제를 해결하기 위해 (언제인지는 모르지만) 고린도교회에 두 번째 방문을(첫 번째 방문은 제2차 선교 여행인 행 18장, 세 번째 방문은 고후 13:1) 하지만 잘 해결되지 않자 다시 에베소로 돌아온다.

에베소로 돌아온 바울은 눈물로 쓴 편지(고후 2:4, 9, 7:8)를 디도 편에 보낸다. 바울이 눈물로 쓴 편지는 고린도후서를 쓰기 전에 쓴 편지다. 디도가 편지를 가지고 고린도에 간 사이 에베소에서는 바울이 전한 복음의 말씀 때문에 소동이 일어난다. 에베소에 사는 데메드리오는 아데미 여신상을 만들어 생계를 유지하고 있었다. 그런데 바울이 나타나서 '사람이 만든 신은 신이 아니다'라고 사람들을 설득시켜서 데메드리오가 장사가 안 된다고 소동을 일으킨 것이다.

바울은 디도의 소식을 기다리다가 에베소의 소동으로 인해 마게도냐로 가는 도중에 드로아에 도착한다. 때마침 드로아에서 복음의 문이 열렸는데도 디도를 만나지 못한 불편한 마음 때문에 그냥 마게도냐로 가게 된다(고후 2:13). 그런데 거기서 디도를 만나 크게 기뻐한다(고후 7:5-6). 고린도 교인들이 회개했다는 소식을 들었기 때문이다. 고린도교회의 회개 소식을 듣고 마게도냐에서 쓴 편지가 고린도후서다.

이렇게 쓴 고린도후서에는 근심하게 한 편지를 받고 회개한 자들에게 감사한 마음과 예루살렘교회를 돕기 위한 연보 요청과 바울 자신을 공격하는 세력에 대한 변호의 내용이 담겨 있다. 바울의 제3차 선교 목적 중에는 예루살렘교회를 돕기 위한 연보에 대한 계획도 있었다(고후 8-9장). 고린도교회는 1년 전부터 준비한 연보(고후 8:10)를 마게도냐인들에게 말한다(고후 9:2). 그러면서 바울은 자신이 진짜 괜찮은 사도라고 말한다(고후 10장-11:5). 외부의 거짓 교사가 바울이 거짓 사도라는 증거로 바울이 설교하고 사례를 받지 않는 것을 말한다. 그 당시 헬라에서는 유명할수록 강사료가 많았다. 적은 돈을 받는 자는 싸구려 철학자라는 인식이 있었다. 바울은 자신이 손수 일하며 빌립보교회의 헌금으로 생활하고 고린도에서는 폐를 끼치지 않았다. 그는 자신이 거짓 사도가 아니라는 것을 보여 주기 위해 자기의 연약한 것을 자랑한다(고후 11:16-12:10).

고린도후서의 큰 줄기는 새 창조의 존재(고후 1-6장)와 새 계명의 삶이다(고후 7-13장). 새 창조의 존재는 스스로 감당할 수 없는 사형 선고와 같은 환난을 당한다. 이것은 하나님만 의뢰하게 하는 하나님의 고도 작전이다. 이 작전에 걸려든 하나님의 위로자는 세상에서 그리스도의 향기를 내면서 새 언약의 일꾼으로 산다. 새 언약 일꾼의 주된 사역은 죄인을 하나님과 화목하게 하는 직책으로 사람을 하나님의 자녀 되게 하는 일이다. 이 사역에는 사망을 이기고 위로하는 능력이 있고, 사탄을 이기고 용서하는 능력이 있고, 세상을 이기고 살려 주는 영으로 사는 은혜가 있다. 그 은혜로 사는 성도는 보배를 질그릇에 담은 예수 생명으로 환난을 이기며, 설교자를 깨우는 설교자로, 제자를 불 지르는 제자로, 사명자를 살려 주는 사명자로, 은사자를 풀어 주는 은사자로, 선교사를 세우고 파송하는 선교사로 살아가게 된다.

로마서

로마서는 바울이 제3차 선교 여행 때 고린도에서 기록한 책으로,
복음의 핵심인 예수 그리스도를 설명한다.

로마서 구조 잡기

• 주제 : 믿음으로부터 오는 순종

서론(1-3장) : 복음 설명	사람이 창조주에게 순종하는 복음 생활
본론(4-11장) : 복음 효력	생명의 성령의 법으로 넉넉한 승리 생활
결론(12-16장) : 복음 실천	사는 것이 산제사가 되는 선교 생활

그리스도는 불순종하는 피조물을 순종하게 하는 믿음을 주시려고 복음으로 오셨다. 아브라함은 믿음으로 의롭게 된 믿음의 조상이다. 아브라함처럼 구원받은 성도들에게 나타나는 복음의 효력은 환난의 세상살이를 넉넉히 이기게 한다. 또한 구원의 복음은 약속의 씨를 통해 전 세계에 전파된다. 그리고 복음이 있는 성도는 "나는 죽었고, 예수 사셨네!"라는 고백으로 선교 생활을 한다.

로마서 초점 잡기

바울은 에베소를 떠나 마게도냐에서 고린도후서를 쓰고 난 후에 고린도에 방문한다. 그곳에 3개월 동안 머물면서(행 20:3) 제3차 선교 여행을 마감하고 그 다음으로

서바나(스페인)로 갈 계획을 세운다(롬 15:23). 바울은 이미 예루살렘에서 일루리곤까지 복음을 편만하게 전했다(롬 15:19). 바울은 더 넓은 지역을 바라보면서 로마교회의 물질적인 도움을 받아 스페인에 가고 싶다는 내용을 고린도에서 뵈뵈 편으로 보낸다(롬 16:1). 로마서는 복음의 핵심을 설명한다. 그 복음의 핵심은 그리스도다. 또한 그 복음의 핵심인 그리스도는 믿음으로 만날 수 있다. 복음은 창조주에게 불순종한 것을 해결하고 순종하게 하는 능력이다. 갈대 상자 안에는 모세의 생명이 있었고, 복음 상자 안에는 예수의 생명이 있다. 예수 생명은 성도 안에서 임마누엘로 순종하게 한다. 하나님의 은혜는 믿음으로 구원을 얻게 하고, 믿음으로 순종하게 하는 것이다. 임마누엘 그리스도가 세상을 주관하고 인생을 책임지실 것을 믿는 것이 아멘이고 순종이다. 사람으로 살면 헛되다. 하나님의 자녀로 살면 참되다. 세상에는 헌 것 vs. 새것, 헛것 vs. 참것이 있다. 순종은 새것이고 참것이다. 순종은 사람으로 살기를 포기하고 하나님의 자녀로 살기를 결정하고 확증하는 것이다.

로마서의 구조는 간단하다. 믿음으로 구원받으면 나타나는 현상(롬 1-11장)과 구원받고 믿음으로 사는 방법이다(롬 12-16장). 좀 더 자세히 구조를 살펴보면, 복음이 설명되고(롬 1-3장), 믿음의 조상 아브라함이 등장하고(롬 4장), 성도의 상황이 나온다(롬 5-8장). 그리고 인류의 구원이 어떤 과정을 거치는지 설명하고(롬 9-11장), 성도의 믿음 생활이 공개된다(롬 11-16장).

죄인은 자기 영광을 위해 살고 의인은 하나님의 영광을 위해 산다. 하나님은 불순종하는 피조물에게 순종하게 하는 믿음을 주기 위해 복음으로 예수님을 보내셨다(롬 1-3장). 하나님의 은혜인 믿음으로만 만날 수 있는 복음은 아브라함을 의롭게 했다(롬 4장). 모든 사람에게 차별이 없는 복음으로 하나님의 자녀가 된 성도들에게 나타나는 환난의 세상살이는 순종살이와 예수살이와 성령살이로 넉넉히 이길 수 있다(롬 5-8장). 아브라함으로부터 출발한 이스라엘의 구원은 혈통, 육정, 사람의 뜻으로 나는 것이 아니다(요 1:13; 롬 9:8). 오직 약속의 자녀가 참이스라엘이다(눅 19:9; 롬 4:11). 그러므로 약속의 씨를 통해 구원의 복음이 전 세계에 전파된다(롬 9-11장). 복음이 있는 성도의 생활은 산제사와 아가페로 하나님 나라를 세우는 열방 구원이 세계 선교로 확산된다(롬 12-16장).

복음으로 구원받은 성도가 새 계명으로 산다는 것은 어떤 것인가? 그리스도의 형상을 본받아 그 모습을 나타내는 것이다. 옛 사람으로 사는 방식과 새사람으로 사는 방식은 다르다. 옛 사람은 자기 생각을 기준 삼아 살고, 새사람은 성령이 인도하시는 대로 산다. 성령이 인도하시는 삶으로 살 때 이해되지 않아도 속는 셈치고 믿는 것이다. 내 생각으로 일하면 필요 이상으로 기대해서 넘어진다. 사람을 믿다가 원망한다. 도와줄 만한 사람도 마음은 원이지만 자기 형편이 안 되어서 못 도와주는 것이다.

내가 내 욕심에 넘어질 필요는 없다. 부모 자식과 세상 모든 일이 다 그렇다. 그러나 장담하는 것은 하나님 말씀이다. 이보다 더 안전한 것은 없다. 그 말씀은 믿을 수 있고 기댈 수 있다. 성령이 인도하시는 방식이 잘 이해되지 않아도 복음을 믿게 되면 흔들리지 않고 넉넉하게 버틸 수 있다.

새 계명으로 산다는 것은 내 욕심을 정리해서 옛 사람을 벗고 새사람을 입는 것으로 그리스도의 형상을 본받는 것이다. 또한 면류관을 받는 것이다. 옛 사람을 벗겨 내는 일은 안면 있는 사람이 힘들게 할 때다. 그런 사람을 고약한 놈이라고 한다. 고약은 고름을 빼내는 약이다. 약발 잘 받는 사람이 천적으로 붙어 있는 것을 비유하는 말이다. 신기하고 놀랍게도 그런 사람에게서 자신의 모습이 보일 때가 있다. 선교지에서는 안면 없는 사람들이 와서 힘들게 한다. 선교는 새 계명으로 사람들의 죄를 용서하고, 그 영혼을 구원받게 하고 은혜받게 하는 일이다.

복음으로 구원받은 성도가 산제사로 사는 것은 어떤 것인가? 예전에 칠레 산호세 광산의 광부 33인이 갱도에 매몰되면서 69일 만에 구출된 기적적인 사건이 있었다(2010년 8월 5일-10월 13일). 그때 인터뷰에서 몸무게 12킬로그램이 빠진 자가 "내가 나를 먹고 있었다"라고 말했다. 산제사는 예수 그리스도를 먹고 예수로 사는 것이다. 세상 사람들은 세상이라는 광산에 묻혀서 수십 평생을 굶주림에 지쳐 사는 인생들이다. 그들은 죄악에 굶주리고, 권력과 명예, 쾌락과 물질, 지식 등에 굶주려 있다. 이들을 구원하는 '불사조 캡슐', 즉 신구약 복음(캡슐 약)을 먹는 것이 산제사, 순교할 수 있는 힘이다. 사는 것이 제사, 순교의 삶인 것이다. 복음 캡슐 안에 들어가야 살고, 예수 캡슐을 먹어야 영원히 산다. 가장 아름다운 산제사의 삶은 세상에 매몰된 사람들을 구출하는 불사조 복음 캡슐로 사람을 사랑하고 축복하는 일이다.

에베소서

에베소서는 바울의 옥중서신으로
교회에 대한 설명이다.

에베소서 구조 잡기

• 주제 : 하나님의 신비한 교회

서론(1장) : 교회의 태동	삼위일체 구원으로 교회가 시작된다.
본론(2-3장) : 교회의 사명	그리스도를 드러내는 사명을 다한다.
결론(4-6장) : 교회의 사역	성도로 사는 합당한 열매를 거둔다.

창세전에 택함을 받은 성도는 삼위일체 하나님의 은혜로 구원을 받아 교회로 태어난다. 교회로 태어난 성도는 하늘의 신령한 복을 나타내면서 복음의 일꾼으로 그리스도의 비밀을 전하고 드러내고 알게 한다. 그런 교회의 사명을 감당하는 사역은 부르심의 합당한 일이다. 진리가 예수 안에 있는 삶으로 사랑하고 축복하는 일을 해서 빛의 열매를 맺는다. 또한 사람을 대할 때는 주님에게 하듯 하고, 마귀를 대할 때는 주님이 하시듯 한다. 주님을 대할 때는 변함없이 사랑한다. 이러한 은혜는 말씀의 능력으로만 가능하다. 이 능력으로 복음의 비밀을 담대히 전하는 세계 선교를 한다.

에베소서 초점 잡기

바울은 로마 감옥에서 에베소교회에 보낼 편지를 쓴다. 이 편지에는 구원이 어떻게 발생하고, 구원을 통해 교회로 세워진 성도가 어떻게 살아야 되는지 기록되어 있다. 하나님이 교회에게 주신 최고의 사명은 하나님에게 영광을 돌리는 것이다. 성도는 하나님과 예수 그리스도 그리고 성령님이 함께 역사하신 삼위일체 구원으로 그리스도의 몸인 교회가 되었다. 교회는 영원부터 만물을 창조하신 하나님 속에 감추었던 하나님의 비밀인 그리스도를 드러내고, 하늘의 각종 지혜를 알게 하고, 그리스도의 풍성하신 은혜를 세상에 전하는 사역이다. 이 사역을 위해 주신 직분과 은사는 성도를 온전하게 하고 그리스도의 몸을 세우는 일이다. 이 사역을 가장 잘 감당하는 큰 은사는 물질이나 재능이나 건강보다는 새로운 생명이신 그리스도로 사는 것으로, 전신갑주를 입는 비밀 중의 비밀이다.

하나님이 베푸시는 구원은 항상 삼위일체 하나님이 움직이고 삼위의 하시는 일이 명확하게 나타난다. 이 구조 속에서 성경이 움직인다. 창세기에서 하나님이 사람을 만드실 때 "우리의 형상을 따라"라고 말씀하셨다. 그때도 삼위의 하나님이 일하셨다. 에베소서의 "찬송하리로다"는 구원을 노래하는 새 노래다. "찬송하리로다"를 해 놓고 출발한다. 구원받은 하나님 자녀는 이런 찬송이 터져 나와야 한다. 하나님은 우리를 창세전에 복 주려고 택하시고 당신의 자녀가 되게 하셨다. 목적은 거룩하고 흠이 없게 하셔서 하나님이 영광을 받으시려는 것이다. 구원받은 성도가 그리스도 안에서 하나님에게 영광을 돌리지 못하면 구원받은 목적에서 어긋나게 된다.

교회를 아무리 오래 다녀도 전도, 구제, 헌금, 봉사, 헌신하는 것을 어렵게 생각하고 힘들어할 때가 있다. 그런데 예수 그리스도의 복음을 믿고 구원의 은혜에 눈이 떠지면 자기가 알아서 전도, 구제, 헌신하게 된다. 그래서 구원의 복음으로 사는 것은 복잡하지 않고, 쉽고 가벼운 것이라고 주님은 말씀하신 것 같다. 예수 복음으로 구원받은 성도는 말씀에 대한 깨달음이 생기게 되고, 마음이 말씀에 반응하게 된다. 그 반응은 매사에 그리스도를 의지하고, 자기 주장을 내려놓고 그리스도를 드러낸다. 가정에서, 직장에서 또는 어디에서든지 자연스럽게 드러나게 된다. 복음은 인간 자신을 위해 살도록 가만 놔두지 않는다. 그래서 하나님은 자기 이름을 위해 인간을 의의 길로 인도하신다. 복음은 인간 자신을 위해서 의롭게 살라는 것이 아니다. 그리스도가 십자가에서 죽으신 것은 만물을 위함이 아니라 인간을 위한 것이다. 그리스도는 인간을 사랑해서 죽으셨지만 하나님의 영광을 위해 다시 살아나셨다.

그러므로 구원받은 성도는 나를 위해 죽고, 그리스도를 위해 살아야 한다. 다시 말하면, 죄에 대해 죽고, 의에 대해 살아야 한다는 것이다. 예수 그리스도가 나의 죄를 위해 죽으신 은혜는 하나님의 영광을 위한 것이다. 구원의 복음은 그 은혜로 살게 해서 하나님에게 영광을 돌리게 하는 것이 궁극적인 목적이다. 내가 하나님의 영광을 위해서 살 때 그것이 가장 자신을 위한 것이고, 나의 죄를 위해 죽으신 예수 그리스도의 복음이 되는 것이다. 나를 위해 살 것인가, 그리스도를 위해 살 것인가? 나의 영광을 위해 살 것인가, 하나님의 영광을 위해 살 것인가? 하나님의 영광을 위해 살려는 자는 "나는 죽었고, 예수 사셨네!"라는 실체의 삶을 살게 된다.

빌립보서

빌립보서는 바울의 옥중서신으로
복음에 합당하게 사는 성도의 비결을 제시한다.

빌립보서 구조 잡기

• 주제 : 그리스도를 존귀하게 하는 생활

서론(1장) : 합당한 복음	그리스도를 존귀하게 하는 복음
본론(2-3장) : 합당한 생활	그리스도를 아는 지식으로 합당한 생활
결론(4장) : 합당한 비밀	그리스도로 사는 일체의 비결

합당한 복음은 살든지 죽든지 그리스도를 존귀하게 하는 생활을 하게 한다. 그러므로 복음에 합당한 생활은 어떤 상황에서도 죽기까지 복종하는 자세로 그리스도의 일을 구하며, 세상의 기준이 아닌 천국 시민의 기준으로 살게 한다. 그리고 복음에 합당한 생활의 비결은 그리스도가 능력으로 내 안에서 살아 주시는 것이다.

빌립보서 초점 잡기

빌립보서는 궁핍한 생활과 풍부한 생활 속에서도 자족하면서 어떻게 기쁨으로 살 수 있는지에 대한 바울이 체험한 일체의 비밀을 설명하고 있다. 일체의 비밀에는 복음에 합당한 삶을 살게 하는 힘이 있다. 복음에 합당한 삶을 사는 비밀은 그렇게 살도록 능력을 주시는 그리스도에게 있다. 모든 상황에서 그리스도로 만족하는 일체의 비밀은 그리스도의 마음을 품고 그분의 심장으로 사는 생활이다. 그 마음의 심장은 원망과 시비가 없으며, 겸손한 마음으로 다른 사람들을 돌아보며, 복음의 진보와 믿음의 진보를 보이게 한다.

인생을 사는 목적은 물질, 명예, 권력, 지식이 아니고 그리스도를 존귀하게 하는 것이다. 또한 죽는 이유도 그렇다. 살든지 죽든지, 눈치 보든지, 비위 맞추든지 그리스도가 존귀하게 되는 것은 섬김이다(빌 1:20). 손해 보는 것이 아닌 서비스다. 예배도 서비스, 생활도 서비스, 그것이 삶이 예배가 되는 일체의 비결이다. 인생살이는 성공할 때가 있고 실패할 때가 있다. 어떠한 위기적 상황에서도 밀리지 않고 상황을 이길 수 있는 힘은 그리스도가 주시는 능력으로 사는 것이다. 인생은 때로 낮아질 때가 있다. 높아질 때뿐 아니라 낮아질 때도 아름다워야 한다. 가난과 질병과 실패와 좌절에도 아름다운 일체의 비결이 있다. 늙어질수록 아름다운 일체의 비결이 있다. 승리의 자만심을 가라앉히고 절망 중에 용기를 얻는 것은 그리스도가 책임지시는 비밀에 있다.

베드로는 그리스도를 위해 고난받는 것을 아름답다고 표현했다(벧전 2:20). 베드로가 말한 대로 바울의 아름다움은 감옥의 고난에서 멋지게 나타났다. 바울은 감옥이나 환경에 매이지 않았다. 그는 그리스도에게 매이고 사랑에 매였다. 그는 주 안에서 기뻐하라고 말한다. 이 얼마나 아름다운 모습인가! 사람들은 환난을 받고 싶어 하지 않는다. 그들은 젊고 건강하게 오래 살고 싶어 한다. 그러나 사람들은 질병에 걸리고 늙게 될 것이다. 때로 극심한 환난을 당할지도 모른다. 그럼에도 그리스도를 존귀하게 할 수 있는 아름다움은 존귀한 그리스도로 사는 것이다. 이렇게 살면 세월이 흘러 늙어도 아름다울 수 있는 비밀이 있다. 이 비밀을 알게 되면 세월이 흘러 늙는 것이 아름답도록 살고 싶어진다. 가장 아름다운 예수님을 닮도록 살면 세상이 더 아름답게 보일 것이다. 가장 아름다운 사람은 "나는 죽었고, 예수 사셨네!"라는 고백으로 산다. 늙을수록 아름다운 사람은 고난과 궁핍한 환경에 처해도 그리스도가 주시는 능력으로 기쁨과 감사가 있는 일체의 비결을 안고 산다.

골로새서

골로새서는 바울의 옥중서신으로,
진리의 실체이신 예수 그리스도를 명확히 제시한다.

골로새서 구조 잡기

- 주제 : 그리스도는 진리의 실체

서론(1장) : 그리스도의 신비	그리스도는 성도에게 임마누엘하신 신비하신 분이다.
본론(2-3장) : 그리스도의 실체	그리스도의 신비는 전인격적인 변화를 일으킨다.
결론(4장) : 신비한 세계 선교	시간을 기회로 신비의 행진은 세계 선교로 나아간다.

예수 그리스도는 성도를 복되게 하는 신비로운 에너지를 공급하신다. 그 에너지를 공급받는 성도는 세상에서 그림자로 사는 것이 아니라 예수 실체의 현실로 살게 된다. 또한 예수 생명으로 사는 존재가 되어 그리스도의 할례를 받고 하늘 지식을 가지고 살게 된다. 그러므로 성도는 신비한 그리스도의 영원한 생명을 가지고 그리스도의 신비를 전하는 세상의 선교사다.

골로새서 초점 잡기

골로새서는 교회의 머리 되신 그리스도의 실체를 드러내는 책이다. 이 책을 통해서 진리의 실체를 맛볼 수 있다. 주후 1세기 당시의 골로새교회에는 영지주의, 금

욕주의, 신비주의, 천사 숭배 등의 혼합 이단 사상이 침투해 있었다. 특히 영지주의자들은 영은 선하지만 육(물질)은 악하다고 주장한다. 영지주의는 '지식'이라는 뜻이 있다. 그래서 그들은 아는 지식으로 구원받을 수 있다고 주장한다. 바울이 이런 이단 사상에서 골로새 교인들을 돕고자 진리의 실체이신 예수 그리스도를 드러내기 위해 쓴 편지가 골로새서다. 이 편지에서 바울은 그리스도 한 분으로 충분한 구원이 있다고 설명한다.

바울이 골로새서를 통해서 그리스도의 실체를 드러내는 목적은 영지주의 이단 사설에 빠져 모조품 인생으로 사는 자들을 진품 예수 생명으로 살게 하려는 것이다. 성도가 짝퉁 인생으로 살지 말아야 하는 것은 그리스도의 명품 생명이기 때문이다. 또한 진짜가 가짜처럼 살 필요가 없기 때문이다.

골로새서는 나의 실체를 발견하고 너의 정체를 밝히는 것이다. 그렇게 하려면 실체의 본질을 찾아야 한다. 철학과 헛된 속임수 그리고 사람의 유전과 세상의 초등 학문은 그림자고 실체는 예수 그리스도시다(골 2:17). 그러므로 그리스도를 정확히 아는 것이 가짜 정체를 밝히는 지름길이고, 자신의 실체는 진품 예수 생명임을 발견하는 것이다(골 3:3-4). 수만 가지의 위조지폐를 구분하는 방법이 있다. 그것은 위조지폐가 아닌, 오로지 진짜 지폐만 연구하는 것이다. 그러면 금방 가짜를 구별할 수 있다. 이 세상에는 명품일수록 짝퉁이 많고, 진품일수록 모조품이 많다. 그리스도는 진짜 명품이기에 가짜가 판을 치는 것이다. 무엇이 진짜 진리인지 이 세상의 진리 대결에서 이기려면 진리이신 그리스도가 성도 안에서 주인으로 살아 주셔야 된다. "나는 죽었고, 예수 사셨네!"라는 고백을 하는 자에게 그리스도는 더욱 강력한 에너지로 살아 주실 것이다(골 1:29).

그리스도가 주인으로 살아 주시면 그림자 인생이 아닌 예수 실체로 살게 된다. 본질은 본래부터 갖고 있는 스스로의 모습을 말한다. 형태는 다르지만 본질은 같다. 하나님의 비밀인 예수 그리스도를 통해 하나님의 형상으로 창조된 본질적 실체의 모습을 찾게 된다. 그러면 사람이 예수 있는 성도로 변화되고(골 1장), 지식은 예수 있는 진리를 알게 되고(골 2장), 생명은 예수 있는 생명으로 살게 되고(골 3장), 세월은 예수 그리스도가 나타나는 기회로 살게 되는 진품 인생이 된다(골 4장). 진품 인생은 세상 현실인 그림자로 사는 것이 아니라 예수 실체인 그리스도로 사는 것이다. 또한 실체와 교제하며 사는 것이다. 명품을 증명하는 것은 짝퉁이다. 그리스도가 진짜 명품이기에 짝퉁 그리스도인이 너무 많은 것 같다. 참된 그리스도인은 모조품 인생을 살지 않고 명품 인생으로 살아야 한다.

최고의 명품 옷은 자신감을 입는 것이고, 최고의 짝퉁 옷은 비굴함을 입는 것이다. 최상의 진품 삶은 새 생명으로 사는 것이고, 최상의 모조품 삶은 헌 생명으로 사는 것이다. 그러므로 명품의 환상적 콤비는 짝퉁이고, 그러기에 진품의 환상적 짝궁은 모조품이다. 짝퉁 인생의 삶은 세상 옷 입고 세상살이로 살고, 진품 인생의 삶은 예수 옷 입고 예수살이로 산다.

빌레몬서

빌레몬서는 바울의 옥중서신으로,
사람을 용서하는 실체가 복음의 선한 일임을 알게 한다.

빌레몬서 구조 잡기

• 주제 : 용서는 세상에서 가장 큰 용기

서론(1-7절) : 빌레몬의 믿음	빌레몬은 사랑과 믿음이 충만한 자다.
본론(8-19절) : 바울의 간청	빌레몬에게 오네시모를 용서해 달라고 간청한다.
결론(20-25절) : 바울의 확신	빌레몬이 오네시모를 용서할 것을 확신한다.

빌레몬은 사랑과 믿음이 충만해서 성도들의 마음을 평안하게 했고, 감옥에 있는 바울은 그 모습을 전해 듣고 기쁨과 위로를 받았다. 바울은 감옥에서 만난 오네시모를 빌레몬에게 돌려보내면서 빌레몬이 오네시모의 잘못을 용서해 주기를 간청한다. 빌레몬의 순종을 확신하면서!

빌레몬서 초점 잡기

빌레몬서는 용서의 실체를 보여 주는 책이다. 그 당시는 노예가 주인에게 잘못을 하고 도망치면 주인이 노예를 죽일 수 있는 법적 권한이 주어지던 시대였다. 그런 시대에 빌레몬의 종인 오네시모가 로마로 도망을 쳤는데 그곳에서 바울을 만나게 된다. 바울의 전도로 그리스도인이 된 오네시모를 그의 주인 빌레몬에게 돌려보내면서 몇 자 적어 보낸 편지가 빌레몬서다. 빌레몬서의 내용은 도망친 노예를 사랑받는 형제로 대하라는 것이다(몬 1:16). 이런 바울의 요청은 이 당시 사회 분위기로는 도저히 받아들일 수 없는 요구였지만 빌레몬은 바울이 보낸 편지를 읽고 오네시모를 용서한다.

그 당시 문화로 빌레몬이 오네시모를 용서한 것은 바울을 통한 그리스도의 희생적 사랑을 크게 느꼈기 때문일 것이다. 그리스도의 희생적 사랑은 바울을 구원하고, 바울은 빌레몬을 헌신하게 하고, 빌레몬은 오네시모를 용서하게 된다. 이렇게 그리스도의 사랑은 신실한 사람들의 마음을 움직여 또 다른 희생적 사랑을 결단하게 한다. 손양원 목사는 자기 아들을 죽인 원수를 아들로 삼았다. 종을 형제로 대하는 것은 참으로 어려운 일이고, 자기 아들을 죽인 원수를 아들로 삼는 것 또한 상당히 어려운 일이다. 빌레몬서 뒤편에 부록으로 '손양원서'가 있으면 좋겠다. 하나님은 당신의 아들, 예수 그리스도를 십자가 처형으로 죽인 사람들을 용서하고 그들을 사랑해서 당신의 아들들이 되게 하신다. 큰 하나님의 용서와 사랑은 작은 인간의 용서와 사랑의 물줄기를 만들어 낸다.

바울은 감옥에 있는 것을 두려워하지 않았던 것 같다. 그는 이미 제2차 선교 여행을 할 때 빌립보 감옥 안에서도 하나님의 일하심을 보았고, 간수에게도 복음을 전해 회심한 간수와 그의 가정이 루디아를 통해 시작된 빌립보교회의 초석이 되었다. 이처럼 그는 감옥 안에서도 여전히 하나님의 일, 복음 생활을 했다. 바울에게는 전도 생활과 구원 생활이 따로 있는 것이 아니라, 생활 자체가 전도자의 삶이었다. 하나님의 사람들은 환경이 중요한 것이 아니다. 있는 그곳에서 얼마만큼 예수 그리스도를 나타내는 복음의 삶을 살고 있느냐가 중요한 것이다. 창세기에 나오는 요셉은 억울하게 종살이와 옥살이를 하게 되었지만, 그의 삶은 하나님의 은혜로 복살이와 총리살이로 바뀌는 삶이 되었다. 바울의 옥살이도 사람을 살려 내는 생명살이와 구원살이가 되었다. 그 증거가 빌립보 감옥의 간수와 로마 감옥에서 만난 오네시모다.

용서받은 오네시모의 삶은 어떠했을까 궁금하다. 우리도 그리스도에게 용서받은 오네시모와 같은 존재다. 그러므로 용서받은 우리는 어떻게 살아야 할까? 큰 죄인으로 용서받은 자는 힘든 상황과 힘들게 하는 사람을 만나도 넉넉히 감당할 수 있을 것이다. 하나님이 오네시모 같은 우리를 예수 그리스도를 통해서 살리셨기에 이 땅에서 힘들게 하고 어렵게 하는 원수 같은 사람을 만나도 그리스도의 깊은 사랑으로 살려 낼 수 있어야 한다. 빌레몬은 "나는 죽었고, 예수 사셨네!"라는 심정으로 오네시모를 용서했을 것이고, 용서받은 오네시모는 바울과 빌레몬의 사랑을 기억하며 살았을 것이다. 우리도 예수 그리스도의 사랑으로 다른 사람을 용서하고 축복하며 살아야 하지 않을까?

용서는 세상에서 가장 큰 자유자의 용기(勇氣)다. 이런 사랑의 용기는 보배를 담은 질그릇의 용기(容器)다. 그리스도를 담아 낸 용기(容器)는 배짱으로 하나님 말씀대로 해 보는 것이 아니다. 내 배짱과 내 의지로는 하나님 말씀대로 용서하고 사랑하며 축복할 수 없다. 그러나 질그릇에 보배를 담은 자는 "나는 죽고, 예수 사셨네!"라는 고백으로 원수를 사랑해 보는 것이고, 미운 사람을 미워하지 않을 자유를 누리는 것이다.

디모데전서

디모데전서는 바울이 디모데에게 쓴 책으로,
경건에 이르기를 연습하라고 전한다.

디모데전서 구조 잡기

• 주제 : 충성된 자의 삶

서론(1장) : 충성된 자의 직분	충성된 직분으로 믿음의 선한 싸움을 싸운다.
본론(2-5장) : 충성된 자의 생활	충성된 자는 기도와 말씀의 경건 생활을 한다.
결론(6장) : 충성된 자의 결과	충성된 자의 선한 싸움은 영생을 취하는 싸움이다.

충성은 그리스도를 나타내기 위해 선한 싸움을 싸우는 직분이다. 이 직분을 가진 자는 말씀과 기도 생활로 자신을 거룩하게 해서 공동체에 외적인 경건을 드러내고, 개인적으로 내적 경건의 내공을 쌓아서 참된 생명을 취하는 믿음의 선한 싸움을 싸운다. 그러므로 충성은 자신의 전부를 드려서 하나님에게 소망을 두고 선한 싸움으로 영생을 취하는 것이다.

디모데전서 초점 잡기

바울은 믿음 안에서 참아들인 디모데에게 목회의 방법을 전수하고 있다. 그는 디모데에게 초두부터 선한 싸움을 싸우라고 말한다(딤전 1:18). 선한 싸움의 내용은 경건을 기준으로 기도 생활(딤전 2장)과 직분 생활(딤전 3장), 말씀 생활(딤전 4장), 공동체 생활(딤전 5장)에 충성하면서 선한 싸움의 결과인 영생을 놓치지 않는 것이다. 바울은 이를 명령하듯이 말한다(딤전 6:12). 그러면서 그는 디모데에게 에베소교회를 목회하는 데 있어 가장 중요한 세 가지 사역에 헌신하라고 당부한다(딤전 4:13-15).

바울이 디모데에게 당부하는 에베소교회의 세 가지 기본 사역은 '공적인 성경 읽기'(to the public reading of Scripture), '설교하기'(to preaching), '가르치기'(to teaching)다.

> "그러나 성령이 밝히 말씀하시기를 후일에 어떤 사람들이 믿음에서 떠나 미혹하는 영과 귀신의 가르침을 따르리라 하셨으니"(딤전 4:1).

> "때가 이르리니 사람이 바른 교훈을 받지 아니하며 귀가 가려워서 자기의 사욕을 따를 스승을 많이 두고 또 그 귀를 진리에서 돌이켜 허탄한 이야기를 따르리라"(딤전 4:3-4).

하나님 말씀을 잘 알아듣는 귀는 말귀? 하나님의 말귀를 못 알아듣는 귀는 마귀? 세상에는 악한 세력의 기가 있다. 세상의 기싸움에서 이기려면 귀(?)싸움에서 이겨야 한다. "귀 있는 자는 성령이 교회들에게 하시는 말씀을 들을지어다"(계 2:7, 3:6, 13:9). 요즘 교회는 설교하고, 가르치고, 치유하는 사역은 활발하지만 성경 읽기 사역은 등한시하는 경향이 있다.

에베소교회에는 공적인 성경 읽기 프로그램이 있었다. 그래서 바울은 디모데에게 그 프로그램으로 성경을 읽으라 한다. 성경 읽는 것은 설교나 성경 공부처럼 중요한 프로그램이다. 왜 성경 읽기 프로그램이 중요한가? 세상에서 마귀와 같은 악의 세력은 성경을 읽지 못하게 방해한다. 성경을 읽고 들으면 믿음이 생기기 때문이다(롬 10:17). 그래서 제일 하기 힘든 것이 성경 읽기다. 사람들이 성경 공부를 다 해도 믿음만 없으면 되기 때문에 성경을 못 읽게 만든다. 사람의 귀는 세상의 달콤한 비진리를 들으면 그것을 곧바로 믿는 경향이 있다. 그래서 귀가 중요하다. 사기꾼은 귀에 속이는 말을 들려준다. 진리의 말씀에는 믿음의 유익이 있고, 세상의 환난과 곤란을 이길 수 있는 힘이 있다. 그래서 성경을 읽는 것이 중요하다. 또한 하나님 말씀을 읽고 듣는 것은 복된 일이다. 성경을 읽으면 믿음이 생겨서 말씀을 지키게 하기 때문이다(계 1:3).

만일 당신이 성경을 펼치면 그것을 읽게 될 것이다. 만일 당신이 성경을 읽으면 그것을 믿게 될 것이다. 만일 당신이 성경을 믿으면 그대로 살게 될 것이다. 책장 안에 잠든 성경은 펼치지 않아 읽히지 않으며, 마음속에 잠든 성경은 삶으로 펼치지 않아 살아지지 않는다. 성경을 펼치면 새로운 인생이 펼쳐진다. 성경 속에는 죽음을 넘어 영원을 향한 인생의 새로운 역사가 펼쳐져 있기 때문이다. 사람의 눈은 가시광선이 있어야 볼 수 있는데, 그 눈으로 성경 말씀을 보게 되면 보이지 않는 참빛이 마음에 들어와 성경에서 말씀하신 하나님을 보게 된다(고후 4:6). 눈에 보이지 않는 하나님은 눈에 보이는 예수 그리스도로 세상에 오셨다. 그 하나님을 성경을 통해서 더 선명하게 볼 수 있다. 그러므로 말씀을 듣고, 보고, 읽는 것은 하나님을 만나기 위한 귀한 통로다.

중세 시대를 일명 암흑 시대로 표현한다. 그 당시에는 모두가 그리스도인이었지만 그들은 성경을 읽지도 않았고, 알지도 못했기 때문이다. 물론 로마가톨릭에서 성경을 읽지 못하게 한 원인도 있다. 암울한 중세 시대(주후 5-16세기)가 더 깊어지는 어두운 시기(주후 12-14세기)에 성경의 진리를 아는 몇몇 신자는 성경을 읽게 해 달라는 청원을 교회에 했지만 묵살당하고 만다. 그 이유는 당시 교회에 연옥설을 교육하고 면죄부를 판매하는 비성경적인 관행이 있었기 때문이다. 결국 성경을 읽는 자들은 이단으로 몰려 엄청난 핍박을 당했다. 성경을 읽지 못하고 성경의 진리인 그리스도의 복음을 가르치지 않게 한 결과로 영적 암흑 시대가 된 것이다. 중세는 성경을 못 읽게 하는 시대, 현대는 성경을 못 읽는 시대다. 역사적 중세 시대의 암흑은 지나갔지만, 개인적 중세 시대의 암흑은 지금도 지속되고 있다. 중세 시대의 암흑이 밖에서부터 시작된 거라면, 현시대의 암흑은 안에서부터 시작된 것일지도 모른다. 따라서 성경 읽기를 통해 마음속에 성령의 빛이 가득하길 축복한다.

1907년 평양은 길선주 목사의 회개로 대부흥을 경험했다. 그는 새벽기도의 창시자며, 1919년 3월 1일 독립선언서에 서명한 33인 민족 대표 중 한 분이다. 길 목사는 요한계시록 1만 독, 구약 20독, 신약 100독, 창세기와 에스더, 이사야서는 500독 이상을 했다. 길 목사에게 성경은 새로운 세계였다. 그 세계는 우리가 사는 이 세상에서 진리의 세계를 볼 수 있는 도전을 갖게 한다. 그러므로 성경 읽기로 "나는 죽었고, 예수 사셨네!"라는 진리가 토해지는 부흥을 맛볼 수 있다. 이러한 신앙의 선배들처럼 성경을 읽게 되기를 축복하며 기대해 본다.

디모데후서

디모데후서는 바울이 디모데에게 쓴 책으로,
복음과 함께 고난을 받는 것이 경건의 능력이라고 유언처럼 전한다.

디모데후서 구조 잡기

• 주제 : 경건한 자의 삶

서론(1장) : 예수 안에 있는 복음	복음 안에 갇힌 고난 생활
본론(2-3장) : 예수 안에 있는 은혜	은혜 안에 강한 경건 생활
결론(4장) : 예수 안에 있는 천국	천국 안에 속한 전도 생활

경건한 자는 복음 안에 갇혀도 고난을 부끄러워하지 않는다. 그는 예수 안에 있는 은혜 속에서 강해서 복음으로 인해 고난을 받아도 참음으로 왕 노릇 한다. 시대마다 나라마다 선진화될수록 비진리가 더 달콤하다. 그러나 천국처럼 달콤한 세상은 없다. 그 천국의 달콤함을 고난 속에서 느낄 수 있는 자는 경건의 능력으로 생지옥 세상에서 생천국의 삶을 경건으로 살아 낸다.

디모데후서 초점 잡기

바울은 로마 감옥에서 잠깐 풀려났지만 다시 로마 감옥에 감금된다. 당시는 네로 황제가 정치적으로 그리스도인들을 핍박하는 시기였다. 분위기가 심상치 않은 것을 느낀 바울은 유언과 같은 마지막 편지를 디모데에게 쓴다. 그래서 디모데후서는 얼마 남지 않은 시간에 사랑하는 아들 디모데에게 유언같이 쓴 복음 편지다. 세상에 갇히지 않고, 지식에 갇히지 않고, 돈에 갇히지 않고, 오직 복음에 갇혀서 예수 은혜 속에서 강하고, 예수 믿음을 소유하고, 예수 계신 천국에서의 만남을 권하는 사도 바울이 마지막으로 사랑하는 아들에게 가장 귀하고 가치 있는 복음을 들어 말씀하고 있다. 바울은 그가 달려갈 길과 주 예수에게 받은 사명, 곧 하나님 은혜의 복음을 증언하는 일을 마치려 함에는 그의 생명조차 조금도 귀한 것으로 여기지 않았다(행 20:24). 그에게 이제는 관제와 같이 벌써 부음이 되고 떠날 기약이 가까이 온 것이다. 바울은 마지막으로 자신이 선한 싸움을 싸우고, 달려갈 길을 마치고, 믿음을 지켰다고 고백한다(딤후 4:6-7). 바울의 고백이 우리의 고백으로 드려지기를 소망해 본다. 또한 이런 고백이 우리 자녀들에게도 전수되기를 바라는 마음이다.

바울은 디모데후서 시작부터 마지막까지 복음과 함께 고난을 받으라고 한다(딤후 1:8). 그리스도의 좋은 병사로 고난을 받고(딤후 2:3), 경건하게 살면서 박해를 받고(딤후 3:12), 모든 일에 자제하며 고난을 견디어 내라고 한다(딤후 4:5). 디모데후서는 1-4장까지 고난을 받으면서 전도자의 일을 통해 영혼 구원의 일을 하라고 강력하게 말씀하고 있다. 사도 바울은 복음의 가치가 얼마나 크고 귀한 것인지 알고 있기에 가장 사랑하는 아들, 디모데에게 고난의 달인인 자신을 본받으라고 하면서 고난은 준비된 영광의 면류관이라고 설명한다(딤후 4:8).

이 세상에서의 삶은 무한하지 않고 유한하기에 영원 전부터 영원 후까지에 비하면 순간에 불과하다. 잠시 잠깐의 생이기에 고난을 받으라고 당부하는 바울의 말이 우리 자녀들에게까지 유언으로 들려지기를 소망한다. 우리 역시 어디에도 갇혀 있지 않은 자유자의 삶으로 예수 복음(딤후 1장)을 가지고, 예수 은혜(딤후 2장) 속에서, 예수 믿음(딤후 3장)을 나타냄으로, 예수 제자(딤후 4장)를 키워 내는 바울과 같은 복음의 동역자로 살아야 한다. 그래야 우리도 바울처럼 신앙의 유산을 자녀들에게 물려주게 된다.

바울은 "복음과 함께 고난을 받으라"고 사랑하는 참아들 디모데에게 유언처럼 말했다. 현재의 고난은 장차 우리에게 나타날 영광과 족히 비교할 수 없기 때문이다. 과거와 미래를 동시에 살아 내는 현재의 삶은 과거의 압축이요, 미래의 현실이다. 현재는 미래의 다가온 현실을 과거로 압축하며 존재하는 것이기 때문에 현재의 과거는 지나간 것이 아니라 지나온 것이고, 현재의 미래는 다가올 것이 아니라 다가온 것이다. 어제나 오늘이나 영원토록 동일하신 예수 그리스도가 순간처럼 흐르는 성도 인생의 시간을 영원처럼 살게 하실 것이다. 그러므로 성도의 고난은 순간처럼 사라질 것이고, 그로 인한 영광은 영원토록 빛날 것이다. 고난을 순간처럼 지날 수 있는 길은 "나는 죽었고, 예수 사셨네!"라는 터널이다. 우리도 그 영광 속에 깊이 빠지길 소망해 본다.

디도서

디도서는 바울이 디도에게 쓴 책으로,
그레데 섬 교회의 잘못된 신앙관을 바로잡기 위해 참된 복음을 제시한다.

디도서 구조 잡기

- 주제 : 선한 복음과 선한 목회

서론(1장) : 선한 목회	선한 복음은 영생의 소망을 갖게 한다.
본론(2장) : 선한 복음	선한 복음은 선한 일을 열심히 하는 자기 백성이 되게 한다.
결론(3장) : 선한 열매	선한 복음은 선한 일의 열매를 맺게 한다.

영생의 소망은 사람을 하나님의 자녀가 되게 한다. 사람의 본성으로는 선한 일을 할 수가 없다. 메시아가 내 안에서 주인으로 살아 주셔야 한다. "나는 죽었고, 예수 사셨네!"라는 고백과 함께 자기부정으로부터 출발해야 한다. 그때 비로소 선하신 그리스도가 우리의 열매가 되신다.

디도서 초점 잡기

바울은 로마 감옥에서 출옥해서 선교 여행 중에 그레데 섬을 지나가다가 그레데인의 도덕적 타락의 심각성을 보고 디도를 남겨 두게 된다. 그 후 바울이 마게도냐에서 디도의 목회에 도움을 주기 위해 쓴 편지가 디도서다. 디도서는 바울이 마게도냐에서 디모데전서를 써 보내고 난 다음 디모데후서를 쓰기 전에 쓴 편지다. 도덕적으로 타락한 사람을 보고 '고린도인처럼 행하다'라고 말한다. 그런데 '그레데인처럼 행하다'라는 말도 있다. 그것은 거짓말을 일삼는 사람을 지칭하는 말이다. 그만큼 그레데 사람들은 항상 거짓말쟁이로, 배만 부르면 게으름을 피우는 악한 짐승 같은 자들이다(딛 1:12).

디도서는 목회서신으로, 사도 바울이 디도에게 그레데 교회를 맡기면서 어떻게 믿음으로 온전하게 하며 복음을 전할 수 있는가를 설명하면서 이것을 선한 일로 풀어내고 있다. 그레데 사람들은 하나님을 시인하나 행위로는 부인하는 가증하고, 복종하지 않으며, 모든 선한 일을 버린 자들이다(딛 1:16). 바울은 이런 자들 중에서 나이 많은 남녀에게는 선한 것을 가르치는 자가 되게 하고(딛 2:3), 젊은 남녀에게는 가정에서 선하게 행하는 자가 되게 하고(딛 2:5), 종들에게는 참된 신실성을 나타내는 자가 되도록 권면하라고 한다(딛 2:10). 왜냐하면 모든 사람에게 구원을 주시는 하나님의 은혜가 나타나서 우리를 대신해서 그리스도가 죽으신 것은 우리를 깨끗하게 해 선한 일을 열심히 하는 자기 백성이 되게 하려는 데 목적이 있기 때문이다(딛 2:14).

바울은 무엇보다도 디도가 선한 일에 본을 보이는 자가 되라고 한다(딛 2:7). 하나님의 백성인 디도가 본을 보이면 그레데 사람이 그 본을 보고 선한 일을 하게 되는 가장 좋은 방법이기 때문이다. '자기 백성'은 곧 하나님의 백성인 새 언약을 받은 자다. '자기 백성'이 해야 하는 선한 일은 그리스도가 나에게 현실로 나타나서 은혜로 살게 되는 일이다. 그 선한 일은 내가 하나님에게 드려지고 죽어지게 되는 현상도 나타나게 된다. 그 현상은 "나는 죽었고, 예수 사셨네!"이다. 이것이 세상에서 가장 선한 일이다. 우리가 이렇게 주의 일에 합력하면 하나님의 자녀를 출생시키는 일에 하나님의 동역자가 된다. 그리스도가 십자가에서 죽으시고 우리 안에서 임마누엘 되어야만 할 수 있는 선한 일이다. 우리가 이 일에 선한 도구가 되어 영혼을 구원하는 선한 일에 힘쓰며 하나님 말씀을 굳게 믿고 사람을 사랑하고 축복하면 열매를 거두며 살게 된다.

히브리서

히브리서는 공동서신으로 대제사장이신 예수 그리스도를
모세오경으로 명쾌하게 풀어내어 믿음으로 살게 인도한다.

히브리서 구조 잡기

• 주제 : 어제나 오늘이나 영원토록 동일하신 예수 그리스도

서론(1-4장) : 오실 예수 그리스도	구약의 모형을 보여 준다.
본론(5-10장) : 초림 예수 그리스도	신약의 실체를 보여 준다.
결론(11-13장) : 재림 예수 그리스도	영원한 천국을 보여 준다.

오실 예수 그리스도는 구약에서 모형과 그림자로 표현한 창조의 근본이신 분이다. 그분의 말씀을 듣고 순종하면 그분의 안식에 들어가게 된다(히 1-4장). 초림 예수 그리스도는 제사와 계명을 완성하신다. 신약의 예수 그리스도는 레위기의 법대로 실천해서 인류를 구원할 길을 열어 놓으셨다.

신약의 오신 예수 그리스도는 구약의 모형을 통해 실체를 분명하게 확인할 수 있다. 이러한 진리에 의해 그리스도의 피가 사람의 존재를 변화시켜 구원하고, 구원받은 사람은 하나님의 자녀가 되어 변화된 존재의 삶을 살게 된다(히 5-10장).

재림 예수 그리스도를 기다리는 변화된 존재의 삶은 참믿음을 갖고, 참아들로 훈련되어, 참사랑으로 사랑하고 축복하는 왕 노릇을 하는 것이다. 그러므로 다시

오실 예수 그리스도를 깊이 생각하고 그분을 바라보는 자들은 현실 세계에서 새 하늘과 새 땅에 소망을 두고 참현실을 살게 된다. 새 계명인 사랑은 예수 그리스도가 나타나는 삶이다(히 11-13장).

히브리서 초점 잡기

히브리서는 히브리인이 이해하기 쉬운 복음이다. 히브리서는 이방인의 초점이 아니라 예수 그리스도를 구주로 믿고 교회 안에 들어온 유대인을 대상으로 쓴 것이다. 이들은 날과 절기를 지키며 살았다. 그들의 조상은 광야 시대부터 성막을 짓고 제사를 드렸다. 하나님에게 동물 제사를 드리며 살다가 왕정 시대에 북 이스라엘과 남 유다로 분열된다. 그 이후 나라가 멸망해서 바벨론 포로 생활도 하게 된다. 포로 귀환 이후에도 헬라와 로마의 지배를 받게 된다.

로마의 지배를 받기 전 이들은 헬라 문화와 헬라의 영향을 받고 있었다. 그때 이스라엘을 지배하고 있던 셀레우코스 왕조가 성전에서 제사 드리는 것을 방해하게 된다. 이 사건으로 인해 목숨을 걸고 반란을 일으켜 나라가 약 100년 동안 독립을 하기도 했다. 제사를 드리지 못하게 한 것이 원인이 되어 전쟁을 한 것처럼, 이들은 제사에 목숨 건 민족이다.

그런데 로마가 지배하고 있을 시기에 예수 그리스도가 오시고 초대교회가 태동하면서부터 그리스도를 구주로 믿는 사람들은 동물 제사를 드리지 않았다. 초대교회 성도들은 그리스도가 부활하고 승천하신 후에 약속하신 성령이 얼마 되지 않아 오순절에 강림한 것처럼, 주의 재림도 지금 당장은 아니지만 수년 안에 이루어질 거라 생각했다. 그런데 곧 오시겠다고 한 예수 그리스도는 오시지 않고 점점 더 핍박이 심해지자 유대교로 되돌아가는 일이 생기게 되었다. 이런 상황에서 히브리서는 어떻게 하는 것이 신앙생활을 잘하는 것인지 복음적인 내용을 핵심적으로 설명하고 있다.

기독교로 개종한 유대인이 다시 유대교로 돌아가려는 것이나 그리스도인이 다시 세상을 붙잡고 살려는 것은 동일한 현상이다. 유대교보다 기독교가 훨씬 우월하듯이, 세상의 부귀영화보다 그리스도인이 믿는 천국이 훨씬 좋은 곳이다. 진동하지 못할 나라를 받은 천국 백성은 세상에서 한 그릇 식물을 위해서 살지 말고 영원한 하늘나라의 진리로 형제를 대접하고 사랑하고 축복하며 살아야 한다.

어제나 오늘이나 영원토록 동일하신 예수 그리스도는 구약의 선지자보다 우월하고, 천사보다 뛰어나고, 모세보다 충성되고, 여호수아보다 더 좋은 인도자시고, 아론의 계열이 아닌 멜기세덱의 계열을 따르는 영원한 대제사장이시다. 이런 그리스도를 믿는 그리스도인은 세상을 감당하지 못하는 것이 아니라, 세상이 감당하지 못하는 자들이다. 이들은 그리스도가 자신에게 주인으로 살아 주시는 완전한 길로 나아간다. 그 길은 주님이 가신 영문 밖의 길이다. 주님은 하늘 영문 밖, 세상 광야로 나아가는 아사셀의 영성을 가지고 사랑으로 피어나는 피를 뿌려 아사(餓死) 상태의 사람들을 살리신다.

욕심을 스스로 내어놓아야만 세상에서 자유하고, 생명을 스스로 내어놓아야만 생명을 살리는 진리가 보인다. 우리도 자신을 스스로 내어놓는 아가페 영성으로 그리스도가 가신 길을 따라가야 한다. 그 길은 오직 선을 행하고 서로의 것을 나눔으로 하나님을 기쁘시게 하는 산제사, 곧 믿음 제사다(롬 12:1; 히 13:16). 산제사는 "나는 죽었고, 예수 사셨네!"라고 외치는 고백의 삶이다.

야고보서

야고보서는 공동서신으로, 행함을 강조하기보다는
성숙한 믿음을 강조한 책이다.

야고보서 구조 잡기

- 주제 : 성숙한 믿음

서론(1장) : 믿음의 시험	두 마음을 품어 생기는 시험은 욕심이다.
본론(2-4장) : 성숙한 믿음	성숙한 믿음은 최고의 법, 새 계명의 실천이다.
결론(5장) : 영혼의 구원	새 계명은 영혼을 구원하려는 믿음에서 온다.

믿음이 있는 자는 여러 가지 시험을 이기고, 시험을 이기는 믿음은 아브라함과 라합처럼 성숙하게 나타나며, 욥처럼 결말이 복되다. 이런 복된 믿음은 죄인을 잘못된 길에서 돌아서게 하고, 그 영혼을 사망에서 구원하며, 허다한 죄를 덮는다.

야고보서 초점 잡기

예수 그리스도를 은혜로 믿게 되면 구원을 받아 영원한 천국 백성이 된다. 천국 백성이 되면 그다음에는 어떻게 살아가야 하는지 예수 그리스도의 친동생인 야고보가 잘 설명해 주고 있다. 믿음에서 나오는 순종이 진짜 믿음이다. 믿음이 순종하게 만들기 때문이다. 살아 있는 것은 움직이듯, 살아 있는 믿음은 운동한다. 은혜로 구원을 얻었기에 은혜로 사는 것이고, 믿음으로 구원을 얻었기에 믿음으로 사는 것이다. 이처럼 어떻게 하면 믿음으로 살 수 있는지를 야고보서에서 다루고 있다.

> "네가 보거니와 믿음이 그의 행함과 함께 일하고 행함으로 믿음이 온전하게 되었느니라"(약 2:22).

로마서를 믿음이라는 큰 주제로 본다면, 야고보서도 행위로 초점을 잡기보다는 로마서보다 더 믿음을 강조하며 더 깊이 다루고 있음을 알 수 있다. 믿음으로 성도 되고, 성도답게 사는 믿음을 말하기 때문이다. 믿음으로 살아야 되는 성도에게 모든 환경은 시험이다. 대부분의 시험은 다른 곳에서 오는 것이 아니라 내 욕심에서 온다. 그러므로 욕심이 잉태해서 죄를 낳고, 죄가 자라서 사망에 이르게 한다.

> "욕심이 잉태한즉 죄를 낳고 죄가 장성한즉 사망을 낳느니라"(약 1:15).

사람은 누구나 욕심이 있다. 우리 마음에 있는 욕심은 암과 같아서 욕심을 잉태하면 사망에 이르게 된다. 시험과 욕심을 이기는 믿음은 성숙한 믿음이다. 그러므로 야고보서는 행위를 설명하는 것이 아니라 성숙한 믿음을 강조한다. 성숙한 믿음이 없으면 죽은 믿음이다. 그러나 그리스도가 주인으로 살아 주시면 생명과도 같은 성숙한 믿음이 나타난다. 정복 시대의 라합은 자기 나라의 견고한 여리고성을 무너뜨리기 위해 오는 정탐꾼에게 배짱으로 도움을 준 것이 아니다. 그녀는 하나님이 이스라엘 백성을 붙잡고 계심을 믿었다. 그래서 그 믿음이 행함으로 나타난 것이다. 우리 또한 기생 라합과 같은 존재로 세상의 상황 속에서 하나님이 믿어지면 그녀와 같은 생사의 결단을 내려서 폭발력 있게 움직이는 믿음이 나타난다. 이런 믿음은 편견과 위선이 없는 믿음이고, 세상과 벗하지 않는 믿음이다. 결국 믿음의 목적은 그리스도인답게 사는 것이다. 그렇게 인내하면 욥의 본보기처럼 결실을 맺게 된다.

욥의 인내를 야고보서의 결론으로 삽입한 것은 성도의 인내가 욥의 인내와 같기 때문이다. 욥기는 영어로 잡(*job*)이다. 잡(*job*)을 우리말로 옮기면 직업이다. 성도가 겪는 고난은 직업과 같다는 의미다. 그 직업은 성도의 고난을 영광으로 바뀌게 한다. 환난의 시험에서 성도에게 인내하는 믿음이 지속적으로 나타나면 예수 그리스도의 캐릭터가 만들어져서 그리스도의 형상이 삶 속에서 멋지게 모자이크 된다. 성도는 인내의 본업에 충실해야 한다. 인내로 잡(*job*)을 잡으면 날마다 고난이고, 사는 것이 고난이다. 그러나 그것이 하나님이 계산해 주시는 직업이 되면 욕심에서 자유하게 되고, 영혼을 구원해 내는 믿음의 사람이 된다. 그런 사람은 언제나 "나는 죽었고, 예수 사셨네!" 하는 고백으로 살게 된다.

베드로전서

베드로전서는 공동서신으로, 성도가 고난을 통해
영원한 영광에 동참하게 된다는 산 소망의 책이다.

베드로전서 구조 잡기

- 주제 : 산 소망

서론(1장) : 성도의 산 소망	성도를 거룩하게 하는 산 소망
본론(2-4장) : 산 소망의 능력	성도에게 능력을 주는 산 소망
결론(5장) : 산 소망의 결과	성도에게 영원한 영광을 주는 산 소망

구원의 참소망이 있는 자마다 시험으로 인한 고난에서 자신을 거룩하게 한다. 그 소망으로 살면서 선을 행하고도 받는 고난을 이기면 아름다운 고난이다. 구원의 소망이 있는 왕 같은 제사장은 의를 행하다가 받은 욕을 욕으로 갚지 않고 도리어 축복하는 직분이다. 그의 삶은 하나님을 본받아 무엇보다도 뜨겁게 서로 사랑하고 허다한 죄를 덮어 주면서 그리스도의 고난에 동참한다. 그리스도의 고난은 영원한 영광에 동참하게 하는 산 소망이다.

베드로전서 초점 잡기

소망이 없는 사람은 어떤 일을 잘해서 일등하고, 돈을 많이 벌어서 잘살아도 우울증에 걸릴 수 있다. TV 프로그램 〈스타킹〉에 바이올린 연주자가 출연했다. 그녀는 열네 살 때 독일에서 유학해서 최고치의 정점에 도달했지만 어느 날 회의감이 오고 우울증이 찾아왔다고 한다. 그 후 그녀는 다른 사람을 기쁘게 하는 바이올린 연주를 시작했다고 한다. 남을 기쁘게 하기 위해 곡을 좀 더 경쾌하고 즐겁게 연주하다 보니 자신의 우울증이 점점 낫기 시작했다고 말했다. 최고가 되어도 살 만한 가치를 잃어버릴 수 있다. 돈, 지식, 건강, 실력이 우울증을 해결하는 것은 아니다.

소망이 없으면 살아야 할 힘을 잃게 된다. 고민을 해결하는 것은 고난을 없애는 것이 아니다. 중국에는 부자가 많다. 그러나 그들은 돈을 많이 벌면 벌수록 처음보다 기쁨이 줄어든다고 한다. 돈을 많이 버는 것이 처음처럼 기쁘지 않다고 한다. 그것은 돈이 산 소망이 아니라 죽을 소망이기 때문이다. 사람들의 기도가 간절해지는 것은 주로 절망할 때다. 고난이 찾아올 때 소망이 있는 것은, 그리스도가 고난을 이기게 하는 산 소망이시기 때문이다.

고난은 예수 그리스도의 매력을 보여 주는 기회다. 그리스도인은 예수로 살 때 가장 매력적인 사람이 된다. 이런 매력적인 그리스도인이 될 수 있는 기회가 초대교회 성도들에게 찾아왔다. 베드로의 사역이 막바지에 이르렀을 때 로마에 큰 화재가 발생했다(주후 64년). 이를 계기로 네로 황제가 그리스도인들을 핍박하며 책임을 전가시키고 있었다. 베드로는 죽음처럼 힘든 고난을 이기는 힘을 주려고 초대교회 성도들에게 산돌이신 예수 그리스도의 소망의 복음을 편지했는데 그것이 베드로전서다.

예수의 매력이 있는 성도는 시험으로 인한 고난을 오히려 기쁘게 여긴다. 고난의 결과가 칭찬과 영광, 존귀를 얻게 하기 때문이다. 이렇게 성도의 매력은 하나님의 거룩을 자신의 몸에 담아 낸다. 하나님의 거룩은 볼품없는 매력, 남들이 알아주지 않는 매력이다. 그러나 이 매력이 있는 성도는 왕 같은 제사장, 거룩한 백성으로 소망이 있는 고난을 통해 죄에 대해서는 죽고 의에 대해 살게 된다. 의에 대해 살아 있는 성도는 원수를 사랑하고 축복한다. 이런 매력은 십자가의 매력이다. 십자가의 매력은 "나는 죽었고, 예수 사셨네!"라는 고백으로 생활한다.

이렇게 생활을 해도 시험은 찾아온다. 그렇다고 두려워하거나 소동하지 말며,

이상하게 여기거나 부끄럽게 여기지 말고 도리어 하나님에게 영광을 돌려야 한다. 그것은 세상에 있는 그리스도인들이 동일하게 겪는 고난이기 때문이다. 고난은 삶을 포기하게 만들기도 하고 영광을 만들어 내기도 한다. 성도의 삶을 포기하지 않고 사랑하고 축복하면 기적의 영광을 보게 된다. 그러므로 고난(苦難)이 크면 클수록 영광도 크며 이는 고난도(高難度) 영광이 된다.

고난은 가장 매력적인 그리스도인을 만들어 낸다. 고난은 가장 아름다운 매력 포인트다. 고난을 이기는 산 소망은 가장 중요한 포인트가 된다. 매력 포인트가 되는 고난을 잘못 이해하게 되면 고난의 상징인 십자가를 액세서리로 목에 달고 다닌다. 그리스도인의 아름다움은 목에 걸린 십자가 목걸이가 아니라 목을 십자가에 거는 것이다. 십자가 고난의 목걸이는 매력적인 그리스도인의 비밀이다. 영원한 영광을 향하는 그리스도인은 십자가와 잘 어울린다. 십자가를 목걸이 삼아 목에 거는 아름다움은 목을 십자가에 걸 때 영원히 빛날 것이다.

베드로후서

베드로후서는 공동서신으로, 성도가 세상에서
새 하늘과 새 땅을 바라보며 살 수 있는 길을 제시한다.

베드로후서 구조 잡기

• 주제 : 신의 성품

서론(1장) : 경건한 성품	경건한 성품은 사랑을 공급하는 신의 성품
본론(2장) : 불경건한 세상	신의 성품에 참여한 성도가 사는 세상
결론(3장) : 경건한 성도	불경건한 세상에서 거룩한 행실로 새 하늘과 새 땅을 바라보는 성도

예수 그리스도의 의를 힘입어 보배로운 믿음을 가진 경건한 그리스도인은 불경건한 세상에서 참된 진리의 지식을 가지고 거룩한 행실과 경건함으로 새 하늘과 새 땅을 바라보며 거룩을 유지하기 위해 힘써야 한다. 주의 날이 도둑같이 임하기 때문이다.

베드로후서 초점 잡기

베드로가 이 편지를 쓸 당시의 상황은 점점 더 핍박이 심하고, 교회는 내분과 함께 부도덕이 큰 문제가 되었다. 그리고 거짓 교사들은 양의 탈을 쓰고 자기 욕심을 채우려고 교회를 어지럽혔다. 이들은 그리스도를 부인하고 쾌락과 탐욕에 빠져 그리스도인답지 않은 행동을 거침없이 행했다. 베드로는 이런 안팎으로 혼란한 상황에서 잘못된 가르침과 그리스도인들의 잘못된 생활을 바로잡기 위해 베드로후서를 썼다.

그리스도인은 그리스도의 신기한 능력으로 신의 성품에 참여한 멋진 존재다. 게리 마샬 감독의 〈프린세스 다이어리〉라는 영화가 있다. 이 영화에는 평범 이하의 부스스한 외모에 아무 이목을 끌지 못했던 소녀 미아가 나온다. 어느 날 그녀에게 평생 동안 인연을 끊고 살아왔던 할머니가 나타난다. 그런데 놀라운 것은 그 할머니가 '제노비아'라는 나라의 여왕이라는 것이다. 제노비아의 왕자였던 미아의 아버지는 오래전 어머니와 이혼했고, 미아의 어머니나 할머니도 미아의 장래를 위해서 성인이 되기 전까지는 신분을 알려 주지 않기로 했던 것이다. 여러 갈등 끝에 미아는 결국 제노비아의 공주가 된다. 여기서 중요한 것은, 그 소녀는 원래 공주였다는 사실이다. 평민이었다가 공주가 된 것이 아니라 원래 공주였기 때문에 공주가 된 것이다.

사람은 죄인이다. 그러나 사람은 하나님의 형상과 모양으로 지음 받았다. 그리스도인은 원래 창조의 모습으로 돌아가 그리스도인이 되었다. 그래서 그리스도인은 왕 같은 제사장으로 사람을 사랑하고 세상을 축복하는 존재다. 그리스도의 의를 힘입어 죄인인 나는 죽었고, 원래 그분의 형상으로 사는 것이 "나는 죽었고, 예수 사셨네!" 하는 고백의 삶이다. 그 고백의 삶이 불경건한 세상에서 경건하게 살 수 있는 힘이다. 험악한 세상, 무법천지의 세상, 육체의 정욕이 가득한 세상에서 그리스도인이 세상 사람들하고 함께 산다고 해서 하나님의 자녀가 아니라고 착각하면 안 된다. 세상의 멸망이 다가오는 이때에 그리스도인은 신의 성품의 결정체인 사랑하고 축복하며 살아야 한다.

요한1서

요한1서는 공동서신으로, 하나님의 사랑으로
하나님의 자녀가 된 성도에게 세상을 이기는 방법을 제시한다.

요한1서 구조 잡기

- 주제 : 새 계명

서론(1장) : 새 계명의 말씀	영원한 생명이신 예수 그리스도의 말씀
본론(2-4장) : 새 계명의 능력	하나님의 씨로 세상에서 의를 행하는 능력
결론(5장) : 새 계명의 승리	믿음에서 나오는 사랑으로 세상을 이김

창세기 3장에서 선악과 범죄로 하나님과 인간의 관계가 깨졌지만, 요한1서가 목적 지점이 되어 그 관계가 회복되는 정점을 보여 주는 귀한 책이다. 요한1서는 그리스도로 말미암아 하나님과의 잘못된 관계가 회복되어 사귐이 있게 되었으니, 인간의 관계도 회복되어 서로 사랑해야 한다고 말한다. 그래서 생명의 말씀이신 그리스도와 사귐이 있는 자들은 새 계명인 사랑을 가지고 세상에서 믿음으로 승리하게 된다.

요한1서 초점 잡기

요한복음이 영생을 얻기 위한 책이라면 요한1서는 영생을 얻은 사람을 위한 책이다. 사람들이 요한복음을 통해서 영생을 얻게 되었다면 요한1서를 통해서 영생을 얻은 성도가 어떻게 살아야 되는지를 알게 된다. 성도는 누구를 변화시키기 위해서 사는 것이 아니라, 그리스도의 은혜로 변화되었기에 그 변화된 존재로 살면 된다. 성도는 누구를 위해 사는 것보다 누구로 사는가가 더 중요하다. 그러므로 영생을 얻게 한 구원의 은혜는 성도를 예수 그리스도로 살게 한다. 그리스도로 사는 것은 곧 새 계명으로 사는 것을 말한다. 요한복음을 쓴 목적이 오로지 영생을 얻는 것이라면, 요한1서를 쓴 목적은 영생을 얻은 자에게 그리스도와의 사귐이 주는 기쁨에 대해 말하며(요일 1:4), 육신의 정욕과 안목의 정욕, 이생의 자랑으로 인해 죄를 범하지 않도록 하게 한다(요일 2:1). 또한 거짓 교리와 영지주의 그리고 적그리스도는 진리에서 나온 것이 아님을 확증하며(요일 2:21), 성도에게는 영생이 있음을 알게 한다(요일 5:13).

이 당시 교회 안에 팽배한 영지주의 이단 사상으로 인해 영은 선하되 육은 무익한 것이니 멋대로 살아도 괜찮다는 논리가 부도덕한 삶을 유도하고 있었다. 그러나 영생이 있는 자는 하나님과 그의 아들 예수 그리스도와 서로 사귐이 있기 때문에 빛의 열매로 사랑하고(요일 1장), 계명을 지키는 진리의 사랑으로 하나님의 뜻을 행하고(요일 2장), 하나님의 씨가 의를 행하게 해 진리로 열매 맺는 사랑을 하고(요일 3장), 그리스도의 온전한 사랑으로 적그리스도와 미혹의 영을 분별하고 형제를 사랑해서(요일 4장), 세상의 죄와 악에서 새 계명인 사랑과 믿음으로 승리한다(요일 5장).

구원 자체가 우리에게서 난 것이 아니다. 믿음 자체도 우리에게서 난 것이 아니다. 성령은 계시된 하나님 말씀을 믿어지게 하고 깨닫게 하신다. 내가 사는 것 같은데 지식이 나를 그 지식으로 살게 하고, 환경이 나를 적응하며 살게 하고, 물질이 나를 먹고살게 한다. 암세포가 내 몸에서 자기들끼리 의견 교환해서 만들어지는 것처럼, 내 몸이지만 내 마음대로 조절할 수 없다. 내 맘대로 사는 것이 아니기 때문에 내가 주인이 아니다. 진짜 주인은 예수 그리스도시다.

요한1서에서 말하는 새 계명도 이 진리에서 풀 수 있다. 내 마음대로 살 수 없는 세상에서 어떻게 예수 그리스도로 살 수 있는가? 예수 그리스도를 먹으면 예수 그리스도의 형태가 나타난다.

성도는 영원한 예수 그리스도를 먹은 영생의 존재다. 영생을 얻은 자는 내가 사는 것이 아니라 그리스도로 인해서 살아지는 것이다. 그리스도가 살게 해서 사는 자유자, 그는 새 계명의 진리로 살게 된다. 새 계명은 주님의 말씀에 순종하는 것이기 때문에 예수 그리스도처럼 사는 데 초점이 있다. 그러므로 새 계명의 삶은 "나는 죽었고, 예수 사셨네!" 하는 고백의 삶이다. 이것은 세상에 없는 것으로 세상을 이기는 믿음의 고백이다.

"자녀들아 너희 자신을 지켜 우상에게서 멀리하라"(요일 5:21).

요한2서

요한2서는 공동서신으로,
진리 안에서 이단을 경계하라는 내용이다.

요한2서 구조 잡기

• 주제 : 진리 안에서 이단 경계

서론(1-3절) : 진리와 사랑	진리 안에서 사랑하라.
본론(4-6절) : 진리와 행함	진리 안에서 순종하라.
결론(7-13절) : 진리와 경계	진리 안에서 경계하라.

요한2서 초점 잡기

영지주의는 '지식'을 뜻하는 헬라어 '그노시스'의 의미로, 물질적이지 않으며 따라서 보이지 않는 영적인 것을 뜻한다. 이러한 '지식'을 개인적으로 이해하면 인간은 육체(물질)를 초월해서 구원을 얻을 수 있다고 믿는다. 이것이 이들의 구원에 대한 핵심 사상이다.

또한 이들은 극단적인 선과 악의 이원론으로 세상을 바라보았다. 세상에는 선한 신과 악한 신이 있는데 선한 신에게서는 보이지 않는 지식 등 영적인 것이 나오고, 악한 신에게서는 악의 근원이 되는 모든 물질적인 것이 나온다고 여겼다. 따라서 인간의 선한 영혼이 죄악으로 물든 육체에 갇혀 있다고 생각했다.

이렇듯 영적인 것에 큰 가치를 두고 육체를 부정적으로 바라본 영지주의자들의 입장에서는 정통 기독교가 내세운 예수의 성육신과 육체의 죽음을 통해 인간의 원죄를 대신 받으려 했던 것을 믿을 수가 없었다. 정통 기독교가 그리스도는 육체를 가지고 태어나 인간의 원죄를 대신 속죄하셨다고 믿는 데 반해 영지주의자들은 육체는 그 자체가 악한 것이기 때문에 그리스도가 육체를 입고 오신 것은 이치에 맞지 않는다고 생각했다.

예수 그리스도가 육체로 오신 것을 부인하는 영지주의와 적그리스도가 판치는 교회의 현실에 요한은 애정 어린 편지를 쓴다. 그는 편지에서 교회와 가정에 이단이 들어오는 것을 경계하고 조심하라고 한다. 그들은 거짓 진리로 미혹하게 하기 때문이다. 미혹하는 자들은 진리를 속이려 한다. 그들은 육체가 악하다고 생각하고 함부로 사용하게 한다. 술, 담배, 마약, 게임 중독, 쾌락 등으로 육신을 병들게 한다. 진리 안에 있는 하나님의 자녀는 영육이 모두 거룩하기 때문에, 범사에 헤아려 좋은 것을 취하고 악은 모든 모양이라도 버려야 한다(살전 5:22). 진리 안에서 악을 버리고 이단을 경계하며 새 계명인 사랑을 행하는 가장 기본적인 출발은 "나는 죽었고, 예수 사셨네!" 하는 고백에서 시작된다.

요한3서

요한3서는 공동서신으로,
진리 안에서 성도를 대접하라는 내용이다.

요한3서 구조 잡기

- 주제 : 진리 안에서 성도 섬김

서론(1-4절) : 진리 안에서 생활	진리를 증거하는 삶을 살아라.
본론(5-8절) : 진리를 위해 생활	진리가 목적이 되는 삶을 살아라.
결론(9-15절) : 진리에 의한 생활	진리로 말미암는 삶을 살아라.

진리 안에서 성도를 섬기는 사랑을 하려면 먼저 진리를 믿어야 한다. 그리고 진리를 위해 교회를 돌아보는 참된 일꾼들을 잘 섬겨야 한다. 이러한 삶은 진리로 말미암아 살아지는 은혜다.

요한3서 초점 잡기

초대교회 시대에는 복음에 능통한 지도자가 부족했던 고로 담임 목회자가 없는 교회가 많았다. 사도들로부터 파견된 순회 전도자와 개인적으로 선교 여행을 다니는 자들이 있었다. 순회 전도자들은 말씀을 선포했을 뿐만 아니라 교회의 상황을 파송자에게 보고했다. 어떤 교회는 이들을 배척하고 파송한 사도를 비방해서 전체 교회의 비난을 받기도 했다. 이런 상황에서 사도 요한은 요한1서에서 하나님과 교제해야 하는 중요성을 기록하고, 요한2서에서는 거짓된 이단을 경계하며 그들과 교제하지 못하도록 기록하고, 요한3서에서는 참된 그리스도인들과의 교제를 격려했다. 특별히 요한3서는 요한이 가이오라는 특정 인물에게 보낸 개인적인 서신이다. 이 편지에는 가이오를 비롯한 디오드레베와 더메드리오가 함께 등장한다.

가이오는 재력이 있는 사람으로 나그네처럼 다니는 복음 전도자들을 잘 대접했다. 그는 진리 안에서 진리가 증거하는 삶을 살았다. 그런데 교회의 지도자 역할을 담당한 디오드레베는 으뜸이 되기만 좋아했지, 복음 전도자들을 잘 섬기지 않고 접대하려는 자들까지 핍박했다. 이처럼 디오드레베는 진리가 목적 되는 삶을 살지 않고 높아지려는 욕망을 목적으로 진리를 이용하고 있었다. 그러나 데메드리오는 진리의 증거를 받고 진리로 말미암는 삶을 살았다.

우리는 어떠한 삶을 살아야 하는가? 내 영혼이 잘되는 기준은 내게서 예수가 사시는 것이다. 그러므로 세상에서 디오드레베처럼 으뜸이 되기를 원해서 진리를 수단으로 이용하지 말아야 한다. 그러기 위해서 "나는 죽었고, 예수 사셨네!" 하는 고백이 날마다의 삶에서 터져 나와야 한다. 그때 비로소 진리로 말미암는 삶이 살아지게 된다.

유다서

유다서는 공동서신으로,
믿음의 도를 지키기 위해 힘써 싸우라는 내용이다.

유다서 구조 잡기

• 주제 : 진리 안에서 믿음 지킴

서론(1-4절) : 믿음의 정체	믿음의 삼위일체는 순교, 경건, 충성
본론(5-16절) : 이단의 정체	이단의 삼위일체는 가인, 발람, 고라
결론(17-25절) : 정통의 정체	정통의 삼위일체는 새 창조, 새 계명, 세계 선교

하나님이 은혜로 주신 믿음의 도를 지키기 위해서 그리스도를 부인하는 자들과 힘써 싸워야 한다. 그리스도를 부인하는 자들은 정통 신자들을 가인의 길로 가게 하고, 발람의 어그러진 길로 인도하며, 고라의 패역을 따라가게 하기 때문이다. 그러므로 정통 진리를 갖고 있는 자들은 하나님의 사랑 안에서 자신을 거룩하고 흠이 없도록 지키며, 주님이 책임지시는 새 창조, 새 계명, 세계 선교를 끝까지 감당해야 한다.

유다서 초점 잡기

> "사랑하는 자들아 우리가 일반으로 받은 구원에 관하여 내가 너희에게 편지하려는 생각이 간절하던 차에 성도에게 단번에 주신 믿음의 도를 위하여 힘써 싸우라는 편지로 너희를 권하여야 할 필요를 느꼈노니"(유 1:3).

예수 그리스도의 친동생 유다는 믿음을 위해 싸우라고 말한다. 세상에 있는 어둠의 목적은 빛을 빛이 되게 하는 역할도 있다. 짝퉁 또한 명품을 돋보이게 하기도 한다. 진짜가 있으면 가짜가 있기 마련이다. 짝퉁 그리스도인이 되거나 어둠에 빠지지 않으려면 믿음을 지켜야 한다. 믿음을 지키는 세 가지 방법을 소개한다.

먼저 믿음을 지키기 위해서는 "나는 죽었고, 예수 사셨네!" 하는 고백으로 순교자의 마음을 가져야 한다. 이단의 정체는 가인의 길로 향하게 해 형제를 죽이기 때문이다(요일 3:12). 또한 믿음을 지키기 위해서는 경건한 삶을 살아야 한다. 이단의 정체는 발람의 어그러진 길로 인도해서 도덕적 타락을 조장하기 때문이다. 마지막으로 믿음을 지키기 위해서는 충성된 그리스도인의 삶을 살아 그 안에 예수 그리스도를 나타내야 한다. 이단의 정체는 고라의 패역을 좇게 해서 하나님을 대적하게 하기 때문이다.

이처럼 이단의 정체는 가인과 발람, 고라가 삼위일체 되어 사람들의 마음을 미혹하고 위선과 분열을 조장하는 행위로 하나님이 주신 정당한 권위를 무시하게 만든다. 그러므로 싸워야 한다. 세상은 전쟁터와 같다. 영적 전쟁은 진리로 싸워야 이길 수 있다. 싸워서 내 영혼을 보호하고 이단 사설에 감염된 자들을 구원해야 한다.

강한 것과 싸울수록 단수가 높아야 한다. 이단과 싸우려면 몇 단이 좋을까? 아마도 일단보다는 삼단이 더 낫지 않을까 생각한다. 싸우는 방법은 지극히 거룩한 믿음으로 싸워야 한다. 사랑과 축복의 유단자가 되어야 한다. 그러면 이단이 나타나도 일단 사랑하고, 이단 축복하고, 삼단 긍휼히 여기면 불구덩이에서 영혼을 구원해 낼 수 있지 않을까?

"또 어떤 자를 불에서 끌어내어 구원하라 또 어떤 자를 그 육체로 더럽힌 옷까지 도 미워하되 두려움으로 긍휼히 여기라"(유 1:23).

세상의 불구덩이에서 탈출하는 자와 구출하는 자는 서로 다른 길을 향해 달린다. 예수 그리스도는 구출하기 위해 세상을 향해 달리시고, 사람들은 탈출하기 위해 천국을 향해 달린다. 예수 그리스도의 구출로 세상을 탈출해서 천국을 향해 달리던 믿음의 사람이 간혹 뒤를 돌아 예수 그리스도와 함께 불길 같은 세상을 향해 뛰어들기도 한다. 나는 그들을 세상의 선교사라고 부르고 싶다. 그들은 아가페의 고단수로 영혼을 불구덩이에서 구원해 내며, 교회 외부의 핍박과 내부의 이단 세력 그리고 세상 경제의 어려움 속에서도 사랑과 축복의 유단자로 살아간다.

욕심을 스스로 내어놓을 때 세상에서 자유하고,
생명을 스스로 내어놓을 때 생명을 살리는 진리가 보인다.
우리도 자신을 스스로 내어놓는 아가페 영성으로
그리스도가 가신 길을 따라가야 한다.

교회 시대 핵심 정리

영적 이스라엘

1. 제자들은 예루살렘에 머물면서 주님이 약속하신 성령을 받았다. 오순절 성령 강림과 임마누엘 성령의 역사로 예루살렘의 초대교회와 이방 지역에 안디옥교회가 탄생했다.
2. 누가를 통해 사도행전을 기록한 성령의 관점은 바울을 통한 이방 선교의 당위성을 제시하고 세계 선교의 확산을 내다보고 있다.
3. 베드로의 고넬료 사건을 통해 초대교회 성령 강림이 이방인에게서 재현되었다. 이로써 이방인 전도의 정통성을 갖게 되고, 400년 유대교의 배경에서 열방으로 복음이 이동하게 된다.

구원 공동체

1. 성령을 통한 사역으로 "회개하라 천국이 가까웠다"라고 외치는 열방 교회는 열방을 구원하는 열방 선교다.
2. 교회는 신앙 고백의 공동체다. 광야 시대의 여호수아와 갈렙처럼, 왕정 시대의 다윗처럼 신앙을 고백하는 공동체다. 세계는 우리의 먹이다.
3. 교회는 지옥 문을 막아서고 천국 문을 여는 구원 공동체다. 그리스도로 성취된 미래가 성도와 교회의 현실이기에 최선의 삶이 아니라 최고의 삶이다.

세계 축도 선교

1. 성령이 역사하는 시대는 시공을 초월해서 사역할 수 있는 임마누엘의 능력이다.
2. 성도는 하나님의 동역자로, 교회가 존재 목적을 선포해야 한다. 새 창조, 새 계명, 세계 선교는 주님이 책임지신다.
3. 세계 선교는 내가 죽고 예수님이 사시는 진리다. 사랑하고 축복하는 예수 품질 아가페로, 범사에 성경 통독으로 새 창조의 비전을 갖는다. 교회 시대는 영원 시대까지 복음이 지속적으로 역사한다.

티베르 강
로마
압비오 광장
세 여관
보디올
폼페이
이탈리아
아드리아 해
티레니안 해
메사나
레기온
시칠리아
시라쿠사
몰타
마케도니아
트라케
흑해
베뢰아
데살로니가
아시아
파르나소스
할리스 강
델포이
올림피아
아테네
스파르타
에베소
트리폴리
브루기아
실루기아
길리기아
다소
밤빌리아
루기아
무라
나도
로도
오론테스 강
안디옥
유브라데스 강
뵈닉스
크레타
살모네
라새아
가우다
미항
키프로스
시리아
시돈
구레네
대해(지중해)
가이사랴 마리티마
안디바드리
예루살렘
유대
염해
키레나이카
알렉산드리아
이집트
멤피스
나일 강

▲ 바울의 로마행

13

영원 시대

새 하늘, 새 땅

성령의 인도하심으로 예수 그리스도를 증언하는 선교 활동은 예루살렘에서부터 시작해서 땅끝까지 전하다가 주님이 부르시면 새 예루살렘으로 가게 된다. 그런데 예수 그리스도를 증거하는 증인은 이 땅에 사는 동안 세상의 환난을 당하게 된다. 요한계시록에서 영원 시대는 새 하늘과 새 땅에서 그리스도와 함께 왕 노릇 하면서 영원히 사는 것이니 세상에 사는 동안 인내하며 환난을 이겨내라고 한다. 이기는 방법은 "나는 죽었고, 예수 사셨네!" 하는 신앙 고백의 믿음이다.

메시아 왕국,
새 창조의 완성

영원 시대 소통하기

요한계시록에서는 하늘과 땅의 일을 전부 계시하고 있다. 가끔 사람들에게 보이는 환상은 부분적이지만 그리스도는 요한을 통해 동영상을 보여 주시면서 현재 있는 일과 미래에 있을 일에 대해 전부 드러내신다. 요한계시록은 소아시아의 일곱 교회를 모델로 어떤 상황에서도 이기는 자세를 설명하고 있다(계 17:14). 또한 장차 벌어질 환난에 대해 "악에게 지지 말고 선으로 악을 이기라"(롬 12:21)는 자세를 알려 주고 있다. 주님은 요한에게 일곱 교회의 현재 상황을 다 설명하시고 앞으로 나타날 일들을 보여 주신다. 천상에서 드려지는 예배의 모습과 일곱 인 재앙, 일곱 나팔 재앙, 일곱 대접 재앙이 전개된다. 세상에서 환난의 상황이 전개될 때마다 그리스도와 땅에서 왕 노릇 하는 성도들은 하나님의 계명과 예수 믿음을 지키는 그리스도의 인내로 세상을 이겨내야 한다.

마지막 나팔이 불리면 성도는 하늘로 들림을 받게 되고, 땅에 남은 자들은 진노의 일곱 대접을 받게 된다. 그 결과 큰 성, 견고한 성 바벨론은 날아가고 거짓 종교와 거짓 선지자는 불 못에 들어가게 된다. 그러나 하늘로 들림 받은 성도는 어린양의 혼인 잔치에 참여하게 되고 천 년 동안 허니문을 즐기다가 새 하늘과 새 땅에서 세세토록 왕 노릇 하게 된다.

영원 시대의 목적

예수 그리스도가 요한계시록을 주신 목적은 교회와 성도에게 하늘과 땅의 일을 계시하셔서 환난의 세상을 믿음으로 이기게 하려는 것이다. 초대교회 당시에는 네로 황제의 박해(주후 64-67년)가 있었고, 제11대 로마 황제(주후 81-96년)의 재위 기간 중 도미티아누스의 박해(주후 90-96년)가 있던 시기에 사도 요한이 요한계시록을 기록했을 것으로 본다. 계속되는 박해로 교회와 성도들은 두려웠다.

콘스탄티누스 황제(주후 306-337년)가 주후 313년 밀라노 칙령으로 기독교를 국교로 공인해서 박해의 마침표를 찍기 전까지 교회와 성도에 대한 박해는 사도 요한 이후에도 약 200년 동안 계속되었다. 그들은 죽을 것 같은 세상의 환난에서 주님이 빨리 오시기를 소원했다. 그러나 주님은 오시지 않고 환난은 가중되었다. 이런 핍박과 환난은 알곡과 가라지(마 13:36-43)를 구분하는 과정이다(계 14:14-20). 거짓 믿음은 걸러내고 참된 믿음은 더욱 강하게 하려는 것이다.

그러므로 참된 믿음을 가진 성도가 환난을 두려워하지 않고 소망을 가지고 인내하면 이기는 자가 된다고 계시하고 있다. 어떤 상황과 모든 환경에서도 이기는 방법은 그리스도의 피로 나라와 왕 같은 제사장으로서 하나님의 계명과 예수 믿음을 지키는 데 있다.

영원 시대 정통하기

성경 본문	요한계시록

성경 구조	영원한 과거(계 1장), 영원한 현재(계 2-3장), 영원한 미래(계 4-22장) - 과거, 요한이 본 것(계 1장) : 일곱 금 촛대, 일곱 별 - 현재, 있는 일(계 2-3장) : 일곱 교회, 일곱 사자 - 미래, 있을 일(계 4-22장) : 일곱 인, 일곱 나팔, 일곱 대접, 큰 성 바벨론과 거룩한 성 새 예루살렘
성경 연대	초기 기독교 예수님의 재림 이후 영원(주후100년-주님의 재림 이후 영원)
핵심 인물	예수 그리스도와 그리스도의 신부
핵심 내용	그리스도와 함께 왕 노릇, 새 창조의 완성

영원 시대는 사탄의 세력이 종국에는 멸망하고, 그리스도의 신부는 그분의 은혜로 환난을 이기며 믿음을 지키는 시대다. 요한이 기록한 요한계시록의 예수 그리스도의 계시는 마지막 종말의 이야기다. 환난의 세상에서 성도의 인내로 예수 믿음을 지키면 그리스도와 더불어 세세토록 왕 노릇 한다는 이야기가 주요 내용이다.

새 창조의 완성은 그리스도를 통한 총체적 회복이다. 창조의 회복으로 새 하늘과 새 땅, 새 예루살렘이 새롭게 창조된다. 또한 하나님과 인간, 자연을 대하는 인식이 회복된 존재로 도덕적인 능력이 회복되어 거룩을 경험하게 된다. 그리고 자연계의 질서 회복으로 이상적인 자연 환경이 된다. 총체적인 회복으로 천국 문화를 경험할 수 있게 된다.

51일 계 1-11장

관통 QT
세상의 환난을 이기는 왕 노릇은 무엇인가?

영원 시대 관통하기

1. 요한이 본 것(계 1장)

성경은 복된 책이다. 읽고 듣고 지키면 복이 있다(계 22:7). 그리스도의 계시는 예수 자신을 펼치시는 것을 예수 안에서 볼 수 있다(계 1:1). 예수(복)님이 주어고 사람이 동사다. 복(예수)이 움직이면 읽고 듣고 지킨다(계 1:3; 엡 1:3). 성경은 문자를 읽는 것이 아니라 마음을 읽어야 한다. 또한 가라사대의 소리를 듣는 것이 아니라 소리의 의미를 들어야 한다. 그러므로 예수 있는 사람은 말씀을 지키는 왕 노릇을 한다. 그런데 사람이 주어가 되어 움직이면 인본주의가 되어 행위가 복이 된다고 생각한다.

예수 그리스도의 피가 사람의 죄 문제를 해결하고 나라와 제사장 삼으신다(계 1:5-6). 또한 남은 생애를 사명으로 살게 한다. 어떤 상황에서도 사명을 감당할 수 있다. 심지어 중환자가 병문안 온 사람을 축복할 수 있다. 요한은 일곱 교회의 사자와 일곱 교회를 보았다. 그리고 전에 죽었다가 산 그리스도를 보고 그 위엄 앞에 죽은 자처럼 엎드렸다. 상상할 수 없는 그리스도, 심장이 떨리게 웅장하신 그리스도, 사망과 음부의 열쇠를 가지신 그리스도의 계시를 왕 같은 제사장은 읽고 듣고 지켜야 한다.

2. 현재 있는 일(계 2-3장)

일곱 교회(에베소, 서머나, 버가모, 두아디라, 사데, 빌라델비아, 라오디게아)

아시아 일곱 교회의 환경이 일곱 가지로 분류된다. 일곱 가지 상황과 환경에서 이기는 방법이 있다. 귀 있는 자에게 성령이 말씀하시면 듣고 깨닫는 것이다. 그러므로 들을 귀 있는 자가 되어야 한다. 말씀이 들리면 복이다. 복 있는 자는 이기는 자다. 이기는 자에게 삼위일체 하나님은 주인으로 살아 주신다. 이기는 자의 모습은 옛 사람은 벗고 새사람으로 입는 형태다. 복 있는 자는 읽고, 귀 있는 자는 듣고, 이기는 자는 지킨다. 읽고 듣고 지키면 나라와 제사장으로 왕 노릇 하게 된다. 예수 그리스도의 핏값에 그런 힘이 있다. 그런 일을 "나는 죽었고, 예수 사셨네!"로 감당하면 가정, 교회, 세상에서 영혼을 구원하게 된다. 모든 일을 은혜로 출발하게 된다. 어떤 형편에서도 감사하는 말을 하면 주님이 뒷감당하시고, 어떤 상황에서도 불평하는 말을 하면 자신이 뒷감당해야 한다.

이기는 자로 처신하면 새 계명으로 원망 없이 이긴다. 사망 프로그램(환경, 환난, 고난, 육체, 질병)에서 이길 수 있다. 일곱 가지 상황에서 비판, 정죄, 판단하지 않고 그 위에서 왕 노릇 하는 새 계명으로 이기는 것이다(계 21:7). 사망과 음부의 열쇠(계 1:18)와 생명과 천국의 열쇠(마 16:19)를 가지신 예수 그리스도의 열쇠로 이긴다. 피해자가 아닌 축복자의 생명 프로그램은 위치 선정에 있다. 축복자의 위치에 서서 그리스도의 사랑과 축복으로 이긴다.

예수 믿음의 사랑으로(에베소) 충성하고(서머나) 순교하며(버가모), 그리스도를 아는 지식으로(두아디라) 예수 옷 입은 옳은 행실과(사데) 예수 능력으로 살면(빌라델비아), 주님과 동고동락하면서(라오디게아) 그의 보좌 위에서 함께 왕 노릇 한다. 이것이 아시아 일곱 교회의 상황에서 이기는 방법이다.

1) 에베소교회(계 2:5) : 첫사랑, 니골라당

에베소교회가 잃어버린 처음 사랑을 예수 사랑으로 회복하면 생명 나무(영생)의 열매, 예수 그리스도를 먹고사는 삶이 된다. 불순종으로 선악과를 먹고 죽은 사망이 십자가 나무에서 순종으로 죽은 예수 그리스도의 피로 인해 생명으로 옮겨지는 사실이 현실이 된다. 에베소교회는 악한 자를 용납하지 않고, 자칭 사도를 분별해 내고, 니골라당의 행위를 미워했다. 첫사랑을 회복하면 생명의 열매를 먹게 된다.

2) 서머나교회(계 2:10) : 충성, 사탄의 회당

서머나교회가 예수 직분(고전 4:1-2)으로 죽도록 충성하면 둘째 사망을 해결받고 천국과 영생을 보장받는다. 환난과 궁핍의 실상은 부요하고, 자칭 유대인의 실상은 사탄의 회당이다. 예수가 살아 주시는 부요한 실상으로 사탄의 회당의 실상을 이길 수 있다. "나는 죽었고, 예수 사셨네!"로 충성하면 죽지 않고 계속 사는 영생을 받게 된다. 목회의 상황에서 목회자가 죽으면 성도가 살고 그가 선교사가 된다.

3) 버가모교회(계 2:13) : 순교, 사탄의 위

버가모교회가 날마다 죽는 삶으로 순교하면 감추었던 만나와 새 이름을 기록한 흰 돌을 받는다. 사탄의 위가 있는 지역에서 순교가 발생한다. 사탄이 거하는 곳이 있어야 충성된 증인 안디바가 순교를 당할 수 있다. 요단 강 건너가는 순교자는 감추었던 만나를 먹는 축복이 있다. 힘든 일은 자기가 와서 다 해 주고 나는 순교만 해도 되니 감사한 일이다. 발람의 교훈인 니골라당의 교훈(우상의 제물과 행음)이 있는 곳에서 말씀의 산제사로 이긴다.

4) 두아디라교회(계 2:20) : 이세벨, 사탄의 깊은 것

두아디라교회가 우상 제물과 행음하게 한 이세벨의 꼬임에서 빠져나오면 만국을 다스리는 권세로 열국의 왕 노릇을 하게 된다. 자칭 선지자 여자 이세벨의 왜곡된 지식에서(고후 10:5) 모든 이론을 파하고, 하나님 아는 것을 지키고 그리스도에게 순종하려면 사탄의 깊은 것을 분별해야 한다. 그 분별력은 예수님을 깊이 아는 지식에서 온다(빌 3:8). 사탄의 깊은 것, 이세벨이 있으면 골치 아프지만 이세벨을 회개시키기 위해서는 사람을 겨냥해서 말하지 말고, 하나님의 뜻을 겨냥해서 말해야 한다. 나쁜 것을 덮어씌우지 말고, 좋은 것을 덮어씌운다. 그것이 효과가 더 좋다. 이기는 것은 위에서 내려오는 것이니 위치 선정을 잘하면 된다. 만국을 다스리는 것은 영혼까지 다스리고 구원하는 것이다. 만국을 다스리는 권세는 영혼을 구원하고 이세벨까지 선교사 만드는 일감이다. 이세벨이 선교사가 안 되어도 내가 세계 선교하는 능력을 받게 된다.

5) 사데교회(계 3:4) : 흰 옷, 더럽히지 아니한 자

사데교회가 온전한 행위로 옷을 더럽히지 않고 생명력 있는 이름으로 세상에 빠지지 않고 깨어 있으면 흰 옷을 입게 되고, 생명책에 기록된 이름을 그리스도가 시인해 주신다. 세상의 옷을 벗고 하늘의 옷을 입고, 육신의 옷을 벗고 예수의 옷을 입고 거룩하게 살면 그리스도가 변호하고 책임지신다.

6) 빌라델비아교회(계 3:8) : 작은 능력, 사탄의 회당

빌라델비아교회가 작은 능력 안에 있는 예수 능력으로 말씀을 지키면 하나님의 이름이 새겨진 성전 기둥이 된다. 작은 능력은 초대교회의 기둥인 야고보처럼 믿음을 보이고 믿음으로 사는 삶이다. 사탄의 회당, 즉 자칭 유대인이라고 하는 사탄의 앞잡이들이 성도의 발 앞에 절하는 상황이 온다. 그때 밟고 가면 열린 문이 나온다. 작은 능력으로도 예수 그리스도의 이름을 배반하지 않으면 세계 선교의 열린 문이 나온다. 가정과 개척 교회 같은 작은 곳에서 예수 이름을 안 놓치면 세계 선교로 바로 연결된다. 사탄은 원래 심부름하던 천사가 타락했기 때문에 이기는 자들의 편리를 봐주려고 움직이는 것이다. 사탄은 원래 모션만 취하는 것이니 그것에 속으면 안 된다. 어떤 상황에도 상급이 있듯이, 복 있는 상황은 왕 노릇 하는 것이다.

7) 라오디게아교회(계 3:18) : 연단한 금, 주님의 보좌

라오디게아교회가 정금 같은 믿음을 상징하는 연단한 금으로 자신의 수치를 보고 흰 옷을 사서 수치를 가리고, 차든지 덥든지 열심을 내면 주님과 동고동락하면서 그분의 신부로 그분의 보좌에 함께 앉게 된다. 주님과 사는 열심, 나 죽고 예수 사시는 열심이 주님의 보좌에 함께 앉아서 왕 노릇 하게 한다.

3. 미래에 있을 일(계 4-22장)

하늘의 모습(계 4-5장)

요한이 새로운 영적 세계를 보니 보좌 위에 앉은 성부 하나님과 천상의 장면이 보인다. 보좌에 앉으신 분이 일곱 인으로 봉한 책을 가지고 계셨다. 그런데 어린 양 그리스도가 그 책을 취하셨다. 그리고 성도의 기도가 나온다. 예수 있는 사람에게 예수가 움직이는 것이 성도의 기도다. 예수 이름으로 하는 기도에 그분이 움직이신다. 성도의 기도가 땅에서 왕 노릇 하는 것이다. 기도는 왕 노릇의 가치가 있다. 성도는 예수 있는 것이고, 기도는 예수가 움직이고 예수가 사시는 것이다. 기도의 본질을 놓치면 사람이 움직이고, 사람이 사는 종노릇이 된다. 그러므로 예수 사시는 것을 붙잡으면 울 일이 아니라 새 노래 부를 일이다. 땅에서 왕 노릇 하는 기도를 통해서 울 일이 새 노래 부를 일이 된다.

일곱 인(계 6-7장)

요한계시록 6장에서는 일곱 개의 인 중에서 여섯 개의 인을 뗀다. 인을 뗄 때마다 고생하러 들어가는 것이 아니다. 예수 그리스도 없이 들어가면 고생이지만, 그리스도와 함께 들어가면 영광이다. 어떤 상황에서도 왕 노릇을 어떻게 할 것인가로 들어가면 된다. 주의 은혜로 왕 노릇 할 사람이 있고, 환난에 종노릇하려는 사람이 있다. 일곱 교회의 현상이나 일곱 인의 상황은 똑같다. 이기는 방법도 똑같다. 요한계시록 7장에는 새 노래 부르는 사람의 명단이 나온다. 큰 환난에서 나오는 자들이 부르는 새 노래를 통해 천국에서 하나님의 위로를 받을 모습을 미리 보여 준다(계 7:17, 21:4). 어린 양, 그리스도의 피로 구원받은 성도는 환난에서 나와 구원의 새 노래를 부른다.

일곱 나팔(계 8-11장)

성도는 하나님에게 드리는 기도로 자연계에서 벌어지는 네 가지의 나팔 재앙을 이겨 낸다. 요한계시록 9장에 나오는 나머지 세 가지의 재앙은 하나님의 인 맞지 않는 사람에게만 해당된다. 성도는 일곱째 천사가 나팔을 불기 전까지 영혼을 구원하기 위해 끝까지 복음을 전해야 한다. 그래서 요한계시록 11장에서는 두 증인이 땅끝까지 복음 전하는 모습을 보여 주고 있다.

관통 QT
나는 지금 '아멘 주 예수여 오시옵소서!' 하고 외칠 수 있는가?

52일 계 12-22장

성도의 인내와 구원(계 12-15장)

요한계시록 12-14장은 성도와 마귀의 싸움을 보여 준다(엡 6:11; 약 4:7). 성령의 검인 말씀과 성도의 인내(계 12:17, 13:10, 14:12)로 하나님의 계명과 예수 믿음을 지킨다. 일곱 나팔을 불기 전까지 마귀의 최후 공격이 있다. 그러나 마지막 나팔을 불면 진노의 일곱 대접이 준비를 한다(계 11:19, 15:5, 16:18, 21). 그리고 마지막 재앙이 땅에 남은 자들에게 쏟아진다. 그런데 불이 섞인 바다를 건넌 성도들은 모세의 노래, 어린 양의 노래를 부른다. 세상의 불순종과 죄악은 불 섞인 바다로 구약 시대 이스라엘 백성이 출애굽해서 건넌 홍해를 상징적으로 보여 주는 것이다.

일곱 대접과 그의 결과(계 16-18장)

요한계시록 16장에서 진노의 일곱 대접이 쏟아지고 그 결과로 불순종 가운데 있던 큰 성 바벨론은 멸망하게 된다(계 17-18장). 불순종을 해결하고 순종하게 한다. 바벨론이 날아가는 것이 불순종을 해결하는 것이다.

구원과 새 창조의 완성(계 19-22장)

어린 양의 혼인 잔치에 참여한 그리스도의 신부는 남편 이름으로 산다. 예수 이름과 말씀으로 사는 것은 만왕의 왕, 만주의 주, 열방의 왕 노릇으로 사는 것이다. 그리스도의 신부는 그리스도와 함께 천 년 동안 신혼여행을 떠난다. 이제 큰 성 바벨론은 날아갔으니 거룩한 새 예루살렘이 등장한다. 그러므로 이기는 자는 새 하늘과 새 땅에서 세세토록 그리스도와 더불어 왕 노릇 하게 된다.

> "이것들을 증언하신 이가 이르시되 내가 진실로 속히 오리라 하시거늘 아멘 주 예수여 오시옵소서"(계 22:20).

· 천국 이야기 ·

천국 이야기는 거룩한 하나님 자녀의 왕 노릇에 대한 소망을 갖게 한다. 사망을 이기는 그리스도가 일곱 인을 떼시고 성도는 사망 프로그램을 이긴다. 그리고 우주와 인생의 목적 되는 부활 생명의 거룩 프로그램은 왕 노릇으로 사는 것이다. 왕 노릇은 예수 사시는 성도의 인내와 옳은 행위의 믿음이다. 사망 이야기는 사망을 이기지 못하는 세상 문화다. 이것을 넘어서는 것이 새 계명의 생명 프로그램이다. 부활은 그리스도의 생명이다. 또한 그리스도의 생명은 사망에서 왕 노릇 하는 부활이다. 이기는 자가 새 하늘과 새 땅을 유업으로 받고 흰 보좌 심판이 지나면 할렐루야!

왕비 취임식 천국 축제가 열리니 그리스도와 더불어 왕 노릇 하면 된다.

• 환난 이야기 •

성도에게 환난이 주는 유익은 예수 그리스도를 나타낼 수 있는 기회다. 또한 그리스도에게 상 받을 기회다. 그리고 새 계명과 산제사로 왕 노릇 하는 기회다. 성도에게 닥치는 환난을 이기는 방법은 왕 노릇 하는 성도의 인내로 하나님의 계명과 예수 믿음을 지키는 것이다. 세상에서 환상적인 환난이 움직일 때 이는 우리를 덮치지도, 죽이지도 못한다. 환난의 종류가 중요한 것도 아니고, 환난이 결론도 아니다. 환난을 이길 수 있는 예수 믿음이 결론이다. 환난의 최고치가 죽음이라면, 죽이면 죽는 것이 성도의 인내며 믿음이다. 죽는 것도 믿음이고, 하나님의 은혜로 사는 것도 믿음이다. 주 안에서 죽는 것이 곧 사는 길이다. 주 안에서 죽는 것이 복이기 때문이다(계 14:13). 성도의 복된 삶과 죽음은 왕 같은 제사장의 왕 노릇이다. 그러므로 왕 같은 제사장의 왕 노릇은 인생을 하나님에게 드려서 영원을 건지는 자의 삶이 되어야 한다.

4. 요한계시록의 영원한 복음

"또 보니 다른 천사가 공중에 날아가는데 땅에 거주하는 자들 곧 모든 민족과 종족과 방언과 백성에게 전할 영원한 복음을 가졌더라"(계 14:6).

일곱째 천사가 소리 내는 날, 그 나팔을 불게 될 때에 하나님의 비밀이 그 종 선지자들에게 전하신 복음과 같이 이루어지게 된다(계 10:7). 바울은 이 복음의 비밀을 이렇게 말하고 있다.

"보라 내가 너희에게 비밀을 말하노니 우리가 다 잠잘 것이 아니요 마지막 나팔에 순식간에 홀연히 다 변화되리니 나팔소리가 나매 죽은 자들이 썩지 아니할 것으로 다시 살아나고 우리도 변화되리라 이 썩을 것이 반드시 썩지 아니할 것을 입겠고 이 죽을 것이 죽지 아니함을 입으리로다 이 썩을 것이 썩지 아니함을 입고 이 죽을 것이 죽지 아니함을 입을 때에는 사망을 삼키고 이기리라고 기록된 말씀이 이루어지리라"(고전 15:51-54, 사 25:8 참조).

요한계시록은 영원한 나라에 대한 천국의 비밀이다. 천국에서 영생을 얻은 사람이 살기에 복음은 영원하다. 마태복음에서 천국의 비밀은 하나님의 비밀이다. 이것은 하늘의 일이고 성도는 하늘의 일꾼이다. 성도가 하늘의 일, 하늘의 비밀을 모르면 그냥 교회 생활이나 단체 생활을 잘하는 것에 불과하다. 성도가 교회(예수)로 살지 않으면 그냥 교회 안에서 생활하는 모습이 된다. 옛날 구약의 성전은 신약 교회의 모형이다. 그 당시 성전 안에서는 죄 사함의 제사를 지내며 살았다. 그야말로 자신이 지은 죄를 동물에게 전가시키는 제사 의식이었다.

그러나 신약에서는 성도가 성전이다. 바울은 "너희가 하나님의 성전인 것과 하나님의 성령이 너희 안에 계시는 것을 알지 못하느냐"고 반문하고 있다(고전 3:16). 현시대의 건물 성전인 교회는 예배(제사)만 드리고 가는 곳이 아니다. 오늘날 교회 안에서 예배(제사)는 하나님의 성전인 성도가 예배자로 살아야 된다는 것을 보여주는 모형과도 같다. 그러므로 성도를 성전이라고 명명하는 것은 성도 자체가 성전으로서의 삶을 살아야 한다는 것을 의미한다. 예배자는 자신의 죄로 인해 어린 양이 죽었던 것처럼 산제사로 사는 것이다. 그것이 곧 예배요, 성전이며, 교회고, 성도이기 때문이다.

천국의 비밀은 하나님의 비밀이고, 하나님의 비밀인 그리스도는 그 종 선지자들에게 전하신 복음이 완전하게 이루어질 때 다시 오신다. 이것은 반드시 현상적, 가시적으로 이루어진다. 마지막 나팔소리를 신호로 선지자들이 전한 복음과 같이 복음이 이루어진다. 그러나 마지막이 가시적으로 나타나기 전에는 하나님이 계속 우리 마음에 복음의 나팔을 부신다. 그 소리가 천사의 나팔소리처럼 들려서 우리 마음 안에 복음이 움직이게 한다. 히브리서에서는 "하나님의 말씀은 살아 있고"라는 소리가 들려오는 것과 같이 마음이 살아 움직이게 된다.

그런데 성경에서 복음의 나팔을 불어도 무슨 소리인지 모르고 딱 자기 기준치로 자신의 죄를 경범죄 정도로만 아는 자들도 있다. '내가 무슨 큰 죄를 지었다고 예수 그리스도라는 분이 십자가에서 피 흘려 죽는단 말인가?' 이런 의문이 깨지기 전에는 복음의 소리가 잘 들리지 않는다. 자신이 깨져야 겸손해지고 낮아지고 죽어지는 것이다. 죄를 죄로 여기지 않는 것은 엄청난 죄다. 하나님이 작은 것을 높고 크게 책정하실 리가 없다. 인간이 생각하는 경범죄를 하나님이 특수 강도죄로 높여서 처벌하실 리가 없다. 예수 그리스도가 피 흘려 죽으셔야 비로소 인간의 죄가 깨끗하게 없어지며, 인간은 죄를 자백하고 회개해야 한다.

성도 안에 들어와서 살아 움직이는 복음의 말씀이 바로 비밀이다. 이를 못 알아듣는 사람이 있다. 아무리 설명해도 성경이 틀리고 자기 생각이 옳다고 한다. 비밀이라서 알아질 때까지는 모른다. 춘천에서 성경 통독에 도전을 주는 세미나를 할 때 이런 질문을 했다. "술을 처음에 먹으면 씁니까, 답니까?" 그러니까 모두 쓰다고 대답을 한다. 그러면 "술을 많이 먹으면 달까요, 쓸까요?"라고 물으니 모두 달다고 말한다. 술을 먹어 본 사람이나 안 먹어 본 사람이나 이 말을 인정한다. 쓴 것이 어떻게 달아질 수 있을까? 이해할 수 없지만 감각에서 느껴지기 때문이다. 믿어진다는 것은 이런 것과 같다. 어떤 사람들은 술이 쓰다고 하는데, 어떤 사람들은 술이 달다고 한다.

하나님 말씀을 알아듣지 못하는 사람은 꼭 어린아이와 비슷하다. 어느 날 아버지와 아들이 목욕탕에 갔다. 아버지가 뜨거운 탕에 들어가 "아! 시원하다"라고 말한다. 시원하다는 말을 듣고 덩달아 따라 들어간 아들이 "앗! 뜨거워" 하면서 "세상에 믿을 사람 하나도 없다"고 했다는 우스갯말이 있다. 뜨거운 물속에 들어가서 왜 시원하다고 말하냐는 것이다. 그런데 그 아들이 어른이 되면 아버지가 왜 시원하다고 말했는지 알게 될 것이다. 이처럼 하나님 말씀은 깨달아질 때까지는 모른다.

하나님 말씀은 입에는 꿀같이 달지만 배 속에서는 쓰다(계 10:9). 하나님이 패역한 족속에 복음을 전하게 하기 위해 에스겔서에서 두루마리 책을 주어서 먹게 한 내용이 애가와 애곡과 재앙의 말이었다(겔 2:10). 예수 그리스도가 죄의 쓴 잔을 마심으로 쓴 것이 복음이 되었다. 내 죄의 쓴 잔을 그리스도가 마신 것이 믿어지는 자는 복음의 기쁜 소식이고, 믿어지지 않는 자는 자신의 쓴 잔을 마셔야 되기 때문에 쓴 복음이다. 영원한 복음의 내용이 구원을 얻는 자들에게는 달고 오묘한 말씀이지만, 믿지 않는 자들에게는 심판의 복음이기 때문이다.

가난한 집안의 가장이 공공기관에서 쌀을 준다는 말을 듣고 한걸음에 달려갔다. 그곳에서 쌀을 퍼 주는 관계자가 쌀을 자루에 담아 주면서 집에 가지고 가려면 좀 무거울 것이라고 했다. 그러나 쌀을 얻어 가는 사람은 자루가 무거울수록 가볍다고 대답한다. 자루에 담긴 쌀로 가족을 먹여 살릴 수 있기 때문에 무거울수록 마음이 가볍다는 뜻이다. 절박한 심정의 사람에게는 무겁지만 가볍고, 그 심정이 아닌 사람은 무거울수록 무거운 것이다. 내 생명의 피가 되고 살이 되는 것은 무거울수록 가벼운 것이다.

말씀을 깨닫지 못하면 영적 배가 불러서 말씀을 달게 느끼지 못한다. 아직 말씀의 깊은 상태에 들어가지 못할 때 나타나는 현상이다. 결국 말씀을 못 알아들으면 쓰게 느낄 수 있다. 그러나 계속 먹으면 말씀도 달기 시작한다. 주로 어떤 것이 달게 느껴지는가? 예수님을 믿으면 부자가 되어 잘사는 것이 아니다. '나 같은 죄인이 이 세상에 또 있을까!' 이렇게 느끼면서 말씀이 달게 느껴진다. 내 안에 거룩하지 않은 불순물을 계속 정리하게 한다. 복음은 이렇게 자신이 없어질 때까지 멈추지 않는다.

하나님의 비밀이 복음과 같이 이루어지는 것은 먼저 내 안의 죄를 내보내는 것이고, 가시적으로 그리스도가 나타나게 되면 그가 세세토록 왕 노릇 하게 된다. 그리스도의 신부 또한 그리스도와 더불어 세세토록 왕 노릇 한다. 그러므로 요한계시록에서는 영원한 복음을 이야기하며 처음부터 끝까지 복음을 설명하고 있다.

복음의 핵심을 말하는 로마서는 그리스도가 하나님의 복음이라고 말한다. 그 복음이 요한계시록에서 적나라하게 계시되고 있다. 그리스도의 계시가 그리스도의 복음이고 하나님의 비밀이다. 이것이 요한계시록에서 나타날 환난과 무슨 상관인가? 복음은 환난을 이겨 낼 수 있는 힘이기 때문이다. 예수 그리스도의 복음이 있는 사람들에게 요한계시록 2-3장은 어떻게 하면 환난을 이길 수 있는지 그 방법을 설명한다. 그리고 요한이 기록한 요한복음과 요한1서에서는 환난을 이기는 초점을 설명한다.

"세상에서는 너희가 환난을 당하나 담대하라 내가 세상을 이기었노라"(요 16:33).

"무릇 하나님께로부터 난 자마다 세상을 이기느니라 세상을 이기는 승리는 이것이니 우리의 믿음이니라"(요일 5:4).

예수 그리스도는 환난을 이기신 분이다. 그분을 믿는 성도 또한 환난을 이길 수 있다. 그러므로 환난을 이기는 힘은 복음에서 흘러나온다. 그 복음의 내용은 어디서부터 흘러나오는가? 요한계시록 12장에는 옛 뱀, 곧 마귀라고도 하고 사탄이라고도 하는 자가 하늘에서부터 시작된 싸움에서 쫓겨 땅으로 내려오게 된다. 그 사탄이 그리스도에게 속한 성도들을 핍박하고 그들과 싸우려고 한다. 그 싸움은 창세기 때부터 시작된 영적 싸움이었다. 성도가 마귀와 대적해서 이기는 방법은 예나 지금이나 오로지 예수 믿음이다. 성도가 이기는 방법의 결론은 순교하는 인내와 믿음이다(계 13:7, 10).

성도를 핍박하는 짐승은 언제 등장한 것인가? 또한 용이 짐승에게 언제부터 성도를 해하는 권세를 준 것인가? 다니엘서에 보면 느부갓네살 바벨론 왕이 꿈꾼 신상은 금, 은, 동, 철로 구분되어 있다. 이것을 다니엘 7장에서는 바다에서 올라온 네 짐승으로 표현하고 있다. 네 번째 짐승은 열 뿔이 있다. 그 열 뿔이 있는 짐승은 로마에 해당하는 나라다. 그러므로 짐승은 열국을 말하며, 그 권세는 열국의 권세다.

사도 요한이 살았던 시대의 로마는 바벨론을 상징한다. 또한 현시대의 세상도 바벨론을 상징한다. 창세기 10장에 처음 이름이 등장한 바벨은 인간이 세운 탑 이름으로, 바벨탑 또는 인간이 세운 나라 이름으로 바벨론, 이렇게 명명되고 있다. 창세기 당시에 인간이 세운 탑은 무너진 것이 아니라 '바벨'로 흩어진 것이다. 바벨로 흩어진 인간들은 여전히 하나님 없이도 살 수 있다는 자기의 의와 열심으로 바벨탑을 비밀리에 쌓고 있었다. 하나님의 비밀, 그리스도만 있는 것이 아니라 적그리스도의 권세를 비밀리에 움직이는 큰 바벨론도 있는 것이다(계 17:5).

인간이 창세기 11장에 세웠던 탑이 바벨론이란 이름으로 요한계시록에서 완전히 무너지게 된다(계 14:8, 18:2). 요한계시록에서 무너질 바벨론을 상징적으로 보여 주는 바벨론이란 나라에서 다니엘은 꿈으로 요한계시록에서 가시적으로 일어날 결과를 미리 보여 주고 있다.

바벨론 왕 벨사살 원년에 다니엘이 꿈을 꾼다(단 7:1). 큰 짐승 넷이 바다에서 나왔는데 금 신상을 짐승으로 표현하고 있다. 첫째는 사자, 둘째는 곰, 셋째는 표범 그리고 넷째는 큰 철 이가 있는 짐승으로 열 개의 뿔이 있다. 큰 짐승은 네 왕이라 세상에 일어날 것이다(단 7:17). 다니엘 2장에서 설명한 꿈을 7장에서 다시 구체적으로 설명하고 있다. 인간 나라는 열국의 왕들이 다스리고 있다. 그러나 성도는 영원한 나라를 영원한 복음으로 얻게 된다.

다니엘서에 나오는 7장의 이야기는 요한계시록 13장의 이야기와 같은 내용이다. 성도가 어떻게 싸움에서 이길 수 있는가? 성도가 이기는 비밀은 성도의 인내에 있다. 그러므로 성도의 인내를 이해해야 한다(계 14:12). 인내는 의지가 강한 것이 아니다. 인내는 참는다는 뜻이 있지만, 성경에서 말하는 인내는 인간의 참을성과 전혀 다르다. 데살로니가후서에서도 성도의 인내를 설명하고 있다.

> "주께서 너희 마음을 인도하여 하나님의 사랑과 그리스도의 인내에 들어가게 하시기를 원하노라"(살후 3:5).

하나님의 사랑은 그리스도의 계명이고, 예수 믿음은 그리스도의 인내다. 그러므로 성도의 인내는 예수 믿음으로, 예수님만 갖고 있는 성품의 인내다. 성도의 인내는 사람의 인내가 아닌 그리스도의 인내를 말한다. 사람의 인내는 죄인의 인내다. 성도의 인내는 사람의 인내가 아닌 그리스도의 인내로 나 죽고 예수 사시는 인내다. 그리스도의 인내와 예수 믿음은 동일한 말이다. 그리스도의 인내는 죽기까지 복종하는 것을 말한다. 주님이 채찍에 맞고, 찔리고, 죄를 짓지도 않았는데 참고, 죄인의 죄를 위해 죽으신 것을 말한다. 맞아 죽을 죄인이면 참아야겠지만, 예수님은 그분이 잘못해서 맞으신 것이 아니다. 예수님이 감당하며 참아 내시는 것이고, 십자가에서 죽을 때까지 그리고 십자가 옆에 있는 사람의 '네가 진짜 하나님의 아들이냐? 그러면 내려와 보라'는 비웃는 소리에도 참으시는 것이다.

예수 믿는 것 때문에 참는 것은 원수를 사랑하는 것과 같은 말이다. 억울한 일을 당하는 거나 원수를 사랑하는 것은 같은 의미다. 그래서 이것을 사람이 어떻게 할 수 있는가? 이 인내가 내 인내가 아니기 때문에 걱정할 필요가 없다. 예전 학생 시절에 주기철 목사님이 신사참배를 안 한다고 못 위를 걷게 한 영화를 본 적이 있다. 시간이 한참 지난 후 나도 예수님 믿다가 주기철 목사님처럼 못 위를 걸어갈 일이 생기면 어떻게 해야 되는지 고민하던 기억이 난다. 그런데 어느 날, 주님의 응답처럼 들리는 느낌은 걱정하지 말라는 것이다. 순교할 만한 사람에게 순교를 시키신다는 것이다. 순교할 자격도 안 되는 내가 왜 그리도 고민했단 말인가! 주님이 이기게 하는 힘을 주시기 때문에 걱정할 필요가 없다. 이김의 비밀은 그리스도가 성도의 인내가 되어 주시는 것이다.

성도의 인내는 예수 믿음을 지키는 것이다. 예수 믿음이 이기게 한다. 그 이김은 힘으로 싸워서 상대를 무찌르는 것이 아니라, 성도가 죽는 현상으로 나타난다. 그런데 결론은 성도들이 나라를 얻게 된다. 성도와 싸워서 힘으로 이긴 열 뿔인 열 왕은 나라를 얻지 못한다(계 17:12). 그들은 나라를 얻지 못하고 없어지지만, 그리스도인은 나라를 차지하게 된다. 그 나라는 다시 밤이 없는 하나님의 영원한 나라다(계 22:5). 세세토록 왕 노릇 한다는 것은 다니엘서에 있는 "영원하고 영원하고 영원하리라"가 이루어지는 말씀이다(단 7:18). 성도가 이기는 방법은 산제사와 새 계명으로 죽기까지 자기 생명을 아끼지 않는 것이다(계 12:11). 죽음으로 그리스도의 인내가 나오고, 그리스도의 계명이 완성된다. 요한계시록의 영원한 복음은 우리를 하나님 나라의 백성과 하나님을 섬기는 제사장으로 삼아 그리스도와 더불어 세세토록 왕 노릇 하는 영원한 나라를 얻게 한다.

새 하늘 새 땅

1. 영원한 하나님 나라는 새 하늘과 새 땅 그리고 새 예루살렘이다. 영원한 하나님 나라는 새로운 피조물인 성도만 들어가는 곳이다. 또 하나님이 당신의 백성과 함께 사실 곳이기도 하다.
2. 하나님만 존재했던 창세전에 메시아 왕국을 건설할 계획을 이미 확정하시고 "내 아버지께 복 받을 자들이여 나아와 창세로부터 너희를 위하여 예비된 나라를 상속받으라"(마 25:34)고 말씀하신다. 또한 구원할 자들을 "창세전에 그리스도 안에서 우리를 택하사"(엡 1:4) 그 기쁘신 뜻대로 예정하셨다. 그리고 메시아로 내정된 예수 그리스도는 "창세전부터 미리 알린 바 되신 이나 이 말세에 너희를 위하여 나타내신 바"(벧전 1:20) 되었다. 이로 보건대 하나님이 예수 그리스도를 통해 인류를 구속하실 계획은 이미 확정된 것을 알 수 있다.
3. 새 하늘과 새 땅이 나타나기 전까지 "이제 하늘과 땅은 그 동일한 말씀으로 불사르기 위하여 보호하신 바 되어 경건하지 아니한 사람들의 심판과 멸망의 날까지 보존하여 두신 것이니라"(벧후 3:7).

메시아 왕국

1. 세상 나라가 창조와 종말까지 보존되는 이유는 현 세상에서 메시아 왕국 백성을 택하시고 훈련시켜 왕국을 세워 나가기 위함이다. 멸망할 세상에서 죄인 된 인간의 복은 메시아 왕국 백성이 되는 것이다. 메시아 왕국의 백성이 되기 위해서는 예수 그리스도의 대속의 은혜가 필요하다. 그래서 예수 그리스도가 십자가 위에서 "다 이루었다"(요 19:30) 하신 것이다.
2. 영원 나라는 부활과 영원한 생명이 있는 곳이다. 그래서 세상 나라에 사는 동안 복음을 듣고 믿음으로 구원받은 사람은 첫째 부활에 참여하는 자가 되어 천국으로 가고(계 20:6), 복음을 믿지 않는 자들은 둘째 사망으로 지옥에 가게 된다(계 20:14-15, 21:8).
3. 사람이면 누구나 모태에서 한 번 태어나고 한 번 죽는 것은 정해진 것이다(히 9:27). 그런데 세상 사는 동안 하나님의 씨로 다시 태어나면 한 번 죽음으로 끝이지만, 하나님

의 씨로 다시 태어나지 않는 사람은 두 번 죽게 된다. 그것이 둘째 사망이다(계 20:14).

새 창조 완성

1. 준비된 상급 : 주님이 “내가 속히 오리니”(계 22:12) 하고 말씀하시면, 우리는 “아멘 주 예수여 오시옵소서”(계 22:20)라고 화답해야 한다.
2. 예수 왕 노릇 : 세상 나라가 그리스도의 나라가 되어 세세토록 왕 노릇 한다(계 11:15).
3. 성도 왕 노릇 : 성도는 나라와 제사장이 되어(계 1:6), 땅에서 왕 노릇 하고(계 5:10), 그리스도와 더불어 천 년 동안 왕 노릇 하고(계 20:6), 세세토록 왕 노릇 한다(계 22:5).

Loving People Blessing Nations!

레제나하우스

레제나 하우스 소개

- 레제나는 레위인, 제사장, 나실인의 앞 자를 딴 것으로 구별된 성도의 호칭이다.
- 레제나는 세상의 선교사로 사람을 사랑하고 세상을 축복하는 거룩한 사명이다.
- 레제나 하우스는 성경 1천 독으로 새로운 종교 개혁에 헌신하는 세계 선교의 현장이다.

레제나 하우스 비전

- 레제나 하우스는 같은 말로 하나님 말씀을 세워 그리스도의 생명과 본질을 드러내는 구속사를 전개한다.
- 레제나 하우스는 같은 마음으로 순종의 마음을 품어 나는 죽고 예수로 사는 새로운 종교 개혁을 일으킨다.
- 레제나 하우스는 같은 뜻으로 하나님의 뜻을 이루기 위해 온 세상이 성경 읽는 가정, 교회, 나라가 되도록 세계 선교에 헌신한다.

레제나 하우스 사역

세미나(말씀 관통 세미나, 비전 통독 세미나, 성경 통독 운영 세미나, 성경 통독 강사 세미나, 말통 원리 세미나), 심화 연구 과정, One-Day 성경 통독, 선교사의 날, 선교단체 협력, 아웃리치, 온라인 밴드, 레제나 리트릿, 온라인 센터, 가정 센터, 지역 센터 등이 있다.

레제나 하우스 통독

1. 역사적 구조의 성경 읽기로 성경 역사의 골조를 세운다.
- 역사적 구조(구약 11권과 신약 3권)의 책을 선별해 읽는다.

2. 문학적 구조의 성경 읽기로 구원 역사의 골조를 세운다.
- 창세기부터 요한계시록까지 정독과 속독으로 읽는다.

3. 성경의 핵심을 관통하는 책을 우선적으로 1천 독한다.
- 로마서를 1천 독하여 복음의 핵심을 관통한다.
- 바울서신(로마서~히브리서) 14권 100장을 1천 독하여 율법적 내용을 복음적 의미로 관통한다.
- 신약성경을 1천 독하여 구속사의 구조적 핵심을 관통한다.
- 신구약성경을 1천 독하여 신약과 구약의 균형을 관통한다.

레제나 하우스 교육 과정

- **초급 말통 과정(말통 52일 연대기 10주)**

  《말씀 관통 프로젝트》는 성경 66권을 13시대로 나누고 역사적 핵심이 되는 14권을 선별하여 전체적인 성경의 골조를 세우는 과정이다. 본 과정은 첫째로 옛 사람이 벗어지고 새 사람의 형상을 덧입는 은혜를 알게 된다. 둘째로 성경 역사가 마스터되고 존재와 말씀과 거룩이 회복된다. 셋째로 마음속에 있는 원망, 분함, 악의, 비방, 부끄러운 말이 말씀 통독을 통해 '사랑하고 축복하는 마음'과 '나는 죽었고, 예수 사셨네!' 하는 고백하는 기적의 삶이 된다.

  ▸ 말통 속성 과정 신설(말씀 관통 프로젝트, 연대기 5주 과정)

• **중급 예통 과정**(예통 90일 구속사 16주)

《비전 통독》은 성경 66권을 구속사로 관통하여 예수님의 스토리를 알아가는 과정이다. 본 과정은 첫째로 예수통치가 임하여 Yes! 아멘 순종하는 비전을 알게 된다. 둘째로 성경 66권을 90일 동안 구속사적 관점으로 관통하게 된다. 셋째로 "나는 죽었고, 예수 사셨네! "의 '나죽예사'와 사람을 용서하고 사랑하는 '천국용사'의 삶이 플러스 된다.

▸ 예통 속성 과정 신설(비전 통독, 구속사 8주 과정)

• **고급 강사 과정**(말통 및 예통 강사 세미나)

강사 과정은 말통과 예통 인도자로 세우기 위한 One-Day 과정이다.

본 과정은 첫째로 학습자를 잘 인도할 수 있도록 전체적인 강의와 진행 방법 등을 배우게 된다. 둘째로 효율적인 강의를 위한 PPT와 소그룹 인도를 위한 행정 서식이 제공된다. 셋째로 심화 연구 과정에 참여할 수 있는 자격이 부여된다.

▸ 성경 통독 운영 세미나 신설(《비전 통독》, 원데이 과정)

• **세미나 교육 자료**

신구약
주제 폴더

신구약
역사 폴더

심화 연구 과정(강사 과정 수료자 연장교육)

심화 연구 과정은 말통과 예통 강사 과정 수료자를 대상으로 대그룹 강의와 일대일 및 소그룹 인도자 양성을 위한 교육 과정이다.

본 과정은 첫째로 성경의 각 권에 나타난 구속사와 역사적 구조에 대해 세부적으로 연구한다. 둘째로 소그룹 운영 가이드와 강의를 위한 교안 및 학습도구들을 개발하고 자료를 제공한다. 셋째로 강사와 소그룹 인도자에게 필요한 교육과 훈련을 받게 된다.

레제나 하우스 세미나 문의 http://lejena.godpeople.com

- 아웃리치 캠퍼스(구속사 16주) : 안숙향 간사 _ owj0149@naver.com
- 바칼예통 캠퍼스(구속사 16주) : 주혜선 간사 _ 6461grace@gmail.com
- 목요말통 캠퍼스(연대기 10주) : 주영미 간사 _ joyjooym@hanmail.net
- 토요말통 캠퍼스(연대기 10주) : 김영숙 간사 _ dyds0425@naver.com
- One-day 강사 심화 연구 과정 : 신기영 간사 _ skyloveru@naver.com
- 말통 및 예통 세미나 속성 과정 : 김성국 총무 _ drn121@naver.com
- 후원 홍보 : 전구영 자문위원
- 교육 행정 : 최상용 자문위원

레제나 하우스 후원 안내

- 국민은행 _ 046801-04-143829 예금주 _ 레제나 하우스
- 미션 펀드 _ http://go.missionfund.org/lejena(미션 펀드를 통한 후원은 기부금 영수증 발급가능)
- 후원 문의 _ 070-8249-0765 _ joy-jsy@hanmail.net

성경 역사 일독

말씀 관통
프로젝트